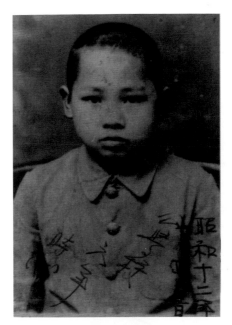

公學校六年級

1961 左右書桌前

1980 年代獨照

2001 年 7 月 24 日攝於藝品店

2004 年於書桌前

2013 年於家中彈琴

2016 年櫻花樹下

鍾老寫書法

鍾肇政的臺灣關懷

周錦宏、鍾延威、王保鍵◎主編

補助單位：桃園市政府、桃園市議會、桃園市政府客家事務局

市長序

桃園市長 鄭文燦

　　創作力旺盛的文化國寶鍾老先生，我們敬愛的鍾肇政先生，一生筆耕不輟，用自身光芒照耀臺灣這塊土地。我仍記得，我就任市長之際，鍾老送了我一首客語詩《天光囉》，象徵桃園市要邁向進步、光明，至今我仍不忘這樣的殷殷企盼。

　　2021年1月9日至1月10日假國立中央大學客家學院國際會議廳舉辦鍾肇政先生追思紀念學術研討會，藉此學術研討會進行交流，並且闡揚鍾老在文學實踐、社會運動的成就，更重要的是，我們感念他的用心與堅持，敬佩他的熱忱與執著。不論是文字的力量還是自身的影響力，他都展現著任重而道遠的精神，只因他心中保有那份使命感與熱情，並積極地把那樣的價值和意義發揮到淋漓盡致。

　　而本書的出版，集結了國內各方的學者齊聚一堂，從鍾老的文學到社會運動，不論是大河小說、短篇小說、原住民書寫、族群意識、國族議題以及延伸到他對社會的影響力等，探討著鍾老在臺灣、族群、語言、文學的定位。當然也感謝學者們的共襄盛舉，本書才得以出版，以茲紀念我們臺灣文學之母鍾肇政先生。他的一生可謂一部臺灣史，用文字書寫所見所聞，寫歷史亦是寫人生，甚至是整個社會。閱讀本書可以從中學習鍾老的精神，真摯、誠懇、體會民生疾苦；鍾老不怕挫折，千錘百鍊，陪伴我們將近一個世紀，確實很不簡單。我想把這本書獻給敬愛的鍾肇政先生，希望能告慰他在天之靈；也想透過這本書，激勵所有的後進。

校長序

國立中央大學校長 周景揚

　　2020 年 5 月 16 日，「臺灣文學之母」鍾肇政先生溘然長逝，舉世哀悼。鍾肇政先生是臺灣可貴的瑰寶，他一生的創作更是這塊土地多元文化交融的結晶。回溯過往可見，他秉持著自勉、勉人的精神，不斷地開創新局，獎掖後進不遺餘力，終身奉獻一己之熱忱，令人敬佩。

　　本校客家學院在桃園市政府客家事務局的支持下，選在鍾肇政先生辭世後的第一個冥誕（1 月 20 日）前，今（2021）年 1 月 9、10 日舉辦「鍾肇政先生追思紀念學術研討會」。本次研討會除聚焦於鍾肇政先生文學作品的深入剖析外，增加了他對客家與族群關懷的視野，用更鉅觀的視角開展對鍾肇政先生研究的論述。而本書的出版，不但要緬懷鍾肇政先生對臺灣、對客家的貢獻付出，也企盼透過本書做為一種紀錄，紀錄他在艱困時代下所推動的社會改造行動，同時紀錄他對臺灣關懷的多元觀點。

　　儘管鍾肇政先生走了，我們仍必須昂首闊步迎向無法預期的新局，透過當下，把握此刻，延續鍾肇政先生的想望。很高興能藉由這本書來追思和紀念鍾肇政先生，我們的臺灣文學之母。也很高興許多敬愛鍾肇政先生的學者不辭辛勞的參與研討會，在此表達謝意。本人更要藉著本書出版撰序的機會，對鍾肇政先生一生為臺灣文學、客家語言文化、原住民族歷史所奠定的根基和成就，致上最崇高的敬意。

院長序

國立中央大學客家學院院長　周錦宏

　　鍾肇政先生於 2020 年 5 月 16 日晚間在桃園龍潭老家辭世，享期頤之壽。鍾老是創作力旺盛、產量豐富的客籍文學家，更是大河小說開山始祖，被稱為「臺灣文學之母」，一生可說是一部臺灣文學史的見證。鍾老帶動了好幾個世代的臺灣文學，提攜無數文壇後進，用文字表達對臺灣這塊土地的關懷。此外，鍾老也積極投入臺灣社會改革和客家運動，1990 年底鍾老發起成立「台灣客家公共事務協會」，主張客家人應積極參與公共事務，應展現對臺灣客家的認同和自信，提出以臺灣客家為主體的「新个客家人」論述。鍾老一生努力推動臺灣文學、投身社會運動及爭取客家族群權益的無私付出與努力，是我們後輩要效法與學習的。

　　回顧過去與鍾老相關的研討會，多半是著重於鍾老的文學作品和文學成就的探究，但似乎較少關於鍾老對臺灣社會和族群文化關懷的討論。所以，這次規劃鍾老追思紀念學術研討會時，就嘗試從客家公共事務、族群關懷、客家文學及臺灣文學等多元視角來再現鍾老的一生。本書《鍾肇政的臺灣關懷》乃彙編追思紀念學術研討會的成果，分為「憶‧鍾肇政」、「客家‧鍾肇政」、「文學‧鍾肇政」三大篇，收錄專題演講、追思論壇發言內容及 13 篇學術論文，都是各方翹楚心血之作，除緬懷鍾老的精神外，亦兼具深度與廣度的學術探討，激盪出更多再思考及對話的火花。也藉此向本書所有的撰稿老師、先進們，致上感謝之意。

本書的出版，要感謝桃園市鄭文燦市長的支持和桃園市政府客家事務局的補助，才得以讓鍾老追思紀念學術研討會和專書出版順利完成。也要感謝鍾老的兒子鍾延威理事長、兒媳蔣絜安理事長，以及本院黃菊芳老師、王保鍵老師、陳芯慧同學辛苦的籌畫與執行，在此一併致上謝忱。最後，謹以此序，再次向鍾老對臺灣的關懷和貢獻，致上最高的敬意與謝意。

家屬序

台灣鍾肇政文學推廣協會理事長　鍾延威

　　國立中央大學客家學院於 2021 年 1 月 9、10 兩天，在客家學院國際會議廳舉辦「鍾肇政先生追思紀念學術研討會」，廣邀各領域專家學者，從不同面向探討他一生懸以為念、以生命拚搏，對推動臺灣文學、客家文化、社會正義、國族認同的努力與定位。這些論文及座談紀錄即將集結成冊付梓，身為家屬，要感謝桃園市鄭文燦市長玉成這項研討會的付諸實現，感謝參與的專家學者付出時間與心血，更感謝中央大學客家學院院長周錦宏所領導的團隊，從籌備到邀請學者到議程安排乃至論文集結付梓所付出的辛勞。這是父親過世後第一本學術研討論文集，無疑也是對父親最具意義的紀念。

　　在父親近一個世紀的生涯中，歷經兩個殖民政權，他的前半生更處於臺灣最黑暗的時代──日治時代後期的兵燹創痍，及國府領臺時的高壓摧折。而愈是黑暗的時代，愈是需要有人來劃亮那第一根火柴。父親，正是在那個險仄顛躓的黑夜裡，以無比勇氣劃亮那根火柴，不，是鼓燃融爐的那人。從《文友通訊》起，火光雖然微細，但已足以衝破天際，撕裂黑幕，最後更銜接了臺灣文學在新舊殖民交替時造成的斷層，並冶煉出一批批文學尖兵，合力推動臺灣文學列車往前疾馳。

　　2019 年起，我有幸主持《新編鍾肇政全集》的編纂工程，每天浸淫在父親留下的二千萬字的字海裡，不僅在閱讀父親的文字，也在閱讀父親的一生，在他以生命書寫的歷史長河中，探溯、發掘，並與他對話。而不論他作品裡的文學主題，或作家最

重要、據以創作的生命主題，我看到的唯有「臺灣」兩字而已。

沒錯，臺灣，及這塊土地上的人們，始終是他最關心、最珍愛、願意終生守護的目標，直至燃盡生命而無悔。也因為有這樣的使命感，在一手撐起臺灣文學的同時，他騰出另一隻手推動客家運動，參與社會改革運動。他不但是文學家，還是一個忠於臺灣主體信念的行動家、實踐者。

很難想像，一個人一生中怎能寫下那麼多作品，怎麼能做那麼多事。父親常說，他這輩子都在跟時間賽跑，他不得不一個人當三個人用。但人怎麼跑得過時間呢？是跑不過，但他沒有輸。他留下的身影，他作品所帶給人們的溫暖，他對這塊土地的關懷，他所堅持的信念……他以有限生命所為臺灣付出的，已超過上帝派他來這個世上所賦予的任務，足以讓他在面對上帝時，抬頭挺胸，露出微笑。

目錄

第三篇：文學·鍾肇政

第一篇

憶

鍾肇政

第一章
夢與灰燼：鍾老的文學路

以下內容節錄自 110.01.09（六）鍾延威的演講

主講者：鍾延威

逐字稿：江卓安

整理：邱一帆

我想在場的有人聽不懂客家話，我就用北京話來發言。

今天是父親過世以來第一個學術研討會，身爲家屬，非常感謝國立中央大學李光華副校長，及客家學院周錦宏院長所領導的籌備團隊，包括黃菊芳教授、陳秀琪教授、王保鍵教授以及陳芯慧同學，也感謝所有參與這次研討會的學者專家。

我非常榮幸今天有這個機會來講一講我父親的事。今天本來題目是「鍾老的文學路」，但這個題目對我來說太大了，尤其是這次參與的專家學者很多，他們在我父親的學術方面，還有作品的研究都遠超過我，所以關於父親的作品、父親對於臺灣文學的貢獻，我就不談了。我想大家比較陌生的，應該是從父親出生開始到二十歲之前，及父親過世前近二十年來的晚年的生活，我準備就談這兩大部分。

父親從小就是一個愛做夢的孩子，其實應該說是父親一生都喜歡做夢，這些夢想對父親來講是一個很大的動力，也讓他從這些夢想裡面得到力量。怎麼樣讓臺灣文學更好，怎麼樣讓客家更

好，怎麼樣讓臺灣這塊土地更好，這些構成父親很大的動力，讓他這一生不斷地往前衝刺。我想，要了解一個作家之前，應該要先了解他的一些生活的累積，及他的成長經驗。

鍾老十四遷

首先這個圖（圖1），這是父親2013年畫的，他自己畫的一個生命的遷徙圖，大致來講是正確的，不過這地方有點小小的記

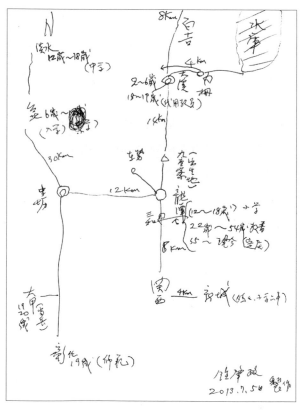

圖1　鍾老自繪生長遷徙圖

圖2　九座寮鍾家祠堂

憶上的誤差：十二歲到十八歲，應該是唸淡水中學校的時候；住在龍潭，應該是七到十二歲的時候，其他就應該跟我後來做的圖差不多。

我有一張比較詳細的圖，第一個是1925年父親在九座寮誕生（圖2），由於我祖父是日據時代的正式教師，調動相當頻繁，所以父親自幼年，應該是說在青年以前的遷徙，大概都是跟著祖父的職務調動有關。九座寮出生兩個月以後，就因為祖父職務調動的關係搬到大溪的內柵去了。

這張照片是我們鍾家的古厝，我父親就是在這個房間出生的，房子本來大些，後來因為宗祠改建，把這房子切掉了一半，這一半目前還保留，以後我們協會，會把他這間出生地做一個整理。第二張照片是在內柵，他七個月的時候照的（圖3），沒穿衣服。這張照片其實媒體用了很多。我想這邊螢幕可能很大，所以我事先放了一片葉子在重要部位。父親應該也看過很多次了，他晚年大概比較害羞了，我曾經拿給父親看，他馬上把雙眼遮

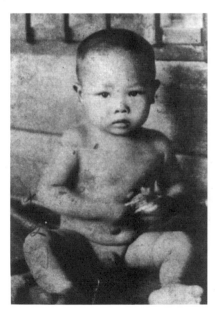

圖3　七個月大

住說「那是我嗎？那是我嗎？好丟臉」，所以也因為這個原因，我才多放了一片葉子。

搬到內柵的第五年，也就是我祖父教書的第十七年，照日治時代那時候的規定，教師滿十七年就是資深教師了，可以領恩俸，也就是終生俸的意思。由於當時日本統治下的臺灣經濟狀況不是很好，所以在我祖父任滿十七年的這一年，被迫辭職了。所以我祖父就從內柵國小退休，為了謀生搬到臺北的大稻埕。那時候是父親五歲的時候。在大稻埕，父親從五歲待到七歲進入太平公學校——就是現在的太平國小就讀。那一年，家裡發生了一些變故，父親的大姐因為得到傷寒過世了，我的祖母也有類似的症狀，我祖父很緊張，立刻帶著全家搬離臺北。

慘綠少年時

先在桃園待了一兩個月，然後搬回龍潭，我父親在這裡進入龍潭公學校二年級，他在這裡度過一段非常快樂的時光，小學畢業後要考初中。當時桃竹苗地區只有一所初中可以考，就是新竹中學，不過名額大部分都被日本人佔去了，所以沒有考上，只好在現在的龍潭農校就讀，課餘的實習包括挑豬糞，還要養豬又要種菜。他有一個堂哥是淡水中學畢業的，常來家裡，知道父親唸農校後，就說「阿政怎麼能夠受得了這些苦？」便說服我的祖父讓他也去唸淡水中學。所以他就在十三歲那一年考進了淡水中學，那是一個五年制的學校。那時候日本已經推動皇民化了，所以淡水中學從一個宗教性質的學校，被日本政府接收以後成為一個準軍事學校，以各種跟軍訓有關的訓練為主，在那裡過了他的

五年慘綠的少年時光。

淡水中學畢業後要考上級學校，他又沒考上。所以回到大溪一個叫八結的地方，就是現在的百吉。由於我祖父那時候又恢復教職，調到這地方來，是大溪山區裡的一個學校。幾個月以後，透過我祖父的關係，到大溪的宮前國小當代課教員（代課教員即助理教員，就是助教）。那個年代叫宮前國小的很多，只要附近有神社的學校就都叫宮前國小，所以一定要冠上地名。大溪宮前國小也就是現在大溪國小。教了幾個月以後，日本開始要實施徵兵制度，為了逃避這個徵兵制度，父親就去考當時剛成立的彰化青年師範學校。這是個因應太平洋戰爭而臨時成立的學校，主要是訓練一些青年學校的教官。當時臺灣各地都設有青年學校，所謂青年學校，就是為那些失學的、公學校畢業沒有升學的（小學畢業時沒升學）或就業後回來再唸書的那些學生所辦的學校。青年師範學校就是要培養這樣的教官，來教青年學校的學生，也是為日本儲備兵源。由於青年師範學校是一年制學校，我父親第二年畢業後就被分發到彰化的沙山國小，就是現在的芳苑國小。但還沒有去報到，就被抓去當學徒兵了。

當學徒兵被派駐到大甲，那時候太平洋戰爭已經接近末期，每天的主要工作就是到鐵砧山挖戰壕、構築工事，因為當時美軍幾乎天天來轟炸，而且聽說轟炸菲律賓之後，跳島戰術的下一個目標就是臺灣。所以每天都在挖戰壕、挖掩體，那時候是1945年，我父親3月去，到8月15日，日本天皇御音放送無條件投降，二戰結束，我父親學徒兵生涯也就結束了。

終戰前身分轉換的徬徨與掙扎

　　終戰後，我的祖父又調職，被派到龍潭很偏僻的、一個叫三洽水的地方的學校，成爲終戰後的第一任校長，就是現在的三和國小。三和國小對我父親來講，是一個蠻重要的地方，因爲他「復員」後回到這裡，然後到龍潭國小教書，談了一場轟轟烈烈的失戀，然後在這裡結婚。父親也爲了要投入文學，在這裡苦讀了好幾年。結婚以後，因爲從這裡、三和國小到龍潭國小正好六公里，要翻過一座山。上山三公里、下山三公里，每天徒步來回一個半到兩個鐘頭的腳程，那時候沒有單車，也沒有公車，非常辛苦。結了婚以後，這種上班的路實在太遙遠、太累了，所以他有一陣子帶著他太太，也就是我媽媽，回到龍潭九座寮。住了大概一年，這一年我的大姐出生。不久以後，我的祖父又調到東勢國小當校長。那時候我的父親想，我祖父擔任校長，他的一個大妹，也在東勢國小教書，而他本人在龍潭国小教書，一家人有三份薪水，如果住在一起，應該可以過好一點的日子，甚至可以多存點錢。所以父親從九座寮搬到東勢，跟父母和妹妹們一起住，就在這裡，我的哥哥鍾延豪，還有我都在這邊出生。

　　我出生大概兩個月之後的 1956 年 1 月，我父親一直在等的龍潭國小宿舍分配到了。我父親就帶著一家五口、就是我跟哥哥、姐姐，還有父母親，坐著雇來的牛車，搬到龍潭國小的宿舍。宿舍從 1956 年住到 1967 年，我父親利用一篇得獎小說的獎金，在現在住的龍華路買了一塊地，蓋了一間小小的透天屋，接著就讓出宿舍搬到新厝，一直住到 2020 年過世。

　　這麼一個複雜的遷徙過程，我父親經歷了日本軍事教育的淡

水中學,然後被抓去當學徒兵,然後去挖戰壕,面對空襲。當時美軍戰鬥機來得非常快、非常厲害,雷達都偵測不到,戰機一出現就是機關槍掃射,隨時面臨生命危險。

成長經驗的影響

所以我父親的這段成長經驗對他造成很大影響,我歸納為幾點:第一個是語言。他在搬去臺北以前,大概五歲以前,講的是客家話,到了臺北,語言,對父親來講是轉變滿大的,因為臺北多是閩南語的環境,所以父親也跟著講閩南話。而且他的學習能力蠻強的,講得很好。然後他從山下、山裡面的一個每天玩石頭、抓毛蟲的小孩,一下子搬到繁華的臺北,那時候是住在現在貴德街一帶,就是淡水河邊。那邊有劇場、有戲院,然後市街也蠻繁華的,整個環境都改變了,於他對世界的認識及觀察力有催化作用。

第二個就是自我覺醒。主要是發生在淡水中學的時候,他們的階級制度、學長制非常嚴格,只要比你大一年的,就可以任意命令你、甚至打你,越高年級的威權越大,尤其是日本人對臺灣人、日本學生對臺灣學生,更是毫不客氣,想打就打,沒有任何理由,就是要打就打、要踢就踢,這個待遇,跟他從公學校所受的教育,說:我們都是皇民,我們都是天皇的子民,我們都是一樣的,完全不一樣!父親慢慢體會到,我是臺灣人,我是被殖民的,我跟日本人是永遠無法平等的。尤其那時候有些教官嚴厲得動不動就把一個臺灣學生打到倒在地上,然後繼續再踢,幾乎每天都有幾個學生鼻青臉腫。這一個階段、這五年,對父親的心

情、所接受的教育有很大的衝擊，一種自我的認知與覺醒，慢慢在父親心裡甦醒。

另外還有情感和感情方面的啓蒙。我父親大概……我覺得父親蠻有女人緣。可能他的文青氣息、和他一些才華，所以有很多女性會主動去接近他。父親曾經寫過「我的七個初戀情人」。一般所謂初戀情人，應該只有一個，父親卻有過七個，這約略可以看出父親的愛情觀，他對感情的態度。不過，父親確實有過七個愛慕的對象。譬如說，他在宮前國小當代課教師時，就有一位他喜歡的暗戀對象；父親也暗戀過另外一個日本女老師，不過父親也許生性害羞、畏縮一點，一直沒有採取行動。這些在父親的小說裡面，後來都有很重的分量。

另一個來自家庭的影響是，我的祖父，總共生了十個小孩。我父親排行第六，其他九個都是女生。比較不幸的是，父親有兩個姊姊，還有一個最小的妹妹都是早夭，來不及長大就死了。父親大姊十九歲的時候，得到傷寒，就是我剛剛講的，讓我祖父倉促從臺北搬回龍潭的原因，姊姊因爲得到傷寒過世了，即便我父親當時年紀小，不過幾個姊妹死亡給他帶來的、感受到的痛苦，也許他說不出來，不過在他心理上，難免會有一些陰影。像這樣的主題，也一直出現在父親的作品裡，尤其是小說、短篇小說裡面，常常可以看到對於死亡的一些徘徊不去的傷痛或恐懼。

文學啓蒙

那文學上的啓蒙呢？主要是還在唸彰化青年師範學校的時候。其實他從小就很愛看書了，主要是看一些少年的刊物。父親

大概公學校四年級的時候，就學會跟父母要錢，然後自己去郵局劃撥，向日本訂購雜誌，所以每個月都很興奮地盼望雜誌的到來。買到的雜誌看完了怎麼辦？他會找左右鄰居、有類似同好的，大家交換著看。所以父親從小就非常愛看書，不過他一直接觸的都是日本的刊物，一直到唸彰化青年師範學校的時候，透過同學才接觸到西洋文學，從西洋文學這裡，開始打開父親的文學之門。剛剛有提到，青年師範學校，是父親文學上一個很大的啟蒙。

　　事實上，父親在那裡交了幾個對他後來影響很大、一起看書的朋友。畢業以後，他們也曾一起當學徒兵。學徒兵的主要工作就是挖戰壕、就是構築工事。這張照片左邊就是鐵砧山（圖4），我曾經照著父親的小說《江山萬里》，到那邊走一遍，想要尋找當年他們挖的戰壕，但是一片荒野，隱約可以看到一些人工挖的溝，但我無法確定是戰壕。倒是找到一個碉堡，但那碉堡

圖4　為當年挖戰壕之鐵砧山頂，可俯瞰大甲市區

（鍾延威攝於2018年）

應該是戰後才蓋的，不是他們當時駐防的，他們當時的工作挖戰壕，地點就是在這座山上。當時這裡是亂葬崗，清理以後讓學徒兵去挖，在那邊構築工事。軍方也命令他們每個人自己挖一個小小的、可以容身躲避空襲的個人小防空洞，每次休息的時候，父親就會偷偷找一個空的墓穴，躲到裡面，在裡面看書，不看書的話，就坐在那山頭看看下面的風景。

就在那個時候，應該說對父親來講是一個非常虛無跟徬徨、很掙扎的一個年代。日本很明顯的敗象已經出現，美軍的轟炸機隨時會來轟炸，戰鬥機隨時會來掃射。生死懸於一線之間，然後因為物資缺乏，幾乎沒有一天是吃飽的，每天都要非常辛苦的工作，對那一代的臺灣年輕人來講，前途幾乎是沒有、是不可測的。父親也是在這個時候，開始沉迷於日本的和歌、短歌，尤其是十二世紀的舊式的詩歌，當時有所謂的幽玄派，幽玄派主要講的就是那種深邃的、玄妙的人生境界跟自然景象。父親他特別著迷於作品裡面若隱若現的、厭世和虛無的那種氣氛。所以當時環境和他所接觸的這些作品，讓父親變得非常非常灰色，但是這對父親後來也有蠻大的影響。也就是在這個時候，靠著同學的介紹，他開始接觸了西洋文學，父親看的第一本書是盧梭的《懺悔錄》，當時看的當然是日本出版的，當時西洋文學對他來講，是一種堅實而高聳的牆，父親自己曾這麼形容。不只是內容，或者思想，光是翻譯的那些文本，就已夠讓他一字一句的去推敲。但對父親的文學經驗來說，那是一種「飛躍」，怎麼說呢？他從日本古代詩歌到盧梭，從日本到西洋，從十二、三世紀到十八世紀，就閱讀來講、就文學的境界來講，就是一種很大的飛躍。

微涼的尋覓

當時很多志同道合的同學一起看書，父親也發現了、體悟到了一個生活態度。就是：在尋覓酷熱中，不是靠風而來的微涼。酷暑、酷熱中沒有風，不可能會涼。但是如果你去追求，你可能就會發現了風、發現了微涼。也可以說是那個風、那個微涼本來就在，只是要靠自己去尋覓。這可以轉化成一種比方，山就在那邊，你不去爬，山不會靠過來就你。也就是說困難就在那裡，你不去解決，困難還是在那裡。靠著這種微涼的尋覓，父親找到了他的信念，這個信念，如果從他往後的一些作為來看的話，「越是酷熱，我越是要去尋覓那個微涼；越是黑暗，我越是要去點亮那一盞燈，哪怕是多麼微弱」，它就是—— 剛剛說的在他黑暗時期，產生的信念。這是在父親從事文學創作，遭遇那麼多困難之中，我想父親就是靠著這個信念，「不管這條路有多難走、我就是要去走，也許會失敗，但是成功也會來」，所以這對父親後來能夠從一個文學家、到一個參與社會運動的行動家，到推廣客家的一個實踐者，都有很大的影響。

被埋沒的音樂神童

其實我父親從小就是一個音樂神童，他有所謂的絕對音感。絕對音感就是說，在沒有基準音校準的情況下，你聽到一個音，就能夠辨別出它的音位跟音高。比如說鋼琴鍵盤你隨便按一個音，他就可以馬上告訴你那是 Do 或 Re 或 Mi，那是高音或低音。再強一點的，父親可以在複雜的背景音裡面，能夠聽出一個

音的音位、音高，那就更厲害了。而父親只要聽到一首歌或一首曲，就可以隨手寫下它的音位音高。也就是說可以寫出它的簡譜，這是非常了不起的。我曾上網查過，有一說是，具有絕對音感的，全世界從巴哈到貝多芬只有九個人。可是我相信，民間高手很多。我父親雖然沒有經過鑑定，不過他確實有這個本事。因為我祖父在教書的時候、尤其在終戰之後，學校裡常常有唱片，但是沒有樂譜，有唱片、沒有樂譜，當你想教唱片裡的歌的時候，老師會因為沒有這個譜，就完全沒有辦法去調、沒有辦法去教，我父親知道我祖父的困擾後，自告奮勇說讓他試試。結果我父親真的就聽了唱片，在聽第二遍的時候，就把譜寫出來，有了譜，老師就可以看著譜來彈琴教音樂，我父親確實有這個才華，而他也很想當一個音樂家，可是以當時的環境，沒有人培養，家裡也沒辦法供應他去學音樂。尤其那時候的環境，一般人要接觸到樂器的機會非常少，所以他就沒有走這條路，選擇了他最喜歡的書，最喜歡的文學。

文學逆境

可是文學，父親面臨了第一個問題，就是語言和文字的轉換。那時候父親剛退伍回到家，帶著身體和心靈的創傷回到故鄉。心靈的創傷就是，終戰前幾乎是過著非人的歲月，還有那種隨時可能的死亡所帶來的恐懼，及對未來的徬徨；而父親的身體也確實受到了傷害，他的耳朵因為瘧疾、發高燒，兩隻耳朵燒壞了。左耳完全聽不到，右耳靠助聽器還能聽得到。剛開始沒有助聽器，剛回到故鄉時，耳聾的情形還不是很嚴重，只要靠近父親

講話大聲一點，他還是可以聽得到。不過隨著日子久了，後遺症造成的重聽越來越嚴重，就不得不戴助聽器了。所幸戴了助聽器後，還是可以正常的和一般人交流。在這個身心皆受創的情況下，他剛回到家的時候，一度非常的消極，他覺得自己是一個殘廢的人，以前學的日本的東西完全沒用，他變成一個文盲，自覺沒有任何前途，加上窩居在山裡面，也幾乎跟外界沒有什麼接觸，所以非常非常的消沉，而且他因身體虛弱，每天幾乎都在睡覺，他的父母想他受了傷、也因為他剛退伍，也縱容了他一段時間。一直到後來，他發現附近一些青年都在學習新的語言，他才振作起來，開始苦讀自學，並開始到龍潭國小教書。

再來看這個照片，是我到三和國小場勘當年校長宿舍遺址時拍的（圖5）。校長宿舍在學校操場後面的小山丘上。是他以前跟父母及妹妹們住的地方，現在宿舍已經拆掉了，不過我還是跑

圖5　2015年，90歲的鍾老回到1945終戰那年，他自大甲復員返回的故居
　　──龍潭三和國小校長宿舍

到那上面去，往下俯瞰拍下這麼一張照片。我晚上待在那邊可以體會到當年父親剛回來時的心情、失戀的心情，還有他結婚時跟一個完全陌生的女人互動、溝通、磨合的一些情境，我就在夜色之下拍下這張照片，應該蠻吻合他當時的情景。

文學版的橫斷記

父親決定要走上文學之路時，正好碰上了臺灣文學史上最大的空白時期，就是 1950 年代，亦即日本學者松永正義寫的、葉石濤葉老翻譯的一篇〈臺灣文學的歷史與特性〉，它裡面所指出的。事實上，臺灣文學，我們從新文學開始講好了，從 1920 年的賴和開始，就受到不少的打壓。不過主要的「橫斷」——所謂的橫，就是橫面襲擊；斷，就是斷其後路，這是《戰國策》裡面就已出現的軍事術語。到了日治時期被發揚光大。尤其日本人為了掠奪我們的山林資源，把隘勇線無限延長，把原住民部落住民逼走，以便開採樟木。

這樣的一個「橫斷」，也出現在國民政府來臺後的臺灣文學史上，造成臺灣文學的一個很大的空白期。一般認為它構成的原因，第一個是書寫工具。就是前面講的以前學的日文完全沒用，你要從頭學。終戰之初其實還沒有所謂國語（北京話），國民政府正式播遷來臺之前並沒有國語，所以臺灣人看書都是用母語，也就是福老話或客家話來唸的。而要會唸之前，最主要還是要先認字，當時有不少人去學了，《三字經》什麼也背得滾瓜爛熟，但是問他什麼意思，他完全不曉得。我父親認為這是完全不夠的，你光認字不行，這字還是死的，你要知道它的意思、它的意

義才能運用，父親在這方面下了很大的功夫。

另外一個是當時的政治氛圍，1947年二二八，然後臺灣第一次戒嚴，然後清鄉，到了1948年，國民政府還沒來，警備總部先來，來了第一道命令，就是臺灣省戒嚴令，整個白色恐怖就開始了，這個就是所謂臺灣文學的黑暗期。知識份子都把書藏起來、不然就燒掉。有些人把書用油紙袋包好放到盒子裡面藏起來，甚至有人埋起來，或沉到河底，等政治清明的時候再把它拿出來。所以這個時候的臺灣作家根本不敢寫，寫了也不敢發表，是個非常恐怖的時代。

而國民政府來臺以後的文藝政策，就是反共文學、「歌德」文學，那時候所有報紙的副刊、所有的雜誌，你如果不寫這兩個東西，你就沒有辦法被刊登，所以臺灣本土作家在那個時候是完全被封殺的。雖然1952年時，還有吳濁流的《亞細亞的孤兒》的重刊，也還有楊逵蠻活躍的辦雜誌、寫文章。不過楊逵被捕以後，知識份子、作家噤聲，就真的進入1950年代大斷層。

文學與生命的主題

在這個斷層的時候，父親出現了──所謂正確的時間，正確的人。為什麼說父親是正確的人？我想這個跟他的人格特質有關。首先他是客家人，有越挫越勇的硬頸精神。剛剛我所提到的，關於父親的人生經驗、他的信念，他怎麼樣去迎向困難、解決困難。在那個年代，父親等於是一個人在做三個人的事情，又要寫小說又要編雜誌，又要照顧後進又要發掘前輩，幾乎所有的事情都攬在他身上。其實，父親雖鍾情於文學，但剛開始，他還

沒有想他可以成爲一個作家，不過，他很敬佩那些作家，而且父親從那些作品裡面，他還觀察到，也領悟到，大家寫的都是這塊土地上的故事，父親想寫的也就是這些，他要寫臺灣人的悲苦和那些遭受的不公平待遇，他要爲歷史留下見證，父親在這裡找到他的文學主題。然後父親就開始嘗試小說、長篇小說，一直到寫完《濁流三部曲》，父親的心裡面還是覺得有個東西沒有被他寫出來，還不是他能掌握的。然後再經過臺灣文藝的一些波折，還有一些作家遭遇白色恐怖的待遇之後，他發現，臺灣文學的命運就跟臺灣人的命運一樣，是那麼的不幸。他終於在綜合這些經驗之後，找到自己的生命主題，那就是臺灣、臺灣人、臺灣這塊土地、一個正常的國家。所以父親開始著手去寫他的《臺灣人三部曲》。第一部《濁流》他就命名爲《臺灣人三部曲第一部》，這是他的第二部大河小說。從此，父親以生命來書寫歷史長河。

記憶與遺忘的拔河

我現在講到父親八十歲以後。父親大概是在 2016 年的一次摔倒以後，開始出現了失智的現象。2010 年某一天，我請父親寫他的《魯冰花》作品裡面，常被引用的一句話——「魯冰花謝了」，結果他寫成照片裡的「魚冰花射了」（圖6）；同一年，我聽說李喬大師心臟開刀後，跟他說李喬老師心臟不好去開刀、裝了支架，他聽了非常著急，馬上就提筆寫信，這張照片是信的內容：「喬弟如晤：適才聽聞，您心臟……」（圖7）。父親晚年大致就是這樣的情形。有時候字都不會寫、有時候又相當清醒。

圖6 2019年鍾老受失智所苦，連「魯冰花謝了」都已寫不出來

圖7 鍾老人生中所書最後一封信

　　所以失智，我想應該就是一個所謂記憶跟遺忘的鬥爭，清明跟混沌的拔河。有時候記憶贏了，他就回到現實，什麼都記得；遺忘佔了上風時，他什麼都忘記了。在照顧父親的這幾年當中，雖然說他失智，但是我卻常常要跟他鬥智。例如說睡覺，父親常常會半夜爬起來，我有時候就算裝了紅外線警報器，也沒用，因為父親會從床的另外一頭起來，避開警報器跑出去。好，那我就移到另外一頭睡，有一次竟然被他壓醒，他要跨過我的時候，一屁股坐在我臉上。所以在防備他半夜起來亂跑的情況下，我不得不更仔細，要「超前部署」，也就是跟下圍棋一樣，要想到好幾步之後。例如除了警報器，我還把好幾個板凳、藤椅全部綁在一起，以防他跑出去，不過有幾次還是被他突破封鎖。所以我把我的枕頭布跟藤椅綁在一起，這樣子他推動椅子的時候，就會扯到我枕頭布，我就會醒來。

還有像抽菸，父親晚年變成抽菸抽的很兇，其實不是菸癮大，只是他抽完就忘了，他看到菸就拿。後來我把菸收起來了，還做了一個表，幾點幾分抽第一根香菸，幾點幾分抽第二根香菸，每次都請他簽字，他也會寫個OK。但大概一兩個月以後父親開始說「OK？那不是我寫的，我沒有抽啊！」

父親也常常半夜起來吃飯。經常半夜起來，問我：「大家吃晚飯了嗎？」我說我們都吃啦；他說：「你們吃怎麼沒叫我？」而且有時候吃不只一次。反正，一旦他起心動念要做一件事情的時候，其實不必阻擋，二話不說，就讓他去做。他要吃就給他吃，他要菸就給他菸。有時候看他有朋友來，他搞清楚以後，對答如流，來訪友人中有日本人，就講日本話；一回頭跟另一位客人講國語，再回頭，又講福老話，然後不時用客家話對著我喊：「阿威，遽啊去淳茶！」可見父親的語言轉換能力還是在！

另外一個就是父親的耳朵，後來完全聽不到，這也是一件很無奈的事情。當你完全聽不到的時候，其實是陷入一種完全的、無邊的寂寞，這對父親老年的生活打擊是很大的！我在這裡大概爆料了不少我父親的一些糗事。

一生志業

我想用這個照片（圖8）來做一個結尾──父親一生的志業，還有堅持。葉老葉石濤曾經說，寫作是天譴，成為作家是遭到天譴，一個人孤獨面對稿紙打仗。父親跟葉老同年，一起走過那個年代，一起遭逢過那些困頓，也應該說是一起在長夜痛哭過，才會有這種喟嘆。我想父親的一生，可以用一條老牛來比

圖8　2013年於家中伏案書寫

喻，一輩子孜孜矻矻、埋頭犁田，當他回頭看他耕耘過後的文學
上地上枝繁葉茂、繁花盛開的時候，我想，對父親來講是滿足
的、無愧的。

第二章
鍾老的青春夢

以下內容節錄自 110.01.10（日）張良澤的演講

主持人：鍾延威

主講者：張良澤

逐字稿：鍾尹書

整理：邱一帆

主持人鍾延威：

謝謝，我就直接開始了。良澤老大！打從我有記憶以來，良澤老師就喊我父親老大，每次來就老大長、老大短的，所以我就跟著叫良澤老師老大。

文學知己，情同父子

其實良澤老師跟我們家有點淵源，良澤老師在他師範畢業第一次當老師的時候，大概二十出頭的毛頭小伙子，短篇小說卻寫得很好。我父親知道以後，一次在龍潭家裡辦的文友聚會，就把良澤老師找去了，寫了封明信片把他找去了，所以兩人的交情就從那個時候開始，二十幾歲到現在也有超過一甲子了，將近一甲子了。

兩人後來因為良澤老師走向學術路線，專門蒐集研究臺灣史

料，所以跟父親接觸非常頻繁，那兩人感情好到有點如膠似漆。我父親晚年記憶最差的時候，唯一認得的就是良澤老師。我父親的晚年連我都不認識了，他只知道叫名字：「阿威、阿威」，但是不知道我是誰，可是良澤老師一來，他一眼就認出來了，然後兩人就會十指緊握抱了半天。談話的時候，因爲父親老年兩隻耳朵聽不到所以要用筆談，可是他們兩個不用筆談，兩人斜坐在沙發上，肩靠著肩、頭靠著頭各講各的，可是仔細聽好像又是在一問一答，這真的是非常奇妙的事情，姑且就稱爲心電感應，因爲我父親真的聽不到。良澤老師有沒有在聽我父親講話我不知道，可是聽起來好像就是在一問一答、有問有答。所以父親也曾說過：「一個人一生中，能夠有一個知己就夠了」，這個知己就是良澤老師。

真理臺文館事件

老師最近遭受了一點……不是一點，是很大的不公平的對待，希望不會影響到今天，不過他的演講稿已經被鎖在他的研究室裡面，也拿不到了。不過以老師豐富的經驗，還有對我父親的了解，可能會更精彩。

主持人張良澤：

我這一輩子沒有像現在這麼有名，好像很多人都認識我，報紙、電視臺什麼，都在報導張良澤。這個完全是你（鍾延威）造成的，功勞者也是你、造成我的困擾禍首也是你。我叫你不要對外宣布，我寧可受委屈都沒有關係，可是你就是看不過，一定要

爆出來，這一爆，我走到哪裡都變成名人了。剛剛我從貴賓室走到這裡，還有從地下室繞上來，我變成總統級的，前後都有護衛，我這輩子沒有當過這麼大的偉大人物。

我到什麼地方演講都有一個習慣，我會印講義給各位，這是我的習慣，講義是我手寫的講義，可是今天我空手而來。我一個月前就已經準備好了講義，可是我要來之前，我要進去拿我的講義，要拿去印，結果發現資料館鐵門被鎖了，裡面的大門也換了鎖了。而且1月5日，就是前幾天，因為元旦過了，我以為學校都已經開課了，所以我沒想到我約了客人，結果進不去。然後我就到我們麻豆校區的主管——處長那邊去。

我說我這個門被鎖了，我要拿我的資料，職員說他沒有鑰匙，鑰匙要問處長。我要問處長，但是處長今天不來，他說今天可能是在臺北。我就很急了，處長人在臺北，鑰匙也不放在辦公室，那個職員那邊沒有。結果我打電話給處長，處長沒有接電話，我留話說我很緊急要趕快拿講義。後來她回我電話說鑰匙不在她手上，交給上面了。我就算了，反正也拿不到了。

昨天中午我就空手出門了，剛好要出門的時候，我接到處長的電話說，校長約了前任的葉校長，還有幾個什麼委員，我沒聽清楚，就是有約了幾個人要跟我見面，然後問我願意不願意見面。我說好啊，我也很希望當面跟校長溝通。從陳校長上任以來，沒有來過資料館，也沒有跟我談過資料館的未來要怎麼樣，我每天都很不安。

真理麻豆校區已經沒有學生了，我知道學校的經營有困難，那這個館以後要怎麼辦呢？我很希望學校有一個指示，要關還是要賣？還是要怎麼樣。因為我等於是義工，我雖然是名譽館長，

但是我是一個無薪的義工，我一毛錢都沒有拿，所以我也沒有權力，我就等校長有什麼指示，但一直都沒有。昨天處長說要見面，我覺得這是一個機會，我可以聽聽學校的方針是怎麼樣的。於是，我跟處長說我現在要北上了，處長就說好，約好會通知我見面的地點、時間，我就出門了。

怎麼突然有人傳了訊息給我，說校長昨天晚上在臺南等我，跟我約定在臺南見面。我之前都沒有這個訊息，我在等他的消息通知我。而且我已經跟處長說，我今天在這裡呀，怎麼可能會約在臺南呢？校長昨天晚上說在臺南等我，我嚇了一跳，不曉得是我錯亂？是校長錯亂？還是那個處長傳話沒有傳好？我就搞不清。總之我說明天下午兩點，我在臺南的吳園做一次說明會，因為很多記者走到哪裡都要問我什麼，我說一次講清楚，就是明天下午兩點。

今天談鍾老的「青春夢」，就憑我的印象啦，我現在憑記憶來談一談。

與鍾老相識

剛剛你提到我跟你老爸認識的那個過程，我稍微再補充一下。我今年實歲是八十一歲。剛好是六十年前，一甲子。我二十一歲時在小學教書，突然有一天接到一張明信片：「張良澤先生請你Ｘ月Ｘ日到龍潭寒舍來慶祝家父的生日」。是鍾肇政寫來的。鍾肇政，那個時候是我心目中地位最高的臺灣作家，他筆名是「鍾正」。這麼一個大作家，他怎麼認識我？又驚又喜。

反正有受到邀請我就趕快北上，先到龍潭國小。因為我早到，就到龍潭國小去走一走、看一看，看到有一個人在彈風琴上音樂課，我看功課表是鍾肇政擔任的音樂課。喔，就是他。從窗口看，看著這個老師在彈風琴，我覺得他有一點像貝多芬的樣子。我那個時候還不知道他重聽，聽他在那邊哦哦哦（唱歌聲），這樣子教學生唱的時候，頭髮又長長的，跟你現在差不多吧！就是那個樣子像貝多芬啦。等他下了課，就帶我到校長宿舍，鍾會可校長的宿舍就是你老爸的家，他跟父母都住在一起。

　　好啦，我一進去的時候已經辦了一桌，一個圓桌，幾個客人。鍾老把我帶進去就介紹：「這位是我們最有希望的年輕作家。」我剛坐下來，那時候我還是一個小處男，覺得很害羞，對面都是大人物，我就低著頭。對面一個最老的，後來我才知道，他叫陳火泉，在日治時代很有名，可是我都不知道日治時代有什麼作家。陳火泉就坐在我對面，鍾老介紹了以後，陳火泉就對著我說：「你就是奔……奔……」，到第三個奔的時候，突然，他的桌子上「叩」有一個很大塊金屬掉下來，我嚇了一跳，一看是一個嘴，上下排牙齒。我第一次看到，嚇了一跳，不知道到底是怎麼回事，怎麼整個嘴都掉了？然後他很快地抓起來送進嘴裡，摧一聲又講話了。他就說：「你就是……」，他要說的是「奔煬」。這件事我印象很深。

　　再來酒菜上來了，你阿嬤跟你媽媽，在這個客廳下面，一個自己蓋起來的小廚房，廚房外面就是養豬的小豬舍。就在那個廚房，兩個女人炒啊炒啊炒，然後就端上來，鍾老就趕快去接過來，辦了一桌很豐盛。正在吃飯的時候，老頭子陳火泉，喝了三杯酒以後就開始滿臉通紅，然後就開始說，他晚上寫作寫得很

晚，老婆在蚊帳裡面說「趕快來睡啦、來睡啦」，他就是要熬夜寫作，結果因為老婆常常叫他趕快來睡，後來孩子一個一個生出來。他說：「我老婆叫我去睡，睡不著又生了一個孩子，生了將近十個孩子。」他還說：「我就是受不了我老婆那個奶茲（音chia）大粒，茲大粒奶呀。」我那個時候是小處男，第一次聽這個大作家、大人物怎麼都是講黃色的，心裡很納悶，我認為來這裡應該是談文學的。

特務來關心

後來我就覺得怪怪的，因為你們那個宿舍外面就是一條大馬路，一看窗外有幾個人在那邊走來走去，都是穿西裝的，我只是感覺到外面這些人怪怪的。後來才知道外面這些都是特務，知道今天有這麼一個文友的聚會，所以在外面監視。陳火泉會講這個黃色笑話，就是講給外面的那些人聽，叫他們放心啦，我們都在講黃色笑話，不是在講救國、反攻大陸。這件事情給我印象很深。

風雨中緊緊靠在一起

後來吃過飯，鍾老就很熱心地說：「我要帶大家去看石門水庫，剛好在開工的時候，走走走……我請大家去看石門水庫。」可是外面在下雨，就叫了兩部計程車，鍾老撐傘一個一個接。兩臺計程車就一路開，開到石門水庫的山上，山頂有一個瞭望臺，就是給人來看下面的工程之浩大，那瞭望臺有欄杆怕人家掉下

去。這幾個文友一上山時風雨更大，撐著傘，傘又怕飛掉，因為怕掉下去，所以大家就互相擁抱著。下面的工程車、卡車，下雨天還在工作；就是高度很高往下看很小。我不好意思跟人家在那邊抱在一起，就偷偷躲到後面。可是我發現一個場景：這些人必須要緊緊地靠在一起，在風雨之中必須緊緊靠在一起，這就是臺灣文學的命運，臺灣作家的命運。那個時候我一個恍然大悟，我們臺灣作家必須緊緊地擁抱在一起，團結在一起，才不會摔到山谷下。這個給我很大的啟示。

臺灣文學史的承諾

後來他們走了，我多住了一天。住了一個晚上，要走的時候我就跟鍾老說：「我一定要寫第一部臺灣文學史。」鍾老說：「你這個小毛頭，臺灣文學這四個字都不能講，你還要寫臺灣文學史？」我說：「這個是很危險，但我一定要寫，請你把資料留下來，以後交給我，我靠這些資料就可以來寫臺灣文學史。」鍾老說：「好！那就一言為定，以後資料都交給你。」

那時我二十一歲，又回到小學教書，然後考上成大，接著又開始初戀、交女朋友、失戀，搞了一大堆，我把我跟鍾老相約的這個事情忘掉了。我從日本留學回來，編了幾個全集之後，又赴日本任教。因為到日本就變成黑名單，不能回來，到1992年回來的時候，我第一個就到你（鍾延威）家去，我說：「我來拿當年我們約定的那些資料。」他（鍾肇政）就說：「好，你終於來了」，他就把所有的信件（人家寄來的信件他都收起來），一箱一箱地交給我，我就運到日本。我那個時候還在日本教書，因為

黑名單解除我可以回來，我回來就先找你老爸（鍾肇政）。把這些書信運到日本以後，我每天就開始整理，開始一張一張地貼，漿糊輕輕地貼，前前後後將近花了十年，弄好就去裝訂成精裝本，總共將近100冊，就分批運回來。運回來之後，你老爸一看：「哇！這麼多！」每一張都是用手工貼起來，按照日期排下來。

真理成立臺文系與臺文館

後來他（鍾肇政）覺得那麼多放在家裡又很笨重，剛好1997年真理大學成立臺灣文學系，同時我跟葉校長要求，文學系不能是空的，一定要做一個文學資料館，讓社會大眾心服口服，說我們臺灣文學系是有東西的，所以就設立了臺灣文學資料館。這個資料館，就在1997年跟臺灣文學系同時成立。我被葉校長派為創系的系主任，同時也是這個館創館的館長，他都很支持我。資料啊、書啊，一車一車地進來了。本來是在淡水，結果淡水地方太小，書越來越多，一下子，小小的空間馬上就爆滿了。剛好麻豆校區在蓋大樓，葉校長就問我是不是要換到麻豆？我說：好。就搬到麻豆，空間很大，大樓隨便我用。我做了一個最漂亮的書架，用玻璃隔成一格一格，把鍾肇政書信全集一本一本地擺上去。這個資料就變成這個館的鎮館之寶。

因為當年這些資料是寄存的，給我們利用，給大家參觀。這次發生這個事件的時候，我最擔心的就是這些東西萬一封館的話，這些紙已經幾十年了，容易腐爛，所以我就趕快通知你，先把這個全世界只有一套的資料趕快先移開，那我就放心了。

臺灣文學史的功勞者

我在貼這些信件的時候，所有臺灣戰後的作家，不管是誰都曾經寫信給鍾肇政，有的請他指教甚至請他修改、請他幫忙推薦發表，發現幾乎所有的臺灣作家，沒有一個不跟他通信、跟他請益的。所以戰後臺灣文學的文學世代：鍾肇政、廖清秀、鍾理和、文心，他們是戰後第一代，就是跟鍾老同一輩的，由日文變成中文的第一代；我就算是第二代，第三代就是鍾鐵民他們那一代。戰後大概是十年為一世代。所以我、黃春明、陳映真、七等生，大概都是屬於第二代，李喬也是。戰後臺灣文學第二代以後的作家，沒有一個不是鍾老這樣提拔上來的。所以戰後臺灣文學史，一直延續到今天，最大的功勞就是鍾老──鍾肇政。看了這些信才知道鍾肇政就這樣把後生一個一個培植上來的。

尋覓文學的主題：愛情

我知道這個事情以後，我對鍾老大就更尊敬了。不過我在貼信的時候，我有一個期待，其實我很想看看裡面有沒有女生寫來的。結果女生寫來的很多，當時很有名的女作家，像黃娟、魏晼枝，也是跟鍾老通了很多信。可是我讀她們的信都很失望，都是請鍾伯伯或者鍾老師幫忙修改，我再怎麼找都找不到一封比較甜蜜一點的，稱呼親愛的肇政，一封都沒有，真的是很失望。我讀鍾老的小說，描寫年輕時代的那種浪漫、那種愛情，鍾老寫得多生動，我就不相信他沒有這些經驗，而是憑空想出來的，於是我一直在找。

後來被我找到了，而且是一大堆！就是我剛剛說黑名單解除，鍾老把所有的信交給我，最後我要走的時候，他從床底下挖了一包東西給我。所有的都是裝箱裝好的，但是就這一包是從床下掏出來的，也沒講什麼，就叫我順便拿回去。因為那個外面包裝破破爛爛的，我一看這個一定是沒有什麼，就放在桌子下。等我花了十年功夫，差不多信件都整理完了，最後桌子下這包要怎麼辦，好啦，反正就打開來看看，這一看都是紙條，零零碎碎的，也有一封信有十幾張信紙的，都是用日文寫得密密麻麻，我就頭痛了，到底這是什麼信，又把它包起來了。回臺灣之後，那包還是在我的書桌下，總是覺得不做不行，可是要做的話，真的費工夫，不曉得是誰寫的信。內容仔細一看，原來是鍾老寫給一個女生的信，全部都是。裡面有他一邊喝酒傷心、一邊掉淚、一邊寫的信。好了，最後的一個差事，我一定要把它完成。

　　鍾老的太太，我叫大姐啦，因為張九妹的弟弟叫張良凱，所以我第一次去住你（鍾延威）家，就是二十一歲的時候，她（張九妹）說：「良澤良澤，我弟弟是良凱，所以你也是我弟弟。」就這樣變成她的弟弟。不幸大姐也過世了，過世以後鍾老不吃不喝，每天呆呆的，我看這一下子鍾老恐怕也活不了了。這時候想起要把這些情書整理出來。我就開始重新再抄，請高坂嘉玲老師一邊辨識一邊打字，由我翻譯，翻譯完了幾封之後，我就把這些沒有日期的信，故意寄給鍾老，我說：「鍾老，到底這個女人是誰？後來怎麼樣，你不是說跟她約會嗎？後來有沒有跟你約會啊？」我就故意找這些話題，當然有一些我翻譯不出來的，有一些日文太潦草的，我都請他幫我把譯文稿修改修改。

　　剛開始鍾老沒有馬上回信，就拖啊拖，我一直在催，後來總

算回信了。回信以後，女主角是某某人，他上面都有一個代號是R，才知道R原來是他的同事，一個女老師。這樣幾封信回來，我再整理幾封寄過去，這一來一往，慢慢地鍾老就中了我的計，又開始回憶了。我都會問一些當時情況，「你們那個時候辦公室怎麼坐？」他就畫，並說「當時我進來的時候，這個女老師、這個R小姐就坐在……」，因為他倆同是擔任四年級，R小姐正好坐在對面，「所以那些紙條都是我匆匆忙忙寫一寫就塞給她的，臨時有什麼筆記簿就撕下來趕快寫一寫，趁人家沒有看到就塞到她抽屜裡面」。這樣一步一步讓他回憶，他青春的這一段戀愛，終於讓他醒過來了！不要因為妻子死了就這樣哀傷，所以我救了鍾老多活了十年，不然的話，他跟著你（鍾延威）媽媽早就走了。這是我的陰謀。

終於全部整理完畢，整個故事的架構，我都一邊問鍾老、一邊看內容，前前後後的故事，把它連接起來，共花了四年。完成以後，就請黃仁安董事長出版，而且我要求這本書一定要燙金邊。通常《聖經》是要燙金邊的，我說這本書一定要花錢燙金邊、精裝，上欄日文，下欄中文翻譯，上下對照。黃仁安董事長說沒問題，照你的理想去做，就印了一本書名叫《苦雨戀春風》。

愛情經典──苦雨戀春風

《苦雨戀春風》，因為那個男主角是苦主，哭哭啼啼的，眼淚掉下來把字跡搞模糊了，所以是「苦雨」；那個R小姐像春風一樣，來去無蹤。鍾青年戀愛了兩年，總共寫了264封。新書發

表會的時候，我說這本書是臺灣文學的《聖經》、經典，所以要燙金邊。為什麼它是臺灣文學的經典？第一，德國的少年維特，歌德的《少年維特的煩惱》，就是你老爸非常崇拜的作家，少年維特的煩惱總共也不過16封信，薄薄的一本，就變成世界文學名著了。鍾老這本264封信，內容勝過歌德，所以我認為這是臺灣文學的經典。第二，你要研究鍾肇政文學，這一本情書是他文學的一個原點、一個源頭。

劇情提要如下：剛開始對面坐的這個女老師，一看很漂亮，鍾青年就動心了，開始藉口：「你的字典借我。」借了字典一個禮拜也不還，女老師就會催他，就寫個紙條：「字典什麼時候還給我？」就藉這個機會，「我要還給妳，明天晚上到哪裡，我還給妳。」就這樣子製造機會，一來一往，讓這個女老師慢慢地發現這個鍾青年很有才華。還借給她什麼世界文學名著，叫她看，「看了以後我們來討論一下」。還有兩個人都喜歡日本文學的俳句，「那我們就參加俳句會，大家互相切磋。」就製造機會接近這個女老師，女老師無形當中就發現鍾肇政真的有才華。而且他們兒童節遊藝會的時候，兩班合作，鍾肇政就編曲編劇來表演。這樣跟她親近以後，就開始進攻了。

鍾肇政住在龍潭國小的宿舍，女方爸爸是鄉公所的職員，住在公所宿舍。鍾肇政的宿舍對角那邊就是公所的宿舍。晚上好不容易約她出來。龍潭國小有一棵百年大榕樹，他們約會就約在榕樹下。因為宿舍那邊圍牆過來很方便，好不容易看她來，可是都帶著妹妹一起來。我寫信問鍾老，你們交往兩年多，有沒有親一親啊？他說沒有啊！幾次都帶著妹妹出來，連握手都沒有機會。常常沒有辦法出來，因為她父母監視得很厲害。鍾青年坐在那棵

榕樹下吹洞簫，「昨夜妳沒有出來，我在大榕樹下吹洞簫，月光照怎麼樣怎麼樣，清風怎麼樣怎麼樣，希望我的洞簫聲音，隨著清風飄進妳的窗簾」。

對R小姐這樣的一片鍾情，結果還是沒有辦法打動對方的父母，因為對方父母提出的三條件：第一要大學畢業，第二要有財產，第三身體要高大。這三個條件鍾青年沒有一個符合。鍾青年又矮又耳聾，所以第一個當然不符合；大學畢業，鍾青年只是青年師範畢業，等於高中再上兩年而已，也不符合；財產，家裡只有祖產幾分地而已，所以根本不符合。結果最後媒人介紹臺南高工（成大前身）畢業，在臺南是一個有名望的，身材個子也是很高大，三個條件都符合，父母親就做主訂婚了。

訂婚的消息一傳來，傳進鍾青年的耳裡，那陣子，我跟你（鍾延威）講，最後那幾封信，鍾青年不是喝酒就是痛哭寫的，甚至還寫到自殺。他要怎麼樣自殺都寫出來。最後他還是沒有勇氣自殺。只好說「我祝福妳、把個人的信各歸原主」，女方就把鍾青年的信還給他，鍾青年收到的信也還給R小姐。最後一封信他說，「我把妳的信通通還給妳了，只是最後留下一張妳的相片沒有還給妳，妳應該會答應吧！」最後留下一張相片，其他都已經各歸原主了。

似曾相識

我編書編好了，我聽說女主角還在世，我想如果能拿到這個女主角的信，可以對照一來一往，那這個情節就更有趣。用了種種辦法總算聯絡到這個R女士，我一問她說以前那些信件，R女

士說，「訂婚他還給我的時候，我馬上就燒掉了」。我覺得女人真無情啊，我們男人都很珍惜，尤其初戀的一封信、一張紙條都捨不得丟，結果女方第二天就燒掉了。

我後來去問了以前的我幾個女朋友。我以前跟鍾青年一樣也在小學教書，也跟鍾青年一樣，而且那個情節都跟我相似，我不是模仿他。我還比鍾青年更進一步，我早上去摘茉莉花，茉莉花不要全開，要半開的，而且要帶著葉子，因為茉莉花的葉子很青翠、很漂亮。就摘這麼一枝茉莉花，用玻璃杯裝水，把這一枝茉莉花插進去，你知道嗎，葉子在水中，水泡像珍珠一樣閃亮；上面是芬芳的茉莉花。擺到對面那個女老師的桌子上。可是我看鍾青年，他不會這一招，其他的都一樣。我也會把世界文學名著偷偷地放進她的抽屜裡，要求交換意見。好像是說我們在追求知識、追求文學，搞得很虛無縹緲。

結果鍾青年無意中產生了這一部偉大的作品《苦雨戀春風》，我很得意。而這個工作也只有我才能做，因為我最了解鍾青年，我跟鍾青年有很多類似的地方。他的第一部長篇小說——《魯冰花》的情節，剛開始他發表的時候，我還以為他是在寫我的故事。心想我也沒有把我的故事講給他聽，他怎麼都知道？原來他是寫他的故事，而我演我的故事。可能是我們的經驗，因為年代不是差很久，時代背景也差不多，所以我們就很容易這樣子重疊。

我也常常想到，我到現在還覺得我重疊了鍾老，鍾老好像在我身邊，好像我自己也慢慢有一點像鍾老。有人拍我的照片，我一看，越像鍾老，而且現在跟人家講話我都要這樣（以手掌助聽），無形中好像我跟鍾老一樣。所以你（鍾延威）稱我老大，

我稱你老爸是老大，這個就是這麼自然的。你現在當我是老大也可以，當我是老爸也可以。差不多啦，我的年紀也很快就跟你老爸又在一起了。

主持人鍾延威：

　　謝謝老師，其實真的不用演講稿，也不用講義，有講義可能反而沒有那麼生動。那聽起來這個應該是笑中帶淚，尤其文友通訊、文友相聚那時候的時空背景，就是一群愛好文學的朋友在一起，然後外面特務在巡邏，甚至在臺北有一次集會還有警察衝進去查，龍潭相較還好。

　　良澤老師剛剛說的那本書《苦雨戀春風》，確實是有一點研究的價值。因為信裡面不但反映了當時的時空背景，也有當時的民情風俗，有鍾老的一些思想、他對事情的看法、他的價值觀都在裡面。這都多虧良澤老師有那麼大的耐心來整理。

　　其實良澤老師不只是對我父親的作品手稿，或一些史料那麼有耐心；他對所有的作家的手稿，和臺灣的史料都是那麼用心在整理。所以我認真講，張良澤其實就是一座臺灣文學館，臺灣文學館該做的，幾乎他一個人都包下來了。這當然無意貶損現在的臺灣文學館，只是一個比喻。所以良澤老師在臺灣文學史上的貢獻和地位是大家肯定和推崇的。我們給他一個熱烈的掌聲好嗎？謝謝老師！

第三章
鍾肇政・臺灣・族群・語言・文學

以下內容節錄自 110.01.09（六）

鍾肇政先生追思紀念學術研討會論壇

主持人：徐正光

與談人：蕭新煌、羅肇錦、彭瑞金、陳萬益、邱榮舉

逐字稿：廖宇萱

整理：趙子涵

主持人徐正光：

各位鍾老的老朋友、新朋友，大家好！

我們這場的主題是聊聊鍾老一生重大的事跡，如：客家、文學族群、社會運動等各方面的貢獻。很可惜鍾老不在現場，和我們聊聊天、打嘴鼓，鍾老是一位很親切、和很具童心的長者，他見到你一定和你握握手，笑笑的問你，你是哪裡人？姓什麼？

鍾老在臺灣是一位大家尊敬的人格者。他一生用筆、用演講、用行動和大家一起上街頭，他的文學事業被尊稱為「臺灣文學之母」，其實他也是位「客家運動之母」。我希望在座以及關心臺灣的朋友能夠繼承鍾老的志業，在臺灣建立公平、有自由、有人權的社會。

今天主辦單位邀請了幾位重量級的學者，從右邊算起第一位是彭瑞金教授、第二位是陳萬益教授、第三位是蕭新煌教授、第

四位是羅肇錦教授、第五位是邱榮舉教授，我們現在從蕭新煌教授開始。

與談人蕭新煌：

鍾肇政——臺灣客家的讚歌

一開始我只是他的讀者，1970 年代的時候讀到他的小說就很仰慕他。我知道他是一名文學家，也越來越熟悉他的作品，很仰慕他，不過他不認識我這個年輕的讀者。1980 年代時，我回臺灣在臺灣大學社會系教書，開了一堂課，叫「臺灣社會文化變遷」，並將課程內容訂為從電影和小說來看臺灣社會變遷。列出的電影、小說清單中就有鍾肇政的小說和他小說改編的電影「魯冰花」。作為讀者，我覺得鍾肇政真正寫出臺灣人的心聲，《臺灣人三部曲》裡所描述的臺灣經驗跟李喬《寒夜三部曲》、黃娟《楊梅三部曲》所描述的時代背景都很像。

真正見到鍾老是「還我母語運動」的時候，籌備會議時有近距離見到一次，然後到九〇年代，他成立「台灣客家公共事務協會」之後我又注意到他，他不只是一個站在街頭支持客家運動的人，他也有組織的能力，更提出反省性的「新个客家人」主張。1996 年的時候，鍾老做為總召集人的臺灣客家族群史團隊中，有我、徐正光、張維安、梁容若等客家學者。那時候相處的時光中，我發現鍾老是一位很尊重學術的長者，他雖然沒有掛學術界的招牌和教授的頭銜，但他拿了三個榮譽博士。儘管如此，他對學術界相當尊重，常常說自己這個不懂、那個也不懂，但他其實

都很懂。我想他是一位非常謙虛的長者，我們都是慕名而來，當時召集人若不是他，我想編撰的過程可能不會這麼順利。此外，我記得有一次我在新屋義民廟演講，我用客家話講，講的不純正，後來我問鍾老這樣有及格嗎？他就很親切地說有啦，我就覺得很放心。尤其是在學術研討會的場合裡，他每次都會稱讚說你講得真好，我們心裡當然有自知之明。從這些經驗中，可以看出鍾老真的是一位非常親切的長者，一點架子也沒有。

今天，我想先從三方面來談談我認識的鍾老，首先是為人的方面，我認為要做一個好臺灣人，要先成為一個好的人。這個好並非純粹指道德上的好，還包含他有視野、能夠言人所不敢言，鍾老就是這樣的人。他真是全才，舉凡音樂，彈鋼琴、唱歌，他不只寫小說，也寫客家詩，還會寫情書，我覺得他就是一個全人。

第二個是他身為一位文學家，我更深刻認識的就是他文學家的身分，他可說是大河小說之父，又有人稱他為「臺灣文學之母」，源自東方白說過：「他給後輩作家這麼多溫暖，有如偉大的母親」；而我認為，他被稱作「臺灣文學之母」，還因為他的慈愛。1999 年，我十二指腸潰瘍住院，他就帶著當時那個客家族群史的團隊成員一齊到臺大醫院探望我，站在那邊就如母親一樣。他勤於寫作多產如母，愛護同輩、後起之秀溫暖如母，每一個和他來往的人都會感到溫暖，相信大家都不會否認這點。

而他創作的《臺灣人三部曲》，從抗日時期開始寫，他第二本寫到日治時期的農民運動，因為我最近在處理一百年間臺灣社會運動相關資料，覺得特別有意義。以主角客家人的視角，看日治時期社會的抗日行動、社會運動，到他筆下刻畫不同的人物、

不同的主角。我發現李喬的小說，也從原鄉移民臺灣開始，寫到日治。黃娟的《楊梅三部曲》也是從日治開始。我覺得從這個觀點來看，三位大河小說的客籍作家，跟其他領域的社會科學家一樣，真正為當代「臺灣研究」立下一個文學的基礎，認為研究臺灣就必須要將被國民黨所消滅的日治時期的歷史、文化、政治、社會找回來。

我認為這三部大河小說應該被研究臺灣的歷史學家、社會學家、政治學家、人類學家重新重視，再次肯定他們的價值。小說（fiction）雖是虛構的，但大多建立在寫實（non-fiction）之上的小說（fiction），從中看出虛構（fiction）中的真實（non-fiction），這是非常難得的。順便提及，我以前很好奇為何客家人這麼會寫小說，特別是大河小說，但詩人卻相對較少，我問過李喬，他給出的解釋是客家人比較窮，對真實生活體驗感觸較深；唯有有錢人和大戶人家才能去想像、可以去幻想、去創作詩，詩人是要有閒暇時間、有產階級的想像世界。我也覺得有道理。

第三要講的就是他的公共性。他是一位入世的知識份子，並不停留於象牙塔內寫小說，也就是他強調的「新个客家人」。關於文學，鍾老的作品中有很多「弱者」，而他也自認為是一個弱者，他曾說過：「我們未始不可做一個弱者，探索弱者的世界，追求弱者的人生真相，一樣可以不朽。」我對這段話的解讀是，唯有了解弱者的內心之後，才能成為真正的強者，否則落入高傲、孤僻。

最後我以兩首他的客家詩做結，第一首的內容剛好是詮釋他心目中的「新个客家人」，第二首則談論要做哪裡的新客家人。

第一首〈新个客家人〉：

莫再過講頭擺　客家人怎般偉大
莫再過唸頭擺　客家人怎般優秀
𠊎大家就係新个客家人

寫不完个苦難和艱辛　長山過海來臺灣
流不盡个目汁和鮮血　開山打林立根基
𠊎大家就係新个客家人

莫嫌這塊土地恁細　𠊎个命脈就在這
莫嫌這塊土地恁瘦　𠊎个希望也在這
𠊎大家就係新个客家人

用𠊎个硬頸爭自由　再造客家精神
用𠊎个熱血爭民主　再創客家光輝
𠊎大家就係新个客家人（鍾肇政，1990）

這首詩解答了早上研討會論及的謎題，亦即不要執著於過去，應該珍惜現在、放眼未來。

第二首詩是他送給黃子堯的客家詩，他問道：「你要做哪裡的客家人？」馬來西亞的嗎？中國的嗎？還是臺灣的客家人？他直言：

你係𠊎臺灣　美麗之島痛惜个

若毋係　你仰會來到這
無論係幾十年前　幾百年前
深深个黑水溝　滾滾个風合浪
千里迢迢　就係為了自由　為平等
你係偃臺灣　美麗之島疼惜个
若毋係　你仰會來到這
無一定幾千年　也係幾萬年
超過滔滔烏潮　毋驚萬頃綠波
為著尋求一塊新个天摎地

你係偃臺灣　美麗之島疼惜个
那毋係　你仰會來到這
從古早古早一直到永遠永遠
扁柏檜木樟樹　伯勞鳥灰面鷲
這係偃安樂之地　這係偃和平之鄉

偃攏總係臺灣　美麗之島疼惜个
那毋係　偃仰會來到這
偃个根在這　偃个夢也在這
偃也來疼惜佢　偃也來愛護佢
因為偃大家都係佢所疼惜个

　　新的客家人是在臺灣才有意義，也就是臺灣的新的客家人。
鍾老也曾說過：「救臺灣唯有民主，捨此莫由」。我完全認同他
這份公共客家知識份子的情操。

主持人徐正光：

　　過去鍾老稱讚你的客語有70分，我看，是80分才對！那剩下20分就請羅肇錦教授來補齊。

與談人羅肇錦：

以柔克剛的「做家」之路

　　今天有這麼多人在這邊一起回憶鍾老的為人處事和作品，這樣也算和鍾老與談了。他說：「吃過比較多苦的人可能不太會寫詞」，依我看正好相反，過得苦的人才能把詞寫好，過得越苦寫得越好，所以你們得繼續比別人更辛苦點！雖說是半開玩笑，不過對鍾老的一生來說，成為如此知名的作家應該是他本身的條件，我經常跟他解釋，客語有一詞「做家」，一個是作（zog），一個是做（zo），作家就要像鍾老這樣「做家」（形容勤勞節儉，治理家務）。他什麼事情，小自家庭裡的事情，大至國家的事情、政治的事情，生活周遭每個細節，他全都非常注重。當「做家」的人才有辦法源源不絕地寫出文章來，寫了一篇，又有新的想法，才有辦法再寫下一篇。我要說的是，他過去非常「做家」，把發現的事情留下來慢慢品味、仔細思考，如何去表現它，將它變成一首詩、一篇文章，或是一篇小說，我認為作家就是由「做家」慢慢培養而來的。

　　今天要來分享我所了解的鍾老，他的個性如何，又成為了怎樣的一位作家。最重要的一點，我認為他是一位以柔克剛的人，也可以說他是一位外柔內剛的人。他很少在公共場合發脾氣或罵

人，可以說是幾乎沒看過這樣的情形，是因為他的個性就是如此。比如說以前我跟他一起去美國各地巡迴演講，那時到美國那邊，閩南人聽到別人說國語就罵，不管是誰都一樣，鍾老也常遇到這種族群意識比較強的人，連開會都用不得國語，而他不願意說閩南語，縱然客家人會說，心底也不願意講，這是因為族群的關係。那當時臺下很多人一邊喊一邊罵，他也不反駁或吵得面紅耳赤；我想他的寫作方式亦是如此，他不是偏激的性格，總是用愛心、耐心慢慢感化讀者。從他的作品來看，他的待人處世之道，就是以柔克剛。這樣的個性在客家族群裡很常見，因為會養成這種個性的人多半是長期受到壓迫的，不會強硬地去反對，才有生存的空間。就如老子所說：「過剛者易折，善柔者不敗」就是這個道理。這就是我所認識的鍾老。

主持人徐正光：

羅教授說得好，要成為作家，一定要夠「做家」，家裡什麼事情都要親自動手，我就沒這樣做，都讓內人打理，所以我寫來寫去也沒辦法當個作家！接下來有請彭瑞金彭教授。

與談人彭瑞金：

鍾老深不可測的一面

我想我比較適合從文學來談我認識的鍾老。在文學界，大家對他一直有個很大的疑惑：他那如此淵博的學識究竟從何而來？眾所皆知，他雖有三個榮譽博士的頭銜，實際上只有淡水中學畢

業的學歷。他的求學階段經歷了戰火、從軍，戰後考上臺大又因為不適應教授的口音和失聰的緣故，不到一個月就休學，但他的知識非常淵博：單以文學來說，他熟知西方文學史、熟讀中國的經史子集，還有世界各國的文學作品。而我第一次見到鍾老的時候，其實我想問他是否有讀過臺灣當代作家的作品，他不置可否，不直接回答我的問題，那時正放寒假，他說早上是用來寫作的，天一亮就坐在書桌前創作，下午則是做翻譯賺錢，意思是很空看別人的作品。鍾老過世後，我載著李老——李喬去武德殿靈堂看他，那時李喬提到一件事，感嘆鍾老學問之高深。李喬在寫1895年的電影劇本時遇到一個問題，就是北白川宮寫了一封信，李喬儘管讀過兩年的日本小學還是看不懂，就寫了封限時信請教鍾老，隔天就收到鍾老的回覆。他說那是明治時代的日語，但鍾老是大正年代出生的人，成長的年代是昭和年代，照理說他是不懂明治年代的日語的，由此可見他日文程度的深不可測。我曾說過他彷彿有一根天線，接到我們不知道的世界，他好像沒有特別讀什麼書，最不平凡的也就是上街頭的那段時光，大部分的時間都躲在書房，假日也是一樣，他幾乎都在書房裡寫作。

而後來鍾老寫的回憶信解答了這個疑惑：第一件事發生在他唸淡水中學的時候，學校由總督府接管，派有教官到學校裡面給學生做軍事訓練，那時教官會查學生書包，他剛好不告而借了一本《霧社生番討伐記》，是以日本人的視角記載的霧社事件，他就只是拿來看，結果被痛打一頓，差點被退學。這是他日後撰寫《馬黑坡風雲》的重要原因，他認為應該用臺灣人的角度觀看霧社事件；第二件事情，他說在彰化青年師範就讀的時候，有個非常要好的朋友叫做沈英凱，鍾老在認識他之前也喜歡文學作品，

但他讀的都是詩，所以他會寫詩也不奇怪，他發現沈英凱都讀世界文學名家的小說，借來看過以後就被迷上了，還在南郭山的空墓穴裡做了個臺階就坐那兒讀這些長篇名著。

　　此前我們都想鍾老動輒寫幾千字的文章，又要回覆文友的信件，他和文友的通信加起來也有六百萬字，哪有時間讀書？後來才發現他寫了多少書。其中一本叫做《西洋文學欣賞》，共61篇，介紹48位作家，從但丁的《神曲》、薄伽丘的《十日談》、《約翰克利斯朵夫》、史坦貝克，一直到20世紀的美國作家都名列其中，每篇大概4000字左右。像《戰爭與和平》，他用200多字介紹托爾斯泰，用4000字左右介紹這本小說。

　　那時他在《大同》半月刊連載，一個月刊兩期，一年多就把《西洋文學欣賞》寫完，之後又開始著手《中國古典名著精華》，按照臺灣中文系的課程設計，按經史子集介紹中國名著，囊括《詩經》、《史記》、《漢書》、《後漢書》、《三國志》等，每篇約3000-5000字，花了將近兩年的時間連載在《大同》半月刊上。除此之外，他還著有《名片的故事》、《名曲的故事》，還有一個《日本名著的故事》等，都在約四到五年間完成。要讀一本名著，歌德的《浮士德》也是一篇、《暴君焚城錄》也是一篇，每兩個星期要寫一篇；同時他也還有別的創作跟很多翻譯，在這樣的年代裡他是用這樣的方式自我訓練。鍾老出版的第一本書是他翻譯的《寫作與鑑賞》，這本書中他翻譯了日本當代的著名作家和評論家的作品、理論，像是廚川白村這些人的理論，這就是他知識的來源、他學識的源頭。

　　鍾肇政在寫這些作家的評論、介紹他們之後，會將這些理論和文學技巧吸收轉化成自己的文學作品，比如說他翻譯井上靖的

作品，井上靖是日本有名的歷史小說家，他所著的《敦煌》就是用敦煌做背景的長篇小說。而鍾肇政的作品其實深受井上靖影響，井上靖強調「冷的文學」，作者要抽離自己的主觀意識，把歷史用很冷靜的手法呈現出來，由讀者自己反覆咀嚼。

主持人徐正光：

謝謝彭教授，約二十年前，我看過彭教授的《臺灣客家文學四十年史》，讓我對臺灣的客家文學有一個比較綜合性的了解。這一、二十年來，彭教授對臺灣的文學更是擴大範圍，做了更詳盡的研究，這一系列的文學史裡面，陳萬益教授也是其中一個作者，對臺灣的——不管是客家、一般文學，他都有非常深入的研究，我們現在就請陳萬益陳教授來講他對鍾老的感想與影響。

與談人陳萬益：

生者一世，流芳千載

很高興在這樣的場合中，用客語對話、溝通，我想每個人都認為他的族群和他成長中所使用的語言是最美好的，而每一個人對於在公開場合裡選擇要用哪種語言來溝通，這是任何人都不能剝奪的權利。這讓我想起1990年代後期在苗栗舉辦第一次客家文化的會議，第一天的主持人正好是鍾老，原本他先聲明因為在座有不少人聽不懂客語，那就用國語來溝通，臺下聽眾馬上反對，理由是我們好不容易有第一次客家文化的會議，而且是在苗栗這樣的客家縣，還不能使用客語來溝通，這個怎麼可以忍受

呢？後來鍾老經過在爭取大家意見之後，他也贊成我們就用客語來做爲這個場次溝通的語言。在這樣的經驗裡面，讓我覺得如果我有很多客家朋友，他們總是顧慮你聽不懂，所以他們不用客語講話。我在成大第一年辦了一個國際學術會議的時候，我們的院長叫做涂永清，因爲我平常跟他這樣說：「你總是講一些客家話，至少日常的問候的語言，也讓我們不同族群的人有機會聽、有機會學習。」結果在那個場次國際會議裡面，他就先講了一些客語的問候詞，我覺得這個才是正常的，所以我很高興可以有機會聽這麼多朋友們，用客語來談你所尊敬的鍾老。

我對鍾老的回憶，可以用兩個詞來概括，第一個詞是「老朽」，第二個詞是「鄉土文學」。「老朽」這個詞，是我在2000年左右時，看到一篇鍾老所寫，以此爲題的文章，那時候鍾老大約是七十多歲。在此之前，臺南的葉石濤先生是我最有印象在文章中使用這個詞彙的人，他寫了一本書，叫做《一個臺灣老朽作家的五〇年代》。葉老和鍾老都是出生於1925年，葉老這本《一個臺灣老朽作家的五〇年代》是意會自身的經歷：白色恐怖以及在八〇年代受到某些晚輩的不信任與攻擊。所以藉由閱讀這本書，我們可以理解他的委屈與辛苦，還有使用這個詞語的原因；可是在我看來，鍾老在臺灣文學這方面，我覺得他的形象是巨大的：包括他有容乃大的氣度，能夠包容、海涵一切，還有彭教授所提到的鍾老學問之大，以及他身爲戰後臺灣文學史領域的巨擘，他所呈現出的大氣，這樣的一個人爲何會使用「老朽」這個字眼？於是我就寫了一封信給鍾老，我在信中表達我對於他與葉老一樣，使用老朽這個字講述自身這件事感到的難過之情，除了對他表示尊敬之外，也請他莫妄自菲薄、視己爲老朽。沒兩

天，我就接到鍾老的回信，他在信中說自己看到我的信後老淚縱橫。有人說過他是很愛哭的，我不能確認這點，但這也回應剛剛提到東方白形容鍾老是「臺灣文學之母」，他所具有的母性的慈悲與關懷，以及女性的溫婉與情感的流露。

回到「老朽」這個字，為何鍾老要以此來形容自己？這要再度提到彭教授。彭教授跟鍾老、葉老的接觸學習，比我早太多了，他是最能夠直接繼承鍾老跟葉老所代表的臺灣文學的傳統，所以他為兩位前輩寫傳記，他對兩位前輩的著作之熟悉，幫他們編輯作品集，都可以呈現出來他剛剛那一席話，對我們回憶鍾老是非常有幫助的。而我大約在 1966 年，就是鍾老的三部曲停止連載之後，就跟另一位好友呂興昌，從臺北趕到龍潭來拜訪，對他的尊敬可見一斑。

在這之後，要等到 1970 年代才有機會去接觸、認識鄉土文學論爭，激發了我們對於臺灣自身過去的歷史、過去的文學的一種求知跟慾望。大概九〇年代以後，我才轉過頭來從事臺灣文學的教學跟研究，對鄉土文學這個詞語以及那個階段的論爭裡面，葉老跟鍾老兩個人表現的態度是不一樣的。我看到鍾老基本上沒有參與鄉土文學這個詞語以及當時的論爭，但他文章裡面提到，所有文學都是鄉土的，所有文學都是從鄉土而來的；葉老在鄉土文學論戰的時候，最關鍵性的文章就是〈臺灣鄉土文學史導論〉，其實在 1965 年他就寫了〈臺灣的鄉土文學〉，所以兩位前輩他們對於鄉土文學這個詞語的運用是不同的。但當你深究其中，兩者基本上是相同的。鍾老不太願意使用鄉土文學這個詞語，而是使用「臺灣文學」這個詞語。我們都知道鍾老在 1965 年的時候，編了兩套書，《本省籍作家作品》跟另外一部《臺灣

省青年作家叢書》。到了1990年代，他主編《臺灣作家全集》。在1985年的時候，他幫龍瑛宗翻譯了他的小說，出版了龍瑛宗戰後的第一本個人小說集，叫《午前的懸崖》，因為這個出版社在出書之後不久就結束營業了，所以一般人大概都沒有看到這本書，也不曉得這本書的內容。《午前的懸崖》這本書，在扉頁裡面他特別冠上了一個詞語叫做「臺灣文學全集一」，作為鍾老要主編臺灣文學全集的第一套。所以在1965年的時候，因為種種因素，這兩套書被扣上「臺獨文學」的帽子，他也相當驚恐，但即使在這樣的陰影籠罩之下，他依然堅持使用「臺灣文學」這個詞語、堅持當個「臺灣作家」。在臺灣解嚴民主化以後，臺灣文學當然是指在這塊土地成長的作家書寫他的歷史、生活經驗。從這一觀點來看，鍾老的理念、他的堅持，以及他在過去戒嚴時期、白色恐怖時期，跟葉老一樣受到政治陰影的壓迫，使他們在七十多歲的時候，有意無意間就流露出來認為自己這個世代已經是「老朽」了。因此，當他看到晚輩對他的敬重，希望他不要以老朽自貶的時候，他會老淚縱橫。希望未來，我們能永遠記住，永遠感念他。

主持人徐正光：

謝謝彭教授與陳教授讓我們對臺灣的文學史有更深刻的認識，當年我們還年輕，在鄉土文學出現的時候，就嚮往鄉土文學所建構出來的臺灣的未來，經過陳教授的分析，讓我們對所謂的臺灣文學跟鄉土文學有了另外一層的認識。謝謝兩位，最後我們請邱榮舉教授來發表。

與談人邱榮舉：

追憶錦繡歲月，展望未來輝煌

主持人徐正光教授、各位前輩先進、各位朋友，大家好！

今天我很高興能在國立中央大學客家學院跟大家共聚一堂，共同感謝、懷念、紀念，及分享我認識的著名的臺灣文學家鍾肇政（鍾老）。我特別讚佩、感動及感謝鍾老。我這一輩子曾獲得許多前輩的厚愛與提攜，在客家界影響我最多的就是鍾老，他溫文儒雅，博學多聞，經常鼓勵青年人，獨樹一幟，自成一格。他是我們的「臺灣客家運動」精神領袖，更是我的「人生導師」。

鍾老的一生，總是充滿著理想、熱情、行動力及戰鬥力！文彩斐然，成就非凡，極為燦爛輝煌，令人讚佩、感動及感謝！

鍾老對我影響最大的至少有三個層面，其一就是鍾老超高的文學成就及其為人處世，著作等身，威名遠播，親切和藹，提攜後輩；其二就是鍾老對臺灣政治的關心和積極參與，不只有想法，提出政治主張，更將之轉化為實際的政治行動，大力共同推動臺灣民主發展；其三就是鍾老對「臺灣客家運動」的指導和熱情參與，出錢、出力、出腦筋，傳承客家文化。我愛臺灣、愛客家、愛家鄉的想法與作法，深受鍾老的影響。

回想起1987年的暑假，距今也有三十多年，我們有九位臺灣客家青年正在共同發起與創辦《客家風雲雜誌》時，有一天透過陳文和總編輯的巧安排，我、陳文和等人與鍾老在新竹縣新埔鎮的「劉氏家廟」相聚，坐在美麗的屋簷下，暢談如何共同搶救「臺灣客家文化」（特別是客家話）？如何推動「臺灣客家運

動」？那真是一段印象深刻且極為美好的回憶！那時他六十三歲，我三十四歲，我倆可以說是「忘年之交」！

鍾老很好客，很樂意鼓勵青年人，我們辦客家活動，我和我的弟弟邱榮裕（臺灣師範大學全球客家研究中心主任），也常開車載他到臺北或其他地方參加客家活動，因而鍾老特別堅持要贈送給我倆兄弟各一套《鍾肇政全集》，這是對我倆兄弟的獎賞、鼓勵、勉勵及期許！我們有時也在鍾老家裡一同暢談，共同關心臺灣的未來、客家的發展及家鄉的歷史。

鍾老的慶生會，我常受邀參加。有一次過農曆年的大年初一，鍾老家有極重要的國內外貴賓來訪，我也受邀與他家人共同聚餐「鬥鬧熱」過新年。再者，從日本東京回來臺灣的鍾清漢教授的參訪團隊，或臺灣大學臺灣文學研究所的黃美娥所長師生參訪團，想要來拜訪與請教，我就從中為他們牽線，帶他們到龍潭與鍾老會面。猶記得日本友人來龍潭拜訪的時候，彼此相見歡，鍾老還高興地共同歡唱日本歌曲！

另外，鍾老博學多聞，著作等身，名聞遐邇，極受各界肯定與讚賞，因而他的母校國立臺灣大學中文學系給予鄭重推薦，經臺大校務會議審查通過，鍾肇政獲得了「國立臺灣大學傑出校友」的特殊榮譽頭銜。我也全力配合巧安排，我們在臺北市客家文化主題公園，有臺北市政府客家事務委員會主辦慶賀活動，鍾老的老友溫送珍（溫老）等人也來共同慶賀，熱鬧非凡。

近幾年來，鍾老生日的時候，桃園市政府還舉辦了五個世代共同慶祝的活動。這樣的畫面特別美好，臺灣客家文化，乃至整個臺灣文化就是要這樣一代代地傳承下去。

蕭新煌資政／教授早上有提到，國立中央大學客家學院正是

抓住鍾老一生追求的精髓，努力辦學，推動客家研究，培養人材，傳承客家文化，真是相當難能可貴的，我們一定要繼續煞猛打拚，好好地培養青年學子。

關於「臺灣客家運動」，有鍾老做掌舵，同時也有許多社會科學和社會運動方面的學者專家參與其中；在臺灣文學方面，也有葉石濤（葉老）、李喬、彭瑞金教授等人，共襄盛舉；在客家語文研究方面，又有羅肇錦院長／教授、何石松教授等人，更是箇中翹楚。哈哈！在這一大群教授群／老戰友中，目前似乎我是最年輕者，當時1987年我們創辦《客家風雲雜誌》開始推動「臺灣客家運動」時，我才三十四、五歲左右，而現在我已六十幾歲，依然可以學習鍾老的精神，繼續戰鬥、戰鬥、再戰鬥！我已決心繼續推動「臺灣客家運動2.0」！

今天我在此地有一個建議，希望「臺灣鍾肇政文學推廣協會」理事長鍾延威，以及國立中央大學客家學院的院長、教授及優秀的莘莘學子們，我們能夠團結合作在一起，老中青三代共同煞猛打拚，繼續推動「臺灣客家運動2.0」，加強「客家研究」，推廣「客家文化」……我希望最起碼能在桃園市定期舉辦以鍾肇政為主題的臺灣文學與客家系列講座，地點可以是選在中壢事件的發生地「壢景町」（中壢故事館），或龍潭。可以讓學術界、文化界、教育界及客家界在一起交流，也可以讓國外來的和國內人士共同參與，以此為典範，把鍾老愛臺灣、愛客家、愛家鄉「新的客家人」的精神，永遠傳承下去。

最後，「臺灣客家運動」要是跨領域的：有歷史的、有文學的、有人類學的、有社會學的、有政治學的……我們一定要跨領域進行聯合作戰。「臺灣客家運動」應該聯結國內國外的客家，

正如希磊（Seeley）說過的：「歷史是過去的政治，政治是今日的歷史」，而文學是很政治的，政治也是很文學的。我當年之所以會推動「臺灣客家運動」，確實是受到「臺灣原住民族運動」的刺激、激勵及鼓舞，臺灣原住民既然可以如此有理想、有膽識、勇敢堅強地搶救自己的族群，臺灣客家人當然也可以！「臺灣客家運動」是「要尊嚴、爭平等及保障基本權益」，我是以此為動機推動1988年的「1228還我母語運動」，其實我們的目標不局限於客家話，而是著重所有臺灣人的母語，我們是要同時啟動「臺灣母語運動」，共同強烈要求臺灣政府與政黨要重視且做好「臺灣母語教育」。

簡言之，鍾老一輩子有理想、敢作夢、能行動，肯出來勇敢戰鬥，實在是極為難能可貴！鍾老不只是一位偉大的文學家，他還是一位當之無愧的教育家，更是一位勇敢堅強的臺灣社會文化運動家。我們期許未來的臺灣客家發展，「臺灣客家運動」和「客家研究」兩者，彼此可以相輔相成，長期推動「客家文藝復興」，「客家文明」必可燦爛輝煌！謝謝大家！

主持人徐正光：

謝謝邱教授的分享。我們五個人裡有四個已是從心之年，老朽之輩聽到年輕人說的這番話如此有衝勁，真的相當佩服，也很羨慕年輕人。在座四位「老朽」和一位後生之輩都已向各位分享了自己對鍾老各方面的了解、印象與感懷，今天的追思座談會就在此畫下圓滿的句點。

客家

鍾肇政

第四章
鍾老的客家觀察

羅肇錦

國立中央大學客家語文暨社會科學學系榮譽教授

一、前言

　　與鍾老熟識，緣於解嚴前後熱衷於臺灣本土語言文化的重視與鼓吹。自從以《臺灣四縣客語語法研究》（1984）撰寫的博士論文出版以後，引起客家界關心客家語言文化的有志之士的重視。於是受邀在《自立晚報》寫專欄，在《客家雜誌》（1987）寫一系列有關客家話的論述。後來又在臺原出版社出版《臺灣的客家話》（1990），開始常與鍾老聯繫往來。尤其美麗島事件（1979）後，施明德被捕在獄中長期絕食之際，美國臺灣同鄉會邀請鍾老去美國東西南各處同鄉會講述客家文化相關議題。

　　鍾老特別找我與《客家雜誌》總編陳文和先生與他同行（1990年7月），由我負責講客家話的現況與發展問題。巡迴美洲期間也加入了楊鏡汀先生、鍾鐵民夫婦、林光華先生，在美國期間更熟識了徐福棟先生、朱真一醫生、黃娟女士、陳明真先生、劉永斌先生。回臺前，在美的同鄉紛紛鼓吹我們回到臺灣

後，仿照 FAPA 在臺灣成立 HAPA（客家公共事務協會）。這段期間大致了解鍾老對客家歷史文化的觀點，是本文第一個鍾老客家觀察的依據。

後來，客家公共事務協會成立，我們成了當然的創會會員。也出版了《新个客家人》（1991），《臺灣客家人新論》（1993）書中雖然都是單篇的「論客說家」，但還是可以從序文等看出鍾老的客家觀點。其後，臺灣電視臺製作臺灣有史以來第一個客家電視節目「鄉親鄉情」，製作單位邀請鍾老負責講述客家歷史，而我則負責講客家語言，這期間鍾老提出不少客家話及客家歷史文化的看法（講稿在《客家雜誌》登出），是本文第二個客家觀察的依據。

第三個客家觀察的依據是臺灣文獻委員會編纂《臺灣客家族群史》（2000），鍾老擔任總召集人，我負責《語言篇》，從總序文與數年編纂會議可以了解他的客家觀察。集結這三方面的資料，及後來在選舉時鍾老為搶救客家語言文化的呼籲，整理出鍾老的客家觀察。

二、客家定位的觀察：從中原到閩粵贛再到臺灣

「客家人都是晚一步搬來的人，可到底是從哪裡搬來的，簡單講就是中原地方搬出來的，我們客家人原來是在中原地方住的漢族漢人，我們的老屋都是在中原。請看看這種地圖，這一片就是中原，大約 2000 年開始，分好多次從中原搬到南方，再從南

方分做好多次向各地方遷徙。」[1]這段話是還我母語運動後，第一個客語發聲的節目「鄉親鄉情」[2]，由我和鍾老負責語言歷史的單元，鍾老在對整個節目開宗明義就替客家歷史提出很清楚的定位，那就是「臺灣客家是從中原到閩粵贛再到臺灣」。

其他關於客家人的遷徙，從北方到廣東，再從廣東到臺灣及海外各地。這些說法大致受羅香林先生的《客家研究導論》（1933）及陳運棟先生的《客家人》（1978）影響，所談論的觀點，都離不了「客家中原南來」的說法。後期研究客家起源有本地發展說、南源說、客家是後起概念說[3]，不一而足的說法，他都沒有再提出新的觀點，反而是強調臺灣本土的重要性，這就形成了「新客家人」的說法。

下面再引入他的一些看法，他認為客家人的遷徙，是從中國的中原地方向南方遷徙過來的，然而客家人是在哪個時候？為什麼向南搬徙呢？相信大家都不會不知道，中國自古以來常常發生天災人禍，迫使廣大的人民不時都要搬搬遷遷以避天災人禍。有什麼天災，有什麼人禍呢？好比洪水饑荒大家會沒飯吃所以就要搬，這就是天災。中國北方有種種北方部族，像蒙古人、滿洲人

1　〈什麼是客家人〉，《客家風雲雜誌》，第21期，第52頁。

2　1989年臺視播出第一個客語節目，由張志遠製作、陳裕美主持，鍾老負責客家歷史的介紹解說，羅肇錦負責客家話相關問題的分析，最初播出時間在清晨五點。由於是有史以來第一個客語節目，所以引起許多關心客家的鄉親朋友收看，也因此羅肇錦常收到觀眾朋友寫來的信，不是署名鍾肇錦就署名羅肇政。

3　房學嘉《客家源流探奧》（梅州：廣東高等教育出版社，1994）提出客家閩粵贛在地說。羅肇錦〈畬話與客話的次方言關係說略〉〈嶺南貓獠 hoʔ lo 族稱的轉換關係論證〉，文出《不賣祖宗言》（2020），提出客家是由唐以後，信仰盤瓠的嶺南瑤畬轉化而成。陳支平《客家源流新論》（南寧：廣西教育出版社，1997）指出，客家是南來漢人在閩粵贛地區與其他民系接觸融合而成。

常常會到中原來。兩千多年前，秦始皇就是為了防止北方部族南下，才築了萬里長城，可是有了長城，北方部族也不一定擋得住。好像歷史上的五胡亂華，好多北方部族都向南發展，這是大約一千五百年前的事，以後還有蒙古人、滿洲人來到中原，這些都可算是人禍。客家人的祖先，就是在這樣的天災人禍發生，一次又一次的從中原遷到南方來。這裡說的南方，包含江西省、福建省、廣東省等。目前臺灣客家人以祖籍廣東來的最多，到了清朝的「湖廣遷川」，又有一部分遷到四川省等地，也有向海外發展的，南洋、海南島、臺灣也都有不少客家人遷入，太平天國之亂以後，嘉應州人傷亡慘重[4]，更有不少人搬遷到歐洲美洲各地（如印度英國美國），到現在可以說全世界都有客家人了。[5]

客家人從廣東、福建、江西遷徙到臺灣以及東南亞甚至世界各地，都是這兩三百年的事。遷移的地方雖很廣泛，但臺灣是人數最多的地方。客家人從廣東、福建搬來臺灣，大約從三百年前，清朝康熙年代開始。最早的是從嘉應州來的，嘉應州的四個縣，他們講的話就稱為四縣[6]，以後其他各縣的人也來了，有廣東省的，也有福建省的，有講海陸的，也有講饒平的[7]。最先來

4　太平天國始於梅州洪秀全馮雲山，終於康王王海洋血戰嘉應州。參見劉佐泉，《太平天國與客家》，頁195-237。

5　參見〈什麼是客家人〉，《客家風雲雜誌》，第21期，第52頁。

6　早期稱「鎮平、平遠、長樂、興寧」四個縣的人為四縣。這四個縣的人說的客家話為四縣話，後來鎮平改稱蕉長樂改稱五華。

7　當時的臺灣客家研究僅止於客家人是四縣海陸饒平來的客家，其實最早來臺灣的除了南部六堆客家人還有揭揚的揭西、潮州的豐順、大埔，閩西的永定、上杭、武以及漳州的南靖、平和、詔安等地的客家人，這些人都比四縣、海陸、饒平來的客家人還要早。

的在臺南附近，以後漸漸向南部發展，來到下淡水溪，現在叫高屏地帶。這些人也就是現今六堆地方的客家人。不光屏東縣的內埔、長治、麟洛，還有幾個鄉鎮，像高雄的美濃、高樹、杉林。這些人都是我們臺灣客家人的祖先，由於清朝康熙乾隆間大批客家人渡海來臺，主要原因是大潮州一帶生活艱困，所以紛紛離鄉背井來臺灣或海外謀生。這些人來到臺灣後，多半是窮苦人、耕種人，所以大多數還是打零工、做長年，可以說大多數是做苦工維生，渡海來臺除了換一口飯吃以外，最大願望就是省省減減，打算剩幾個錢回原鄉去。就像〈渡臺悲歌〉所說「走上嶺來就知慘，看見茅屋千百間。恰似唐山糞堝樣，今食寮場一搬搬。詢問親戚停幾日，歇加三日不其然。各人打算尋頭路，或是傭工作長。年可比唐山賣牛樣，任其挑選講銀錢。少壯之人銀十二，一月算來銀一元。四十以外出頭歲，一年只堪五花邊」[8]。

鍾老的客家定位，在1989年客家電視「鄉親鄉情」節目講稿所呈現的是「從中原到閩粵贛再到臺灣」，似乎可以定位在中原南來再跨海來臺。但從1991年成立客家公共事務協會，出版了《新个客家人》（1991）以後，客家定位就變成「不要再談祖先的光榮，我們要從臺灣本土出發做一個新的客家人」。

他在「台灣客家公共事務協會」成立講詞中說：「我不反對一個客家人心中有洪秀全、孫文、鄧小平、李光耀或李登輝，但是更重要的不是把這些人掛在嘴邊洋洋自得，更重要的就是你在別種語族的人前，是否抬起頭說你的客家話，是否在家裡把自己

---

8 〈渡臺悲歌〉歌詞引自邱春美《客家文學導讀》（臺灣：文津出版社，2007），頁41。

的母語傳給下一代。還有我們的客家運動就要展開了，你是否願意出一些時間、精神、力量、金錢來參與，來贊助，來推動。作為一名客家人的本分，我相信如果你能點頭說願意，並且眞的去實行。那你就是一個堂堂正正的現代客家人，也就是新的客家人」[9]。文章的後面還附上一首似短文的詩：

> 莫再過講頭擺，客家人怎般偉大；莫再過講頭擺，客家人怎般優秀。恩大家就係新个客家人。寫不完个苦難和艱辛，長山過海來臺灣；流不盡各目汁和鮮血，開山打林立根基。恩大家就係新个客家人。莫嫌這塊土地恁細，恩个命脈就在這；莫嫌這塊土地恁瘦，恩个希望就在這。恩大家就係新个客家人。用恩个硬頸爭自由，再造客家精神；用恩个熱血爭民主，再創客家光輝。恩大家就係新个客家人。[10]

從上面詩文可以理解，客家公共事務協會成立，鍾老為自己也為臺灣客家提出一個「新的客家人」的方向，也把他的客家定位成「不要再談祖先的光榮，我們要從臺灣本土，做一個新的客家人」。因此在《臺灣客家人新論》（1993）中，提出很明確的主張。他說「民族化、本土化是這幾年來2000萬臺灣居民所追求的目標，也是我們所信守不渝的共識。在這種認知下，再回頭過來重閱本會的宗旨，超越任何黨派，以結合國內外客家人，爭

---

9 〈客家話與客家精神〉，「台灣客家公共事務協會」成立講詞，收錄在鍾肇政，《新个客家人》，頁80-83。
10 參見鍾肇政，〈新个客家人〉，收錄在《新的客家人》，頁83。

取客家權益，延續客家文化語言，推展公共事務，並與各語系族群共同爲臺灣前途而努力」[11]。

　　1993年客家公共事務協會爲支持民進黨成立「客家助選團」，更強烈的爲助選團寫出嚴厲的聲明[12]：「當此兩千萬臺灣人民，齊心一致爲追求民族化、本土化而努力以赴之際，基於客家人亦爲臺灣的主人的信念，爰特組成新客家助選團，隆重誓師出擊，以盡臺灣人的一份責任。本團願意爲認同本土追求民主，以兩千萬人民的福祉爲首要之務的候選人盡一份綿薄之力，並此鄭重宣告我們認定四十年來的賄選腐敗文化，以及新近出現的賣臺集團，爲所有臺灣人的公敵，讓我們齊聲向他們宣戰」。

　　發展到此，已很清楚看出鍾老原來不分黨派純爲客家語言文化而努力打拚的理想。已因爲選舉支持自己矚目的政黨，由一個中立的文化人，變成全力支持民進黨的客家大老。這是鍾老的客家觀點中，客家定位的轉變。

三、客家文化重要性的觀察

（一）客家語言的觀察：沒有客家話就沒有客家人

　　鍾老在《臺灣客家族群史‧總論》語言篇中，談及客家話的處境，眞切地說明他對客家話在臺灣應強力搶救並延續發揚的苦口婆心。並簡單扼要的點出「沒有客家話就沒有客家人」的危機

11　參見鍾肇政，〈邁向客家新境界──客協三周年獻禮〉，《臺灣客家人新論》（1993），頁7。

12　參見鍾肇政〈邁向客家新境界──客協三周年獻禮〉，《臺灣客家人新論》（1993），頁8-9。

感與真性情。他在總論中說[13]:「客家運動歸根結底,其實就是語言問題。客家語言瀕臨消失,年輕一輩不會聽不會講自己母語的,在客家運動發軔以來,十數寒暑,竟然落得越來越多。這只是筆者個人的觀感嗎?是不正確的看法嗎?筆者忍不住抱持這樣的疑問。然而內心深處確實害怕那是事實,易言之,十一年來筆者為客家運動投注心力,迄至執筆寫此文之際,是否猶然徒勞無功,枉費十餘年心機與心血?」「固然客家運動造成客家的若干語言環境略見改善,這是事實,卻是有目共睹,譬如在都會區客家人不再忌憚於曝露自己的客家身分,有機會客家話也會朗朗上口。一些公共場所的播音,客家話不再被遺忘,雙語教育母語演講,也經常在一些地區舉行。電視節目有了客語新聞的播報,其他客語節目略見增加,大概可以說一聲指不勝屈了。但是天可憐見,明明可以用客語交談的,一開口依然是北京語。小孩牙牙學語,做父母的依然傳授京片子為務。為什麼?北京話已經習慣成自然了嗎?何以辛辛苦苦在客語班學習客家話的年輕人,轉過頭與同儕交談,還是擺脫不掉北京話?客語低俗嗎?客語還不足以表達更深遠的意思嗎?人人都可以舉出多項原因,上列只是筆者信手拈來,答案可能並不完全,只是部分的。筆者也想到,尤其看了本篇羅肇錦著《臺灣客家族群史‧語言篇》之後,忽覺說不定客語的複雜性可能也是原因之一吧」。

　　這些苦口婆心地呼籲,足見鍾老對臺灣客家話的搶救與保存

13　參見《臺灣客家族群史‧總論》(南投:國史館臺灣文獻館,2017)語言篇部分,鍾肇政序言第40頁。

的觀察，很穩健地抓住客家文化的重點，要大家在關心文化的同時應該最先穩住客家話，否則沒了客家話，其他客家文化也都沒有了。所以復興客家文化第一重要的是搶救客家話，因為「沒有客家話就沒有客家人」。當然為什麼今天客家話會變成這樣，主要因為政府的語言政策偏頗。語言政策不只不平等，甚至是要消滅臺灣人的母語，包括福老話、原住民話、客家話，另外傳播媒體的電視收音機，一天到晚都只用北京語發聲，外加很少的福老話，最嚴重的是客家話跟原住民話，幾乎是聽不到，變成瀕危語言。所以客家地區年輕人及小孩子，幾乎不會說自己母語，如果不用政府的力量，在學校裡教受客家話，那麼客家話再拖個三、五十年就會壽終正寢沒藥可醫。

總之，對客家話存滅的觀察，鍾老點出「沒有客家話就沒有客家人」是呼籲政府及民間應劍及履及地抓住重點及時搶救。

（二）客家社會的觀察：走出隱藏人的個性

若論客家危機，以當今言，恐莫過於母語之流失。自來，客家人即有出外者慣常不敢說母語，隱藏客家人身分。近二十年來情形變本加厲，即在自己的鄉鎮內，說母語也越來越少，祖孫之間無法交談的情形司空見慣。一般年輕人甚且以只能說客語的上一代為鄙，而以說國語為傲，「寧賣祖宗田，不忘祖宗言；寧賣祖宗坑，無忘祖宗聲」的客家傳統庭訓，被棄如敝屣。近來屢屢有人提起，客語不出幾十年功夫，即可能消失的說法。說者所提的有的二、三十年，有的四、五十年不一，但是結果則同。無庸置疑，客語的消失，也意味著客家人的消失，可見在若干人心目

中，這件事極堪憂慮，且已到了燃眉之急[14]。

　　幾十年來客家人在臺灣的發展，一直都給人「隱形人」的封號，原因是客家人在與別族群的人一起時，大都不敢表明自己身分。如果會說接觸者的語言，更是立刻改說對方的語言，不敢用自己的母語與人溝通。尤其開會的場合，更形嚴重，只要在場有人不會說客家話，客家人立刻改用對方聽得懂的語言，深怕對方聽不懂，引起困擾或得罪對方。這種致命的「隱形」性格，會是客家話無法傳承下去的致命因素。鍾老觀察客家性格深有同感，所以在龍潭鄉客家文化大展後省思，寫了一篇〈我們不是隱藏人〉（1991），語重心長地鼓勵大家在公開場合盡量用客語交談才能帶動年輕人有說客語的習慣。否則縱使學校有母語教學也抵不過一暴十寒的說母語習慣，客家話最終也會死在這種「隱形」的性格裡。所以鍾老的觀察，認為客家人最重要的是要「走出隱藏人的個性」。

（三）客家義民信仰的觀察：提出新義民精神

　　義民信仰是客家先民崇拜為保鄉衛民犧牲的無名英雄，這些無名英雄在多人多地建廟祀奉以後，也由最初的孤魂野鬼，漸漸升格為保護神，為義民爺。但是有些非客家籍的人，卻認為臺灣哪裡有義民？那些幫助清政府平定朱一貴、林爽文之亂的人，都與清政府合作來剿滅臺灣的抗清英雄。剿滅抗清英雄的人應屬叛逆，是不義之民，怎麼可以稱之為義民。這兩極化的解釋，正是

14　參見鍾肇政，〈我們不是隱藏人〉，《新个客家人》（1991），頁23。

閩客械鬥的最基本對立立場。

　　翻開歷史看，當年聯合清政府剿平漳州朱一貴、林爽文等的群體，確是掌握最大政治經濟實體的泉州人。泉州人為了自己的身家財產性命，所以與清政府聯合來剿平漳州人的叛亂。客家人那時候剛渡海來到臺灣，尚未完全安頓好自己的生活，就碰到這種漳泉鬥，是為了寶貴生命生存，所以也加入剿滅漳州人的行列。至於犧牲的人，泉州、漳州人也很多。但漳州泉州犧牲的人，有家屬領回屍體埋葬祀拜。反而客家人犧牲的大都是無家無眷的羅漢腳，所以死後無人收屍，才會由客家界出錢出地建廟埋葬祀奉煙火，建廟祀拜這些保鄉衛民的冤魂，後來才發展出義民爺崇拜。

　　鍾老對義民崇拜向來都很關心，但很少看到他對義民多所著墨，反而在高雄10月25日的遊行後省思，寫了一篇〈發揚新義民精神〉收錄在《臺灣客家人新論》（1993），開宗明義有一段文字：「無分福客或先來後到，基本上兩千萬居民的命運是一致的，共同來抵禦外敵，重建我們的美麗之島，這才是我們全體的要務，我以為這該就是新的義民精神。」[15]言下之意是以「和事佬」的立場試圖化解閩客對義民解釋的兩極態度，拋出大大的橄欖枝，看看漳泉人能否化干戈為玉帛，與客家人攜手合作。尤其1991年10月25日的高雄市大遊行，是因為公投會決定選高雄市義民廟為政治訴求據點。曾事先向該廟管理委員會商借，結果因政治事件事涉敏感而未獲同意，公投會乃以廟旁道路為據點，依

15　參見鍾肇政，〈發揚新義民精神〉，《臺灣客家人新論》（1993），頁26-30。

預定進行臺灣進入聯合國聖火長跑起跑點。該文最後又點出「公
投會之選高雄市義民廟作爲聖火長跑起跑點，固然一如報導上所
言，乃由於地理環境之方便，但我卻覺得冥冥中似有某種力量在
牽引。我願意稱之爲新義民精神，他要我們精誠合作，革除傳統
惡劣習氣，共同來面對我們的敵人。不管這敵人是有形的、存在
的，抑或無形的、內在的。」[16]這段話講得含含混混，是軟綿綿
的太極拳。於鍾老而言，身在其位不得不採取這種柔性的話術。
這裡所提出的新義民精神，是不要爲保鄉衛民而犧牲奮鬥，反而
期盼邀約敵人去找另外一個虛無飄渺的新敵人。從這種基礎看鍾
老義民信仰的客家觀察是虛幻不實的。

（四）新舊客家人的觀察

廣東客家人在康熙後及乾隆時代來臺最多。更早的汀州客
（武平、上杭、永定）、漳州客（南靖、平和、詔安、雲霄）則
早已被閩人同化，成了不會說客家話的福老客了。來臺後的客家
人講自己的話，過自己特色的生活，保持著傳統也吸收新接觸族
群的語言文化。閩南人稱「客仔」講客，日本人則稱之爲廣東人
說「廣東話」，部分原住民則稱客家人爲 ngai ngai。後來則自稱
「客人」，國民政府來臺以後，更被稱爲「客家人」。然而無論
是「客仔」講客、廣東人說「廣東話」，或者客人、客家人、客
話、客家話，都是從廣東渡海來臺謀生的特殊族群，不分早期現
代都用同一個稱呼。客家人就是客家人，從來都沒有分舊的客家

---

16 參見鍾肇政，〈發揚新義民精神〉，《臺灣客家人新論》（1993），頁27-28。

人還是新的客家人。但鍾老的客家觀察，認為客家公共事務協會成立以後，就產生了新的客家人，這些新的客家人與傳統客家人不一樣。

所謂「新客家人」是：「其他，正如某些人所說畏縮的懦弱的冷漠的自卑的也實在不少，因而受到這一類不客氣的污蔑，該也是其來有自，我想這些統統都可以稱之為老的客家人，或者舊的客家人吧！那麼新的客家人呢？或許心中有洪秀全、孫文乃至李登輝、鄧小平、李光耀，這是無可厚非的事。但重要的不是把這些人民掛在嘴邊而洋洋自得，自我陶醉。而是在別種語族的人前面抬起頭來，表示你是客家人，說客家話，在家裡把自己的母語傳給下一代。還有，我們的客家運動就要展開了，你是否願意分出一小部分精神、時間、力量、金錢，來參與，來贊助，來推動盡你的本分。如果你能點頭說是，願意並且即說即做，那你應該就是一個堂堂的現代客家人，這就是新的客家人。」[17]

依鍾老的觀察，舉凡對這個社會畏縮的懦弱的冷漠的自卑的人，而常常陶醉在祖先榮耀的人，就是老的舊的客家人。唯有在別種語族的人前面抬起頭來，表示你是客家人，說客家話，在家裡把自己的母語傳給下一代的人才是「新客家人」。為了讓大家響應新客家人，還提出一個附帶條件，那就是「願意分出一小部分精神、時間、力量、金錢，來參與，來贊助，來推動新客家人運動。」才是真正的新客家人。從此以後，臺灣的客家人就分成新的與舊的兩派，意識形態上也變成傾向獨立與傾向統一兩種，

---

17 參見鍾肇政，〈新个客家人〉，台灣客家公共事務協會主編，《新个客家人》，頁16-18。

文化認知上也分去中國與不去中國兩類。我自己是客家公共事務協會原始創會會員，因爲不贊同這種分裂，所以與該會漸行漸遠。

後來鍾老在「台灣客家公共事務協會」成立講詞中，有意無意間避開一段事實。那就是1990年夏，鍾老邀陳文和、我三人組成「赴美參加客家文化訪問團」，一個多月訪問演說結束時，由徐福棟、劉永斌等決議，由我們三人回臺後積極籌組，成立「台灣客家公共事務協會」，爲客家的千秋大業努力打拚。後來鍾老在協會成立的講詞中說：

> 1990年夏，筆者隨民間的客家文化訪問團赴美，歷訪多處大城小鎮。參加了大小型鄉親聚會，獲得了爲數不少的新知舊識接觸的機會。大夥聚談每每情不自禁地聊起客家問題，客家危機再次在海外鄉親之間抬頭，已經極爲明顯的跡象。在多次的交換意見後，終究達到了一個共識。國內另組一個客家社團，以推動客家運動。於是我們返臺後是8月間起，積極從事籌備工作，很快地發起人團成立了，執行小組也選出來，經過不少次的聚義討論獲得了一個共識，就是「尋回客家尊嚴，發揚客家精神」，筆者把這個意思，化約成新的客家人運動，以其大家來呼籲新的客家人之產生，社團名稱亦經定爲「台灣客家公共事務協會」，並於1990年12月1日宣告成立。[18]

---

18 參見鍾肇政，〈硬頸子弟邁步向前〉，收錄在《新个客家人》，頁26。

台灣客家公共事務協會，簡稱台灣客協，英文簡稱HAPA。成立於1990年歲尾，原始動機緣於1990年夏，我們曾經有過組一小型客家文化訪問團赴美之舉。歷訪美國各地大小城十餘所，參加大小型鄉親聚會義達十數次[19]。……本會的成立可以說是偶然的機緣，也可以說是一點也不偶然。今年六七月間，由於在美鄉親及同鄉會的好意，由島內組成一個小型的客家訪問團接受邀請到美國各地去訪問，並參加各種臺灣同鄉的大小集會。跑過了十幾個大小城市歷時一個多月。[20]

　　這裡所說的小型的客家訪問團，就是鍾老、陳文和、我三人，可是文字中只模糊帶過不願提及。可能鍾老已經感受到我和陳文和不太認同「新个客家人」的分裂作法吧。

　　不過，三人組訪美團的情況，陳文和在《客家雜誌》三十一期，已經寫了一篇訪美紀實錄，題目是〈美國行美國行──客家文化訪問團的一些心得與收穫〉，茲節錄如下：

今年6月28日至7月31日協同前輩作家鍾肇政以及語言學博士羅肇錦三人組成客家文化訪問團，應全美臺灣客家會的邀請，前往美國分別參加了美東、美東南、華盛頓DC、南加州、美西北加州、美南德州，順路去美中西的各地臺灣同鄉夏令營。全美各地的臺灣同鄉夏令營是以閩南人為多數的夏

19　參見鍾肇政，〈邁向光明未來〉，收錄在《新个客家人》，頁19。
20　參見鍾肇政，〈客家話與客家精神〉，收錄在《新个客家人》，頁80-83。

令營，客家同鄉參加的人數較少，人口本來就少，其中歷史最悠久的是美東夏令營已經有二十一年歷史，是臺灣人最早聚集的紐約市臺灣同鄉發起的。美東臺灣客家同鄉會，今年的年會第一次與臺灣同鄉會同時舉辦，可以說是美國的臺灣人首度攜手合作的夏令營，甚具歷史意義。我們三人的客家文化訪問團，連同接受美國臺灣文化研究會邀請的鍾鐵民以及詩人曾貴海醫師，一共五人，是臺灣島內首度有計畫有組織的一個客家文化訪問團。感謝在美國的客家同鄉紐澤西州的徐福棟博士，馬里蘭州的劉永斌博士，聖路易城的朱貞一博士的熱心聯絡，以及美東客家會會長馮建宏先生，波士頓城的葉吉福博士、紐約市的李元照先生、曾龍雄先生、舊金山的陳明眞博士、洛杉磯的郭成隆會長、申五郎秘書長、休士頓城的郭正光前會長、達拉斯城的王德助先生。鍾博史先生、奧斯汀城的湯猛雄會長，亞特蘭大城的鍾瑞英副會長等人的贊助及熱心接待。使我們在行程安排十分緊湊中，得以順利走完全程。此行，我們除了介紹客家文化、客家文學、客家語言及客家人的社會運動以外，我們一路集中焦點討論語言和諧的問題。在華盛頓DC、舊金山以及芝加哥獲得非常熱烈的迴響。特別是第一次在南卡羅萊納州美東南夏令營，談論閩南、客家語言使用問題時，有部分閩南同鄉自動前來向我們表示贊同的意思。他們說在海外這個語言問題的確困擾他們許久，每一次談到這種語言使用問題，一定引起爭論，幾乎都鬧得不歡而散，反觀我們這一次從現實的觀點，不論政治上的發展、社會的和諧，以及文化上思考等角度，大概都能讓閩南的朋友接受。這是此行我們認爲收穫最

大，也略有貢獻之所在。[21]

尤其記得在華盛頓DC那場宴會及晚會，經過我們提出討論之後，居住華盛頓DC二十年之久的女作家黃娟女士，當場即感慨地說，她當了二十年的啞巴，今年終於有機會說話了。聽來實在令人心酸，黃娟說在美國的臺灣同鄉大小聚會，一定使用閩南語，一有使用北京語的，會場就有股「鼓譟」的氣氛，實在令不會說閩南話的客家人不安與難過。她說美國的臺灣同鄉會不重視客家，不重視文化，只重視政治的作風，令她有很多感慨。華盛頓DC的晚宴，有過前述的討論之後，第二天的臺灣同鄉之夜，在美國聯邦機構衛生福利部的禮堂召開（場地由劉永斌博士洽借），晚會主持人DC同鄉會會長，一改以往只使用閩南語的慣例，改為使用北京語，讓在場的十多位客家同鄉有被尊重與被接納的感覺。甚至連帶領原住民訪問團赴美的長老教會牧師也用北京語來介紹他們原住民訪問團的成員，以節目內容當時的感受真的很微妙，也希望臺灣社會能提早跨越語言的困擾障礙，大家趕緊多用心思為臺灣的民主化現代化做更多的貢獻。除了語言和諧問題的討論之外，此行另外一項較為重要的是，在美東夏令會結束當天，由徐福棟博士提議，大家相聚一起十分不容易，應就今後客家的前途作一討論。經由在美的徐福棟、劉永斌、陳秋鴻、馮健宏（後三人為美東臺灣客家會的前後任會長）以及鍾肇政、羅肇錦、陳文和等七人，初步

---

21 參見陳文和，〈美國行美國行，客家文化訪問團的一些心得與收穫〉，《客家雜誌》三十一期，頁42-43。

討論決議成立「客家人公共事務協會」（名稱暫定），由《客家雜誌》社負責聯絡，重點爲以海外客家鄉親在美國的學術及社會、國會的影響力，對臺灣的客家社會作更大的發揮努力，以提升臺灣客家人的地位與尊嚴。[22]

　　從以上資料可以得知，台灣客家公共事務協會是於1990年美東夏令營結束當天經過初步決議後成立的，並且由《客家雜誌》負責聯繫事宜，將重點放置在海外客家鄉親，希冀能透過這樣的影響力，提升臺灣客家人的能見度和尊嚴。

四、客家族群關係的觀察

（一）台語（福老語客語）名稱的觀察：客家話與客家精神、漳泉械鬥待澄清：溝通工具與政治符號

　　「台語」這個名稱拿來等同於閩南語，是一種輕蔑其他族群妄自尊大的沙文主義。客家界已經抗議多年，批評文章也出現過很多，但是部分人士依然滿口台語滿紙台語。大家都知道「台語」是臺灣語言的簡稱，包含閩南語、客家語、原住民語、甚至華語、新住民語都是台語。如果從普通名詞與專有名詞的立場論，普通名詞的台語當然包括前面所提的閩南語、客家語、原住民語、甚至華語、新住民語。如果把台語當專有名詞，則原住民語才有資格稱台語，根本輪不到閩南語。但是霸道之士依然我行

22　參見陳文和，〈美國行美國行，客家文化訪問團的一些心得與收穫〉，《客家雜誌》三十一期，頁44-45。

我素，不把其他族群放在眼裡。至於客家人自己用什麼態度去因應，也是很值得觀察的。

　　鍾老對「台語」這個名稱也是芒刺在背極不以為然。甚至大費周章東拐西閃的寫了很多看法，柔性建議閩南族群不應以大沙文主義的心態，去對待其他臺灣族群。他在《臺灣客家人新論》中用心良苦的這樣勸說：「然而，若干福老人是總是有意無意間，以『台語』代替福佬話，忝不以為怪。連民進黨也在一些條文上明訂，台語一詞係指現存的臺灣各種語言，包括福客原住民，甚至也有人主張北京語或臺灣國語也包羅在內。該黨曾經有過把語言定於一尊的老 K 模式作風，造成不少困擾，甚至也有若干不諳福佬話的忠實黨員，為此望望然去之的慘痛往事。去年這一點已經改過來，乃有上述條文，是值得稱許的做法，許多不諳福老語的人都會高舉雙手贊成。然而在一般情形，我們仍然看到類似福老沙文主義的作風盛行，形成客家人心靈中的另一個痛點。」[23]

　　另外，閩南沙文主義的做法除了台語，以及前面對「義民信仰」的解讀。臺灣歷史上漳泉鬥的問題，我在《臺灣客家族群史》語言篇中，一再提及「漳泉鬥是另類閩客鬥」的看法。鍾老也很關心這個問題，曾經建議我舉辦一個學術討論會把這個問題解釋清楚。因此他在《臺灣客家族群史》總論做了這樣的回應：「檢視本書執筆人羅肇錦博士手筆的有關吾臺墾拓時代盛行的分類械鬥情形內文，其中有一項顛覆性的論旨。此即歷來大家都認

23　鍾肇政，〈你聽得懂不懂邁向族群融合之道〉，《臺灣客家人新論》，頁209-212。

定過去臺灣的械鬥規模大者有閩客到漳泉鬥。後者即為漳州福老與泉州福老之間的械鬥。而羅君則經長時間的文獻鑽研及實際的田野調查，認為漳泉鬥其實是漳州客家人與泉州福老人的械鬥。羅君並進一步指出，臺灣史上林爽文、朱一貴、戴潮春等人之亂，幫助清兵平亂的是以泉州福老人為主，並非客家人。這是歷史的真相，史冊上記載的清清楚楚，而後人都認定客家人協助清兵平亂，結果是客家人的義民信仰也被誤會扭曲成那些客家義民對不起臺灣人，無『義』可言云。羅君是為了調查各地中國客語而挖掘出這些具顛覆性的見解。說來是一種副產品，然而這是前所未見的新發現，深深值得吾人重視。羅君在本書緒論即慨乎其言謂：『了解這以前完全不同的歷史事實以後，在我心中有說不出的感慨，客家人在臺灣的歷史，一般人竟然如此陌生，而肯投入客家史的人又那麼鳳毛麟角，我不知道諸多被扭曲的客家歷史，要到什麼時候才能夠一一加以釐清。也不知道是不是這些客家史將會一直被歷史淹沒，客家真相將永遠得不到扳平的一天。烏雲蔽日，何處青天』，閱讀至此，我們真忍不住和羅君一樣為吾客族過去所受的冤屈，一掬辛酸淚水。不為什麼，乃因今日客族的萎靡不振，窮根究底豈非因為這樣的冤屈年深日久，形成客家人的自卑自棄。君不見若羅君論點確實，閩客械鬥固然是福老與客家之間的械鬥，而當前的同樣地是漳州客與福老之鬥。於是吾臺四百年史上，連綿不斷的分類械鬥，更多屬於福老客家之鬥真相如何。」[24]

---

24 參見《臺灣客家族群史‧總論》語言篇部分，鍾肇政序言第40頁。

客家人的族群關係中，牽連最多的就是閩南族群，在原鄉潮州與廣東人相衝突，如土客大械鬥是最典型的鬥爭。來到臺灣以後，與閩南人往來密切，所以發生的衝突也較多。包括前面所列舉的義民信仰問題，漳泉鬥是另類閩客鬥問題以及「台語」稱呼的問題，都是很敏感的族群關係，這些問題鍾老都很細心觀察不輕易發言，免得惹來不必要的麻煩，這是身為大老所引導出來的好風範，值得客家追隨者引為典範。

（二）閩南沙文主義的觀察

　　前面對台語名稱問題已經顯露出閩南人多勢眾所表現出來的沙文主義。先舉我自己的經驗，早年游錫堃當宜蘭縣長時，我參加宜蘭縣主辦本土語言教育學術會議。在大會進行中最令我擔心的是閩南和客家人一起討論時，要使用哪一種語言的問題，因為好幾次閩客一起討論時，客家人使用北平話國語當溝通工具時，許多閩南朋友則不以為然。認為討論本土語言，就要使用本土用語閩南語和客家語才對，使用國語是對於臺灣人的不尊重。遺憾的是這種場合，閩南人說閩南話，客家人不全懂。客家人說客家話，閩南人全不懂。試想一邊不全懂，一邊全不懂要如何溝通。當然有人會說聽不懂沒關係，只要聽起來爽就好。聽起來爽就好，完全是非理性的態度。如果這是一場表演或一場普通聚會，各自用不能溝通的語言說自己的話，依然可以達到新鮮的效果，但是一場很嚴肅的討論會，一定要雙方進入問題核心才能進行意見交換，否則就不算是學術討論，當然也討論不出結果，無法達

成共識了。[25]

「臺灣筆會於本刊在5月13日下午21點分別邀請張恆豪、羅肇錦、洪惟仁、向陽等人演講，也請了邱晨、涂敏恆演唱客家歌謠，另外請趙天福、林宗源、黃勁連、杜潘芳格朗誦新詩，場面熱烈，關於演講演唱朗讀部分，因筆者參加另外一個會，以致遲到未能聆聽殊為可惜。現在想和大家打嘴鼓的是會後討論部分，有關使用什麼語言的問題。《中原週刊》社長徐運德先生，上臺說話他先表明為了溝通上的方便，他使用國語，結果說不到一半，就有人叫嚷說不要說那什麼話？說你媽媽教你的話。徐運德被這一叫，勉強忍住了。然後，他用客家話繼續說下去。結果，筆者特別注意剛剛那位叫嚷的人，是他根本聽不懂客家話，所以他沒有聽，反而與後座的另一位人士在交頭接耳。這一幕，看在眼裡真的是感慨萬千，後來這位先生還上臺演說了大段，語言是嘴部運動及與天氣環境的關係的一些看法。他發言至此，徐運德先生說國語北京話然後又不尊重發言人，不尊重自己的在底下交頭接耳，到底這位先生是討厭北京話呢，還是討厭客家人說國語，還是討厭說國語的客家人，如果他只是討厭北京話那可以理解，如果他討厭客家人說國語，那也可以理解。但如果他討厭說國語的客家人，那就不能理解，也更不能諒解了。為了溝通上的方便，選擇一種彼此可以共通的語言，這不僅是實質上的方便，也是彼此間的互相尊重，也是起碼的禮貌。為什麼使用兩種不同語言的人不能選用第三種語言做溝通，非要你說你的，我說

25　參見羅肇錦，無題短文，《客家雜誌》七期，頁70-71。

我的，閩南人對北京語的心結我們充分了解，某些程度也相當支持。問題是客家人如果不會說閩南語，而用四十年來比較常使用的北京語與閩南人溝通，這是實現環境上的無奈，為什麼閩南人要那麼強烈的反對客家人說國語，或是說國語的客家人。雖然這只是一件非常特殊的個案，但不能不說也有許多閩南人竟那樣想那樣做，那樣堅持的裡頭就暴露了什麼樣的沙文主義的心態，不言可喻。」[26]

面對這樣的問題，鍾老在《臺灣客家人新論》中用心良苦的這樣勸說：「然而，若干福老人是總是有意無意間，以『台語』代替福老話，忝不以為怪。連民進黨也在一些條文上明訂，台語一詞係指現存的臺灣各種語言，包括福客原住民，甚至也有人主張北京語或臺灣國語也包羅在內。」另外，前面引陳文和〈美國行〉的一些心得，談到居住華盛頓DC二十年之久的女作家黃娟女士，當場即感慨地說，她當了二十年的啞巴，今年終於有機會說話了。聽來實在令人心酸，黃娟說在美國的臺灣同鄉大小聚會，一定使用閩南語，一有使用北京語的，會場就有股「鼓譟」的氣氛，實在令不會說閩南話的客家人不安與難過。她說美國的臺灣同鄉會不重視客家，不重視文化，只重視政治的作風，令她有很多感慨。

可見閩南沙文主義的感受，除了我自己，包括鍾老、陳文和，甚至長年在美的黃娟，都有相同的感慨，強勢族群總是唯我獨尊，漠視弱勢族群的心理感受。鍾老對這些問題都有很深刻的

26　參見陳文和，〈本土語言與文學及其他〉，《客家雜誌》五期，頁99-100。

感受，但他做事深思熟慮後才付諸行動，所以對閩南沙文主義的作法，大都採用慢工勸說的方式。免得針鋒相對引來不必要的爭辯而傷了和氣。

五、結語

綜合鍾肇政先生的客家觀察，大致可以歸納出下面幾個重點：

（一）**客家定位的觀察**：依傳統說法，從中原到閩粵贛再到臺灣，但1993年客家公共事務協會成立後，為支持民進黨成立「客家助選團」，鍾老從原來不分黨派純為客家語言文化而努力打拚的理想，轉變成為選舉支持自己矚目的政黨，由一個中立的文化人，變成全力支持民進黨的客家大老。這是鍾老的客家觀點中，客家定位的轉變。

（二）**客家文化重要性的觀察**：客家語言的觀察，核心觀點是「沒有客家話就沒有客家人」，另外鍾老認為客家人最重要的是要「走出隱藏人的個性」。在客家義民信仰的觀察則提出新義民精神，這個觀察顯得虛幻不實無法引起大家的重視。至於提出所謂新舊客家人的觀察，定義出所謂真正的新客家人。但從此以後，臺灣的客家人就分成新的與舊的兩派，意識形態上也變成傾向獨立與傾向統一兩種，文化認知上也分去中國與不去中國兩類。

（三）**客家族群關係的觀察**：台語（福老語客語）名稱的觀察，說台語等同閩南語是閩南沙文主義的表現，是強勢族群漠視弱勢族群的心理感受，面對這樣的處境，除了我自己，包括鍾

老、陳文和，甚至長年在美的黃娟，都有相同的感慨。而鍾老對
這些問題都有很深刻的感受，他總是在深思熟慮後，用他自己的
一套方式去付諸行動，去實踐他的理念，所以對於閩南沙文主義
的作法，他採用的是慢工勸說的方式，避免各種針鋒相對引來不
必要的爭辯而傷了和氣。

參考文獻

丘昌泰、蕭新煌主編，2007，《客家族群與在地社會》。臺北：智勝文化。

林文寶等，2001，《臺灣文學》。臺北：萬卷樓圖書公司。

何來美，2011，《客家身影客家典範人物》。臺北：聯合報股份有限公司。

房學嘉，1994，《客家源流探奧》。梅州：廣東高等教育出版社。

邱春美，2007，《客家文學導讀》。臺北：文津出版社。

客家風雲雜誌，1987，《傳家之寶》，1期~12期合訂本。

客家風雲雜誌，1988，《傳家之寶》，13期~23期合訂本。

客家風雲雜誌，1999，《傳家之寶》，24期~31期合訂本。

國立臺灣師範大學國文系主編，2000，《解嚴以來臺灣文學》國際學術研討會論文集。臺北：萬卷樓圖書公司。

張維安召集人，2000，《臺灣客家族群史・產經篇》。南投：臺灣省文獻委員會編印。

張維安等，2015，《客家族群與國家政策》清領至民國九〇年代。南投：國史館臺灣文獻館。

梅州市民間文學三套集成編輯委員會《梅州風采》。梅州；金山印刷廠。

陳支平，1997，《客家源流新論》。南寧；廣西教育出版社。

陳秀琪、江敏華主編，2020，《不賣祖宗言》，〈畬話與客話的次方言關係說略〉、〈嶺南貉獠hoʔlo族稱的轉換關係論證〉，十三屆客家話國際學術研討會。桃園：國立中央大學客家學院客家語言暨社會科學系。

陳運棟，1978，《客家人》。臺北：聯亞出版社。

葉石濤，1987，《臺灣文學史綱》。高雄：文學界雜誌社。

劉佐泉，2005，《太平天國與客家》。河南：河南大學出版社。

謝重光，2013，《客家福佬源流與族群關係》。福建：人民出版社。

鍾肇政主編，2000，《臺灣客家族群史》。南投：國史館臺灣文獻館。

鍾肇政等，1991，《新个客家人》。新竹：臺原出版社。

鍾肇政等，1993，《臺灣客家人新論》。新竹：臺原出版社。

羅香林，1993，《客家研究導論》。興寧：希山書藏。

羅肇錦，1984，《臺灣四縣客語語法研究》。臺北：學生出版社。

羅肇錦，1990，《臺灣的客家話》。新竹：臺原出版社。

羅肇錦，2000，《臺灣客家族群史・語言篇》。南投：國史館臺灣文獻館。

羅肇錦，2020，《不賣祖宗言》。桃園：國立中央大學客家語文暨社會科學系。

第五章
鍾肇政與客家運動：
從新个客家人到廿一世紀新客家[1]

張維安

國立陽明交通大學通識教育中心教授／

國立中央大學客家學院合聘教授

一、前言

　　一般說來，社會運動大抵都是向外的，通過運動來改善制度、社會結構或文化的問題。例如，野百合學運（1990年3月16日至3月22日），訴求「解散國民大會」、「廢除臨時條款」、「召開國是會議」以及「政經改革時間表」等，[2]目標在於推動臺灣社會的民主化。客家運動稍有不同，它是一個向外訴求，同時也是向內反思的社會運動。向外所訴求的是針對社會結構的不平，例如〈廣電三法〉的修改，爭取語言平等權、傳播權；向內

1　本文主要部分曾經於2015年以〈鍾肇政與客家運動：從新的客家人談起〉為題刊登於彭瑞金主編，《鍾肇政文學國際學術研討會論文集》（臺中：靜宜大學臺灣研究中心），頁439-445。「邁向廿一世紀新客家」為新增段落，論文名稱也稍有調整。

2　引用自維基百科「野百合學運」。網址：https://zh.wikipedia.org/wiki/，查詢日期：2021年5月5日。

的反思則是針對客家族群本身，例如從舊的客家人，邁向新的客家人的運動，訴求的是客家人本身的自省與實踐。

　　1980 年代末，鍾肇政等在臺北成立「客家公共協會」。1990 年代，他成了社會運動者，擔任臺灣筆會會長及「台灣客家公共事務協會」會長。李喬稱他為「文運重要推動者，也是社會文化改造運動者」。（慕情專訪，〈跳脫魯冰花鍾肇政為客家發聲〉）本討論的內容，以鍾肇政先生的新个客家運動為線索，解讀客家運動與臺灣社會的關連性，廿一世紀新客家人則進一步關連上當代臺灣客家的世界處境。

二、客家話與客家危機

　　客家族群所面臨的危機中，語言的危機是最明顯的：「若論客家危機，以當今言，恐莫過於母語之流失。自來，客家人即有外出者慣常不敢說母語，隱藏客家人身分已如前述，近一二十年來情形變本加厲，即在自己的鄉鎮內，說母語的也越來越少，祖孫之間無法交談的情形司空見慣，一般年輕人甚且以只能說客語的上一代為鄙，而以說國語為傲。」（〈我們不是「隱藏」人〉，23）

　　客家語言的危機，關係到客家族群的存亡。雖然血統論還是關於客家身分認同最常用的「線索」，不過語言做為客家族群的文化象徵，卻是最為外顯，與生活世界最為相關的要素。1988年客家運動以「還我母語」為訴求便是一個說明。近年來，祖孫之間無法交談，意味著語言在三代之間的變化。祖父母這一代還說著或只會說客家話時，孫子女這一代已經不熟悉客家話或只會

使用另一種話。這樣的差距與溝通的困難，屬於隔代語言的失落，多少還代表著一種「希望」。許多有機會與祖父母一起長大的孩子，還保留了學會說客家話的機會。又過了一代，原來的父母變成了祖父母，祖孫之間的溝通不再有困難，因為三代人一起使用國語或福老話，會不會使用客語，不再困擾他們。客家話的命運由此可知。

> 一般家庭差不多都在講北京話了。福老話也好，原住民話也好，還有我們的客家話，都成了下等劣等的語言，阿公阿婆和孫子孫女話都講不通了。（〈客家話與客家精神〉，81）

> 母庸置疑，客語的消失，也意味著客家人的消失。（〈我們不是「隱藏」人〉，24）

> 我要再講一遍，沒有客家話，就沒有客家人。（〈客家話與客家精神〉，81）

客家運動中還我母語的訴求，不只對外訴求廣播電視權，更重要的指向客家族群本身對於使用客家語言的反省。一般說來，每一個族群都認為自己的語言最優美，唯獨客家人已經充分（或過度）的國語化，甚至覺得國語比較優美。還我母語運動的過程中，有一環就是指向客家內部的語言審美觀。1999年的臺灣族群關係調查中，王甫昌的調查詢問了受訪者對於不同語言優美程度的判斷。這項分析結果發現，「不同族群背景的受訪者對於三種語言的評價都有相當顯著的差異，如果針對單一語言的評價來

說，每一個族群都對於自己族群的語言有最高的評價，而且和其他的族群對於該語言的評價有最明顯的差異。總體而言，所有受訪者對於國語優美性的評價最高，其次是閩南話，再次是客家話。如果就不同族群對於語言之間相對優美性的比較來說，外省人對於國語的優美性評價明顯的高於對閩南話及客家話的評價（前者平均高了1.17分；後者更是高了2.52分）。閩南人對於國語的評價雖然較閩南語略低一點（只高了0.35分），但是對於客家話的評價就遠低於閩南話（平均差了2.51分）。客家人對於客家話優美程度的評價甚至略低於他們對於國語的評價（不過只差了0.49分），但是仍高於對於閩南話的評價（差了0.5分）」。[3]

不利於使用客家語言的生活環境，雖然是社會結構的問題，不過弔詭的是客家族群本身的許多作法，日常生活裡的許多實踐，正好就是在有助於這些結構性趨勢的進行。鍾肇政先生所推動的客家運動，即是面對著這種內外不利的社會條件的運動，是一種新客家社會運動，訴求「新个客家人」，訴求「硬頸精神」。

三、新个客家人運動

1990年夏天，鍾肇政帶領的客家文化訪問團，從美國回來之後，有感於美國鄉親對於故鄉客家權益之普受蹂躪、客家母語之瀕臨絕滅等的關切與憂慮，深覺需要一個新型的、行動的、強

3　王甫昌，〈臺灣的族群通婚與族群關係再探〉（2001），《社會轉型與文化變貌：華人社會的比較》，頁411。

力的、有著牢不可拔的自主意識的團體。於是在1990年底成立了「台灣客家公共事務協會」（HAPA）。（〈邁向光明未來〉，19）「台灣客家公共事務協會」的基本目標是，「尋回客家尊嚴，發揚客家精神」。在成立酒會的邀柬上，提出了「新个客家人」的觀念。通過「台灣客家公共事務協會」所推動的這個運動，也可以稱為「新个客家人」運動，是一個同時指向社會（結構），和指向族群內部的新客家社會運動。

「新个客家人」概念，對照的是「舊的客家人」，需要將既存的、過去的客家人做一番檢討，才能打造新的客家人。肇政先生指出舊的客家人的特質：1.喜歡說「過去光輝的客家人」，尤其是那些有權力的政治領袖。活在昔日的光輝裡，洋洋自得自我陶醉。2.對於自己的語言文化有低一級的「劣等感」，對於加害者「採取類似阿諛的奴隸身段」，隱去客家人的身分。（〈新个客家人〉，16-18）舊的客家人「生活在過去的光榮，這是落伍者，是自卑者，自我墮落者，對改善客家地位，提升客家尊嚴，可說並沒有多少的效果」。（〈客家話與客家精神〉，81）

對照著舊的客家人，新个客家人的特質是，「不是把這些名人掛在嘴邊，而洋洋自得、自我陶醉，而是在別種語族的人前，抬起頭來表示你是客家人；說客家話，在家裡把自己的母語傳給下一代」，「拿出一小部分精神、時間、力量、金錢，來參與、贊助來推動，盡你的本分」。如是，那就是新的客家人。（〈新个客家人〉，16-18）新个客家人，「要有新的胸襟、新的識見、新的行動」。（〈硬頸子弟，邁步向前〉，28）新的客家人的精神，某種程度也是硬頸精神的表現。

肇政先生將此一客家運動稱為「新客家運動」，其所以

「新」，想必是有感於客家人本身的過去所作所爲。他表示，「過去在臺北雖有不少客家社團，但多半是同鄉會性質，聚在一起吃喝、唱山歌後便無其他。『我覺得要行動』！他帶著客家人上街頭的同時，提出客家運動的主要政策論述，包括客語大量流失及文化將滅絕困境的解決、恢復客家尊嚴、爭取客家人合理權益等（慕情專訪，〈跳脫魯冰花鍾肇政爲客家發聲〉）。新客家社會運動，所要求的是「新个客家人」的運動，是發揚硬頸精神的運動。[4]

四、客家運動兩種工具

（一）追求多元民主社會

　　慕情專訪中指出，「敢與國民黨搏鬥的黨外力量，除了是客家運動的工具，更是他追求心中自由的重要元素」。（慕情專訪，〈跳脫魯冰花鍾肇政爲客家發聲〉）「確認族群主體性語言的傳承、尊嚴的恢復，鍾肇政坦承與『時機』相關。大環境的轉變，使得新客家運動能乘著黨外運動的翅膀起飛。（慕情專訪，〈跳脫魯冰花鍾肇政爲客家發聲〉）

　　通過黨外力量來實踐客家運動的目標方面，肇政先生確實有提及，「本會成員之中，有不少人或則參加在野勢力的助選團，南北東西馬不停蹄上臺助講；或則投入特定候選人的助選陣容，

4　「新个客家人」也是一本書的名稱，它是「台灣客家公共事務協會」一周年的獻禮，該書厚達240頁（由該會理事劉還月主編，臺原出版社出版）。作者20餘人，篇數達50多篇（鍾肇政，〈挺立的客家人〉）。

夜以繼日奔走呼號，克盡做為當代知識份子的責任。尤足稱道者，這些人助選助講的對象，有福有客，也有外省第二代（筆者（指鍾肇政自己）寡聞，未知其中亦有原住民候選人否），身體力行本會願與其他語群、族群同心戮力為我們臺灣的未來而打拚的宗旨，顯示出『新个客家人』的襟懷、器識，與夫行動能力。」（〈挺立的客家人〉）[5]

　　關於前述脈絡中的「黨外力量」，精確的說法應該是追求臺灣民主力量，追求多元族群文化的精神。肇政先生在描述推動客家運動的「台灣客家公共事務協會」時指出，「台灣客家公共事務協會成立於1990年12月1日，標舉的是恢復客家尊嚴、爭取客家權益的大旗，其精神基礎則是『新个客家人』，並以行動的、在野的、追求民主改革等為最高運動原則，在林立的客家社團當中，堪稱是別具一格的有力團體。」（〈開啟客家運動新境界〉）鍾肇政先生在〈第二年的衝刺〉一文中，也說明了「台灣客家公共事務協會」超黨派團體的立場：「更重要的是本會所標榜的是超黨派的，立場則是相當鮮明強烈的在野色彩。」（〈第二年的衝刺〉）[6]

　　很清楚的，客家運動的目標並非只針對客家的議題，更明白一點說，客家議題的改善是以更大的結構性社會議題的改善為前

5　擷取自鍾肇政〈挺立的客家人：客協邁向第二年〉，《客家人月報》，刊登於1991年12月30日。http://cls.lib.ntu.edu.tw/hakka/author/zhong_zhao_zheng/zhao_composition/zhao_onlin/people/people-7.html。

6　擷取自鍾肇政〈第二年的衝刺：「客協」周年慶感言〉，《客家人月報》，刊登於1991年11月27日。http://cls.lib.ntu.edu.tw/hakka/author/zhong_zhao_zheng/zhao_composition/zhao_onlin/people/people-6.html。

提，客家運動在改善自身族群的結構困境時，也推動整個社會邁向多元、民主的境界。因此，客家運動，不可避免的關連上臺灣的民主運動。在〈挺立的客家人〉中，鍾肇政先生指出：

> 1987年《客雜》呱呱墜地，次年（1988）一項「還我客語大遊行」，聚集了一萬五千鄉親走上臺北街頭，把客家運動迅速地推向第一個高峰。1990年「台灣客家公共事務協會」宣告成立，客家運動據此而打出了一面鮮明旗幟，標明除了延續客家命脈，恢復客家尊嚴之外，還標榜在「臺灣」這個大前提下追求民主的決心。（〈挺立的客家人〉）

客家運動希望客家話的使用，能為客家族群本身，能為廣大社會所接受。但也關心其他族群的語言使用，希望將臺灣建立成多元語言的社會。

> 客家話是這麼的優美，我相信其他的臺灣話，不論是福老也好，原住民各族的話也好，無一不是優美的語言，都是各語族的寶，我們大都有責任來保存，來發揚，建立一個不但是政治、社會、經濟、文化的多元社會，同時也建立語言的多元社會。（〈新个客家人〉，82）

客家族群的社會地位方面，客家運動主張客家人要成為臺灣的主人，客家運動也主張其他族群要和客家人一樣，一起成為臺灣的主人：

我們堅信客家人亦為臺灣的主人，我們願意立足於我們這塊大地上，為尋回我們族群的尊嚴，也為爭取我們族群的權益而努力。我們也堅信，我們與島上其他各語系族群，不論是先來抑後到的福老及各省鄉親，抑原住民各族，在法律之前一律平等。我們願在互信互勉的基礎上，與所有這些同胞手足誠心合作，共同為臺灣的光明前途而奮鬥。（〈發揮硬頸本色〉）[7]

臺灣前後期移民包括福老、客家、外省，以及原住民各族等四大族群之構成臺灣命運共同體，早已是二千萬臺灣住民的共識，而各族群之居於完全平等地位，亦應無人可予以否定。基此以言，若還有強勢弱勢之分，則其本身即已構成不平等的事實，是值得吾人深思的。我們深深希望您能重視這個事實，一本民主真諦以及全民平等共存共榮之義，對仍居弱勢的族群（除了客家之外尚有原住民鄉親）多予關懷，尤其在有關族群問題的公共政策之研擬等方面，給予實際而有效的助力，以謀求族群的真正平等與融合，俾臻全民福祉的境地，感激不盡！（〈追求族群的尊嚴與平等〉）[8]

7　擷取自鍾肇政，〈發揮硬頸本色——台灣客協二周年慶獻辭〉，《客家人月報》，刊登於 1992 年 11 月 29 日。http://cls.lib.ntu.edu.tw/hakka/author/zhong_zhao_zheng/zhao_composition/zhao_onlin/people/people-17.html。

8　擷取自鍾肇政，〈追求族群的尊嚴與平等：從本會致第二屆立委的信說起〉，《客家人月報》，刊登於 1993 年 3 月 28 日。http://cls.lib.ntu.edu.tw/hakka/author/zhong_zhao_zheng/zhao_composition/zhao_onlin/people/people-20.html。

（二）重建硬頸精神

　　硬頸精神，是一種實踐的精神，「歷來，客家人多以『硬頸』自許、自傲。誠然，這是值得珍視、驕傲的客家人特質。如果你認為你也保有這份可貴的特性，那麼我要請你，從這一刻起再次挺起你鐵硬的頸骨，表示你是客家子弟，說你的母語，把你的母語傳給下一代。」（〈硬頸子弟，邁步向前〉，28）這是第一個實踐，有勇氣逆著社會的趨勢勇敢的承認自身的母語，並在日常生活中實踐的精神。沒有這樣的硬頸精神，客家話就不可能有機會在日常生活中「使用」，一種語言沒有在日常生活中被使用，基本上就無法活著。因為語言只存活在「使用中」。

　　另外一種硬頸精神，是積極的實踐客家運動的精神，接著前引文鍾肇政先生提到：「還有，在客家運動全面展開的這一刻，付出你一部分精神、力量、時間、金錢，去參與，去贊助，去推動，盡你的本分。」（〈新个客家人〉，18）硬頸的客家人要更積極的面對社會的困境，追求客家運動目標的實現。

　　第三種硬頸精神，就是追求民主的實踐。曾經有一位福老籍的候選人說，「客人仔的票，一張五塊就夠了！」（〈發揮硬頸本色〉）鍾肇政先生說：

> 做為一個臺灣人，是沒有絕望的資格的，我們被鈔票擊到了，但我們還是會抬起頭來的，硬頸的本色在此！（〈發揮硬頸本色〉）

> 賄選文化早已是所有臺灣人的恥辱，這句「名言」，尤其應該稱之為客家人的奇恥大辱！不知這次的選戰，我們客家界

能不能以事實來洒雪這個恥辱？這一點有賴廣大的鄉親們的自覺與團結。「我們還是會抬起頭來的，硬頸的本色在此。」讓我們大家來三復斯言！（〈發揮硬頸本色〉）

關於「硬頸」精神，整體來看屬於對客家族群性格不向環境低頭、奮鬥到底的一種精神建構，廖經庭（2009）在〈「硬頸」个客家人：近代臺灣客家族群「硬頸」形象的敘事分析〉一文中，分析媒體上所謂硬頸精神之內容大致包括：「不屈不撓、不怕死、不怕艱難、不服輸、不搞利益輸送、不願向現實低頭、打死不退、吃苦耐勞、克勤儉樸、反骨、俠客、倔強、剛毅耿直、堅持正義、堅強不屈、堅毅奮鬥、硬頸不屈、擇善固執。」（廖經庭，2009）這些描寫硬頸的文字彼此之間有一些相似性，特別是從「不」這個字作為開頭的敘述，和「堅持」的概念有許多相近性。簡單來說，硬頸就是「堅持原則」，即使因為「堅持原則」而損失利益、受苦甚至於犧牲生命也不屈服，可以說是一種不計後果的擇善固執。（張維安，2012）

五、邁向廿一世紀新客家

1990年「台灣客家公共事務協會」宣告成立，鍾肇政先生提出「新个客家人」的口號。所揭示的「新个客家人」的精神是：不能（只）懷想輝煌光耀的過去，需正視當前客家族群所面臨的弱勢，例如客家語言的流失與客家尊嚴的潰散，應積極尋回族群尊嚴，攜手其他族群共創光明未來。「新个客家人」目標是團結臺灣客家，七年後所揭示的「二十一世紀新客家」，精神雖

然相似，帶是目標已有所改變：團結全球各地的臺灣客家。他指出「居於少數、弱勢的臺灣客家，似乎也可以泯除黨派之別，一體共同來謀求新世紀裡的新客家的未來走向。並且這還必須是全球性的，故而個人特別關心到目前爲止除故鄉及北美等地區之外，迄今尚無客家會組織之地區，也能早召到更多的鄉親來參與。易言之，『新个客家人』運動在經過近十年之後，一個嶄新的『新世紀新客家運動』應該啓航了。」（鍾肇政，1997a）

　　從「新个客家人」到「新世紀个客家人」，是一個組織全球客家的運動，是一個爲了臺灣客家永存，且生生不息的進階版客家運動。此一想法，在1997年7月鍾肇政先生參加「第三屆全美客家懇親會大會」之後，有進一步的發展。（鍾肇政，1997b）與「新个客家人」運動一樣，也是把客家放在當代的脈絡中來思量，不同的是「新世紀、新客家」反應出臺灣客家在國際客家組織中所遭遇到的困境，文中引述臺灣客家代表團在國際客家活動中遭到排擠的現象，「該會去歲在新加坡召開兩年一次的會員大會上，臺灣組成一個龐大陣容的代表團，竟然處處受到排擠、封殺，結果是敗興而歸。」（鍾肇政，1997b）[9]

　　針對「臺灣的客家人，在國際上究竟如何自處？究竟何去何從？」在〈向廿一世紀報到、挑戰〉的段落，他指出：「屬於全世界的臺灣客家人聯合性的團體，確乎是當前所迫切需要的。她不是爲了反抗什麼，也不是爲了與什麼對抗，純粹是爲了幾百年前爲尋求新的天地、新的安身立命之地而毅然離鄉背井，冒險犯

9　此處該會應是指「世界客屬懇親大會」。1996年11月第13屆世界客屬懇親大會，舉辦地點爲新加坡。

難來到臺灣立基，如今已覓得一塊他們所認同並據此以謀求代代子孫在此繁衍不息的美麗之島，並且與其他多種族群攜手共同建立了民主自由、豐衣足食的土地，而且如今已分散到世界各地的吾臺數百客家人。」[10]

其心中所指的屬於全世界的臺灣客家人聯合性的團體，似乎即是「世界臺灣客家聯合會」。此會之目標除了十年來客家運動所標舉的，諸如恢復客家的尊嚴、爭取客家的權益、搶救客家文化語言之外，「更重要的是際此舉世步向廿一世紀的這當口，她還必須有全球性的視野，以堂堂之姿引領所有客家人邁入新的世紀，做一個新時代新世紀的世界公民一份子。」（鍾肇政，1997b）

臺灣客家運動，地理範圍不限於臺灣，其理念包含全球各地「吾臺客家鄉親」，期待世臺客聯能鼓吹過去只有聯誼活動的團體，轉型而成為（或增加更多活動力的）行動型客家會，以世臺客聯為平臺打造「吾臺客家鄉親」網絡。（鍾肇政，1998）他指出：「客家運動必須普及於分布全球各地的吾臺客家鄉親之間。我們已看到美加、巴西、日本等地的鄉親這次不遠千里歸來參加盛會，其他地區又如何呢？臺灣客家運動是所有吾臺客家鄉親的事，無分遠近或國別，倘若在某個地區、國家尚有類如『死角』的地方，則這樣的死角是應該設法將它消滅才是。譬如鼓吹、幫助設立客家會，納入世臺客聯內；也需要鼓吹過去只有聯誼活動的團體，及時轉型而成為（或增加更多活動力的）行動型客家

10　「吾臺數百客家人」（原文如此）。

會，經常與各地客家團體接觸，互謀交流。世臺客聯除了上述克盡鼓吹、幫助的功用外，尚需負起互通消息、穿針引線的責任。」（鍾肇政，1998）

六、結語

1990年「台灣客家公共事務協會」宣告成立，鍾肇政先生提出「新个客家人」的口號並指出：「史冊上曾經輝煌光耀的我們客家，曾幾何時成了弱勢的族群，或曰『隱藏的一群』，或曰『冷漠退縮』，譏誚詆譭，無所不至。而目睹客家語言之瀕臨流失，客族尊嚴之幾近潰散，能不懍懍於懷而瞿然心驚？新的客家人之出現，此其時矣！」（鍾肇政，1997a）

1997年，新客家運動通過「台灣客家公共事務協會」的推動，已經取得相當的成果。相對於過去的客家文化團體，新客家社會運動，面對客家的原罪，[11] 面對各種不利於使用客家話的社會結構，面對舊的客家人的慣習。新的客家社會運動，關心客家族群的命運，關心客家族群的語言、文化，也關心其他族群的語言、文化。主張客家人要作臺灣的主人，也主張其他族群的人一起作客家的主人。面對結構性的議題，新的客家運動，自然的和民主運動走在一起，面對客家族群的內部思維，重建硬頸精神成為一個重要的方法。

---

11 鍾肇政先生所謂「客家原罪」，「不少客家人已懵然無知於自己的血統，進入其他語族而千方百計，刻意掩飾自己的客家人者更比比皆是。危機意識之最危險者，厥為處危竟而不知危險存在」（〈新的客家人〉）。

1997年〈從「新个客家人」到「廿一世紀新客家」〉一文中（鍾肇政，1997a），所顯示的客家運動的範圍擴大了，目標也稍有轉換，一樣面對「在此世局詭譎、社會擾攘、新的人文景觀亟待建立之際，我們願意爲尋回我們的尊嚴、再創我們的光輝而努力」。爲尋回臺灣客家尊嚴的運動，社會結構方面，需要有更理性的多元社會結構的存在，使客家人和其他族群的人一樣，都能作臺灣的主人。在國際社會結構方面，更需要有客家人特別是打造「吾臺客家鄉親」網絡，將各地聯誼活動的團體，轉型而成爲（或增加更多活動力的）行動型客家會，關心吾臺客家鄉親，做一個新時代新世紀的世界公民。最後一點，也是重要的一點，他說「也許只是個人的偏見，我覺得整個『客家運動』，原本就是客家人的心靈改造的過程。」（鍾肇政，1997c）[12]作爲一個指向自身的客家運動，轉身看見了客家內部的不足，作爲「客家人的心靈改造」之客家運動，似乎仍是未竟的心願。

12　鍾肇政，〈客家人也來——心靈改造〉（1997），《客家雜誌》鍾老專欄。
　　http://cls.lib.ntu.edu.tw/hakka/author/zhong_zhao_zheng/zhao_composition/zhao_
　　onlin/zhaoold/zhongold-11.html，查詢日期：2021年1月4日。

參考文獻

王甫昌，2001，〈臺灣的族群通婚與族群關係再探〉，《社會轉型與文化變貌：華人社會的比較》：393-430。

張維安，2012，〈族群精神與經濟倫理：兼論客家硬頸精神及其經濟活動特徵〉，房學嘉等編，《客家商人與企業家的社會責任研究》，頁18-35。廣州：華南理工大學出版社。

彭瑞金主編，2015，《鍾肇政文學國際學術研討會論文集》，頁439-445。臺中：靜宜大學臺灣研究中心。

廖經庭，2009，〈「硬頸」个客家人：近代臺灣客家族群「硬頸」形象的敘事分析〉。臺灣客家研究學會2009年會論文，國立交通大學客家學院。

維基百科，野百合學運。https://zh.wikipedia.org/wiki/野百合學運，查詢日期：2021年5月5日。

張維安，2012，〈族群精神與經濟倫理：兼論客家硬頸精神及其經濟活動特徵〉，房學嘉等編，《客家商人與企業家的社會責任研究》，頁18-35。廣州：華南理工大學出版社。

台灣客家公共事務協會，1991，《新个客家人》。臺北：台灣客家公共事務協會。

鍾肇政，1997a，〈從「新个客家人」到「廿一世紀新客家」〉。《客家雜誌》鍾老專欄。http://cls.lib.ntu.edu.tw/hakka/author/zhong_zhao_zheng/zhao_composition/zhao_onlin/zhaoold/zhongold-8.html，查詢日期：2021年1月3日。

鍾肇政，1997b，〈新世紀、新客家：參加第三屆全美客家懇親會大會小記〉，《客家雜誌》鍾老專欄。http://cls.lib.ntu.edu.tw/hakka/author/zhong_zhao_zheng/zhao_composition/zhao_onlin/zhaoold/zhongold-9.html，查詢日期：2021年1月3日。

鍾肇政，1997c，〈客家人也來——心靈改造〉，《客家雜誌》鍾老專欄。http://cls.lib.ntu.edu.tw/hakka/author/zhong_zhao_zheng/zhao_composition/zhao_onlin/zhaoold/zhongold-11.html，查詢日期：2021年1月4日。

鍾肇政，1998，〈世臺臺客聯任重道遠——成立慶祝大會後的沉思〉，《客家雜誌》鍾老專欄。http://cls.lib.ntu.edu.tw/hakka/author/zhong_zhao_zheng/zhao_composition/zhao_onlin/zhaoold/zhongold-13.html，查詢日期：2021年1月4日。

鍾肇政，1991，〈挺立的客家人：客協邁向第二年〉，《客家人月報》。http://cls.lib.ntu.edu.tw/hakka/author/zhong_zhao_zheng/zhao_composition/zhao_onlin/people/people-7.html，查詢日期：2021年1月4日。

鍾肇政，1991，〈第二年的衝刺：「客協」周年慶感言〉，《客家人月報》。http://cls.lib.ntu.edu.tw/hakka/author/zhong_zhao_zheng/zhao_composition/zhao_onlin/people/people-6.html，查詢日期：2021年1月4日。

鍾肇政，1992，〈發揮硬頸本色——台灣客協二周年慶獻辭〉，《客家人月報》。http://cls.lib.ntu.edu.tw/hakka/author/zhong_zhao_zheng/zhao_composition/zhao_onlin/people/people-17.html，查詢日期：2021年1月4日。

鍾肇政，1993，〈追求族群的尊嚴與平等：從本會致第二屆立委的信說起〉，《客家人月報》。http://cls.lib.ntu.edu.tw/hakka/author/zhong_zhao_zheng/zhao_composition/zhao_onlin/people/people-20.html，查詢日期：2021年1月4日。

第六章
鍾肇政「新客家助選團」
對臺灣客家發展之貢獻

周錦宏（第一作者）

國立中央大學客家語文暨社會科學學系教授兼院長

王保鍵（通訊作者）

國立中央大學客家語文暨社會科學學系副教授

一、前言

　　1987 年發行《客家風雲雜誌》及 1988 年舉行「還我母語大遊行」所促發的臺灣客家運動，迄今已逾三十年；在此三十多年間，在客家政策上，陸續設立客家委員會、客家知識體系、客家電視頻道、《客家基本法》等，對客家語言及文化的復振、客家集體記憶的建構、客家意識的提升，確實發揮相當的功效（邱榮舉、王保鍵、黃玫瑄，2017）。不論是以《客家風雲雜誌》或「還我母語大遊行」為臺灣客家運動之起始，兩者對於客家族群意識醒覺及凝聚，皆具有重要角色。

　　事實上，1988 年還我母語大遊行係以「客家」為名，集結不同意識形態、不同政黨立場者，共同參與。Howard J. Martin（1996）便將還我母語大遊行參與者類型化為「傳統主義者」（traditionalists）、「溫和者」（moderates）、「激進者」（radicals）三種類型。還我母語大遊行結束後，為持續客家運動

的量能，以鍾肇政為首的一群客家菁英於1990年成立「台灣客家公共事務協會」，以較具組織結構方式，倡議客家議題。[1]臺灣在1990年代之憲政改革，驅動人民政治參與，選舉競爭趨於激烈，「台灣客家公共事務協會」進一步組織「新客家助選團」尋求政治結盟，促使候選人提出客家政見，並監督候選人當選後，落實客家政見，規劃並制定客家政策。

在界定公共政策時，Thomas Dye的政府選擇作為或不作為的過程（whatever governments choose to do or not to do）。（Dye, 1998：3）David Easton則認為公共政策是權威人員所採取一系列目標取向的行動。（詹中原，2007）[2]就公共政策之議程設定（agenda setting）而言，政府議程之承載量有其限度，特定議題能否被排入議程，取決於：（1）議題由誰（個人或團體）所提出，（2）如何在公共場域被建構、陳述、行銷（莊文忠、徐明莉、張鎧文，2009）。又政策議程的設定與扼阻，多由政黨、利益團體（interest group）、大眾傳播媒體等「守門員」（gate keeper）所控制。議程守門員中的「利益團體」，係指具有共同態度的團體，向社會中其他團體提出其訴求，旨在建立、維持、

1　「台灣客家公共事務協會」直至2001年6月30日才正式依法完成登記立案程序。

2　對於公共政策（Public Policy）界說，約略可分為二種路徑：（1）「實踐政策理念」者，此類論點認為公共政策在實踐某特定之政策理念或價值；採此類論點學者如拉斯威爾（H. D. Lasswell）、卡普蘭（A. Kaplan）、費德烈克（Carl Friedrich）、蘭尼（Austin Ranney）等；（2）「政府的權威行動」者，此類論點說認為公共政策是政府本其權威性所為之行動過程；採此類論點學者如伊士頓（David Easton）、戴伊（T. Dye）、瓊斯（C. O. Jones）等（王保鍵，2016）。本文採取「政府的權威行動」觀點。

增加所蘊含的行為模式。（吳定，1992：474）而利益團體可分為經濟（economic）、社會（societal）、意識形態（ideological）、公共利益（public interest）、政府（governmental）等五種類型（University of Minnesota, 2016: 321）。基本上，利益團體影響政府決策之路徑，包含：（1）介入各種公職人員選舉，（2）在政策制定過程中，對行政部門、立法部門、政黨及輿論等加以遊說，以制定或修改對該團體有利之政策（張世熒，2000）。

鍾肇政等人所成立「台灣客家公共事務協會」，可謂為廣義概念下的利益團體，並以「新客家助選團」進行助選，以影響政府決策。本文以文獻分析法，檢視鍾肇政所成立新客家助選團在1994年首次臺北市長選舉中所扮演的角色，並探討：（1）客家菁英為何成立新客家助選團？（2）新客家助選團對臺灣客家發展之貢獻為何？

二、臺灣民主化與客家運動

為人熟知的David Easton政治系統模型，外環境（environment）對於政治或公共政策產出，有著重要影響。本文以新客家助選團為探討對象，遂應先檢視1980年代及1990年代，整體政治環境與法制框架的變化，藉以探討新客家助選團為何成立。

（一）臺灣民主化

回顧歷史，二次大戰結束，中國大陸進入國共內戰，國民大會依《中華民國憲法》第174條第1款程序，於1948年5月10日

制定《動員戡亂時期臨時條款》。1948年12月10日，總統蔣中正依《動員戡亂時期臨時條款》宣布全國戒嚴（新疆、西康、青海、臺灣、西藏除外）（行政院，無日期）。1949年1月，陳誠出任臺灣省主席兼臺灣省警備總司令，同年5月19日頒布「臺灣省戒嚴令」，行政院於12月9日遷臺辦公。（國家發展委員會檔案管理局，2013）《動員戡亂時期臨時條款》及「臺灣省戒嚴令」逐成為型塑臺灣威權政體的法制框架基礎。

嗣後，在第三波民主化浪潮下，我國進行民主轉型，1987年7月15日總統蔣經國宣告臺灣地區解除戒嚴；隨後受到1990年「二月政爭」、「三月學運」政治衝擊，及司法院大法官於1990年6月21日作出釋字第261號解釋（資深民代應於1991年12月30日前終止行使職權）之法制基礎，開啓憲政改革，以「一機關兩階段修憲」途徑，1991年5月1日總統李登輝宣布終止動員戡亂，[3]並公布《中華民國憲法增修條文》，國民大會、立法院、監察院全面改選。

依《促進轉型正義條例》第3條第1款所界定威權統治時期，指自1945年8月15日起至1992年11月6日止之時期；因此，臺灣轉型為民主國家應於1992年11月7日起。又依Samuel P. Huntington所提出檢驗民主鞏固標準的「雙翻轉理論」（two-turnover test），2000年總統選舉結果所導致政黨輪替，讓臺灣通

---

3 因應終止動員戡亂，1992年8月7日制定《金門馬祖東沙南沙地區安全輔導條例》，行政院於1992年11月5日以臺防字第36961號函廢止《金門馬祖地區戰地政務實驗辦法》，金門及馬祖於1992年11月7日結束戰地政務。因此，《促進轉型正義條例》第3條第1款規定，威權統治時期，指自1945年8月15日起至1992年11月6日止之時期。

過第一次檢驗（李酉潭、張孝評，2002）。

（二）臺灣客家運動與「台灣客家公共事務協會」

　　1980年代的民主化，促使臺灣民間力量日益解放，各種社會運動興起，威權政體統治力鬆動；客家菁英們趁勢於1987年發行《客家風雲雜誌》，並於1988年12月28日舉辦「還我母語大遊行」，開啓臺灣客家運動。國內學界對於臺灣客家運動的研究，已具有豐富的研究成果；但外籍學者的研究，相對較為稀少。外籍學者研究臺灣客家運動的先驅，應為 Howard J. Martin 於1996發表〈臺灣客家族群運動：1986至1991年〉（The Hakka Ethnic Movement in Taiwan: 1986-1991）一文；依 Martin（1996）的研究顯示，1988年「還我母語大遊行」是以鬆散結構，結合各方人士，並無嚴謹的組織運作模式。從政黨分布以觀，包含民進黨、工黨、青年黨、國民黨、勞動黨（當時籌備中）等。（羅肇錦，2019：18）

　　事實上，1980年代末期的臺灣客家運動可說是一種非常複雜的歷史演變結果（徐正光，2019：240），並受其他社會運動的影響。而客家族群亦會參與其他社會運動，對臺灣民主轉型做出貢獻。楊長鎮（1991：184）指出，就以工運而言，大臺北都會區、桃竹苗區及高雄區是主要重鎮，而桃竹苗區即以客家人為主要運動成員；而就農民運動以觀，以雲嘉南為基地的農權總會系統，和以東勢山城區、高屏六堆區及新竹丘陵區為基地的農民聯盟系統，二者構成臺灣農運的主力，農盟系統即以客家人為主要運動成員。

　　1988年還我母語大遊行後，客家族群意識覺醒，也重新思

考臺灣客家人的角色，鍾肇政便提出「新个客家人」概念。所謂新个客家人要有「新的胸襟，新的識見，新的行動」，不應以客家歷史偉人為榮，應勇敢宣示客家人的身分，積極參與臺灣社會，大聲說客語並傳承母語。（黃子堯，2006：100-101）鍾肇政除提出「新个客家人」概念外，並積極參與公共事務，成立了「台灣客家公共事務協會（HAPA）」，關心「母語解放」、「文化重生」、「奉獻本土」、「民主參與」等議題，希望藉此等訴求來推動客家發展。（黃子堯，2006：102）

　　就上開「台灣客家公共事務協會」所欲推動議題，在法律上（《人民團體法》），該協會雖歸屬為「社會團體」；[4]但成立目的及訴求，就該協會應為政治性利益團體（political interest group）或倡議團體（advocacy group）。

三、客家菁英成立新客家助選團

　　就公民政治參與而言，動員戡亂時期，總統由國民大會選出，未實施公民直選。而地方自治，依《中華民國憲法》第112條及第122條規定，省（縣）應依省縣自治通則，制定省（縣）自治法，實施地方自治；惟因動員戡亂時期，行政院頒布《臺灣省各縣市實施地方自治綱要》（1950年）、《臺北市各級組織及實施地方自治綱要》（1967年）、《高雄市各級組織及實施地方自治綱要》（1979年）等行政命令，實施有限度的地方自

4　依《人民團體法》（原為《動員戡亂時期人民團體法》）第4條規定，人民團體　　分為「職業團體」、「社會團體」、「政治團體」三種。

治。伴隨終止動員戡亂，人民政治參與權亦成為政治改革議題，1992年5月28日修正公布《中華民國憲法增修條文》第17條規定省、縣地方制度，凍結《憲法》本文第108條第1項第1款、第112條至第115條及第122條。1994年7月29日制定公布《省縣自治法》、《直轄市自治法》，於1994年12月25日進行首次直轄市長、省長直接民選投票。

又1994年8月1日修正公布《中華民國憲法增修條文》第2條第1項規定，總統、副總統由中華民國自由地區全體人民直接選舉之，自1996年第9任總統、副總統選舉實施，總統、副總統候選人應聯名登記，在選票上同列一組圈選，以得票最多之一組為當選。

1994年首次的直轄市長、省長選舉，為臺灣民主轉型後的最高層級選舉（總統至1996年才直接民選），政黨競爭自然非常激烈，國民黨時任官派省（市）長（宋楚瑜、黃大洲、吳敦義），都面對在野黨的挑戰，民進黨及新黨皆推出候選人，[5]但以臺北市長選舉最受矚目。

面對民主轉型後之選舉，由虛有其表的選舉，轉變為有意義的選舉（具競爭性的選舉），「台灣客家公共事務協會」於1993年10月成立「新客家助選團」。檢視鍾肇政於〈邁向客家新境界：客協三周年獻禮〉一文，可觀察到：

---

5   民進黨推薦陳定南參選臺灣省長、陳水扁參選臺北市長、張俊雄參選高雄市長。新黨推薦朱高正參選臺灣省長、趙少康參選臺北市長、湯阿根參選高雄市長。

表1：1994年至2000年間的政黨競爭：臺北市長與總統選舉

臺北市長選舉		總統選舉	
屆次	候選人得票率	屆次	候選人得票率
第一屆 （1994 年）	紀榮治 （無）：0.28%	第 9 任 （1996 年）	陳履安、王清峰 （連署）：9.98%
	趙少康 （新黨）：30.17%		李登輝、連戰 （國民黨）：54%
	陳水扁 （民進黨）：43.67%		彭明敏、謝長廷 （民進黨）：21.13%
	黃大洲 （國民黨）：25.89%		林洋港、郝柏村 （國民黨）：14.09%
第二屆 （1998 年）	馬英九 （國民黨）：51.13%	第 10 任 （2000 年）	宋楚瑜、張昭雄 （連署）：36.84%
	陳水扁 （民進黨）：45.91%		連戰、蕭萬長 （國民黨）：23.1%
			李敖、馮滬祥 （新黨）：0.13%
			許信良、朱惠良 （連署）：0.63%
	王建煊 （新黨）：2.97%		陳水扁、呂秀蓮 （民進黨）：39.3%

註：總統自第9任起改由公民直選產生。
資料來源：中央選舉委員會選舉資料庫網站https://db.cec.gov.tw/histMain.jsp

（一）新客家助選團可彰顯客家族群關鍵選票

　　以往，客家族群的選票，較不易獲得政黨或政治人物之重視；然而，民主轉型後的臺灣，選舉競爭及政治動員提高，在特定競爭激烈的選舉中，客家族群的選票實具有左右選舉結果之關鍵角色，「台灣客家公共事務協會」注意到此一發展趨勢，遂成立新客家助選團。

一連三年的選舉，都有「關鍵性選戰」的說法，這次縣市長選舉，更被渲染成是在朝在野易位的驚天動地時刻；執筆寫這篇蕪文的當口，恰逢有關方面公告投票日期，選戰序幕於焉揭開，而各地早已硝煙四起，顯見這次又是一場轟轟烈烈的熾熱戰役；特別是本會舉行三周年慶祝大會的日子，選在短兵相接的投票前兩個禮拜，雖然事屬巧合，卻也令人覺得冥冥之中似有莫名的力量在支配著，使我們在歡度會慶的喜悅當中，不由不懍然於世變日亟的狀況下，本會所應承擔的使命。（鍾肇政，1993：7）

惟應注意者，新客家助選團助選對象，不限於客家籍候選人，縱使非客籍候選人，只要願意接納客家政見者，新客家助選團亦會前往助選。

台灣客家公共事務協會在選舉時，就會成立後援會、助選團到各縣市客家庄，無分族群，替有著共同理念候選人助講。（梁榮茂，2019：263）

（二）助選行為可促使當選人推動客家公共政策

鼓勵客家族群參與臺灣公共事務，是「台灣客家公共事務協會」的重要工作，而爭取政治資源遂成為該會具體的目標；台灣客家公共事務協會成立「新客家助選團」旨在與政治團體建立互助模式，協助理念相近候選人從事選舉活動，候選人政見應列入客家人的權益相關政見，並於當選後加以落實（顏世佩，2016）。意即，就 David Easton 系統模型觀點，「台灣客家公共

事務協會」試圖以助選手段，支持（support）特定候選人，促使客家相關議題，進入政府議程，產出（output）客家政策。

> 當此二千萬臺灣人民齊心一志爲追求民主化、本土化而戮力以赴之際，基於客家人亦爲「臺灣的主人」的信念，爰特組成「新客家助選團」，隆重誓師出擊，以盡臺灣人的一份責任；本團願意爲認同本土、追求民主、以二千萬人民的福祉爲首要之務的候選人盡一份棉薄之力，並此鄭重宣告：我們認定四十年來的賄選、腐敗文化，以及新近出現的賣臺集團，爲所有臺灣人的公敵，讓我們齊聲向它們宣戰。（鍾肇政，1993：8）

四、新客家助選團透過助選進行政治結盟

1993年縣市長選舉競選期間，新客家助選團自1993年11月2日到同月18日間，共有13場以團體名義的助講活動，接受助選之候選人的黨籍皆爲民進黨，[6]新客家助選團並未出現在國民黨籍之候選造勢場合；對此，范振乾便認爲當時執政的國民黨根本不將新一波的客家運動力量放在眼裡。（范振乾，2002：

6　新客家助選團助選之候選人爲：尤清（臺北縣板橋市，11月2日）、王拓（基隆市，11月3日）、林俊義（臺中市，11月5日）、楊嘉猷（臺中縣豐原市，11月5日）、游錫堃（宜蘭縣宜蘭市，11月9日）、陳永興（花蓮縣花蓮市，11月12日）、尤清（臺北縣中和市，11月15日）、尤清（臺北縣新店市，11月15日）、蘇貞昌（屏東縣內埔鄉，11月16日）、余政憲（高雄縣美濃鎮，11月16日）、吳秋穀（新竹縣關西鎮，11月18日）、范振宗（新竹縣竹北市，11月18日）等（范振乾，2002：264）。

264）面對1994年首次省長、直轄市長直接民選之政治發展，「台灣客家公共事務協會」承襲1993年縣市長選舉助選經驗，於1994年7月31日第2屆10次理監事聯席會議決議：沿用「新客家助選團」的名稱，推舉鍾肇政為總團長，並採用「臺北市客家界陳水扁競選市長後援會」；[7]顯見當時新客家助選團之助選重點，為臺北市長候選人陳水扁。（范振乾，2002：266-267）

（一）首屆臺北市長選舉激烈競爭，出現客家政見

首先，就制度安排而言，投票制度（voting system）包含單一選區多數決制（first-past-the-post）、單記可讓渡投票制（single transferable vote）、附帶席位制（additional member system）、兩輪投票制（two-round system）、選擇投票制（alternative vote）、政黨名單比例代表制（party list proportional representation）等。（王保鍵，2020）依《公職人員選舉罷免法》第67條第1項規定，公職人員選舉，除另有規定外，按各選舉區應選出之名額，以候選人得票比較多數者為當選；票數相同時，以抽籤決定之。意即，相對於英國大倫敦市長或法國巴黎市長之當選門檻為「絕對多數」（須取得超過50%選票方能當選），[8]我國地方行政首

7　台灣客家公共事務協會經1994年7月31日第2屆10次理監事聯席會議決議為：（1）全國部分，沿用「新客家助選團」的名稱，推舉鍾肇政為總團長，聘任羅能平為秘書長；（2）臺北市部分，採用「臺北市客家界陳水扁競選市長後援會」；（3）高雄市部分，授權台灣客協六堆分會處理；（4）省市議員部分，由理監事會議作個案處理；（5）通過「臺北市客家界陳水扁競選市長後援會」的聲明。（范振乾，2002：266-267）

8　英國大倫敦市長（Mayor of London）以增補性投票制（supplementary vote system），由取得過半數選票者當選（BBC, 2010）。法國巴黎市長（Mayor of

長採取「相對多數」當選門檻，最高票候選人當選（縱使未取得過半數選票）。1994年時，民進黨之選舉得票率，尚無法過半，但相對多數的當選門檻，在多人（多黨）競爭下，民進黨有可能以最高票（但未過半數）勝選。

其次，就選舉競爭性而言，1994年省長、北高兩直轄市長選舉，不但爲首次省（市）長直接民選，也是當時最高層級選舉（總統至1996年才直接民選），臺北市爲中央政府所在地、政經中心，臺北市長選舉自然受到高度關注。當時兩岸統獨議題討論激烈，新黨推薦臺北市長候選人趙少康又以「中華民國保衛戰」拉高選舉競爭態勢，形成國民黨、民進黨、新黨三強鼎立。王甫昌便指出，1994年臺北市長選舉的重要性爲：（1）臺灣近代地方首長選舉史上，第一次出現有意義的三黨競爭；（2）新黨候選人趙少康在競選期間以修正版的「中國民族主義」，對具有反臺獨意識者，進行國家認同層次的動員；（3）此次選舉可能是臺北市有史以來最激烈的選戰；（4）本次選舉結果，爲日後臺北市選舉中，三個政黨實力奠定重要基礎。（王甫昌，1998：173-180）

再者，就候選人政見爭取少數團體選票而言，我國各項選舉中，立法委員、地方行政首長、地方民意代表選舉之選舉公報皆有「政見」欄，但總統副總統選舉之選舉公報則「無」「政見」

Paris）採兩輪決選制（two-round system），由取得過半數選票者當選（Euronews, 2020）。

欄。[9]按選舉公報屬政府公文書，[10]本文遂以1994年及1998年臺北市長選舉之選舉公報中「政見」欄所刊登之政見為討論依據。檢視1994年臺北市長選舉公報，五位候選人中，涉及客家之政見為：（1）族群平等：趙少康之「原住民、客家、本省、外省一律平等，都有尊嚴，沒有二等市民」。（2）客語母語教學：陳水扁之「增設高中，推行小班小校，提高教學品質，改善校園環境，實施母語及本土教學」。事實上，1998年臺北市長選舉，時任市長陳水扁挾著超過80%施政滿意度競選連任，選前半年，陳水扁與馬英九民意調查，陳水扁的施政滿意度還有六成八（白映祿，2018）；不知是否陳水扁自認連任無虞，其選舉公報政見，未見客家議題？相對地，馬英九的選舉公報政見，則有成立客家事務委員會，籌建世界客家文化村等政見。[11]

9　依《公職人員選舉罷免法》第47條第1項第1款及《公職人員選舉選舉公報編製辦法》第4條第4款規定，選舉公報應刊登區域、原住民立法委員及地方公職人員選舉，各候選人之號次、相片、姓名、出生年月日、性別、出生地、推薦之政黨、學歷、經歷及政見。惟依《總統副總統選舉罷免法》第44條第1項規定，中央選舉委員會應彙集各組候選人之號次、相片、姓名、出生年月日、性別、出生地、登記方式、住址、學歷、經歷及選舉投票等有關規定，編印選舉公報。

10　中央選舉委員會2001年12月17日中選一字第9016248號函釋：選舉公報係屬政府公文書，其刊印之文字，除號次、年齡得以阿拉伯數字印製外，其他內容當以本國文字為限，不得以羅馬拼音或日本文字刊印。至競選文宣係候選人個人宣傳品，其刊印之文字，於不違反《選罷法》之相關規定下，不予限制。

11　1998年臺北市長選舉公報，三位候選人中，僅馬英九提出明確的客家政見，爭取連任的陳水扁在其選舉公報中，並未提出相關客家政見。馬英九於選舉公報所提政見為：「『多元都市文化』——尊重族群文化，成立文化局、客家事務委員會，籌建世界客家文化村、眷村歷史文物館、各縣市旅北同鄉會聯合會館、協助原住民就業與取得住宅；扶植社區辦理具有臺北文化性的藝文活動；營造英語及資訊學習環境，讓五歲的幼兒免費進入幼托機構。」

綜上，1994年臺北市長選舉因選舉制度當選門檻，及三黨高度政治動員之激烈選舉競爭，客家族群的選票，成為影響選舉之關鍵力量。台灣客家公共事務協會所成立的「新客家助選團」選擇支持陳水扁，對後續客家發展產生重大影響：（1）客家議題進入政府議程，開啓客家政策，陸續制定相關客家政策；（2）還我母語大遊行之社會運動量能，逐漸為民進黨所吸納。

（二）市長選舉開啓政策窗：客家發展制度化

2001年11月11日，陳水扁（時任總統）於出席總統府前廣場所舉辦的「族群和諧、客家心願」聯歡活動致詞指出：

> 本人在臺北市長任內，首開各級政府先河，展開客家政策的規劃，我們成立了全國第一個客家文化會館和客家藝文活動中心，讓客家文化在都市取得永續成長的基地；我們每年舉辦客家文化節，正式使客家文化進入現代都市公共領域；我們也克服困難籌設了財團法人臺北客家文化基金會，從事建立客家文化主體性的工作；我們並且率先在捷運上以客語廣播。（總統府，2001）

上開致詞內容顯示，陳水扁自認於臺北市長任內所推動的客家政策主要為：（1）推動主體：設置兩館（客家文化會館和客家藝文活動中心）一會（財團法人臺北市客家文化基金會）推動

客家事務；[12]（2）推動方式：以大眾運輸工具客語播音及辦理客家文化節，提升客家語言、文化在都會城市之能見度。

依Dye定義公共政策為政府選擇作為或不作為，陳水扁於臺北市長任內所推動的客家事務，為政府首度將客家議題建構為政策問題，並產出客家政策，形塑客家發展之制度化機制。而陳水扁願意將客家事務納入其施政規劃，1994年市長選舉時，新客家助選團扮演重要的角色。如張世賢（2008：309）指出，1994年的「台灣客家公共事務協會」助選，是客家振興運動匯合臺灣民主運動之經典之作。

事實上，新客家助選團成立後，除1994年臺北市長選舉外，1995年第3屆立法委員選舉、1997年縣（市）長選舉、1998年第4屆立法委員選舉都可見到其助選活動。例如，1997年縣（市）長選舉，新客家助選團為桃園縣長候選人呂秀蓮助選，呂秀蓮當選縣長後，始積極規劃客家文物館，並由鍾肇政擔任審查小組召集人。（黃子堯，2003：55）

綜上，新客家助選團之助選活動，不但促成客家事務公共化及制度化，而且成為臺灣民主化重要推力之一。意即，新客家助選團之助選活動對於客家族群之投票行為，具有相當程度的導引作用，讓客家族群關鍵選票在激烈競爭選舉中，促成政黨政治版圖改變，從而產生所謂的「客家票」，對臺灣族群政治的形成與發展，扮演重要的驅力。

---

12 「兩館一會」之設置，多在1988年的市長選舉之改選年。「財團法人臺北市客家文化基金會」於1998年成立（1998年2月23日訂定捐助章程）、「客家藝文活動中心」於1998年2月22日成立、「臺北市客家文化會館」於1998年10月3日成立。

五、結語

政府於1948年實施《動員戡亂時期臨時條款》，開啟臺灣長期之威權統治。至1980年代，第三波民主化浪潮席捲全球，臺灣進行民主化，客家族群一方面參與各類型社會運動，如工運、農運等；一方面也創辦《客家風雲雜誌》、舉行「還我母語大遊行」。日治時期出生於龍潭的鍾肇政，見證了二次世界大戰、國民政府接收臺灣、臺灣民主轉型等時代變動，除以「臺灣文學之母」享譽文壇外，並關心客家公共事務。1990年組織「台灣客家公共事務協會」，1993年成立「新客家助選團」，直接投入政治活動，促成臺灣客家事務公共化。

本文為追思鍾肇政對於臺灣客家發展的貢獻，檢視其成立新客家助選團之背景，並探討新客家助選團如何掌握1994年首次臺北市長選舉的機會之窗，促使候選人提出客家政見。本文研究發現為：（1）客家菁英為督促政府處理客家語言、文化傳承議題，精巧地掌握選舉競爭激烈程度高之時機，成立新客家助選團，以政治結盟方式，驅動客家議題進入政府議程。（2）新客家助選團彰顯客家族群在選舉中的重要性，讓「客家票」形成，並發揮政治影響力，有助於臺灣族群政治之形成與發展。

此外，客家人傳統觀念，以「詩書傳家」為家訓，並以政治的黑暗難測訓誡他們的子弟，遠離宦海政治。（劉還月，2001：71；向鴻全，2006）然而，新客家助選團之積極投身政治助選行為，標示著客家人之政治觀念的變化：由消極「避世」轉換為積極「入世」，透過利益團體以影響政府政策產出，推動臺灣客家發展。

參考文獻

中央選舉委員會，1994，〈1994年直轄市長選舉，候選人得票數〉。選舉資料庫網站，https://db.cec.gov.tw/histQuery.jsp?voteCode=19941201C1B1&qryType=ctks，查詢日期：2020年10月21日。

王甫昌，1998，〈臺灣族群政治的形成及其表現：1994年臺北市長選舉結果之分析〉，收錄於殷海光基金會主編，《民主·轉型？臺灣現象》，頁143-232。臺北：桂冠圖書。

王保鍵，2016，〈論桃園客庄型態與客家政策〉，《臺灣民主季刊》，13（4）：93-125。

王保鍵，2020，〈選舉制度與族群政治：以新竹縣立法委員選區劃分為例〉，《選舉研究》，27（2）：1-48。

白映祿，2018，〈施政滿意度高低，不是連任勝敗保證〉，《新新聞》。https://www.new7.com.tw/NewsView.aspx?t=TOP&i=TXT201805021520028ZC&__cf_chl_jschl_tk__=149704aea3e092b10377b97e897d593ed1dab5d6-1603681753-0-AXoo3HMvj0dUngVj1Br_7uI4WEJevxpC_IdlOrkBOa-vGLaYXQazI81obSuYrT9t5aq6te7GUw6i2fVRT2HhgrCv95xdL-MWg6raZEjQFE7fBSrVO7Vd_5zmjBGBoSOwNeLkxLI-BkbEqoP-7WjST3U1kDWAZMiHGPiU3u7F7dmwMGwQxZ3mVHM1DSFdKIj0bn_f_BvGp37ncGBtmcGtOL3cSBcUQr6qP1r4Hbw7m_W6NDnDHDOXhimx1uHGzkWkdug2RBibvebfHuAITCf1K-qgcgiZPwFp2_GzRsBeo-rMhMRr1oj2_hhOyKxCrpxXgKhZ619ZPKrDYDYe_txLBlhS1hrTLPPIguTpb3e_F485N2QOujAeorbKtYunsSs_B-CIkx3uqSudG1JqjT0wgFA，查詢日期：2020年10月23日。

向鴻全，2006，〈焚燬的力量，記聖蹟亭〉，《新新聞》。https://tln.nmtl.gov.tw/ch/m12/nmtl_w1_m12_s1_c_1.aspx?sid=183，查詢日期：2021年1月12日。

行政院，無日期，〈動員戡亂與戒嚴時期的行政院〉。https://history.
　ey.gov.tw/Home/Story03，查詢日期：2020年10月21日。

吳定，1992，〈利益團體與政策運作的關係〉，收錄於《行政管理論文
　選輯（第六輯），頁473-492。臺北：銓敘部。

李酉潭、張孝評，2002，〈臺灣民主化分析：Rustow與Huntington模式
　的檢驗〉，《中山人文社會科學期刊》，10（2）：45-87。

邱榮舉、王保鍵、黃玫瑄，2017，〈臺灣客家運動的回顧與展望：以制
　度安排為中心〉，《客家研究》，10（1）：1-32。

范振乾，2002，〈臺灣客家運動初探：從客家發聲運動面向說起〉，收
　錄於徐正光主編，《臺灣客家族群史·社會篇》，頁211-294。南投：
　國史館臺灣文獻館。

徐正光，2019，〈跈等大家行出來个「書呆子」〉，收錄於黃菊芳撰
　文，《過去恁多年做毋得講个事情：講還我母語運動》，頁208-243。
　桃園：國立中央大學客家學院。

國家發展委員會檔案管理局，2013，〈民國38年以後臺灣政治發展〉。
　https://art.archives.gov.tw/Theme.aspx?MenuID=335，查詢日期：2020年
　10月21日。

張世煐，2000，〈利益團體影響政府決策之研究〉，《中國行政評
　論》，9（4）：23 - 52。

張世賢，2008，〈臺灣客家運動的起伏與隱憂〉，收錄於張維安、徐正
　光、羅烈師主編，《多元族群與客家：臺灣客家運動20年》，頁299-
　334。臺北：南天書局。

梁榮茂，2019，〈毋驚撩天下人作對〉，收錄於黃菊芳撰文《過去恁多
　年做毋得講个事情：講還我母語運動》，頁256-267。桃園：國立中央
　大學客家學院。

莊文忠、徐明莉、張鐙文，2009，〈非營利組織的議程設定與政策倡議
　的形成：質化研究的檢證〉，《公共行政學報》，29：121-163。

黃子堯，2003，《文化、權力與族群精英：臺灣客家運動史的研究與論
　述》。臺北：行政院客家委員會獎助客家學術研究計畫。

楊長鎮，1991，〈社會運動與客家人文化身份意識之甦醒〉，收錄於徐正光主編，《徘徊於族群和現實之間：客家社會與文化》，頁184-197。臺北：正中書局。

詹中原，2007，〈臺灣公共政策發展史〉。http://www.npf.org.tw/post/2/1057，查詢日期：2020年10月23日。

劉還月，2001，《臺灣客家族群史・民俗篇》。南投：國史館臺灣文獻館。

總統府，2001，〈總統參加「族群和諧、客家心願」聯歡活動〉。https://www.president.gov.tw/NEWS/2027，查詢日期：2020年10月23日。

鍾肇政，1993，〈邁向客家新境界——客協三周年獻禮〉，收錄於台灣客家公共事務協會主編，《臺灣客家人新論》，頁7-9。臺北：臺原出版社。

顏世佩，2016，〈台灣客家公共事務協會〉，《慈林通訊季刊》，84：10。

羅肇錦，2019，〈前言〉，收錄於黃菊芳撰文《過去恁多年做毋得講个事情：講還我母語運動》，頁16-21。桃園：國立中央大學客家學院。

British Broadcasting Corporation [BBC]. 2000. "London's elections: How the voting works." http://news.bbc.co.uk/2/hi/in_depth/uk_politics/2000/london_mayor/696396.stm.（accessed October 19, 2020）

Dye, R. Thomas. 1998. *Understanding Public Policy*. 9th edition. New Jersey: Prentice Hall.

Euronews. 2020. "Explainer: How do France's local elections work, who are the parties and where are the key battles?" https://www.euronews.com/2020/06/28/explainer-how-do-france-s-local-elections-work-who-are-the-parties-and-where-are-the-key-b. (accessed October 19, 2020).

Martin, Howard J. 1996. The Hakka Ethnic Movement in Taiwan, 1986-1991. Pp. 176-195 in *Guest People: Hakka Identity in China and Abroad*, edited by Nicole Constable. Seattle: University of Washington Press.

University of Minnesota. 2016. *American Government and Politics in the Information Age.* Minneapolis: University of Minnesota Libraries Publishing.

第七章
「無客家話就無客家人」：
從客語師培相關政策談起

陳秀琪

國立中央大學客家語文暨社會科學學系副教授兼系主任

黃雯君

國立中央大學客家語文暨社會科學學系專案助理教授

一、前言

　　「無客家話就無客家人」是今年10月25日蔡英文總統出席「2020臺北客家義民嘉年華主祭大典」時，再次引用鍾肇政先生對於客語面臨傳承斷層的憂慮，並且以此句話帶出國家未來推動「客語復振」的決心。那句話的出現是在2015年年底，鍾肇政先生出席「浪漫臺三線」影片發布記者會時的發言。從新聞報導中可以看到鍾老說出自己經歷過的皇民化政策、國語政策，以及這些政策對母語的壓迫。他說「日本來臺灣行皇民化統治，不准我們在學校講客家話、臺灣話；中國人來了，也不准我們在學校講客家話、臺灣話。」並對蔡總統及現場來賓哽咽說道：「客家話無咧，客家人就無吢去咧」。因為這樣的陳述太過震撼，因此當天關於活動的報導多集中在鍾老的憂心：

　　「中國人來了，不准我們講客家話」鍾肇政哽咽：客語正在

消失。

（關鍵評論 2015/12/15）

看浪漫臺三線鍾肇政哽咽：客語快消失！

（中央社 2015/12/15）

鍾老哽咽：正面臨客語、客家人消失的危機！

（新頭殼 newtalk 2015/12/15）

大家不說客家話鍾肇政憂文化消失！

（臺灣醒報 2015/12/15）

鍾肇政哽咽：客家話消失客家人就消失！

（民報 2015/12/15）

由此，蔡總統對鍾老「客語復振」的承諾又再次出現在公眾的視野。鍾肇政先生的憂慮，並非只是當時所感而已，回顧鍾肇政先生畢生推動的「新个客家人」的主張，實也肇因於客語使用的問題。身為臺灣重要的客家籍知識份子，他在《新个客家人》一書首篇裡主張新的客家人應該要能「在別種語族的人前抬起頭來表示你是客家人、說客家話，在家裡把自己的母語傳給下一代」。（鍾肇政，1991）在為「台灣客家公共事務協會」（HAPA）成立酒會撰文時也寫到：「目睹客家語言之瀕臨流失，客族尊嚴之幾近潰散，能不凜凜於懷而瞿然心驚?!」（鍾肇政，1993）一直到近年，以「1228還我母語運動」為主題的《過去恁多年做毋得講个事情》一書中仍記錄著鍾老對客語流失的牽掛。該書以「盡愁客話會失落个文學大師」為題，專訪在1988年還我母語運動中擔任名譽副領隊的鍾肇政先生。專訪中，他談到自己親身經歷的兩個語言政策，鍾老說：「日本人當

然嚴禁講方言，毋單淨在學校嚴厲个嚴禁講方言……在學校、在屋下，定著愛講厥个日本話，統治者个話。」不到八年的皇民化運動，即可使得目前八十歲以上的客家長輩，都能說統治者的語言。對於接續而來的國民政府的語言政策，鍾老的觀察是，「所以國民黨政府个國語政策十分影響客家話个傳承，客家話个傳承有受影響，……程度个問題，……。」接著，鍾老回憶自己在學校的教學現場是這樣的，「偓教書教幾下十年就係恁仔，教書該下偓強逼吾學生仔，你愛同先生講話定著北京話，你講客，先生就無愛聽，還愛處罰，恁樣个教育，偓毋知哪位還有，臺灣定定啦，著無？」時至今日，與客語傳承緊密連繫的《客家基本法》與《國家語言發展法》已經分別在2018年和2019年公布實施，其意義在於客語文不再是語言政策打壓的對象，而是得到國家力量保障的國家語言，從不能講的話，變成十二年國民義務教育課表上的部定課程，從而有繼之而起的各項辦法，例如《師資培育法》第8-1及第14條條文之增補、《高級中等以下學校及幼兒園客語師資培育資格即聘用辦法》的發布，以及「十二年國民基本教育語文領域——本土語文（客家語文）課程綱要」的修訂。在這樣的環境下，我們將可期許未來會有更多「硬頸」的人有能力用自己的語言表達情感、書寫主張，「用自己的語言，寫自己的土地！」（夏凡玉，2018）

我們和鍾老一樣，都預期母語可以在家學，「你從細，媽媽教分你个話，就係客話，……自然從細講客，講客个媽媽當然將佢个客話傳分子女。」但是根據客委會《105年度全國客家人口暨語言基礎資料調查研究》報告書的統計資料，家庭已無法完全保有此項功能。以有未成年子女的客家家庭來看，父母與未成年

子女交談時以使用國語（華語）者為多（87.7%），使用客語交談的僅4.9%。最引人注目的是在「客家民眾與子女交談使用客語現況」中，年齡層介於30~39歲、40~49歲的民眾，不講客語的比例頗高，分別是88.6%及87.3%。上述兩個年齡層的民眾正是負有培育學齡及學齡前兒女親職功能的父母輩，但是與子女交談使用客語的比例卻很低。歸咎其原因，可能除了這個年齡區間的民眾正是扮演多重角色的「三明治族群」，親子時間相對縮限以外，根據報告所示，這個年齡區間的民眾，原本客語說的能力也較為低下，尤以30~39歲層最為明顯。以「居住在客家文化重點發展區內客家民眾之客語說的能力」項而言，年齡層介於30~39歲的民眾說客語的能力達到「流利」的僅有39.6%。雖然從家庭客語交談的情況令人感到不安，但是值得注意的是，在「客家民眾對子女學習客語的意願」項中，可以發現客家民眾對子女學習客語期待的比例卻是逐年增加的。從數據上顯示，自2010年以來至2016年的調查，已從原先即高比例的81.7%升至更高的86.9%，由此顯示客家民眾對未來子女學習客語的意願非常高，且有逐年上升的趨勢。因此在家庭環境中自然習得客語的機會已漸消失的現況下，在客家民眾的期待裡，學校教育應和家庭共同擔負客語復振與傳承的重責大任。

二、客語師資培育相關法規與政策

臺灣的客家話由於早期使用人口及經濟條件的弱勢，發展至今，除了四縣和海陸客家話屬於「聯合國教科文組織瀕危語言等

級表」的第3級[1]，大埔、饒平、詔安客家話多數屬於第2級[2]，尤其是詔安客家話，以目前情況推估，在三十～五十年內將走上消失的命運。語言是文化的載體，某語言的消失代表著該文化的消失。客家話在此瀕危之勢，除了需要靠客家鄉親自發性的積極傳承客家話之外，同時需要靠政策之非常手段的強力推動，客家話才能有一線生機。相較於東南亞地區的客家話，臺灣的客家話有個得天獨厚的地方，就是有教育當局與客委會國家語言政策的支持，從各方面去推動客語的復振。感謝鍾老在各種場合一次又一次的為客家話發聲，提醒小英總統客家話的存續關乎著客家族群的命脈，一再一再的叮嚀客家話復振的急迫性，期望國家元首能對客家話的傳承訂定具體的政策，也要感謝努力於本土語言保存的專家學者、民意代表及相關政府部門，透過各界的同心戮力，終於陸續通過《客家基本法》修正條文（107年1月31日公布）、《國家語言發展法》（108年1月9日公布）、《高級中等以下學校及幼兒園客語師資培育資格及聘用辦法》（109年2月11日發布）、《師資培育法》（108年12月11日修正）、「十二年國民基本教育語文領域──本土語文（客家語文）課程綱要」（109年本土語文課程綱要修訂中）等法規與相關實施辦法。由於《客家基本法》修正條文、《國家語言發展法》相繼公布施行，授予客家話國家語言的法定地位，客家話的傳承與推廣有了前所未有的法規與國家語言政策的支持，至此客家話的復振

1　聯合國教科文組織瀕危語言等級表的第3級稱為「明顯瀕危型」，此等級的定義是小孩在家裡不再學習這種語言。

2　聯合國教科文組織瀕危語言等級表的第2級稱為「嚴重瀕危型」，此等級的定義是只有祖父母世代講這種語言，父母世代聽得懂，但是不講。

進入新的里程碑，下文摘錄相關法規與政策，以做為後文探究客語師培相關政策未來發展方向之基礎。

（一）《客家基本法》

第4條：

客家人口達三分之一以上之鄉（鎮、市、區），應以客語為通行語之一，並由客家委員會將其列為客家文化重點發展區，加強客家語言、文化與文化產業之傳承及發揚。……直轄市、縣（市）、鄉（鎮、市、區）於本法中華民國一百零六年十二月二十九日修正之條文施行時，客家人口達二分之一以上者，應以客語為主要通行語，但其同時為原住民族地區者，則與原住民族地方通行語同時為通行語。以客語為通行語之辦法，由客家委員會定之。

第12條：

政府應輔導客家文化重點發展區之學前與國民基本教育之學校及幼兒園，參酌當地使用國家語言情形，因地制宜實施以客語為教學語言之計畫；並獎勵非客家文化重點發展區之學校、幼兒園與各大專校院推動辦理之。客語師資培育、資格、聘用等相關事項應積極推動，其辦法由中央教育主管機關會同客家委員會定之。

（二）《國家語言發展法》

第9條：

中央教育主管機關及直轄市、縣（市）主管機關應保障學齡前幼兒學習國家語言之機會。中央教育主管機關應於國民基本教

育各階段，將國家語言列爲部定課程。學校教育得使用各國家語言爲之。中央教育主管機關應獎勵大專校院、研究機構開設國家語言相關課程，及進行相關學術研究。中央目的事業主管機關及直轄市、縣（市）主管機關應致力完備國家語言教育學習之教材、書籍、線上學習等相關資源。

第10條：

中央教育主管機關應培育國家語言教師，並協助直轄市、縣（市）主管機關以專職方式聘用爲原則。國家語言師資培育及聘用辦法，由中央教育主管機關會同中央目的事業主管機關另定之。

（三）《師資培育法》

第8-1條：

中央主管機關得視政策需要，經師資培育審議會審議通過後，協調師資培育之大學，辦理師資職前教育課程，招收具特定條件之大學畢業生修習，而修畢課程且符合師資培育審議會通過之資格條件者，得依規定經教學演示及格，免修習半年教育實習。

第14條：

師資培育之大學培育國家語言公費生，亦需開設相對應之國家語言及其相關文化課程，以增進公費生本土語言知能及本土文化之傳承。

（四）《高級中等以下學校及幼兒園客語師資培育資格及聘用辦法》

第2條：本辦法所稱客語師資，指下列人員：

1.高級中等以下學校得從事客家語文課程教學之師資：

（1）取得本土語文客家語文專長教師證書之合格教師。

（2）前目以外，參加客語能力認證，取得中高級以上能力證明之合格教師。

（3）參加客語能力認證，取得中高級以上能力證明，並經直轄市、縣（市）主管機關所舉辦之教學支援工作人員認證，取得合格證書之客家語文教學支援工作人員。

2.高級中等以下學校得以客語從事客家語文課程以外學科教學之師資：參加客語能力認證，取得中高級以上能力證明之合格教師。

3.幼兒園得以客語從事教保活動課程之師資：參加客語能力認證，取得中高級以上能力證明之教保服務人員。

第4條：

中央教育主管機關應協調師資培育之大學開設以客語為教學語言之相關課程，提供師資培育之大學師資生修習。

三、客語師培的現況

得力於國家語言政策的支持，客語文專長師資培育工作已於109學年度在各重點師培大學正式展開，並且於民國109年年底成立兩個「客語文教學語言研究發展中心」，以研發十二年國民基本教育各階段客語文教學師資培訓課程、教學方法、研習課程

及教學方法等相關任務。兩個中心分別設立於中央大學及高雄師範大學，前者發展中等教育事項，後者則是國民小學事項，兩個中心初期皆以教育部訂定的「規劃以客語文為教學語言之師培課程」、「研發客語文教學之教學方法」及「規劃本土語文教學增能課程」等三個任務為發展重點，使師資培育內容符合十二年國民基本教育課程所需。

客語師資培育分成中等學校與國民小學兩部分，中等教育於109學年度第一學期正式展開，目前有職前教育、學士後教育學分班、在職進修第二專長學分班三種培育方式，重點培育大學包括中央大學、清華大學、高雄師範大學、屏東科技大學，培育對象及相關修業規定說明如下：

（一）職前教育

參加職前教育的資格為教育部核定之客語師資培育大學的大學二年級以上及碩博士班在校生，修業時間至少二年，須至少修畢教育專業課程26學分與教育專門課程40學分，成績及格者並通過中高級客語認證者，發給修畢客語師資職前教育證明書。

（二）學士後教育學分班

學士後教育學分班是教育部短期積極補足師資的策略，以及提供本土語言支援人員進修銜接進入師培管道，以使有機會轉為專職聘任的客語教師。此項管道招收具有學士以上學位證書或同等學力者，且須具備語言證（參加客家委員會辦理之客語能力認證，取得中級以上之能力證明）。分為A、B兩類培育，A班招收修畢教育專業課程者，包括已有中等學校師資類科合格教師證

者，或取得修畢師資職前教育證明書者。B班招收具客家語文專長者，並且近五年內曾於高級中等以下學校從事客家語文教學工作，累計滿6學期且現職之客家語文教學支援工作人員或代理教師。A班須修畢教育專門課程（40學分），B班除教育專門課程外，還須修畢教育專業課程（26學分）。

（三）在職進修第二專長學分班

　　招收以中等學校編制內按月支領待遇，且依法取得中等學校相關合格教師證書且任教中等學校之在職專任教師。如招收上開對象後尚有名額，則招收具中等學校合格教師證書且聘期為三個月以上之中等學校代理、代課或兼任在職教師。修課教師依規定修畢相關課程取得客語類科教師證書後，須配合學校依專長排配授課。

　　上述三種管道均要求在取得教師證或加科登記前，須具備通過客家委員會辦理之客語能力認證，取得中高級以上之能力證明。國民小學部分，規劃開設中。重點培育大學有清華大學。目前有職前教育及學士後教育學分班，未來則將有在職進修加註領域客家語文專長24學分班，招收具有教師證者以補充教學人力。分述如下：

（一）職前教育

　　109學年度起，重點培育大學在教育部審核後辦理國民小學加註課程，除了原先須修習之國民小學教育專業課程及專門課程共46學分外，另修加註語文領域本土語文客家語文專長專門課程至少24學分，以取得教授客語文之資格。

（二）國民小學及加註語文領域本土語文客家語文專長學士後教育學分班

招收學士以上，具語言證書（取得客家委員會辦理之客語能力認證中級以上之能力證明）且最近五年內曾於高級中等以下學校從事本土語文（客家語文）教學工作實際服務累計滿6學期且現職之本土語文（客家語文）教學支援工作人員或代理教師。學分班要求須修習國民小學教育專業課程及專門課程共46學分，以及加註語文領域本土語文客家語文專長專門課程至少24學分。

依上述幾種本土語言師培管道，國教署推估在113學年度之前可提供職前培育及學士後教育學分班約120名、在職進修第二專長學分班約150名的小教客語教師。中等教育方面職前培育、學士後教育學分班及在職進修專長學分班共約170名客語教師。

四、客語師培面臨的相關問題與解決策略

客語師資培育進行至今已近一學期，與此同時進行的還有高中職本土語言教學支援工作人員的培訓，以及十二年國教本土語言客語課程綱要的修訂，這些都是為了民國111年將上路的國家語言部定課程所做的準備，從師資培育到聘用與實際教學現場，其中還有諸多待解決的問題，仍需教育主管機關與相關單位共同努力，方能真正落實《客家基本法》、《國家語言發展法》對於推動國家語言課程之立法精神。下文列舉目前客語師培面臨的相關問題，並試論解決方案。

（一）領綱課審會對於國中各年級實施本土語言部定課程之疑義

《國家語言發展法》第9條規定，教育主管機關應將國家語言列為國民基本教育各階段的部定課程。第18條則明定，第9條規範要在108課綱上路後三年，也就是111學年正式上路。國家教育研究院依《國家語言發展法》之規定提出《十二年國民基本教育課程綱要》總綱修改草案，把本土語文列為國中和高中的必修。教育部召開課審會進行研議，課審會國中分組表達反對，反對的原因主要是質疑新增本土語言課程為必修會排擠到其他主科的節數，且國高中有升學壓力，本土語言非升學考科科目。於是有課審委員提出建議版本，只在國一階段列為部定課程，國二、三為彈性課程。若以此思維，對於不在彈性課程開客語課的學校，國一學生修習客語之後，要等到高一才有客語課，很難想像國一學的客家話記憶能保留到高一，尤其是對課業壓力大的國中生而言，這是一種斷裂式的語言學習，客語學習的成效有限，客語課幾乎形同虛設。

本土語言是國家重要的文化資產，教育部當堅定推動本土語言的立場與決心，語言的學習重在連續性，如果能累積國小到國中九年的客語學習，或只是國中到高一的四年，客語能力都能具備相當的程度，如此才能達到藉由客語課程傳承客語的目的。

（二）增加《高級中等以下學校及幼兒園客語師資培育資格及聘用辦法》之六年過渡條款

根據《高級中等以下學校及幼兒園客語師資培育資格及聘用

辦法》第2條，該辦法所稱客語師資，指下列人員[3]：

1.高級中等以下學校得從事客家語文課程教學之師資：

（1）取得本土語文客家語文專長教師證書之合格教師。

（2）前目以外，參加客語能力認證，取得中高級以上能力證明之合格教師。

（3）參加客語能力認證，取得中高級以上能力證明，並經直轄市、縣（市）主管機關所舉辦之教學支援工作人員認證，取得合格證書之客家語文教學支援工作人員。

2.高級中等以下學校得以客語從事客家語文課程以外學科教學之師資：參加客語能力認證，取得中高級以上能力證明之合格教師。

3.幼兒園得以客語從事教保活動課程之師資：參加客語能力認證，取得中高級以上能力證明之教保服務人員。

上述第一款第二目所稱之現職老師，只要通過中高級客語認證即能擔任客語老師。本類客語老師若長期擔任，則會減少各校對新聘客語老師的需求，致使將在112年陸續完成客語師培課程獲得正式客語教師證的老師的受聘機會降低，此排擠效應所造成的未來工作的不確定性，是目前客語師培生及學士後教育學分班的學生們最為擔心的。另一方面，從客語教學的專業訓練考量，現職老師並未受過客語專門課程的專業訓練，相較於客語類科師培生與客語教學學士後教育學分班所培育的客語老師（需修畢至少40學分的教育專門課程），現職老師有其不足之處。故建議

3　摘自民國109年2月21日發布之《高級中等以下學校及幼兒園客語師資培育資格及聘用辦法》第2條。

《高級中等以下學校及幼兒園客語師資培育資格及聘用辦法》能加註六年過渡條款的限制，現職老師教授客語課程最多六年，若要繼續擔任客語老師須再補修至少40學分的客語教學專門課程。

（三）客語開班數太少，恐客語師資供需不平衡

國教署以學校班級數、專任教師每週基本授課節數、學校規模、師資結構等元素，推估111至113學年度本土語言師資需求量如下[4]：

國小階段：客語專任教師284位、現職教師223位、支援人員520位。

國中階段：客語專任教師131位、現職教師68位、支援人員158位。

高中階段：客語專任教師32位、現職教師14位、支援人員50位。

客語課的開班數反應在客語師資的需求量，依國教署的推估數，111-113學年度閩、客語師資的需求數相差甚大，單以閩、客語的專任教師來說，自國小到高中的師資需求相差近二千位，會有如此大的差距，主要原因在於目前全國的客語課開班數遠比閩南語少，唯有增加客語課的開班數才能增加客語師資的需求量。目前雖然教育當局未公布全國客語課的開班數，但從客語教師的需求數來看，全國客語課的開班數非常低是存在的事實。如

4　111至113學年度本土語言師資需求量之推估參考國教署之「國家語言師資培育規劃報告」，教育部第四屆本國語文教育推動會會議手冊。

果參加客語師培人數與教學現場的客語教師需求量不能供需平衡，則會產生更多待業的客語教師，不僅浪費國家資源與社會資源，也影響了滿懷教學熱情而來參加客語師培的老師們的生涯規劃。再者，將國教署推估113年前中等學校的正式客語教師供給量的170位[5]，與111-113學年度中等學校專任師資、現職教師需求數245位做對應，從數字來看，需求量大於供給量，但以目前實際的客語師資培育學生數來看，職前教育每年培育30位（三校培育），學士後教育學分班每年大約70位（二校培育），在職進修第二專長學分班每年大約40位（二校培育），109-110學年加總起來共可培育280位正式客語教師，已超過國教署推估的170位。即便自111學年開始只剩職前培育，每年培育30位客語教師，可看到310、340、370位客語教師的增長量。由此觀之，如果不設法增加客語開班數來增加客語教師之需求量，將會逐年出現供需不平衡的現象。

（四）學士後教育學分班的B班是否具高中客語教學支援人員資格

因應111學年度將上路的本土語言部定課程，教育部委託臺南大學舉辦本土語言教學支援人員培訓，經過36小時的培訓及通過測驗，就取得高中本土語言支援老師的資格。客家語文專長學士後教育學分班的B班培育對象主要是具六學期教學經驗（近五年內）的客語支援老師，這是提供長期在第一線教客語的支援

5　113年前本土語言師資供給量之推估供給參考國教署之「國家語言師資培育規劃報告」，教育部第四屆本國語文教育推動會會議手冊。

老師轉專職的管道，預估這第一批的B班學生，至快要到111學年度的第二學期（112年上半年）才能取得正式客語老師證書。也就是說，在111學年度本土語言部定課程上路時，B班學生還不具中等教育客語類科教師資格，亦不具高中本土語言支援老師的資格，在取得正式客語老師資格之前，無法在高中教客語。從教學專業來考量，B班學生完成66學分的教學專業與客語專門課程，接受的專業以往遠多於支援老師，故建議國教署能採認B班學生的聘用資格，以等同支援老師的資格受聘。

（五）教學支援工作人員的教學專業待提升

自民國91年「國民中小學教學支援工作人員聘任辦法」頒布至今，全國國民小學的客語課程，多數是由教學支援工作人員來擔任第一線的教學。客家語文教學支援工作人員的任教資格是要先通過中高級客語認證，並參加36小時的培訓課程取得直轄市、縣（市）主管機關所舉辦之教學支援工作人員認證。一直以來，雖各縣市都有定期開辦支援老師研習課程，但許多支援老師在班級經營與教學技巧方面，仍存在進步空間。這個困境存在已久，究其原因，除了支援老師的素質存在差異之外，最重要的原因在於我們的政策並沒有給予支援老師足夠的師資養成教育，僅36小時的培訓課程，相較於國中小教師的培育過程，或是109學年開辦的「本土語言學士後教育學分班」（修習66學分）皆相差甚遠，如此少的教學專業培訓，又如何能要求支援老師具備很好的教學專業？然而，從教師員額、排課總量及多數現職老師無法教客語課的現實考量，又必須倚賴支援老師進行客語教學。綜上所述，提供支援老師更多的增能研習，以提高教學成效，是教

育當局必須積極規劃的客語師資培訓措施，尤其是目前正在培訓的高中本土語言支援老師，所需要的教學專業更有別於以往在國小的教學模式[6]，需要有更充足的培訓規劃，以免因教學品質的不佳，影響校方對客語課的態度，而流於只是形式化的排排課而已。

五、客語師培相關政策未來發展方向

客語推廣與傳承工作的推動，自民國80年代，臺灣隨著本土意識復甦，以及社會朝向「多元文化」發展，各縣市教育當局積極編寫鄉土文化、母語教材，做為鄉土教學的補充教材。教育部於民國90年實施「國民中小學九年一貫課程暫行綱要」，將鄉土語言（客家語、閩南語、原住民語）列為一到六年級的必選修課程，每週至少授課一節，學生擇一學習，至今的十二年國教本土語言課程綱要，將客語列為國民基本教育的部定課程，至此，客語教學可說是進入了新的里程碑，擁有前所未有的政策支持，我們站在了時代重要的時間點，要認真的面對與把握此有利條件，在過去的基礎與經驗上，針對有利新政策的推動以及新政策所需的配套措施，做一有前瞻性及整體性的規劃，才能讓國家語言政策具體落實。下文將簡述客語師培、聘用及客語教師任教後相關推動的措施，做為客語師培相關政策未來發展方向的參考。

6　參加高中客語支援老師培訓的成員多數是以往在國小任教的客語支援老師。

（一）爭取各縣市開出客語老師缺額

　　客語師資培育展開後，面臨的第一個問題就是取得正式客語教師資格後能否有受聘的機會。去年在全國各區舉辦的十二年國教本土語言新課綱公聽會，以及十二年國教客語新課綱諮詢會議中，出席的國高中校長表達意見時，多數皆反應很難有員額可新聘客語老師。確實，這是國高中普遍的難處，各校的教師總員額是固定的，很難從各校出發去各自挪出員額來新聘客語老師，所以須從各縣市教育局的層級來做總調整，盤點全縣市可挪出的教師員額做為客語教師缺額之用，再根據各校的客語開班數，視情況將新聘的客語教師派予開班數多的學校，或擔任多校共聘的客語教師。

（二）客家文化重點發展區進用一定比例的客語教師與客語開班數

　　依據客委會《客家文化重點發展區鄉（鎮、市、區）公告作業要點》，客家文化重點發展區是指經客委會公告客家人口達三分之一以上之鄉（鎮、市、區）。客委會依《客家基本法》第四條第三項規定訂定《客語為通行語實施辦法》，該辦法明定客家文化重點發展區為「客語為通行語地區[7]」，該辦法第九條敘明「客語為通行語地區之學前及國民基本教育之學校及幼兒園，應

7　《客語為通行語實施辦法》之用詞定義，「客語為通行語地區」係指客語為主要通行語地區及客語為通行語之一地區。「客語為主要通行語地區」係指本法中華民國一百零六年十二月二十九日修正條文施行時，客家人口達二分之一以上之直轄市、縣（市）、鄉鎮、市、區。「客語為通行語之一地區」係指客家人口達三分之一以上未達二分之一之鄉（鎮、市、區）。

保障學童以客語作爲學習及教學語言之權利，並積極進用客語師資。」爲能落實《客語爲通行語實施辦法》，主管機關應該訂定客家文化重點發展區進用客語教師的比例，以及依該地區客家人口比例（二分之一或三分之一）來規定各學習階段各校須有二分之一或三分之一的學生上客語課[8]，才能眞正保障學童以客語作爲學習及教學語言之權利。

（三）教育部與客委會合作撥給各縣市客語師資專額專用

民國87年九年一貫教育開展之後，教育部考量教學多元化及師資專長的不足、減低教師授課時數等因素，自90年開始推動2688專案，同時撥與經費做爲2688專案之授課鐘點費，從鄉土語言課程到本土語言課程，多數學校是以此經費來支付客語支援老師的授課鐘點費，才讓客語課能順利開課。而今，在客語教師員額難產的困境下，更需要教育部與客委會協商，合作解決增聘客語教師所需經費的問題，將經費按各縣市客語課開班的情況，撥予客語教師專額專用。

（四）聯合幾校共聘客語教師

對於較小型或是客語開班數較少的學校，無法排足客語教師（現職老師或代理、代課老師）每週規定的上課時數。以往有這類情況的國小通常採取的方式是客語課加上其他的科任課，或是

8　在客家文化重點發展區內客語課的開班數要佔相當比例，此一構想來自109年12月20日臺灣客家研究學會舉辦之「國家語言發展法」論壇，蕭新煌教授提供的建議，筆者在此致上感謝之意。

跑校的方式，在多校擔任客語老師（客語支援老師）。未來，客語教師的排課也會出現相同的問題，為避免校方受限上述情況而無法新聘專任的客語教師，故建議循多校共聘英文老師的模式，聯合相近學區的幾所學校共聘專任客語教師，讓學生有較專業及延續性的客語學習課程。

（五）將專任客語教師授課納入學校評鑑之參考項目

定期的校務評鑑是各校重要的年度大事，各校校務發展的規劃也都會以校務評鑑內容為主軸，正如考試領導教學，評鑑亦能領導校務的發展。例如以全民具備捍衛國家安全的能力為目的，於民國94年2月三讀通過《全民國防教育法》，教育部於中等教育95學年課程暫行綱要中，將「軍訓」課程改為「國防通識」課程，後續亦將國防教育[9]課程是否聘用專任師資任教列入評鑑參考項目，此規定促使國高中盡可能聘用具國防教育專業的專任教師。如果將是否聘用專任客語教師上客語課也列入校務評鑑，相信一定能大大提高各校聘任專任客語教師的需要性。

（六）落實《國民中小學開設本土語文選修課程應注意事項》，並公開各縣市的客語開班數

如上文所述，國教署推估111到113學年度專任客語教師的需求數，從國小到高中僅約447位，唯有增加客語課的開班數，

---

9 《全民國防教育法》，經立法院三讀通過後於民國94年2月公布，95年2月正式施行。教育部透過課程教學的方式，教導學生國防相關知能，讓國民認知到國防的重要性，並具備基本的技術與能力，在國家有難時有能力參與全民防衛，共同捍衛國家安全。

才能有效增加客語教師的需求數，增加客語課開班數才能讓更多的學子有機會學客語，才能為客語的傳承向下紮根注入新的活水源。教育部於民國95年5月22日公布《國民中小學開設本土語文選修課程應注意事項》（民國107年5月14日修正），茲將關於各校每學期需調查學生選習本土語文的類別、本土語文上課時間、開班與填報規定的相關條文摘錄於下。

第3條：

學校應於每年五月三十一日前，辦理舊生（國民小學一年級至五年級、國民中學七年級至八年級）次學年度選習本土語文類別之調查，於新生報到時，辦理新生之調查，以作為開設本土語文選修課程之依據。

第4條：

國民小學每週應開設本土語文選修課程，計入語文領域時間內，於第一節至第七節正式課程時間實施。

第5條：

學校開設本土語文選修課程，應充分尊重學生及家長選擇權，並將開設情形通知學生家長。國民小學階段，學生選習之本土語文類別，學校均應開班，以保障學生選習本土語文之權益。

第7條：

學校於每學年第一學期開學後二週內，應確實將本土語文課程選習人數及選修課程開設概況（包括任課教師本土語文專長符應統計），填報於本署國民中小學教職員人力資源網；教育局（處）應於九月三十日前完成線上資料審查；本署應定期提供本土語文課程選習人數及選修課程開設概況予客家委員會及原住民族委員會。

雖然有《國民中小學開設本土語文選修課程應注意事項》的公布，但仍有許多學校並未依照學生選填的客語開課，為了師資與排課上的方便、鐘點費的不足、學校發展的特色等等考量，技術性的開不了客語課，或是減少開班數，甚至將客語課排在晨光時間，矮化客語課的角色，至於未尊重學生選填的客語腔別採用合腔授課[10]的情況，更是普遍的現象。

在108學年開始施行十二年國教新課綱之後，國小本土語言課是部定課程，待111學年開始，國高中的本土語言課皆列為部定課程，對於各校詳實填報本土語言開課情況更有其實質意義，也更能藉此督促各校落實客語課的開班。此外，教育部應有更積極的態度，對於未詳實填報與未按規定開班的學校制定懲處辦法。

第7條規定國教署需提供本土語文課程選習人數及選修課程開設概況給客委會、原民會，客委會楊長鎮主委多次於本國語文教育推動會中發言要求國教署提供全國的客語開班數資料，但至今仍未取得相關資訊。客委會是國內推動客語傳承的主管機關，若能清楚掌握全國客語開班情況及面臨的困境，有助於客委會擬定推動客語開班的相關政策。

（七）教育部統籌規劃增加本土語言師資員額

當客語師培如火如荼的展開時，接續要關注的議題是客語師

10　合腔授課表面看起來是已經讓學生有機會上客語課，但是從客語各腔的保存來看卻是一種傷害，不論是海陸客去學四縣客家話，或大埔、饒平、詔安客去學四縣、海陸客家話，都會加速人數較少的腔調提早消失。

資的聘任，若學校端無員額可新聘客語教師，正式客語教師進不了學校任教，那麼客語師培帶來的是創造更多的待業教師，這問題是教育部在進行本土語言師培時必須同步考慮到的狀況，也必須同時擬定配套措施。從開設在職進修第二專長班及鼓勵師培生修習雙類科來看，教育部希望以現職教師上客語課程來緩衝無員額新聘客語教師的問題。但教學現場的實際面是現職老師上客語課的比例偏低，有些是個人意願的問題，有些是配課或客語能力的問題。故由現職老師來擔任客語課程的措施未必能收效。誠然，在全國有教師總量管制的聘任制度下，要在原有的機制調整出員額來聘任客語教師，著實有其難度，但既然《國家語言發展法》已通過立法程序，主管機關就必須貫徹立法精神，從教育部的層級統籌規劃增加本土語言師資員額，以展現國家對本土語文教育的重視與政策決心。

六、結語

在各界的催生下，客家族群終於在民國99年迎來以客家為主體所立的《客家基本法》，後又歷經八年，始有今日所見的21條條文。對照新舊《客家基本法》可以發現，修正條文多聯繫客語的傳承，並且明定客語為國家語言，開啟客語復興的新頁。繼而《國家語言發展法》保障包含客語在內的臺灣固有族群使用之自然語言成為學校教育內的部定課程，呼應鍾老及客家族群對於客語的保存與推廣的關切。從客語進入國民義務教育課堂以來，修習者除了是客家籍學生以外，已有更多非客家籍者選修客語，由此可見，此時的客語除了是客家人的根本，更是臺灣人

共同擁有的資產。

在現今這個客語傳承與發展的關鍵時刻，本文以相關的法規、客語政策、十二年國教之客語師培現況與問題為基礎，從客語師培、聘用及客語教師任教後相關推動的措施等實務面，提出七個建議與政策發展方向，包括從縣市教育局層級盤點教師缺額，搭配開班需求分配員額；訂定客家文化重點發展區進用客語教師比例；教育部與客委會合作撥予聘用客語專任師資經費專額專用；小校聯合共聘客語專任教師，提升客語課程品質；將專任客語師資之聘用列入學校評鑑項目；落實《國民中小學開設本土語文選修課程應注意事項》，並公開資訊以提供主管機關優化客語開班政策；教育主管機關重視學生受教權，規劃增加本土語言師資員額等。期待校園中能有足量且具備專業知能的專任教師帶領下一代學習客語、使用客語，傳承客家文化，進而使得未來能有更多客家人能「用自己的語言，寫自己的土地」，說出自己的主張，成為新个客家人，還能有更多的人學習客語，用客語融入客家文化，進而加入新个客家人。

參考文獻

台灣客家公共事務協會主編，1991，《新个客家人》。臺北：臺原出版
　　社。

台灣客家公共事務協會主編，1993，《臺灣客家人新論》。臺北：臺原
　　出版社。

客委會，2017，《105年度全國客家人口暨語言基礎資料調查研究》。
　　新北：客家委員會。

〈客家義民嘉年華主祭大典　總統：推動「客語復振」，讓客家話及客
　　家文化代代相傳〉，https://www.president.gov.tw/NEWS/25663。

夏凡玉，2018，〈新个客家人鍾肇政：「龍潭吾故鄉，發夢都來掛心
　　腸。」〉，《臺三線，桃園客家第一庄》。臺北：天下雜誌出版社。

黃菊芳，2019，《過去恁多年做毋得講个事情》。桃園：國立中央大學
　　客家學院。

鍾肇政，1999，《鍾肇政全集17：隨筆集（一）》。桃園：桃園縣文化
　　中心。

第八章
鍾肇政與海外客家發展

蔣絜安

世界臺灣客家聯合會理事長／國立中央大學客家研究博士班

一、前言

　　1987年臺灣解嚴；1988年臺灣客家人第一次走上街頭主張講母語客家話的權利，這是大家所熟知的「還我母語大遊行」；1990年12月，「台灣客家公共事務協會」成立，由鍾肇政擔任第一任理事長；1991年11月，北美客家公共事務協會成立，鍾肇政在其中扮演推手的角色。鍾肇政：「國內的『台灣客家公共事務協會』（簡稱『台灣客協』、HAPA）係於去歲歲尾成立，乃鑑於臺灣急切需要具行動力並能自主的純粹民間團體，而由海內外多位客家鄉親共同研議，最後才在島內成立籌備會，歷時約半年始告成立的。島內既然有了這個團體，海外自然也不可不有所呼應，於是由多位在美鄉親聚議並積極籌備，始見今天『北美客協』的正式宣告成立。據筆者所看，籌備會是由陳秋鴻鄉親出任召集人，列名籌委的有十餘位之多（恕不一一列舉大名），都是彼地臺灣人界知名的有為且熱心之士。美國地區遼闊，籌備工作備極辛苦，自在意料之中。這是我要在此特別表示無限欽佩之

處。」（鍾肇政，1991）

解嚴後歷經十年努力，1997 年「世界臺灣客家聯合會」成立，以串連全球客家為號召。曾擔任世界臺灣聯合會創會執行長之徐新宏：「海外客家社團的成立，鍾肇政先生是推手，以他的文化人背景，推動客家活動，讓客家人體會保存客家文化的重要性。」「在世界臺灣客家聯合會成立之初，正好是國民黨執政，有掛名『臺灣』的社團不被認同，因此活動未能開展，鍾先生時時關照，囑我們要『一步一個腳印』，默默地耕耘，打下根基……鍾老在臺灣推動客家精神，才能有海外客家社團的成立，激起客家認同。」

鍾肇政在世臺客聯慶祝大會後的會訊提到：「筆者也嘗覺得客家運動必須普及與分布全球各地的舞臺客家鄉親之間……也需要鼓吹過去只有聯誼活動的團體，即使轉行愛成為（或增加更多活動力的）行動型客家會經常與各地客家團體接觸，互謀交流。」（鍾肇政，1998）

長期以來海外客家社團以聯誼為主，藍綠都有。過去都以親藍為主，直至民進黨執政後，近年來，臺灣客家社團成為主流。海外客家社團對於客家文化的推動比臺灣更積極，且海外客家社團更積極介入整體臺灣政治、經濟的議題，已間接推動臺灣的成長。可惜，海外客家社團大多未能深耕，故未能找到著力點，很多活動辦完之後就結束了，未能發酵引發更大的成效。活動僅止於點，缺乏線及面的擴散。

歷經二十多年歲月飛逝，鍾肇政當年所期望的全球客家團結和諧爭取客家公共事務參與，進而發揚傳承客家語言文化，究竟是否已經達成目標，值得深入探討。

本文以文獻分析和深入訪談法，運用「集體記憶」理論，嘗試分析：（1）鍾肇政如何以「臺灣價值」和「客家精神」等核心理念，影響海內外民主運動？（2）「新个客家人」意識主張，如何建構海內海外客家人對家鄉臺灣的共同感情記憶，凝聚臺灣客家向心力，共同推動客家公共事務？（3）海外客家發展型態的改變和面臨的問題？

深入訪談受訪者：

A 世臺客聯前總會長、美國農業化學博士

B 世臺客聯前總會長、美國企業家

C 世臺客聯前總會長、臺灣企業家

D 世臺客聯前秘書長、臺灣媒體人

E 世臺客聯前總會長、前立法委員

二、鍾肇政與臺灣客家運動

所謂「臺灣客家運動」，就是指：客家人為了追求客家族群之尊嚴、平等及基本權益之保障，為了要搶救客家文化即將被滅絕之危機，因而所推動的一種族群自救運動，其性質具有文化性、社會性、政治性等，故它可以說是一種族群運動，亦是一種文化運動、社會運動、政治運動。（黃玫瑄、邱榮舉，2013）臺灣客家運動之發生，其背景因素為何？蕭新煌、黃世明（2008：161）指出，臺灣客家運動應在臺灣政治轉型脈絡下觀察，是經由長期的民主啟蒙及政經反抗運動經驗所引發的本土性的文化身分意識之甦醒運動。施正鋒（2008：89）指出，客家運動是客家菁英進行的客家認同建構努力。楊國鑫（2008：136）認為，客

家運動是客家人爭取客家語言文化傳承及掙脫集權專政之民主運動。王保鍵、邱榮舉（2013）認為，臺灣客家運動之興起，是國際因素下的民主化浪潮、多元文化主義趨勢，及國內因素下之社會結構改變與民主轉型、民間社會力解放、客家菁英倡議等多重因素之綜合影響。（邱榮舉、王保鍵、黃玫瑄，2017）而關於臺灣客家運動的起點，一般以1988年12月28日在臺北舉行的「還我母語大遊行」為基準，但是也有人主張臺灣客家運動應以《客家風雲雜誌》的籌辦創刊為起點。

（一）1987年《客家風雲雜誌》

解嚴後臺灣族群運動風起雲湧，受原住民族運動影響，1987年5、6月間，邱榮舉結合魏廷昱、黃安滄、梁景峯、林一雄、戴興明、胡鴻仁、鍾春蘭、陳文和等人，開始籌辦「客家風雲雜誌社」，於10月，共同創辦（後改稱《客家雜誌》）。（邱榮舉，1994、2015；陳昭如，1988）

集體記憶（collective memory）是一個學術的概念，當社會變化快速，群體成員對過去感到矛盾，甚至出現衝突時，就需要有一個新的觀念名詞或情感目標，來說明被感受到的新現象，重新凝聚群體的向心力，這正是集體記憶的重要性。集體記憶是形成族群認同的重要元素，在臺灣大約是在1990年開始被不斷引介和討論。Takei（1998）認為集體記憶是形成族群認同的重要成分。Bikmen（2013）指出，集體記憶是群體對過去歷史的共同理解，集體記憶是形成族群認同的元素之一。王明珂（2001）指出，一個社會組織或群體，如家庭、家族、國家、民族等，都有其對應的集體記憶以凝聚此人群；而許多社會活動，都可視為

一種強化此記憶的集體回憶活動；亦即「集體記憶」，指有一部分的「記憶」經常在此社會中被集體回憶，而成為社會成員間或某次群體成員間分享之共同記憶。

羅香林於《客家研究導論》（1933）及《客家源流考》（1950）所建構的「客家中原記憶」（張維安，2008），以往一直是臺灣客家集體記憶的重要元素。而從《客家風雲雜誌》發刊詞，以「確立客家人的新價值」為題，並於首段指出，「客家人從中原輾轉遷徙來臺，先祖篳路籃縷而今子孫繁衍，人才輩出，對國家鄉土屢有貢獻，對促進臺灣多元性的現代發展，亦將扮演更重要的角色」，亦可窺見三十年多前的臺灣客家運動肇始之際，是以羅香林「中原集體記憶」為基石。然而，海內外臺灣客家人，從1980年代開始，也有以臺灣為主體的客家相關論述，例如，臺灣主體性與客家主體性、臺灣共同體與客家共同體、臺灣改造論與臺灣客家改造論、臺灣客家主體性、新个客家人、客家與多元文化等。（邱榮舉、王保鍵、黃玫萱，2017）在解嚴前，原住民族爭取族群權益的運動積極開展，大致來說，客家菁英投入客家運動，主要是受原住民族運動的影響，認為客家族群作為臺灣第二大族群，亦應打破長期以來無法公平發聲的限制。

（二）1988年「還我母語大遊行」

1988年春天，以「客家風雲雜誌社」為發動主體，採「祕密地進行分工合作，兵分多路，各自運籌帷幄，但相互連結，集結各方力量」的策略，共同籌組「客家權益促進會」。1988年12月28日在《客家風雲雜誌》的主導下，結合各地客家社團及工農運人士臨時組成「客家權益促進會」，共同發動「1228還

我母語運動」臺北街頭萬人大遊行。活動當天，以戴上口罩的國父孫中山先生爲榮譽總領隊，在國父紀念館前，以客語宣讀〈祭國父文〉揭開序幕。（羅肇錦，2008）該大遊行是以榮譽總領隊孫中山的塑像爲前導車，帶著近萬人從國父紀念館，大家手上持「客家」旗幟（書寫有「客家」兩字的水藍色旗子）一路走到立法院，以客語、閩南語與國語發聲，沿路高喊「還我母語、客人要有公平正義的語言、媒體與生存的權利」之訴求。（《臺灣光華雜誌》，2018）「1228還我母語運動」大遊行之三大訴求爲：（1）開放客語廣播電視節目；（2）實行雙語教育；（3）建立平等語言政策，修改《廣播電視法》第20條對方言之限制條款爲保障條款。這是過去長期被視爲乖順的臺灣客家人第一次走上街頭，爲自己爭取說母語的權利。

（三）1990年「台灣客家公共事務協會」

　　1988年「還我母語大遊行」，客家人不再隱形，各種客家社團如雨後春筍陸續成立，更首度主張透過關心政治選舉和參與公共事務等方法，爭取客家族群權益。其中，以文學家鍾肇政爲首成立了「台灣客家公共事務協會（HAPA）」，其關心的議題主要有「母語解放」、「文化重生」、「奉獻本土」、「民主參與」，希望藉此訴求來推動客家運動。（黃子堯，2006）過去處於「邊緣化」或「隱形化」的客家族群，透過臺灣客家運動找回其族群母語之訴求，不但展現其政治能見度，而且在社會文化認同上產生「新个客家人」的客家論述。（邱榮舉、王保鍵、黃玫萱，2017）

　　曾任總統府資政的鍾肇政提到老客家人有兩種；（1）活在

過去光輝的客家人，（2）在多數福老人面前，隱藏客籍身分的客家人。以前談到客家人的認同，多半接受羅香林在《客家源流考》中所建構的客家血緣與認同，意即客家人是純種漢人，是中原貴族，客家人的原鄉是中國。（黃子堯，2006）

隨著本土化的浪潮，鍾肇政率先提出「新个客家人（新的客家人）」論述，建構臺灣客家族群新的集體記憶。

莫再過講頭擺　　客家人怎般偉大
莫再過唸頭擺　　客家人怎般優秀
偓大家就係新个客家人

寫不完个苦難和艱辛　　長山過海來臺灣
流不盡个目汁和鮮血　　開山打林立根基
偓大家就係新个客家人

莫嫌這塊土地恁細　　偓个命脈就在這
莫嫌這塊土地恁瘦　　偓个希望也在這
偓大家就係新个客家人

用偓个硬頸爭自由　　再造客家精神
用偓个熱血爭民主　　再創客家光輝
偓大家就係新个客家人（鍾肇政，1990）

新客家人運動主要意義是對內轉化客家認同原鄉歸屬，對外宣示客家人亦是臺灣人。所謂「新个客家人」要有「新的胸襟，

新的識見，新的行動」，不應以客家歷史偉人爲榮，應勇敢宣示客家人的身分，積極參與臺灣社會，大聲說客家話並傳承母語。（黃子堯，2006）

三、美國客家組織

研究海外客家發展首先須釐清客家社團的定義，《人民團體法》第4條定義的人民團體分爲職業團體、社會團體及政治團體三種，客家社團的定義則分三種，（1）社團名稱有客家二字；（2）組織章程有客家相關；（3）名稱或組織章程無客家，但舉辦客家活動。海外客家社團的定義則可含括華人社團和客家社團，美國的華人社團有不同國籍的概念，含括臺灣、中國、香港、新加坡、馬來西亞等國家，而臺灣認爲的客家社團可能較聚焦在臺僑和中僑。因此，本研究所定義之海外客家社團是指臺灣客家人到海外所成立之客家社團。

客家人在美國的發展，江彥震曾經做過研究，美國是一個民族多元化的國家，融合了來自世界各地的族裔。客家人口上億、遍布全球，俗話說「有海水的地方就有華人，有華人的地方就有客家人。」儘管美國遠在太平洋彼岸，但客家人與它的關係仍然非常緊密，而且在當地的表現也十分活躍，受到兩國乃至世人的矚目。（江彥震，2018）

中國與美洲的交往歷史悠久，但華人大量移居美國則始於美國建國之後的十九世紀中葉。客家遷徙美國與華人移居美國的情形基本相同，大致經歷了三次浪潮。第一次從1848年至1882年。當時美國加州發現金礦並興起淘金熱，極需人力開採，客家

人最密集的華南地區，正面臨鴉片戰爭失敗後一連串的飢荒和西方列強的侵擾，以及太平天國運動所帶來的社會動盪。於是，大批貧民為了謀生而成為契約華工流入美國西部，特別是加州地區和太平洋上的檀香山。第二次從二戰爆發後至二十世紀七〇年代。1941年太平洋戰爭爆發後，美國正式加入二戰，排華政策有所鬆動，並於1943年撤消了《排華法案》。從此，包括客家人士的華人又開始接踵赴美。新中國成立後，美國雖然在很長一段時期以中國大陸為敵，但與臺灣加強了關係，因而臺灣有不少客家人流向美國。這從美國有不少由臺灣客家人組成的社團，如「世界客屬總會美東分會」、「世界客屬總會美國路州分會」、「美東臺灣客家聯誼會」、「全美臺灣客家會」等。第三次從二十世紀八〇年代初至九〇年代。這一時期除了承接上一時期的餘緒外，主要還有幾個原因和趨勢。一是隨著1978年中美建交和中國大陸開始實行改革開放，一方面臺灣一些人士感到居臺不安而移居歐美日本，另一方面中國大陸國門大開，不少青年學子紛紛前往美國等地求學、深造，並有的在當地謀職、定居；二是香港回歸前十年之間，先後有數十萬人移居美國、加拿大和澳洲。（江彥震，2018）

經過一個半多世紀的移居、交流及其發展，在美華人華僑現已超過100餘萬，佔了僑居美洲華人華僑總數的一半左右。據一些客家學研究成果及有關資料估計，客家人大約在30萬上下，位列中國之外居住客家人最多國家中的第五位，僅次於印尼、馬來西亞、泰國和新加坡。他們在美國主要居住於西部的加利福尼亞和三藩市、洛杉磯，東部的大紐約地區，以及太平洋島嶼檀香山（夏威夷）等地。不過隨著中國大陸和臺灣皆有客家人遷往美

國等國家，因為歷史文化和生活背景之嚴重差異，也漸漸分成老僑和新僑等不同的臺灣和客家社團組織。老僑以中國為主，比較重視血緣，因為從中國原鄉遷徙到海外，人生地不熟故以同鄉人際網絡找關係互相依存；而新僑以臺灣為主，比較強調客家族群的語言文化和臺灣本土認同。

　　1987年解嚴以前，當時美國已經成立許多以臺灣人為主體的社團，其中臺灣人公共事務協會── Formosan Association of Public Affair In North America（FAPA）最受注目，臺灣人公共事務協會（FAPA）是一個促進國際關注臺灣議題、推動臺灣獨立的組織，1982年由蔡同榮、彭明敏、王桂榮、陳唐山等人在美國洛杉磯成立，之後亦影響了客家社團的組織發展型態。

（一）世界客屬總會相關社團

　　美國有許多客屬社團，這是因為客家人向來有守望相助和愛國愛鄉的傳統，他們飄泊異鄉每到一地，都有組織社團以聯絡鄉誼和抵禦外侮的習慣。據有關資料和研究成果顯示，美國客屬社團有如：西部加州、洛杉磯、三藩市地區：全美客屬崇正會、旅美崇正會、加州客家聯合會、加州大洛杉磯地區客家同鄉會、洛杉磯客屬會、大洛杉磯客家文化協會、洛杉磯客家基金會、三藩市人和總會館、三藩市崇正會、三藩市嘉應同鄉會、三藩市惠陽同鄉會、三藩市大鵬育英社、南加州旅美客屬會、南加州梅州同鄉會、北加州永靖同鄉會、北加州客家文化學會、全美臺灣客家會、加州臺灣客家同鄉會、加州客家長青會、美國客屬商會。

　　東部大紐約地區大紐約客家會：紐約崇正會、紐約中華會所、紐約惠州工商會、世界客屬總會美東分會、美東臺灣客家聯

誼會、紐約廣東同鄉聯合會、紐約師公工商總會、美國布碌崙大陸工商總會、美國布碌崙九龍仁義堂。

夏威夷（檀香山）及其他地區：夏威夷客屬會、檀香山崇正會、費城崇正會、休士頓客家會、世界客屬總會美國路州客屬分會、世界臺灣客家聯合會（在德州）。

以上這些社團，成立較早的有三藩市人和總會館（1852）、三藩市嘉應同鄉會（前身為成立於1869年的「應福堂」，1973年改為現名）、紐約崇正會（前身為成立於1918年的「人和房」，1924年改為現名）、三藩市崇正會（1928）和檀香山崇正會（1935）等，其餘多為20世紀下半葉成立。在此需特別說明的是，美國客屬社團之所有不少冠名「崇正會」和「世界客屬分會」的原因，前者是因為受成立於1921年並在全球影響最大的客屬社團——「香港崇正總會」的影響而表明宗旨相同；後者則是臺灣因1972年美國總統尼克森訪中國大陸而感到與美國的官方關係將結束，因而於1974年成立了整合臺灣本省和外省客家社團的「世界客屬總會」，並在美國紛紛組織分會，以求拓展民間外交所致。當然，由於在美的「世界客屬分會」都是中國國民黨支持成立的，在兩岸關係上多堅持一個中國，所以，隨著中國大陸在國際上的影響日益提升和臺灣民進黨上臺後走「臺獨」道路越來越遠，這些組織及其成員不僅多支持臺灣「泛藍」陣營，而且與大陸的接觸、交流和感情也越來越緊密。（江彥震，2018）

（二）全美臺灣客家同鄉會

成立於1988年，原名全美臺灣客家會（Taiwanese Hakka

Association of U.S.A.），簡稱爲THA-USA。於2007年9月4日理事會投票通過改爲：美洲臺灣客家聯合會（Taiwanese Hakka Associations of America），簡稱THAA。

1、宗旨：

（1）發揚客家優良文化及傳統精神

（2）促進客家鄉親團結及合作

（3）促進臺灣自由民主文化

（4）爭取少數民族權益及尊嚴

（5）增進所有臺灣人之和諧團結

（6）提高臺灣人之國際地位

2、會員人數：約6800人

3、組織：

（1）理事會：

多倫多臺灣客家同鄉會、溫哥華臺灣客家會、紐英倫客家鄉親會、美東臺灣客家同鄉會、大紐約客家會、大華府客家同鄉會、大費城臺灣客家同鄉會、北卡客家同鄉會、亞特蘭大客家同鄉會、密西根客家會、中西部客家同鄉會、聖路易臺灣客家同鄉會、阿肯色臺灣客家同鄉會、印第安那客家會、愛荷華客家同鄉會、科羅拉多臺灣客家同鄉會、達拉斯臺灣客家同鄉會、奧斯汀客家會、休士頓客家會、大西雅圖客家同鄉會、北加州臺灣客家會、南加州臺灣客家會。

（2）常務理事會：

加拿大區、美東北區、不分區、美中西部、美南區、美西北區、美西南區。

（3）秘書處：

秘書長、財務長、總幹事

現任會長：鍾振乾

1. 協調美洲臺灣客家各分會活動，互相支援，共同參與。

2. 固定舉辦美洲臺灣客家聯合會兩年一度的懇親大會活動。

3. 連絡世界五大洲臺灣客家聯合會，知會及鼓勵鄉親參加世界各洲的臺灣客家活動。

4. 與客委會緊密連繫，轉達客委會活動，並鼓勵鄉親參加及支持。

（三）北美客家公共事務協會（HAPA）

「北美台灣客家公共事務協會」成立於1991年11月1日，英文名稱是「Taiwan Hakka Association For Public Affairs In North America」，簡稱「HAPA-NA」。這是北美地區第一個有政治訴求的客家臺灣人的組織。成立以來，國內的許多客家運動，諸如客家母語教學的推行、客語廣電媒體權益的爭取，支持真正肯為客家人做事的人參選公職，以及任何爭取客家權益的事務，如支持響應大埔事件，HAPA-NA都熱心參與，一直努力在扮演臺灣客家運動在北美的有力後援的角色。

1、宗旨：北美台灣客家公共事務協會是以結合北美臺灣客家人、協助臺灣的客家人運動、爭取客家權益、延續客家語言、文化、推展公共事務及為臺灣前途努力為宗旨。

2、任務：發揚客家語言文化，並爭取客家權益。聯合海內外客家人及臺灣各語系族群共同推展臺灣公共事務，促進臺灣國家正常化。特別議案之研究及政策之研擬。關心臺灣客家人在北美之權益。

3、組織：本會理事會理事九名（包括會長及副會長），任期二年，均由全體會員選舉產生。理事會每季開會，會議之方式是以 Skype Group Call，沒有地域的限制。

臺灣在前總統陳水扁執政後，大力推動還我母語等客家文化運動，並創立客委會、客家電視臺。客家意識從此抬頭並蓬勃發展，「北美台灣客家公共事務協會」曾在其中扮演推手的角色。現在並秉持過去支持臺灣本土的傳統精神，持續關心臺灣客家族群的權益，作臺灣客家堅強的後盾。

自 2011 年以來，HAPA-NA 每年舉辦臺三線座談會，定調為「知性之旅」──來探知居住在臺灣的客家人的想法，對象是住在臺灣的客家人。沿著臺三線是桃園縣、新竹縣、苗栗縣和臺中縣，多數客家人居住的地方。

贊助「客家臺灣文化獎」、舉辦「讀客家臺灣文學寫報告有獎徵文」、延續「臺三線知性之旅」、繼續和臺美人社團的互動以及敦促美國國會議員確保美國和臺灣的利益。為臺灣盡心盡力，促進臺灣國家正常化而努力。

秉持的信念是：客家人是臺灣人，有關臺灣權益的事務，絕對不能缺席，應與所有愛護臺灣的人共同攜手努力，為臺灣的前途來打拚。推展客家語言、文化及公共事務，是百年事業，需要大家的參與和奉獻。相信只要有恆心，不管山高水深，鐵杵磨成繡花針。

歷屆的會長依序是：陳秋鴻（1991）、朱眞一（1992-1993）、鍾博史（1994-1995）、黃娟（1996-1997）、鍾振昇（1998-1999）、江運貴（2000-2002）、徐寶乾（2003-2004）、魏武雄（2005-2006）、賴江椿（2007-2008）、李常吉（2009-

2010）、李常吉（2011-2012）、徐民忠（2013-2016）、陳湞全（2017-）（徐民忠，2017）。

（四）世界臺灣客家聯合會（THAW）

1997年7月第三屆全美臺灣客家會懇親大會在美國德州達拉斯市舉行，與會者除了旅居美國臺灣客家鄉親外，還有來自臺灣、加拿大、巴西的鄉親。會中全美四十多位理事及世界各地代表一致無異議通過，必須成立一個以海內外臺灣客家人爲中心的世界性組織，以更有效地聯絡海內外客家人，進一步發揚客家精神及文化，「世界臺灣客家聯合會」於焉誕生。楊貴運擔任第一屆會長，范振宗擔任副總會長，李阿青（資生堂董事長）擔任名譽會長，鍾肇政擔任首席顧問，羅能平擔任秘書長，徐新宏擔任執行長。

楊貴運：「『世界臺灣客家聯合會』是一個以海內外臺灣客家人爲主體的世界性組織。它不是由任何黨派來主導或掌握的會，而是由客家鄉親自己感覺需要而自發成立的。」

爲什麼要成立一個屬於全世界臺灣客家人的組織？據了解，旅居海外的臺灣客家鄉親普遍認爲，「世界客屬」、「崇正會」雖散布於世界各個角落，但因包羅太廣，甚者成爲政客所利用的工具，鮮有能爲臺灣客家人爭取權益者。有鑑於此，一個全球性的組織以臺灣客家人爲主體，才能有效而具體地爲臺灣的客家人服務，更有效地凝聚臺灣客家人的共識。

1、宗旨：
（1）發揚客家文化，提振客家意識。
（2）促進客家族群團結及合作。

（3）促進臺灣自由民主，爭取客家及少數族群權益及尊嚴。

（4）促進所有臺灣人之團結，提高臺灣之國際地位。

2、任務：爲爭取客家權益及搶救客家語言、文化，使客家人都以生爲客家人爲榮。以具體的行動來說，必須協助臺灣政府訂定有利於保存各族群語言、文化的政策，使各族群寶貴的語言、文化資產不至於在新時代的潮流中失落，使各族群能在公平的原則下起良性競爭，促進各族群的進步及團結。

創會總會長楊貴運：「在邁入廿一世紀的時刻，『世臺客聯』『更必須有全球性的視野，以堂堂之姿引領所有客家人邁入新的世紀，做一個新時代、新世紀的世界公民』，爲全世界客家人負起主導的地位。」（楊貴運，1997）

世界臺灣客家聯合會（簡稱世臺客聯），1997年7月27日在美國德克薩斯州達拉斯市成立後，歷經二十三年藍綠執政之興衰發展，歷任總會長爲楊貴運（美國洛杉磯）、劉永斌（美國華府）、陳明眞（美國舊金山）、徐新宏（美國洛杉磯）、羅能平（臺灣臺北）、黎萬棠（西班牙馬德里）、張錦輝（臺灣臺北）、林敬賢（美國芝加哥）、陳石山（臺灣臺北）、張永西（巴西聖保羅）、章維斌（泰國曼谷）、伍其修（澳大利亞昆士蘭）。近幾年來，在部分熱心總會長的積極奔走下，串聯世界五大洲之客家組織，成爲一個規模壯大的世臺客聯。2020年現任五大洲臺灣客家聯合會的總會長爲彭仲年（亞洲）、葉義深（大洋洲）、鍾振乾（美洲）、羅應肇（非洲）、高晴宏（歐洲），每年輪流在各洲舉辦活動。

世臺客聯過去以美國客家社團爲主，旅居巴西的第十二屆總會長張永西由於人脈廣，2017年利用客委會在美國洛杉磯舉辦

「全球臺灣客家懇親大會」之機會，他召集了「非洲臺灣客家聯合會」、「亞洲臺灣客家聯合會」及「大洋洲臺灣客家聯合會」同時加入，2019年又邀請大洋洲加入，五大洲接連加入世臺客聯運作，從此才真正落實了名符其實的「世界臺灣客家聯合會」（但後來接任之亞洲臺灣客家聯合會總會長彭仲年，因部分會員國對強調臺灣主權有中國壓力，曾一度主張亞洲暫時並未加入）。

　　2020年6月，「世界臺灣客家聯合會」正式回臺灣向內政部登記立案，代表這個成立於1997年，在世界上團結臺灣客家人的國際社團，返國扎根再啓新貌，客委會是世臺客聯的「中央目的事業服務機關」。登記立案是由前總會長陳石山律師擔任籌備主委，負責完成國內立案事宜，並由前立委蔣絜安擔任理事長、邱榮光擔任副理事長，回到臺灣立案後的世臺客聯將可更有組織、積極地結合國內外資源，發揮「Taiwan can help」人道精神，展現臺灣客家的凝聚力與向心力，與海外團體共同推廣客家事務。

　　客委會2017年起每二年各大洲總會共同舉辦全球客家文化會議暨臺灣客家懇親大會，強化海外客家社團之連結網絡與交流平臺，對於海外五大洲客家事務的推動及鄉親情感的交流有極大助益（客家委員會，2020）。

四、鍾肇政與海外客家運動

　　1987年解嚴以前，鍾肇政以小說《魯冰花》成名後，陸續發表許多文學創作，翻譯作品和評述文章亦相當豐盛，得獎連

連，因其創作和臺灣歷史和土地有極深連結，表現出臺灣意識和客家精神，因此極具民間威望，是本土知識份子代表，尤其是客家界的精神領袖。鍾肇政本人具有熱情和幽默的特質，在臺灣已是創作力豐沛之本土作家，經常有海外邀訪，其中以美、日居多。

《客家風雲》創辦人之一的陳文和回憶當年情景：「1990年鍾肇政、羅肇錦與我三人接受美國臺灣客家同鄉會邀請，巡迴美國三十五天，參加紐約、華盛頓、亞特蘭大、德州奧斯丁、聖路易、芝加哥、北加州三藩西斯哥、南加州洛杉磯等地臺灣同鄉會夏令營。全程鍾老講客家話我即席翻譯成台語（閩南語）！」鍾肇政公開場合堅持用客家話演講的行為感動了許多海外客家人。受訪者B當年也在芝加哥演講現場聆聽鍾肇政演講，他回憶當時因鍾老堅持用客家話演講「臺灣文學」，需要一位可以馬上會給他翻譯成河洛話的人，讓他深受感動並加入擔任翻譯之一，受訪者B：

> 鍾老在1988年在炎熱的夏日走上臺北街頭，大聲呼籲「還我母語」（客語），令我感動的在1991年4月16日在芝加哥大學國際學舍，成立了「美國中西部客家同鄉會」，讓我從此投入愛護「臺灣、客家」的不歸途，相信鍾老的行動對海外客家人的衝擊一定不小。

當時美國已經成立許多以臺灣人為主體的社團，其中臺灣人公共事務協會（FAPA）最受注目，之後亦影響了客家社團的組織發展型態。臺灣人公共事務協會Formosan Association of Public

Affair in America（FAPA）是一個促進國際關注臺灣議題、推動臺灣獨立的組織，1982年由蔡同榮、彭明敏、王桂榮、陳唐山等人在美國洛杉磯成立。北美台灣客家公共事務協會，簡稱「北美台灣客協」Taiwan Hakka Association for Public Affair in North America（HAPA-NA）則是在1991年仿照FAPA而成立。其宗旨以結合北美臺灣客家人，協助臺灣客家人運動、爭取客家權益、延續客家語言、文化、推廣公共事務，及為臺灣前途努力。

　　簡言之，臺灣人客家公共事務協會（FAPA）是以海外福老人為主的社團，因此激發鍾肇政等客家人士希望成立客家公共事務團體（HAPA）的想法。鍾肇政在《客家人月報》邁向光明未來（《客家人月報》發刊詞）寫到：

　　「台灣客家公共事務協會（簡稱『台灣客協』、英文簡稱HAPA）成立於去歲年尾。原始動機緣於去夏我們曾經有過組一小型客家文化訪問團赴美之舉，歷訪美國各地大小城十餘所，參加大小型鄉親聚會（包括五大夏令會）亦達十數次。而每到一處，不是大型同鄉聚會裡有為數不少的客家鄉親，便是有某地客家社團為我們辦聚會活動，因而一路上都有了與羈美客家鄉親聚晤交談的機會。每當這樣的時候，我們總會聽到鄉親們對故鄉的一份強烈懷思與關切乃至憂慮。」「他們關切、憂慮什麼呢？大的，如故鄉的政治、經濟社會以及環保、人權等問題固毋論矣；小的，不用說是客家問題：如客家權益之倍受蹂躪、客家母語之瀕臨絕滅等。故鄉的客家社團不少，為什麼不見動靜？為什麼不見起而爭取？這也是他們共同的感觸。一個新型的，行動的、強力的、有著牢不可拔的自主意識的團體，便也成了大多數鄉親們的共同希望。我們這個小小訪美團便是在鄉親們的這種殷望下，

差不多可以說是銜命回來的。於是 HAPA 便在海內外有心的客家鄉親一致的期望下宣告成立。」（鍾肇政，1991，《客家人月報》發刊詞）

而在成立酒會的邀柬上，鍾肇政首次提出了「新的客家人」觀念，撰文謂：

> 史冊上曾經輝煌光耀的我們客族，曾幾何時成了弱勢的族群，或曰「隱藏的一群」或曰「冷漠退縮」，譏誚詆譭，無所不至。而目睹客家語言之瀕臨流失，客族尊嚴之幾近潰散，能不懍懍於懷而瞿然心驚!?
>
> 新的客家人之出現，此其時矣！
>
> 我們雖未敢以此自許，然而我們確不願徒然陶醉於過去創造歷史的萬丈光芒中，更不願自滿於以往英才輩出並管領風騷；我們所深信不疑者，厥為客家潛力至今猶存。在此世局詭譎、社會擾攘、新的人文景觀亟待建立之際，我們願意為尋回我們的尊嚴，再創我們的光輝而努力，更願意與其他族群──不論福佬、各省抑原住民各族攜手同心，為我們大家的光明未來而戮力以赴。

「台灣客家公共事務協會」的成立，似乎已形成了某種刺激，促使各種客家運動更見蓬勃，爭取電視節目、推廣母語，以及本土客家文化的研究、展示等活動的風起雲湧等，諸如客家學研究會方面，國內的以及國際性的，均已有了基本架構，其中客家語言之研究與整理，更已是箭在弦上。其他如客家夏令營、下鄉辦說明會或演講會、獎勵研究生研究客家問題、協助大學成立

客家社團、舉辦客語演講比賽、出版會訊等等，「不錯，客家族群在現今臺灣確實是少數、弱勢，然而自從三~四百年前渡海來到臺灣之後，我們的祖先在這島嶼上的確找到了安身之地，在墾拓榛莽，保鄉衛土乃至反抗強權上，我們確實貢獻了一己的力量。在迎向光明未來的這當兒，我們依然有與其他族群同心合作的覺悟。我們深信這也正是爭取互相尊重、邁向真正民主的不二法門。」

在爭取客家權益之時，鍾肇政同時主張與其他族群的合作，展現多元族群平等的智慧和格局。前立法委員受訪者E：

> 一個重頭戲，講他新客家的理念呀等等，我忘了是有沒有賣他的著作，好像有帶一些，然後也因為有經過認證才認識臺灣的很多客家的作家，鍾理和、吳濁流等這些人，對他的文學方面也給海外一些影響，然後政治方面也給臺灣一些影響，他也會想到一些美國一些關心臺灣的話題，所以那個聖路易朱真一醫師他創立客家文化獎，每年選幾名對客家界對文化有貢獻的人給他一些小小獎金，給他們肯定，對這方面也有這影響，這也受到鍾老的影響，受他的影響，朱真一每次回來一定去見鍾老，我們回來一定是必然的行程，海外來的就拜訪他，當時也覺得很健談，即使後來身體不好了話也不多了，我們還是去看他。

由於鍾肇政的積極行動，「台灣客家公共事務協會」1990年率先於臺灣成立後，美國受到臺灣影響，也於隔年在北美成立。受訪者C：

他（鍾老）那時候交代我說你把台灣客家公共事務協會章程傳真給他（陳秋鴻），由他們做一個基本的架構，就說我們要成立一個世界臺灣客家事務的宗旨是什麼，他幾乎有一些參照臺灣客家事務協會宗旨，在我印象很深，鍾老特別交代說。

鍾肇政於《客家人月報》撰寫過賀北美客協成立的〈特別報導〉：

佳訊忽然天外飛來，「北美台灣客家公共事務協會」確定於十一月一日正式成立。可以預見在太平洋彼岸又添了一個有力的臺灣人社團，為海內外臺灣客家人，也為全體臺灣人而奮鬥。謹在此表達最深摯的賀意。

國內的「台灣客家公共事務協會」（簡稱「台灣客協」、HAPA）係於去歲歲尾成立，乃鑒於臺灣急切需要具行動力並能自主的純粹民間團體，而由海內外多位客家鄉親共同研議，最後才在島內成立籌備會，歷時約半年始告成立的。島內既然有了這個團體，海外自然也不可不有所呼應，於是由多位在美鄉親聚議並積極籌備，始見今天「北美客協」的正式宣告成立。據筆者所看，籌備會是由陳秋鴻鄉親出任召集人，列名籌委的有十餘位之多（恕不一一列舉大名），都是彼地臺灣人界知名的有為且熱心之士。美國地區遼闊，籌備工作備極辛苦，自在意料之中。這是我要在此特別表示無限欽佩之處。

由如上簡述可知，海內外客協是姊妹會，甚至稱為雙胞胎亦

無何不可。而在海外幾位主其事的朋友也屢次在信中不憚於言明，兩者雖然是各各獨立的團體，然而不但精神上是一體的，並且所做所爲將以海內爲主，海外則以支援、協助爲首要目標之一，具見海外鄉親們無時不以故土爲念之情，這就是令人欣喜雀躍之外，還無限心感了。（鍾肇政，1991）

自從臺灣掀起「客家運動」之後，先是還我母語，繼之則爲客語電視節目之爭取，乃至各種客家文化之保存、研究、展示、各種類型的客語演講、歌謠等之比賽，以至在各地區相繼舉辦的客家文化夏令營（尚有一大型冬令營）等等，客家活動風起雲湧、熱鬧滾滾。「台灣客家公共事務協會」在街頭抗爭中，鮮明的旗幟也屢屢成爲臺北大街上眾所矚目的對象。鍾肇政認爲北美客協的成立對海內外客家界是如虎添翼，即對整個臺灣人社會，也是一針強心劑。更希望海內外兩個客協，能夠保持最密切的聯繫與合作，把海外的客家運動推向一個高峰。

媒體人受訪者D：

他們（美國客家界）那些說他應該成立這樣的協會，因爲FAPA先出來，認爲應該要成立一個以客家爲主的公共事務協會，結果鍾老在臺灣反而先在臺灣成立起來，美國後面才成立，隔差不多一年的時間。

由此，可見鍾肇政是一位劍及履及的思想行動者。

之後，海內外客家運動漸漸成爲主流共識，鍾肇政的「新的客家人」主張，強調臺灣價值和客家精神，建構出海外客家人新

的集體記憶，讓海外臺灣客僑找到情感皈依，不用趨附在福老族群中，也和來自中國大陸的客家老僑清楚區隔，凝聚了臺灣客家新僑的向心力，間接也催生了世界臺灣客家聯合會的誕生。受訪者D：

> 客家在臺灣是一個重要的族群，臺灣人一個很重要的語言文化是客家這部分，在這部分，以前有人說要救客家，但是不是以臺灣多元文化有客家做代表，鍾老他說我就是客家人，我的語言文化不可以丟掉，我是在地的公民，我就有在地的責任，我就是臺灣裡面的人，這種的觀念鍾老開始，這種影響到美國去。

「世界臺灣客家聯合會」，以下簡稱「世臺客聯」。世臺客聯於1997年7月27日在達拉斯借「美洲臺灣客家懇親大會」成立，但當時並沒有經過籌備會討論就直接宣布成立，第一屆組織成員為：會長楊貴運，副會長范振宗，名譽會長李阿青（資生堂董事長），首席顧問鍾肇政，秘書長羅能平，執行長徐新宏。

隔年（1998）適范振宗當新竹縣長，借新竹文化活動中心舉行慶祝大會，以「新世紀，新客家」為活動主題，出版活動專刊，並發表客家聲明，推動河洛話、客家話、原住民話及漢語為四大國家語言。慶祝大會邀請前美國在臺協會理事主席白樂崎（Natalie Bellocchi）做專題演講。

受訪者A參與世臺客聯的成立經過，後來亦擔任過總會長，受訪者A回憶和鍾肇政接觸的經驗：

第一次認識鍾先生是在1997年成立世界臺灣客家聯合會的時候。這之後，返臺參加1998年之成立慶祝活動籌備會議，都和鍾先生接觸，才體會到他對保留客家精神文化的堅持，有他的堅持，客家活動才能綿綿不斷。

受訪者A並且提到：

在世界臺灣客家聯合會成立之初，正好是國民黨執政，有「臺灣」的社團不被認同，因此活動未能開展，鍾先生時時關照，囑我們要「一步一個腳印」，默默地耕耘，打下根基。因為他的鼓勵我和羅能平秘書長才能堅持下來，為世界臺灣客家聯合會打下基礎。

許多僑區美國的客家人普遍認為因為鍾肇政在臺灣推動客家精神，才能有海外客家社團的成立，激起客家認同。受訪者A：

海外客家社團的成立，鍾肇政先生是推手，以他的文化人背景，推動客家活動，讓客家人體會保存客家文化的重要性。

因為當時鍾肇政在海內外客家界的聲望，儼然已經成為精神領袖，甚至有人提議由他擔任世臺客聯的創會會長，受訪者C回憶說道：

這個世界臺灣客家聯合會整個我的印象裡面，美國的那邊有醞釀，那個時候也沒有寫說什麼理監事，都沒有，那時候都

沒有登記，所以很多人就想説是不是要請鍾老當第一屆的會長，那個時候，鍾老就推了。

鍾肇政認爲，世臺客聯是國際性社團，理當由海外領袖出任，所以力薦僑務委員楊貴運博士擔任重責，鍾肇政則在「新世紀・新客家——參加第三屆全美客家懇親會大會」小記寫到：

此次懇親大會，還有了令人刮目相看的一椿「動作」，即利用這個機會，把醞釀多時的聯合全球臺灣客家鄉親，成立一個以全世界臺灣客家人爲鵠的的團體，藉此顯現新時代的新客家人面貌，以迎向廿一世紀這個嶄新的時代。

屬於全世界的臺灣客家人聯合性的團體，確乎是當前所迫切需要的。它不是爲了反抗什麼，也不是爲了與什麼對抗，純粹是爲了幾百年前爲尋求新的天地、新的安身立命之地而毅然離鄉背井，冒險犯難來到臺灣立基，如今已覓得一塊他們所認同並據此以謀求代代子孫在此繁衍不息的美麗之島，並且與其他多種族群攜手共同建立了民主自由、豐衣足食的土地，而且如今已分散到世界各地的吾臺數百客家人。

「世界臺灣客家聯合會」便如此在本屆懇親大會上宣告成立。它之屬於全球的臺灣客家人，自是不待言宣，而十年來的客家運動所標舉的諸如恢復客家的尊嚴、爭取客家的權益、搶救客家文化語言等等，不用説也是她努力的方向，而更重要的是際此舉世步向廿一世紀的這當口，她還必須有全球性的視野，以堂堂之姿引領所有客家人邁入新的世紀，做一個新時代新世紀的世界公民一份子。

鍾肇政在一篇專欄〈世臺客聯　任重道遠──成立慶祝大會後的沉思〉亦寫道：

> 筆者也嘗覺得客家運動必須普及於分布全球各地的吾臺客家鄉親之間。我們已看到美加、巴西、日本等地的鄉親這次不遠千里歸來參加盛會，其他地區又如何呢？臺灣客家運動是所有吾臺客家鄉親的事，無分遠近或國別，倘若在某個地區、國家尚有類如「死角」的地方，則這樣的死角是應該設法將它消滅才是。譬如鼓吹、幫助設立客家會，納入世臺客聯內；也需要鼓吹過去只有聯誼活動的團體，及時轉型而成爲（或增加更多活動力的）行動型客家會，經常與各地客家團體接觸，互謀交流。世臺客聯除了上述克盡鼓吹、幫助的功用外，尚需負起互通消息、穿針引線的責任。
>
> 我們何幸而生爲臺灣客家，又何不幸而生爲臺灣客家？幸的是四百年歷史上，我們雖然也曾經在墾拓時期扮演過強權、掠奪者的角色，但我們已有所覺醒，我們要與臺灣其他族群誠心攜手共建這個國家，以臻族群和諧、自由民主的現代化文明、文化國度。然而在歷史上我們始終屬於弱勢、少數，特別是百年來在外來政權統治下，過了慘淡的冗長歲月。如今這樣的日子已然成爲歷史陳跡，自主並且民主的社會已然來臨，我們又如何能不額首稱慶？尤其當我們想到，全球客族號稱五～六千萬，能夠安享此民主佳果的，不過是吾臺數百萬客家而已。我們又焉能不爲此欣幸鼓舞？
>
> 而我們所引爲不幸的，是雖然我們的民主進程已可躋身先進國家之林而無愧色，然而我們仍然處處受到排擠、打壓，聯

合國不用説，其他諸多國際組織，我們依然不得其門而入。吾臺客家文學家故吳濁流先生五十年前以《亞細亞的孤兒》一書蜚聲海內外，將所有臺灣人定位爲「亞洲孤兒」，以目前景況言之，我們已然是不折不扣的「世界孤兒」。在世界村的人類理想浮現的這個關鍵時刻，我們尚無緣成爲其中一員，實在是不幸中的大不幸！

鍾肇政在1997年即期待「世臺客聯」可以成爲一個具全球影響力的國際社團組織，並且爲臺灣打開國民外交之大門。

五、海外客家政策、現況與展望

經過數代發展，海外老僑逐漸凋零，臺灣新僑漸漸取得優勢，臺灣主體意識幾乎成爲主流價值。有關海外客家僑居地，美洲絕對是重要地區，美洲涵括美國、加拿大，中南美洲如巴西、巴拉圭等國家。受訪者E：

後來全美慢慢上軌道以後，大家覺得在世界各地還有很多臺灣去的客家人，他們沒有一個團體去認同，世界客屬總會又好像跟我們臺灣來的有點距離。

客家意識一直存在，受訪者E分析有幾個理由：

因爲客家人在美國以前沒有什麽自己的團體，要不然是一個外省人團體，要不然是福老人團體，像臺灣同鄉會，他們講

的都是福老話，客家人都聽不懂，然後因為早期一些閩客方面的情結，很多客家人不願意參加福老的活動，也不講福老話，也不參與，所以他們就是剛沒成立就幾家人或是十幾個人聚在一起，常常一起聚餐，它可能不是正式什麼會，反正我們客家人每年就在一起聚餐。

初始是無法融入外省和福老人團體，客家人於是從家庭聚餐聯誼情感，吃客家菜，先是情感聯誼，慢慢開始政商聯誼的活動，尤其是祖國臺灣的政經情勢，漸漸組成臺灣客家同鄉會，幾乎美國各地都有。

民進黨執政後，一些政治人物幾乎每年都有帶團來表演這樣，「新的客家人」強調並建構的集體記憶漸成主流，本土意識和客家意識慢慢影響到海外，受訪者 E：

新的客家人，這個讓客家人不要一直想什麼客家人多麼偉大的歷史，孫中山、鄧小平、李光耀一直講這些事情，我們就是認同臺灣這片土地上來著手，這才是我們真正要努力的地方，所以民主政治對客家很重要，只有民主客家才能得到不同的對待，就是大家慢慢認識，國民黨的待遇只是會發一些好處給你，而且國民黨靠錢，國民黨完完全全用客家人制衡閩南人，用這方法我們也都看得到。客家人不要變成被國民黨欺負。

客委會自 2002 年起推動辦理「全球客家文化會議」，係為增進海外客家鄉親對臺灣客家文化的深度認識，提供海外客家社

團學習分享及互動交流平臺，2017年為強化臺灣客家與國際之連結，擴大臺灣客家文化之多元發展及推廣效益，首次以補助方式，結合美洲當地重要客家僑團——美洲臺灣客家聯合會之懇親大會舉辦「2017全球客家文化會議暨臺灣客家懇親大會」。（客家委員會，2017）

美洲臺灣客家聯合會於海外每二年舉辦一次年會暨懇親大會，並邀請來自亞洲、歐洲等五大洲地區之客家社團代表與會，就推動全球客家事務及文化、籌組國際客家組織等議題，進行交流討論，屬美洲地區代表性大型客屬年會之一，歷來客委會皆由主任委員或副主任委員率員參加海外客屬重要會議，同時為未來推動客家國際化，建立客家資源平臺，藉此廣蒐民情意見，加強與該地區客屬團體之聯繫與溝通，並宣揚客家文化。

歷經二、三十多年來的發展，美洲臺灣客家聯合會在意識形態和情感連結上比較接近世臺客聯，跟過去比較親中的世界客屬涇渭分明，基本上它們的屬性有極大不同，因為世界客屬總會權利幾在親共的人手上，在臺灣這邊好像是沒有什麼影響力，動員力差，勢力漸弱。受訪者E：

中共出很多錢沒錯，每次活動辦的好大好大，但是它有什麼影響力，我們是有點懷疑，倒是我們世界臺灣客家聯合會影響力反而會慢慢變大，相信超過他們，所以我們的經濟尚不如他們，但是政治來說臺灣人還是傾向世界客聯，世界客屬內部很多很多問題。

受訪者C：

臺灣有一個世界性組織叫世界客屬，世界客屬後來是因爲它和中國大陸的關係，被共產黨幾乎完全佔據了世界客屬這個的地位，所以幾乎全世界的客家人不講說是臺灣，他們叫世界客屬，它不是管理臺灣，世界客屬管理他們世界各地人，他們幾乎很多年都在大陸辦年會，所以他們很多的客家鄉親就說，那我們臺灣這邊變成沒有主體，他們又不能拿國旗。

因此，僑委會和客委會會從世臺客聯系統傳達很多消息出去，世臺客聯轄下的美洲臺灣客家聯合會有25個分會組織，有一套比較好的聯絡系統，訊息傳遞極爲快速，因此已逐漸取代早期親中的世界客屬總會的地位，亦成爲臺灣和美國溝通的重要橋梁。

「世界臺灣客家聯合會」於2020年6月返臺正式立案，這個成立於1997年，在世界上團結臺灣客家人的國際社團，返國扎根別具意義，並在臺灣客家族群的信仰中心新竹縣枋寮義民廟舉行成立大會，客家委員會主任委員楊長鎭親自出席，偕與會者向義民爺上香致敬後，楊主委祝賀「世界臺灣客家聯合會」（簡稱世臺客聯）持續成長茁壯、會務興隆，更期許能共同推動臺灣客家運動，除傳承本土文化外，更能鞏固臺灣主權民主、保障少數族群權益。

全球新冠肺炎疫情方炙，海外客家社團無法回國，成立大會當天總會長章維斌及五大洲總會長改採視訊連線共同見證。楊主委特別肯定立會的章程內容，不僅要團結客家、推動文化，更要推動民主，保障尊重少數族群權益。楊主委強調這是臺灣客家運動非常重要的部分。因爲客家運動一方面是「臺灣客家人」追求

語言文化復興運動，同時也是「客家臺灣人」持續打拚奉獻國家與本土的運動。楊長鎮主委告訴全世界的鄉親，客委會是世臺客聯的「中央目的事業服務機關」，只要有需要，客委會都將全力協助。

世臺客聯1997年成立於美國德州達拉斯市，旨在協助世界各地成立以臺灣為主體的客家組織，傳承客家語言文化、宏揚臺灣客家精神，具體落實「臺灣走出去」，推動務實國民外交。這次委請前總會長陳石山律師完成國內立案事宜，並由蔣絜安擔任理事長，邱榮光擔任副理事長，回到臺灣立案後的世臺客聯將可更有組織、積極地結合國內外資源，發揮「Taiwan can help」人道精神，展現臺灣客家的凝聚力與向心力，與海外團體共同推廣客家事務。（客家委員會，2020）

世臺客聯遵循鍾肇政先生提倡的「新个客家人」精神，本著「母語解放、文化重生、民主參與、奉獻本土」的宗旨，在全球各地連結臺灣客家人，服務當地的國際組織，現任五大洲臺灣客家聯合會的總會長為彭仲年先生（亞洲）、葉義深先生（大洋洲）、鍾振乾先生（美洲）、羅應肇先生（非洲）、黎萬棠先生（歐洲），每年輪流在各洲舉辦活動，客委會2017年起每2年各大洲總會共同舉辦全球客家文化會議暨臺灣客家懇親大會，強化海外客家社團之連結網絡與交流平臺。（客家委員會，2020）

雖然目前海外客家對民進黨的綠色執政支持比例相當高，但仍有隱憂。所謂的臺灣客家在美國的認同度，移民美國的臺灣客家同鄉會組織成員，甚至可能已經到第二代、第三代，因為第二代以後，他基本上是在美國出生的，他只知道祖先是客家人，可是他關心的還是美國相關的一切，這樣的客家認同卻面臨斷層，

受訪者E：

> 回來臺灣，跟自己親戚，跟臺灣堂表兄弟姐妹來玩，知道我客家的，他們兄弟，但是你要認為他有客家認同這個比較難，他們認同是美國，他們出生地、朋友、生活在那邊，他只說我的祖先客家人，講著講著客家人的故事，他們怎麼辛苦的故事，他們每個人都比賽爸爸媽媽故事，講自己故事，譬如說我們以前赤腳走幾公里啊去學校的故事，他們每個人都講這些故事，哈哈。

在這樣情況下，世臺客聯未來在美國或其他美洲國家，甚至整個世界上，現階段或者有影響力，但是未來恐怕會隨著客家認同的消失，客家社團面臨解散後繼無力。這個問題不止美洲，別的國家都有同樣問題，主要因為臺灣去的新留學生很少去美國了，人數不多的情況很可能會跟以前的美國的中國城那些華人團體一樣，會逐漸老化，這是不可避免的現象，現階段只能這樣走下去，那能維持多久不知道，因為這是一個難題，受訪者E：

> 過去也許有這麼重大功能，現在呢，第一留學生少了，不像以前那個有源源不斷的留學生去。後面只能說下一代的知道他們從臺灣出來的，希望人民關心臺灣，雖然已經融入美國社會，希望他們關心臺灣，讓臺灣維持民主自由這制度下去，這樣就已經，就是我們的期望。

美國的客家的社團逐漸老化，新的一代和三、四十歲的人越

來越少，那我們可以想像將來的團體數越小，然後歷史任務什麼時候完成不知道，反正父母的想法就是說既然來臺灣，生活在自由民主的情況下，父母雖然在美國沒有辦法要求他們小孩子講客家話，可能跟爸媽最多講幾句簡單客家話，小孩子之間一定講英文對不對，所以孩子不說母語，這也是超無奈的，所有的語言文化或許都會有這問題，不只是客家人，福老人人數比較多，也碰到一樣問題，其實外省人團體亦然。

受訪者Ａ認為推廣客家文化，如果純從推廣客家語言文化著手，難見成效。全球各地，每年有多少個客家會從事推廣客家文化的活動？但是參加者只有少數幾個客家人，而且活動之後，很快就被當成「被遺忘的歷史」，起不了什麼大作用，只能自我安慰而已。受訪者Ａ建議：

> 客家人遍布全球各地，而且都具有客家意識，我們應當利用這個優勢，連結所有客家人，建構一個客家商業圈。推廣客家文化，必須要以經濟、商業活動為基礎。在這個基礎上舉辦活動，因為關係著各地的繁榮，各地政要及其他族群都會關注這個活動，而間接推廣了客家文化，而且會繼續發酵。我以為楊長鎮主委當年推動桐花祭就是從這個方向出發，推展了客家文化，但並沒有刻意說是推展客家文化。

他進一步提到：

> 從世界臺灣客家聯合會成立，我就一直想要成立世界客家商會，由此基礎來凝聚客家，但卻僅止於說說，未付諸行動，

有辱使命，到現在都未達成，說起來慚愧。我想，除了成立客家商會，客家活動應把經濟、商業議題做爲主題，從而間接推廣客家文化，才能收事半功倍之效。不能期望別的族群來協助推廣客家文化，必須從其他族群的利益方向著手，才能讓其他族群主動參與，也才能讓客家文化及精神深入他們的心中。

美洲臺灣客家聯合會於海外每二年舉辦一次年會暨懇親大會，並邀請來自亞洲、歐洲等五大洲地區之客家社團代表與會，就推動全球客家事務及文化、籌組國際客家組織等議題，進行交流討論，屬美洲地區代表性大型客屬年會之一，客委會非常重視固定組團前往美洲參加，加強與該地區客屬團體之聯繫與溝通，並宣揚客家文化。客委會爲全球唯一主管客家事務的中央級機關，除積極推展國內客家事務外，亦著重與海外客家之聯繫與交流，定期參與海外相關客屬社團之活動，並行銷臺灣客家。又爲落實打造「全球客家文化新都」等政見，擴大臺灣客家影響力及提升國際能見度。（客委會，2017）

六、結語

經過一個半世紀的遷徙，客家人胼手胝足的在全球各地打拚，足跡跨越遍及五大洲，串連起全球客家的鄉誼與網絡，從而永續維繫族群的命脈。在現今全球經濟發展的同時，亦須體認到時代的遽變，進而思考如何站在世界的高度看客家，促進全球在地化，讓客家與國際接軌。本文以文獻分析和深入訪談法，運用

參考文獻

「臺灣客家運動與社會發展研討會」，2004，鍾肇政、徐正光等著，戴興民、邱浩然（邱榮裕）主編，《客家文化論叢》。臺北：臺北市客家文化會館，2004年12月28日。

文化部，2017，〈文化部：國家語言發展法確保語言及文化平等發展，非指定官方語言〉。http://www.moc.gov.tw/information_250_66463.html，查詢日期：2017年12月10日。

王明珂，2001，〈歷史事實、歷史記憶與歷史心性〉，《歷史研究》，第5期，頁136-145。

王保鍵，2016，〈論桃園客庄型態與客家政策〉，《臺灣民主季刊》，第13卷第4期，頁93-125。

王保鍵，2018，《客家發展之基本法制建構》。桃園：國立中央大學出版中心；臺北：遠流出版公司。

王保鍵，2019，〈都會客家政策問題：以新北市為例〉，《文官制度季刊》，第11卷，第1期，頁109-130。

王保鍵、邱榮舉，2012，《臺灣客家運動：客家基本法》。臺北：五南圖書。

台灣客家公共事務協會主編，1991，《新个客家人》。臺北：臺原出版社。

申雨慧、邱榮舉，2004，〈臺灣客家運動的源起與發展——以《客家風雲雜誌》為中心探討〉，台灣客家公共事務協會主辦。

江彥震，2018，〈客家人在美國〉，《世界客報》（*World Hakka Report*）。

宋學文、黎寶文，2006，〈臺灣客家運動之政策分析〉，《人文及社會科學集刊》，第18卷第3期，頁501-540。

邱榮舉，1994，〈論臺灣客家運動〉，鍾肇政、徐正光等著，戴興民、

邱浩然（邱榮裕）主編，《客家文化論叢》，頁31-41。臺北：中華文化復興總會。

邱榮舉，2015，〈從沉潛到發亮：客家文化展翅飛翔〉，《新北好客都》，第28期，頁10-15。

邱榮舉、謝欣如，2008，〈臺灣客家運動與客家發展〉，張維安、徐正光、羅烈師主編，《多元族群與客家：臺灣客家運動20年》，頁95-132。新竹：臺灣客家研究學會。

邱榮舉、王保鍵、黃玫瑄，2017，〈臺灣客家運動的回顧與展望：以制度安排為中心〉，《客家研究》第十卷第一期。

徐民忠，2017，290.北美台灣客家公共事務協會，北美台灣客家公共事務協會，http://taiwaneseamericanhistory.org/blog/taiwan-hakka-association-for-public-affairs-in-north-america/。

世界客家網，2002，台灣客家公共事務協會，http://www.hakkaworld.com.tw/twhapa/introduce.html。

客家委員會，2017，〈客家基本法與客家法制建設〉，《「106年全國客家會議」議題研析報告前言》。新北：客家委員會。

客家委員會，2017a，《105年度全國客家人口暨語言基礎資料調查研究》，客家委員會委託研究報告。新北：客家委員會。

客家委員會，2017b，〈行政院通過客基法修正草案，客家委員會16週年慶大禮〉。https://www.hakka.gov.tw/Content/Content?NodeID=34&PageID=39015，查詢日期：2017年12月10日。

客家委員會，2017年11月2日赴美國參加「2017全球客家文化會議暨臺灣客家懇親大會在美洲」出國報告。

客家委員會，2020年6月13日，https://www.hakka.gov.tw/Content/Content?NodeID=34&PageID=42666。

客家風雲雜誌社，1989，〈我們對「母語運動」基本態度宣言〉，《客家風雲雜誌》，第15期，頁50-57。

施正鋒，2008，〈臺灣民主化過程中的客家運動〉，張維安、徐正光、羅烈師主編，《多元族群與客家：臺灣客家運動20年》，頁71-94。

新竹：臺灣客家研究學會。

施正鋒，2013，〈民進黨執政八年族群政策回顧與展望〉，新境界文教基金會主辦「民主進步黨八年執政研討會」。臺北，集思臺大會議中心蘇格拉底廳，2013年9月14日。

柯朝欽，2015，〈臺灣客家現代族群想像的三種類型：民族認同、公民權利以及認知框架〉，《全球客家研究》，第5期，頁149-192。

黃玫瑄、邱榮舉，2013，〈臺灣客家運動與國際客家研究〉，日本國際客家文化協會編集，《客家與多元文化》第8期，頁44-55。日本：アジア文化總合研究所出版會。

楊國鑫，2008，〈臺灣的客家問題、客家運動與客家學〉，張維安、徐正光、羅烈師主編，《多元族群與客家：臺灣客家運動20年》，頁133-156。新竹：臺灣客家研究學會。

楊貴運，1997，世界臺灣客家聯合會，http://www.hakkaworld.com.tw/THAW/。

臺灣光華雜誌，2018，〈歷史洪流下的公民，客家運動30年〉。https://nspp.mofa.gov.tw/nspp/news.php？post=142137&unit=411，查詢日期：2018年12月10日。

蕭新煌、黃世明，2008，〈臺灣政治轉型下的客家運動及其對地方社會的影響〉，張維安、徐正光、羅烈師主編，《多元族群與客家：臺灣客家運動20年》，頁157-182。新竹：臺灣客家研究學會。

謝在全、黃玉振，2009，〈「客家基本法草案」專題研討會〉，《臺灣法學雜誌》，第119期，頁46-87。

鍾肇政，1991年10月31日，《客家人月報》。

鍾肇政，1991，《鍾肇政全集17：隨筆集（一）》。桃園：桃園縣立文化中心。

鍾肇政，1998，《新世紀新客家》發刊詞。http://cls.lib.ntu.edu.tw/hakka/author/zhong_zhao_zheng/zhao_composition/zhao_onlin/zhaoold/zhongold-13.html。

蔣絜安，2020，〈大隱於市泰然入世〉，客家雜誌及臺北市客家公共事

務協會會刊。

Bikmen, Nida. 2013. Collective memory as identity content after ethnic conflict: An exploratory study. Peace and Conflict. *Journal of Peace Psychology*, 19 (1): 23-33.

Streams and stages: Reconciling Kingdon and policy process theory. *European Journal of Political Research*, 54 (3): 419-435.

Kingdon, John W. 1984. *Agendas, Alternatives, and Public Policies*. Boston, MA: Little, Brown.

Lecomte, Lucie. 2015. *Official Languages or National Languages? Canada's decision*. Publication No. 2014-81-E. Ottawa: Library of Parliament.

Moseley, Christopher (ed.). 2010. *Atlas of the World's Languages in Danger*, 3rd edn. Paris, UNESCO Publishing.

Schwartz S. and Carpenter K. M. 1999. The right answer for the wrong question: consequences of type III error for public health research. *Am J Public Health*. August; 89 (8): 1175-1180.

Takei, Milton. 1998. Collective memory as the key to national and ethnic identity. *Nationalism and Ethnic Politics*, 4 (3): 59-78. United Nations Educational, Scientific and Cultural Organization

[UNESCO]. 2003. *Language Vitality and Endangerment*. Paris: International Expert Meeting on UNESCO Programme Safeguarding of Endangered Languages.

文學

鍾肇政

第九章
鍾肇政的戰爭敘事與文化記憶

王惠珍

國立清華大學臺灣文學研究所

> 汝何其不幸,生在這樣的時代⋯⋯（《江山萬里》[1],頁262）
>
> 我們生在最不幸的時代——這也是我們每一個臺灣青年的切實感覺。（《大肚山風雲》[2],頁140）

一、前言

　　1939年5月臺灣總督小林躋造揭櫫治臺三大方針「工業化、皇民化、南進化」,在臺大力地推動皇民化運動,臺灣成為帝國南進的基地。帝國鼓動臺灣青年追隨著帝國外擴侵略的慾望,將他們一批一批地帶離臺灣送往戰場。在中日戰爭爆發後,臺灣青年在各個時期就分別以不同名義上戰場,大致可分成軍夫時期

1　本文使用重新排版的遠景版《江山萬里》（臺北：遠景出版社,2005）。
2　本文使用商務印書館版《大肚山風雲》（臺北：商務印書館,1968）。

（1937年7月～1941年2月）、志願兵時期（1941年12月～1944年9月）、徵兵時期（1944年9月～1945年8月）。太平洋戰爭爆發後臺灣作爲南方要塞，支援帝國擴張所需的勞動力和通譯人才等。這些隨帝國擴張前往海外從軍者臺籍日本兵，在戰後他們的從軍經驗並無法進入國家的戰爭歷史敘事中，他們的戰爭創傷也無法成爲國家創傷爲後人所悼念。因此，省籍作家只能試圖以文學的戰爭敘事，自傳體「記憶」的形式填補部分的空白。以文學的虛構性符合抗日記憶的歷史要求，試圖保留官方長期忽略、遺忘的臺人二次戰爭的經驗，因此在建構／協調／再建構臺灣戰後的「戰爭之框」時，除了口述歷史的整理之外，應關注文學家的書寫策略和記憶的選擇敘事。

福間良明曾將日本經歷過「戰爭體驗」者分成四派（世代）：1.「戰前派」：是指敗戰時三十歲以上的人，這個世代的知識份子受過自由主義或馬克思主義洗禮者。2.「戰中派」：是指敗戰時二十歲左右，青春精神形成期與戰爭期重疊，深受軍國主義思想洗禮者。3.「戰後派」：是指敗戰時十歲左右，他們的戰爭經驗多是集中在空襲經驗與疏開經驗。4.「戰無派」：是指戰後才出生者。[3] 又，戴國煇以1915年時未滿十五歲的人爲上限，1945年時未滿十五歲的人爲下限，稱呼這一區間世代的人爲「山谷世代」（「谷の世代」）。這個「山谷世代」，即是上述福間所謂的「戰前派」和「戰中派」。[4]

3　福間良明，《「戰爭體驗」の戰後世代・教養・イデオロギー》（東京：中央公論新社，2009年3月），頁8。

4　戴國煇，〈其助教授の死と再出発の苦しみ〉，《台湾と台湾人》（東京：研文社，1991年4月），頁230-231。

周婉窈認爲因1937年到1945年之間戰爭動員的關係，殖民當局強力改造臺灣人，這一群人深受皇民教育與愛國思想的洗禮。另外，他們又與日本人同處一個戰場同生共死，在物質條件匱乏與盟軍的空襲中，他們似乎模糊了民族分際，成爲一個「獨特的世代」。因此，他們所刻畫的日本人形象，除欺壓臺人者，與其他世代有其不盡相同之處之外，特別是他們也會描寫善待臺籍日本兵的日人軍官，[5]事實上，戰後的確有些臺籍日本兵竟於臺灣的寺廟中供俸牌位祭祀日人軍官。[6]

　　松永正義亦參照蕭阿勤的世代概念，將1920-1935年出生者稱之爲「皇民化世代」，其特點是：（1）自懂事時期起抗日運動就已瓦解，日本的價值觀最深植於內心。（2）日本教育的影響最爲強烈，僅能讀寫日語以及日語中的漢文。（3）具有強烈的日本價值觀（戰爭時期的日本價值觀）。[7]鍾肇政（1925-2020）即是屬於這個世代。

　　與他同年出生的在日朝鮮作家金石範（1925-）曾說道：他將日語作爲日、朝溝通的媒介，其目的是朝鮮人爲了向日本人暢所欲言，傳達在日朝鮮人的生活和意識、朝鮮的事、朝鮮和日本

5　周婉窈，〈「世代」的概念和日本殖民統治時期臺灣史的研究（代序）〉，《海行兮的年代日本殖民統治時期臺灣史論集》（臺北：允晨文化，2003年2月），頁1-13。

6　権田猛資〈廣枝音右衛門氏慰靈祭開催報告〉，《台湾協会報》第781号（2019年10月15日），第三版。日人廣枝音右衛門戰爭末期，因率領指揮臺灣人部隊在菲律賓馬尼拉進行市街戰傷亡，他的臺灣人部屬於1976年爲感念他的恩義，在苗栗勸化堂設立牌位祭祀他，並每年舉行慰靈祭。

7　松永正義，〈戰後臺灣的日語以及日本印象〉，《戰後臺灣的日本記憶：重返再現戰後的時空》（所澤潤、林初梅編，臺北：允晨文化，2017），頁68。

的事等。青少年時期殖民地時代待在日本的世代，可稱作是「恨怨的世代」（怨みの世代），對這個世代而言使用日語是深沉的，使用日語書寫也是種悲哀，導致他根本無法使用朝鮮語書寫小說。[8]但，鍾肇政戰後爲了繼續創作，在臺灣積極重新學習中文，成爲戰後重要的跨語作家。這一代的作家大都曾經歷戰爭動員或參與其中，背負著帝國對外侵略加諸於他們身上的時代之軛，即使戰爭結束，但殖民和戰爭的傷痕仍銘刻在這個世代青年的生命經驗之中，終身難以磨滅。

　　鍾肇政於1925年生於桃園龍潭的九座寮，1943年3月自淡江中學畢業後，9月前往大溪宮前國民學校擔任助教，隔年4月辭教職前往由臺灣總督府明令新設的「彰化青年師範學校」（簡稱：「青師」）就讀。該校設立的目的在於因應國民學校師資不足的問題，以中等教育畢業生爲主要招收的對象。1944年4月招收第一屆本科生264名（修業年限三年，以日人爲主），講習科114名（修業年限一年，以臺人爲主）。1945年8月日本敗戰止，只送出一屆講習科畢業生，但也是最後一屆。[9]鍾肇政即是唯一一屆的畢業生。這間青年學校雖以「皇國民育成」爲目標，但前來應召的「青師」學子（無論日人或臺人）多半是爲了逃避兵役或害怕「被志願」前往南洋從軍，才勉爲其難地進入這所位於偏鄉新設的青年師範學校。豈知日軍戰況急速惡化，爲增加兵源他們被迫縮短修業年限，並被強制徵召充當學徒兵，投入戰爭

8　金石範，《ことばの呪縛「在日朝鮮人文学」と日本語》（東京：筑摩書房，1972年7月），頁77。

9　陳文松，〈「青師」學徒兵所見日本皇國教育的虛實：以鍾肇政先生訪談紀錄及回憶錄、小說爲中心〉，《臺灣風物》，62卷1期（2012年3月），頁15。

末期的戰地動員。

　　1945 年 3 月鍾肇政自「青師」的「講習科」畢業後，隨即以「日本帝國陸軍二等兵」的身分服役，駐守臺中大甲。隔月被任命為青年學校教官，派任彰化縣沙山青年學校任教，在服役期間卻因染瘧疾導致失聰，留下戰爭的傷痕。這一年多的時間，雖然很短暫卻是他人生中非常重要的轉捩點，包括他的文學啓蒙與生命經歷等。因此，若要釐清作家鍾肇政的自傳性小說或戰爭記憶書寫等相關文學議題，就得先理解他如何「再次想起」這段經歷，跨語後如何進行戰爭記憶的再現與重構？這段經歷為何成為他六〇年代重要的文學母題？其中，六〇年代的《濁流三部曲》的第二部《江山萬里》是最具代表性的作品。它繼第一部作品《濁流》（1961 年 12 月 31 日～1962 年 4 月 22 日）續刊連載於《中央日報》副刊 1962 年 4 月 24 日至 1962 年 9 月 7 日，根據鍾肇政自己的說法，他之所以將《濁流》投至《中央日報》的理由是：因為《魯冰花》在《聯合報》副刊連載後，感受到一些壓力。因為《魯冰花》中涉及了當時社會、選舉、教育等問題，特別是他對貧富問題作出強烈的批判，因而逐漸感覺其中的危險性。為此他決定將作品投到國民黨中央黨部的黨報藉以保身，結果「中央副刊」很快就開始連載，或許因為這樣產生了保護作用，而讓他從未被約談過。[10] 根據這樣的說法，鍾肇政的《濁流三部曲》的書寫是帶有政治目的和帶有某種自我保衛意識的自傳性作品。至今這部作品多被視為作家的個人傳記或成長小說研究

10　莊華堂主編，《鍾肇政口述歷史：「戰後臺灣文學發展史」》（臺北：唐山出版社，2008 年 7 月），頁 111。

討論之，[11]但它卻是省籍作家作品中少數詳述島內「學徒出陣」的文學著述，其中不斷地反覆出現皇民化運動和戰爭末期動員體制特有的戰時用語，其中包括臺籍學徒兵當時的世界觀和人生觀等。因此，這些文本可視為建構戰爭末期臺灣學徒兵集體記憶的重要文學文本。

鍾肇政的戰爭文本與陳千武的南洋戰爭文本不同，他因「學徒徵召」而免於被徵用前往南洋，但卻在島內服役，大肚山成為他戰爭末期重要的記憶空間。戰後他藉由個人記憶的文學記述，試圖再現皇民化世代的臺灣人戰時的集體記憶。然而，個人記憶並非是完全孤立，自我封閉的，因為要憶起自己的過去，人們往往需要借助他人的回憶。又，記憶可分內部記憶和外部記憶，即是自傳記憶與社會記憶。自傳記憶需要借助歷史記憶，個人記憶只能從內部認識，而集體記憶則從外部認識。[12]又，在鍾肇政的戰爭記憶文本中如何編織這些記憶內容呢？鍾肇政的自傳記憶在六〇年代抗戰記憶書寫中是如何被重新召喚出來？即是他在戒嚴時期歷史的縫隙中，試圖透過「青春物語」自傳體的形式，如何展開他的二戰記憶敘事和重構臺灣的文化記憶。

---

11 黃慧鳳，〈被殖民者的自傳——論鍾肇政《濁流三部曲》〉，《彰化師大文學院學報》第6期（2012年9月），頁119-133。戴華萱，〈第三章我是誰？—臺籍作家的成長論述與家國認同〉，《成長的瀾線，臺灣五〇年代小說家的成長書寫（1950-1969）》（臺北：萬卷樓圖書公司，2016年5月），頁159-209。

12 莫里斯·哈布瓦赫著，丁佳寧譯，〈集體記憶與歷史記憶〉，《文化記憶理論讀本》（北京：北京大學出版社，2012年1月），頁68。

二、戰爭記憶所繫之處：音樂與閱讀

記憶被公認只有兩種合理的形式：歷史的或是文學的。這兩種一直同時運作，但直至當代卻各自獨立運作。今日兩者的界線卻又變得模糊，而在歷史式的記憶與虛構文學式的記憶幾乎同時滅亡之際，誕生了一種新的史學，產生與「過去」之間新的關係。[13] 鍾肇政的戰爭記憶的文本雖是自傳小說，看似是虛構文學式的記憶，但卻又有真實地內攝戰時的社會記憶，隨筆雖有歷史式的記憶，卻又雜揉當下文學性的感性抒發。因此，筆者試圖在其各類文本中試圖找尋鍾肇政文學與過去之間的一種可能的新關係，及其內部文脈的互文性。

鍾肇政為何在跨語成功立足文壇後，在六〇年代積極撰寫個人的戰爭記憶？其創作語境及其目的為何？在戒嚴時期鍾肇政曾是「日本兵」的殖民經驗為何在官方色彩濃厚的《中央日報》有機會刊出，其外在客觀條件為何？再則，個人的記憶是會變形的，比起理解記憶來說，釐清不同的消化方式與取捨的過程似乎更為重要。因此，筆者將細讀比較這些不同文類的記憶文本：長篇小說《江山萬里》（1962）、短篇小說集《大肚山風雲》（1968）、回憶錄《鍾肇政回憶錄（一）：徬徨與掙扎》（1998）、《攀一座山：以生命書寫歷史長河的鍾肇政》（鍾延威撰，2019）等，藉以釐清鍾肇政的戰爭記憶所繫之處，而這些

---

13 皮耶・諾哈（Pierre Nora），〈記憶與歷史之間：如何書寫法國史〉，皮耶・諾哈編，戴麗娟譯，《記憶所繫之處Ⅰ》（臺北：行人文化實驗室，2012年9月），頁35。

戰爭記憶如何透過文學文本的形式被轉譯成臺灣文化記憶的一部
分。

（一）樂曲的記憶召喚

　　鍾肇政的回憶性隨筆集《鍾肇政回憶錄（一）》中收錄的文
章大多是他九〇年代的回憶性文章。唯〈讀書生活瑣憶──《西
洋文學欣賞》後記〉（1975）是最早的一篇，其中特別回憶「青
師」時期的閱讀經驗。又，於〈永恆的摯情──記我的兩位同窗
好友從「老朋友」說起〉中，又再度憶起他「青師」時期的兩位
摯友，一位是住在埔里的日本姓「富永」的潘同學，戰後他在參
加營隊前往埔里時曾想探訪卻尋而未獲。但，文中鍾肇政特別寫
上女學員的轉述：「有一次到他的診所看病，他知道我是客家人
後，告訴我不必講別人的語言，應該講自己的才好……」這一番
簡單敘述讓他備受衝擊。這個衝擊鍾並未特別說明，但莫非是鍾
從未意識到「富永」是位客籍人士嗎？當時「日語」是他們的共
通語「國語」，他對「講母語」並未有太高的自覺意識。在六〇
年代的《江山萬里》主角「我」仍會使用不甚流利的閩南話溝
通，但到了九〇年代「講客語」這件事卻成為他的回憶人物的重
點之一。

　　鍾肇政由於出身基督家庭，宗教聚會時總有吟唱聖歌的機
會，又加上自己天生音感特佳，經常哼唱歌曲並自學樂器。但，
他對「潘啓揚」最深刻的記憶是兩人對「音樂」的共同愛好。在
那個軍歌當令的年代，像〈臺灣軍之歌〉、〈預科練之歌〉、
〈再見拉寶爾〉（さらばラバウル）等是他們經常唱或被要求高
歌的時代歌謠。在沒有樂器的軍旅生活中，他會翻出身上的《一

○一名曲集》興奮地哼上幾句,這成爲他在痛苦的軍旅生活中唯一的消遣。「藉著音樂能夠在我心懷中引起的那種類乎傷感的陶醉而滋潤一下枯槁的心田。」(《江山萬里》,頁171)在服役期間他卻因罹患瘧疾而失聰,而被同袍戲稱他爲「貝多芬」。他對這個渾名雖感到羞愧,自認褻瀆「樂聖」之名,但對自己的音樂天賦仍有些許的自負。

鍾肇政自幼喜歡唱歌,尤其特別喜愛帶有傷感悲涼的歌謠,甚至包括公學校中年級課本中的〈櫻井の訣別〉[14],歌詞說的是日本歷史上著名的「忠臣」楠木正成準備出征,與他兒子在櫻井的地方訣別的場面。「……在樹蔭下停下馬,左思右想不外國家未來……繽紛掉落的淚滴抑櫻花?……」此役楠木正成果然兵敗陣亡,其後兒子「正行」繼承父志勤王,但是兄弟倆最後還是雙雙戰死沙場。[15]

學校教育是近代式的培養國民國家認同最主要的管道,根據周婉窈的研究,戰中世代所使用的是第三期《公學校國語讀本(第一種)》,但其中皇國思想與軍國教材並非是最主要的內容,反而是實學知識與鄉土教材分量最多。可見,日本在臺灣的實學教育造就出一群以文明進步爲核心價值的臺灣人。但在鄉土教材的歷史意識中臺灣並非是主角,而是被納入日本的大歷史脈絡中,將鄉土認同導向日本國家認同,所謂的鄉土愛就是國家愛。[16]但是,在殖民社會中,「本島」的臺灣人即使當時將日本

---

14 https://m.xuite.net/blog/david26789728/ENKA/305775871
15 鍾肇政,〈六十六首未完的詩篇〉,《鍾肇政回憶錄(一):徬徨與掙扎》(臺北:前衛出版社,1998年4月),頁133。
16 周婉窈,〈實學教育、鄉土愛與國家認同〉,《海行兮的年代日本殖民統治末

作為國家認同的對象，但他們很清楚自己並非是日本人。因此，像鍾肇政這樣雖然深受軍國主義教育思想洗禮的人，戰後當他重新召喚戰爭記憶時，他依舊可以清楚辨識出這首歌深具「忠君愛國」思想，也猜想楠木正成與其子正行是被日本帝國主義所利用成為為國捐軀的典範。（《江山萬里》，頁171）當他從幽邈的時空隧道裡，重新撿拾片段記憶時，〈櫻井の訣別〉忠君的教育意義早已被他抹除，只剩悲涼的感傷音樂旋律仍深刻地烙印在他個人的記憶中。

　　「音樂」是讓他回想起服役期間的音樂同好「富永」的關鍵，即使除役後兩人未曾再謀面，但這位同學的「音樂」事蹟卻是他戰爭記憶的所繫之處。無論小說《江山萬里》或隨筆《鍾肇政回憶錄（一）》，作者一再記述「富田」教授大家他所愛唱的德國軍歌〈羅絲瑪莉〉（Rose Marie）和美國民歌〈Moonlight On The Colorado〉（〈柯羅拉多之月〉）、Ramonna的〈When it's springji – time in the Rocky〉。（〈春回落磯山〉，頁303）這些歌曲都是三〇年代所謂的西洋流行音樂，皆是借景抒情思念愛人的浪漫情歌。「富永讀譜是用吹口哨的方式來讀的——我則是用哼的方式。……」（《鍾肇政回憶錄（一）》，頁302）這幾首歌在他的自傳小說和回憶錄反覆出現，除了感傷性的流行音樂之外，「我」倒較喜歡藝術歌曲，例如舒伯特的〈菩提樹〉和Grieg的〈蘇爾貝克之歌〉，邊談邊唱甚為陶醉。（《鍾肇政回

期臺灣史論集》（2002），頁277-278。鍾肇政指的公學校課本，即是《公學校用國語讀本（第一種）》的卷十一第八課〈楠公父子〉（一、千早の籠城／二、櫻井の訣別／三、賢母の教訓、四、四條畷の戰）強調日本歷史人物的忠義精神（頁291）。

憶錄（一）》，頁175）後者是主角蘇爾貝克等待戀人所吟唱的歌曲，旋律優美而感傷。另外，〈少女的祈禱〉則是他悲戀的樂章之一。根據大貫美惠子的研究，在戰前舊高校學生的生活中，音樂是佔很重要的位置，他們不只大量閱讀各種書籍，也自由地聽了許多音樂唱盤，主要以西洋音樂爲大宗。[17]可見，鍾肇政在「青師」時期其實也受到益友在諸多文化教養和音樂素養上的刺激與啓發，與帝國內的學徒兵有其類似的東亞共時性的學習生活經驗。

（二）文學啓蒙與閱讀慾望

　　戰後鍾肇政在他的自傳小說或回憶文本不斷地重複出現一位友人「沈英傑」，他在《江山萬里》化身爲陳英傑、〈南郭崗上〉的「沈」、〈大肚山風雲〉的「沈」這些人物都是以他作爲原型。因爲，鍾肇政認爲他是自己在文學道路上的啓蒙性人物。[18]沈英傑也是他「青師」與學徒兵階段最重要的摯友。在文本中不斷地重複對他的崇敬之意和當時相濡以沫的情誼。

　　鍾肇政自小學中年級起就沉迷於一些少年小說、講談小說一類的讀物當中，直到五年中學畢業都保持了閱讀通俗刊物的嗜好。[19]又，在少年階段已熟悉西方偵探翻譯文學作品，例如：柯南·道爾和盧布蘭等作家，夏洛克·福爾摩斯和亞森·羅蘋等神探類的作品。在大東亞戰爭爆發後，大家爲熟悉中國獲得諾貝爾

17　大貫美惠子，《学徒兵の精神誌：「与えられた死」と「生」の探求》（東京：岩波書店，2006年2月），頁21-22。
18　鍾肇政，〈永恆的摯情〉，《鍾肇政回憶錄（一）》，頁304。
19　鍾肇政，〈讀書生活瑣憶〉，《鍾肇政回憶錄（一）》，頁175。

文學獎得主賽珍珠的《大地》日譯本也曾風靡一時。[20]他進入中學後，曾猶豫社團活動究竟要加入「劍道部」還是音樂性社團，經考量因為公學校時期沒有劍道部，自己又是小小武俠迷，喜愛閱讀「時代小說」（「古裝小說」）一些如宮本武藏、柳生十兵衛、塚原卜傳等一大堆劍豪、劍聖的名字簡直如數家珍，[21]因此決意參加「劍道部」。

在進入「青師」之前由於個人易於感傷的氣質，因此對於日本古典文學深感興趣，尤其對一些含有濃重的厭世觀和出世思想的日本古代詩歌萬般傾心。涉獵不少日本古籍，更沉溺於「和歌」，尤其是短歌。（《江山萬里》，頁72）在小說中敘事者經常提到在「青師」階段的我經常處於「飢餓狀態」中，主要是因為戰爭末期食物缺乏情況甚為嚴重，在生理上備感飢餓，同時心理上亦出現「閱讀」的饑渴感。（《江山萬里》，頁72-73）與友人陳英傑熟識後發現，「他偏愛外國人的翻譯作品，不論思想方面的、文學方面的，他都讀得很多。有關文學方面的，他也專讀譯作。」這樣的閱讀傾向也影響到「我」，因他的引領「我」進入另一個閱讀世界：「他介紹給我一本書是脫谷司（筆者案：司各特）的〈埃文訶〉。那是世界文學全集中的一本，書很厚，字體排得密密麻麻。總算我不致愚魯得無可救藥，居然讀完了它，雖然對那冗長的敘述還很不習慣，可是也總領略了不少樂趣。」[22]這樣的閱讀挑戰讓他增添不少閱讀生硬書籍的信心與

---

20 鍾肇政，〈永恆的摯情〉，《鍾肇政回憶錄（一）》，頁305。

21 鍾肇政，〈六十六首未完成的詩篇〉，《鍾肇政回憶錄（一）》，頁136。

22 為音譯的日文名，原名應是新潮社出版的圓本世界文學全集中，ウァルタ・スコットの《アイヴァンホ》（日高只一譯，1929）。據說這篇作品是最早採用

能力，日譯文學作品成為他的閱讀大宗。

　　《濁流三部曲》是鍾肇政的第一部大河小說，「大河小說」是歷史小說的一種，濫觴於英國歷史小說作家司各特（Sir Walter Scott），發揚光大於法國歷史小說作家巴爾扎克（Honoré de Balzac），是浪漫派作家重要的表現手法之一，長篇大幅的作品氣度恢弘，富有史詩的韻味，並且深深地震撼讀者的閱讀心靈。小說作品反映社會、表現人生，對社會時局有所針砭，同時對人性亦有深刻的描述。[23] 日後，鍾肇政之所以選擇大河小說作為他主要創作文類之一，或許與他的閱讀內容和經驗有其內在的聯繫。

　　「陳英傑」介紹他的第二本書則是「圓本全集」中盧梭的《懺悔錄》。在這樣的閱讀刺激下，開啟了「我」進入文學殿堂，進而逐漸沒入世界名著之林。盧梭的論著也是當時內地舊制高校生的愛好書籍之一，甚至有些日本學生還直接挑戰閱讀原文書。[24] 在空襲轉劇的夜裡，輪番守夜時他與陳在微弱燈光下共讀認識西洋名著，這樣的閱讀機會成為他文學啟蒙的重要契機。（《江山萬里》，頁72-75）除了「陳英傑」之外，小說中寡默的「富田恒夫」也是文學同好之一，他專看外國小說也會提供陳一些文學閱讀書籍。這位「富田」即是上述的「潘」，他因為家

將虛擬人物安置放入歷史事件中進行創作手法的作品。

23　許宏勛，〈客家大河小說〉，《國立中央大學客家學院電子報NCU HAKKA COLLEGE E-PAPER》第182期，2013年6月1日出刊／半月刊，http://hakka.ncu.edu.tw/hakka/modules/tinycontent/content/paper/paper182/05_08.html，2021年1月5日檢索。

24　大貫美惠子，《学徒兵の精神誌：「与えられた死」と「生」の探求》，頁24。

住后里，週末返家後就會帶書供他們兩人閱讀，書清一色都是西洋文學日譯名著，新潮社出版的「世界文學全集」每冊都很厚，約五百頁。這些書籍即是昭和初年起大量出版的「圓本全集」，而戰爭末期殖民地文青的閱讀表情又是如何呢？

> 每次，潘把那重甸甸的書交到我與陳手上時，他的臉上總會閃過一抹奇異的微笑，那似乎是得意的，也隱含某種類乎驕傲的微笑。我可以體會出那是因為只有他才能弄到那種東西，並且又可以把它們交給最需要它們的兩個書呆子的、帶著一種友誼的純真的微傲吧。[25]

雖然事隔五、六十年，為什麼鍾對於潘的表情記憶得如此地深刻？因為對潘而言，閱讀圓本全集這個行為本身即是一種身為「高級」知識份子吸收基本文化教養和知識矜持的閱讀行為。潘不單只是自己讀了這些圓本全集，透過傳閱與他們分享共同的文學知識，建立屬於自己文學品味的同溫層，產生殖民地文青在學養上不輸日人學子的自負感，其微傲的表情，不只是潘的表情，也是鍾的表情，那應是屬於省籍作家當年對自己文化素養自負微傲的共同表情。這或許是鍾為什麼在他的回憶文本中不斷地記述自己當年的閱讀內容與行為的原因之一吧。這些閱讀行為的記憶書寫不只是屬於個人記憶，也是殖民地青年共同的閱讀經驗與文化記憶。豈知這個「微傲」，最後竟被戰爭給剝奪了，青春生命

---

25 鍾肇政，〈永恆的摯情〉，《鍾肇政回憶錄（一）》，頁304-305。

的閱讀欲意淹沒在戰爭動員的虛無中和戰後跨語的挫折中。

　　戰爭末期這些自負的文青們因嚴苛的勞動生活，讓他們喪失僅存的文化知識的優越感。原來「我」自認為：因為「懂得文學」而自認為高人一等而非「俗物」，但如今卻只能從事勞動，書籍一本也沒有，「連人生、文學都不再在腦海裡浮現。」、「大家都只是一樣的俗物、蠢物，呆呆地等待死亡來臨的行屍走肉而已。」（《江山萬里》，頁106）「我但願能忘記但丁，忘記歌德、釋勒，連查勞斯特拉，如今也顯得空洞不著邊際了。」（《江山萬里》，頁110）在嚴酷的軍事勞動中文學教養知識，竟變成是一種心理負擔，因為閱讀慾望越是高漲，其內心就越感到痛苦與空虛。即使「歷年來閱讀時抄的劄記——我把它題名為『拔萃錄』，有兩冊筆記本。第一冊寫得滿滿地，第二冊則祇記到三分之一左右。那是相當厚的筆記簿，內容也都是自己認為足供玩味思索的文字。我把這兩冊東西都帶來了。」（頁111）貼身放在「襦袢」，「只要時間稍有餘裕，我總是在廁所裡看上一段我的筆記本。這也是我私心引為最快慰的片刻了。」（《江山萬里》，頁310）但是某日如廁時，一閃神手札竟掉入糞坑中，「當我失去了它，這才想起我是多麼珍愛它，幾乎到了視同第二生命的地步。在我的感受裡，我寧願失去戀人而保有它。它是兩（個）月我的精神的唯一寄託，我幾乎不敢想像往後的日子該怎麼熬下去。」（《江山萬里》，頁311）閱讀是主角很重要的精神寄託與慰藉，也是感受生命存在的舉措，作者藉由當手札掉入糞堆表達戰時某種生命的絕望與虛無感。在這樣的自傳記憶敘事，他寫下了戰時無法閱讀的生命剝奪感，貼近歷史的某種真實。

我和少數幾個伙伴，求知慾是那麼旺盛，向學心是那麼熱烈。〔中略〕我曾為羅亭哭過，也曾為巴扎洛夫悵然良久不能自己，莎尼亞更曾使我感到人生是神聖的，值得熱愛的。儘管在此以前的閱讀，以及時勢迫使我的思想流於厭世、頹廢，可是當我一旦開啓一扇新的文學之門，我卻也嘗到了一種嶄新的人生滋味。（《江山萬里》，頁106）

但，他們被要求從事軍備勞動時，內心卻充滿生不逢時的憤悶與抑鬱：

我揮著十字鎬，流著汗，不停地思想：也許，只因我當時是更年輕、思想形態還在可塑狀態中──也可能不只是可塑狀態，而是如同水之於容器，可方可圓──因此思想上的矛盾，毋寧是自然的。我嘆命運對我之殘酷，使我不早生幾年，否則中學畢業後可以到「內地」（指日本本土）去升學，而不必來到這一所集全日本垃圾學生的下等專門學校。（《江山萬里》，頁106）

在鍾肇政的青春記憶文本中，他特別提到音樂的愛好與閱讀的渴望，這兩樣都是同時代舊高校學生的學生生活中自我學習的重點，這兩樣也是鍾肇政在回憶自述戰爭末期學習經驗的陳述重點。由此可知，這些自傳性的記憶文本不只是屬於個人的，也是屬於臺灣戰中世代很重要的集體記憶的一部分。

三、戰爭末期的厭世、悲戀與創傷

　　臺灣作爲日本帝國南進跳板，在戰爭末期日軍節節敗退之際，美軍空襲砲火亦步步逼近臺灣，百姓身家性命朝不保夕。被徵召投入軍備勞動的學徒兵，因飢餓和種族霸凌不斷地磨損著他們的青春意志，面對「全島玉碎」的威脅，這群皇國青年在戰火中又是如何安頓自己惶惶不可終日的青春生命？鍾肇政又如何在自己的自述回憶文本中，重新描寫戰中世代共同的厭世、悲戀與創傷的戰時精神狀態呢？希望藉此將《江山萬里》等記憶文本從成長小說青春物語的論述框架中解放出來，在「戰爭之框」中重新再詮釋臺灣學徒兵的共同記憶。

（一）臺灣學徒兵的厭世

　　鍾肇政身爲第一屆青師講習科畢業生，他們在彼此的徵兵時期的紀念冊上，寫上隻字片語互爲紀念「我回過頭來／我心慄然抖顫／我發現到——我沒有腳印／沙灘上海波輕咽」、「讓我把一切拋往遺忘的彼岸……／可是，我會想念你的／直到我告別塵世的一刻」。（《江山萬里》，頁22-23）這些不只畢業離別之語，更飽含戰爭末期學徒兵告別生命的感傷和與君訣別之慨。雖然這群青年太過悲涼憂鬱，但是他們內心有更多的不甘心：「我們都是『不幸』的人，祇要我們早出生幾個月，甚至還有祇差幾天，便可以免去被『徵兵』徵去的，而且戰爭又打得那麼激烈，那麼殘酷。我們將被送上前線，我們又怎能坦然處之呢？」（《江山萬里》，頁24）小說中的「我」冷眼看待同儕間面對戰爭末世的舉動，「他們那是含有頹廢成分的胡鬧，他們不敢想

像來日，借那種毫無意義的胡鬧來排遣心懷裡的憂鬱。」（《江山萬里》，頁25）鍾肇政在他的戰爭文本開始的前幾頁，就刻畫戰爭末期學徒們的厭世絕望、苦悶頹廢轉而及時行樂的心理狀態，而這樣的厭世情緒在戰時是無法真實表露地，唯在戰後抗日的敘事脈絡下，才能坦露的戰時記憶。

　　大貫美惠子繼《ねじ曲げられた桜——美意識と軍國主義》[26]之後，又撰寫了有關日本學徒兵的研究《学徒兵の精神誌「与えらた死」と「生」の探求》一書，她分析學徒兵的手札、書信、日記等私領域的材料，釐清介紹這群自幼就被教導要求「犧牲小我」，度過被「賜死」的青少年時期，二十出頭就被明知會輸的戰爭所殺害的日本青年們苦惱和內心糾葛。這群知識水準甚高、帝國大學及舊高等學校的學徒兵們，對學問充滿熱情，但純粹的青年們竟在戰爭結束前被當時日本政府所殺害，讓作者憤怒不已。她特別在〈序〉中引了學徒兵的遺作〈美しい虛構〉。

原文	中譯（筆者）
戰友たちの手紙の中には虛構がある おおくの美しい虛構がある すべてのものは虛構の中から生まれ そして虛構の中に死んで行った	戰友們的信裡有虛構 有許多美麗的虛構 全部的東西皆是從虛構中出生 且在虛構中逝去

26　大貫美惠子著，堯嘉寧譯，《被扭曲的櫻花：美的意識與軍國主義》（臺北：聯經出版公司，2014年9月）。

…… 私は琥珀の色の美酒に酔って眠る 虚構の平和よ——おお笑ってはいけない。 （松永茂雄，1938.2.12）[27]	…… 我醉睡在琥珀色的美酒中 虛構的和平——喔！不可以笑喔！

　　記錄了他在赴死之前對實存世界的不信任和虛無感，這樣虛無的情緒也同樣出現在鍾肇政的隨筆中，文中他記述青師時期有位硯友勤於練字，是位充滿毅力的人，但是，戰爭末期這群皇國青年隨時都得上戰場，一切顯得虛無。鍾憶起當時的心理狀態：

　　練了字又怎樣呢？﹝中略﹞。不錯，練了字固然不會怎麼樣，而我沒入於短歌，去讀，去體會，又怎樣呢？豈不是一切都是空的嗎？人生，本來就是空的。空無一物的。什麼也沒有。一切空空如也。（《鍾肇政回憶錄（一），頁314）

　　他們原本應是對生命充滿熱情和理想憧憬的年歲，但在烽火中竟同樣顯得如此虛無。即使「現在、是天亮前、晚上三時、午前三時。啊！不想死！寂寞。……。為何寂寞呢？是由於自己的貧寒嗎？望鄉？（林尹夫，1940年11月26日）」[28]，雖然百般不願意赴死，但卻只能在死前的手札中吶喊著不想死，一切留給死亡之後。

27　大貫美惠子，《学徒兵の精神誌：「与えられた死」と「生」の探求》，頁ix。

28　大貫美惠子，《学徒兵の精神誌：「与えられた死」と「生」の探求》，頁vi。

大貫在分析佐佐木八郎日記的個案，說明「楯」一字的使用，其實是取自於《萬葉集》防人的短歌，是明治時期用來激勵士兵應成為天皇的「楯」為國犧牲的隱喻。[29]同樣地，在《臺灣日日新報》的標題〈大悟「御楯」に徹す台湾学徒兵の報告われら「精勵あり」台湾同胞安んぜよ！〉的合輯（1944年2月29日）亦是以「楯」作為隱喻。因此，無論日、臺學徒兵都接受同樣一套戰爭動員和言說模式，內攝為天皇從容就義的生命價值觀。即使備受歧視的臺灣學徒兵也一樣，內心既痛恨霸凌臺籍學徒兵的日人軍官，卻又不得不為戰役犧牲。

　　戰爭剝奪了戰中世代的青春夢，包括學習、求職與戀愛。生性易感的鍾肇政化身為小說主角，回憶戰爭的苦悶與厭世心境。厭世的內在因素，有部分源自閱讀的感傷：「濃重的厭世思想在我心靈深處植了根。我沉溺於幾位日本古代厭世詩人的作品中，也醉心於像華茨·華斯和叔本華那一類人的言論詩篇。這些都是在我那易感的少年之心投下那種陰影的主要原因。」（《江山萬里》，頁21）雖然愛戀的女子清子之死是觸發他感傷的主因之一，但主要的外在客觀因素卻是「戰爭」。戰爭帶來毀滅與死亡，活在那個時代的人皆被死亡的影子所籠罩，日常耳聞眼見的戰時動員語詞，處處都充滿著一股悲壯悒鬱的氣氛。例如「皇軍」從容赴死，「預科練」（飛行員）踴躍就義，軍民一律持刀突擊「玉碎」等故事，在每個年輕人的心靈裡都不可避免撒下「滿是感傷味的縛人網」。（《江山萬里》，頁21-22）

29　大貫美惠子，《学徒兵の精神誌：「与えられた死」と「生」の探求》，頁90。

我常覺得日本人是厭世傷感的民族，二次大戰期間新譜的軍歌都充滿一股悲壯蒼涼的哀調。德川幕府末期有個學者寫下了一首和歌，歌詠朝開夕謝的櫻花，也就是「大和魂」的表徵，他們都憧憬著絢爛地開，不旋踵就絢爛地謝去的意境。我的傾向感傷的情懷，使得我對這一點有著特別深切的瞭解。（《江山萬里》，頁242）

軍備勞動後，只要不太疲倦，「我」就會找個地方翻閱手札，但同袍詩人看到時：「你真偉大，沒有明天的人，還能想到明天，嗨……。」（《江山萬里》，頁123）前述的讀友「富田」早已絕望地放棄閱讀這一件事，看到「我」仍努力地拿著手札想讀一些文字時，說到：「你比我堅強得多了……或者說有韌性，那是一種美德……。」（頁151）對求知若渴的學徒兵們，即使戰爭的空襲未直接襲擊他們，但他們的精神世界早已被戰爭催毀殆盡。

《江山萬里》所寫的不只記述個人記憶，透過自傳敘事的方式，作者也不斷地與戰時的社會記憶進行對話，其中包括幾場重要的海軍戰役、「硫磺島玉碎」、「義大利降伏」、「希特勒自殺」等重大戰爭消息皆穿插期間。（《江山萬里》，頁268）這群學徒兵除了面對身體內在的飢餓，還要承受外在的日人同僑的欺凌暴虐。加上時局又極不樂觀，從阿圖島、塞班島、馬京、搭拉瓦等島相繼失陷，戰局時時刻刻惡化著。（〈南郭崗上〉，頁140）即使他們對報上的消息大多存疑，卻又對未知的戰況感到焦慮與不安。「琉球戰事顯然已進入了尾聲，報上除了『特攻隊』出擊，轟沉幾艘什麼艦，打下幾架飛機等報導外，再沒有較

具體的消息。下一步──多麼可怕的下一步！」（《江山萬里》，頁261）「一億總玉碎的精神」雖明知是口號，但這場戰爭的陰霾卻一直籠罩著他們的天空，讓他們的生活充滿著末世感。

　　鍾肇政青春易感的生命情調，與戰爭末期的絕望年代幾乎相重疊，因此對於當時青年們的生命憂傷和處境感受特別深刻。櫻花在古代日本的重要意義是「生」的慶賀，但平安時代意義慢慢出現變化。以「凋謝的櫻花」象徵「年輕時殞落的生命最為美麗」就始於這個時代，其中最具代表性的文學文本即是《源氏物語》，開始出現「觸物傷情」這種美學價值，但這部作品發展了「無常」和「生命短暫」的概念但更強調「悲憐」，櫻花主要仍是讚頌生命。但日本帝國有意識地利用櫻花的象徵意義，藉以說服人民：為了祖國和天皇犧牲如同櫻花般，在美麗盛開後又絢爛離世，美化士兵的犧牲，包含特攻隊在內。[30] 在凋謝的櫻花變成為天皇而戰死的象徵之前，櫻花的意義已經從日本的文化民族主義象徵，轉變成政治民族主義的象徵。在此脈絡下，盛開的櫻花代表日本人──尤其是士兵──的靈魂與美。這是因為士兵被視為「無與倫比，足以體現大和魂的日本人」之代表。櫻花與日本人「觸物傷情」的情感關聯性，原是日本文學與視覺藝術的真髓。[31] 前述的引文中提到「幕末的學者」應是指本居宣長（1730-1801），他曾歌詠過一首「敷島の大和心を人間わば、朝日に匂

30　大貫美惠子，〈第二章「觸物情傷」的美學價值──從盛開的櫻花到凋謝的櫻花〉，《櫻花の被扭曲：美的意識與軍國主義》，頁87。

31　大貫美惠子，〈第六章櫻花的軍國主義化〉，《櫻花の被扭曲：美的意識與軍國主義》，頁206。

う山桜花」（問君爲謂大和心 朝日飄香山櫻花）。但這首歌只是將櫻花和日本人的情感相互勾連，全然沒有死亡的意義。因此，作者對櫻花和大和魂的理解，亦深受戰爭末期帝國對年輕生命爲天皇、爲國犧牲的美化詮釋的影響。即是，臺灣的戰中世代深受這樣的生命美學所影響，但這樣的犧牲論述在戰後臺灣的記憶記述中儼然成爲一種禁忌。

對殖民地青年而言，他們在校期間日、臺學生皆是學生身分，彼此的關係相對平等，但一進入軍隊重新整編後，臺、日學生的關係因軍階的差異化，同儕間出現嚴重的歧視與霸凌問題。臺籍學生畢竟處於劣勢，爲了自保他們反而有意識地與日本士兵保持一定的客觀距離，但也因此更清楚洞見日本軍整體在戰況惡化頹勢時的反應，所以小說中刻意地不斷描寫臺灣青年對戰況的討論與判斷。戰後日、臺雖然分屬不同政體，自傳小說中作者將「日本人」他者化，其記述視角並非全然是遷就抗日文藝史觀，某種意義上是臺灣戰中世代在戰爭下理解何謂「日本人」的記憶重新建構，同樣地對特攻隊的犧牲就義感到無限的同情與悲傷。但當時身爲無力可回天的殖民地青年，在戰爭末期也只能選擇忍受自暴自棄的厭世，消極地等待戰爭的結束。

（二）烽火下的青春悲戀

鍾肇政的戰爭記憶文本除了長篇小說《江山萬里》之外，尚有《大肚山風雲》，它是收錄七篇短篇小說的作品集[32]，同樣是

---

32 本文使用商務出版社的作品集，單篇作品的出處待確認中。

鍾肇政戰爭記憶書寫的重要文本。這本小說的作品主要是描寫戰爭末期鍾肇政在「青師」時期，因「學徒勤勞召集令」在大肚山從事軍事勞動為其背景，小說情節內容與結構頗為重複，多篇作品皆因主角去世而畫下句點的悲戀故事。唯〈前夜〉是描寫「飢餓」，「飢餓就如一隻跳躍的惡魔，在他體內肆意地狂舞飛旋，蹂躪他，虐待他，於是他體內僅剩的每一滴精力都消耗盡了，於是每個細胞都開始冀求安息，那是無底的衰竭，莫可抵禦的懶。」（《大肚山風雲》，頁65）飢餓難耐時，只能睡覺在夢中計畫偷食鍋巴飯，文字充滿現代主義筆觸。〈俘虜營的故事〉則是在美軍俘虜營中，日本兵謀畫叛變失敗的故事，應是作者利用耳聞題材所撰寫的故事。其他五篇的部分人物與情節在長篇小說《江山萬里》皆可找到類似的橋段及其互文性，特別是戀愛的故事，唯長篇小說對於人物的內心刻畫描寫較為細膩，情節安排也較複雜。特別是在軍中備受日人霸凌的部分，長篇小說最後還以偵探小說的手法描寫臺籍學徒兵復日人長官的情節。另外，或許是報紙連載小說的關係，作者試圖在每個小段落設計一個小主題進行撰寫，但短篇小說每篇都是一則戀愛故事。

〈大肚山風雲〉主要描寫「我」因「學徒勤勞召集令」而到大肚山上掘地當防空洞，並記述戰爭動員與可怕的勞力榨取。其中「我」與沈因搭救女學生而結識了「沙鹿女子青年團第二大隊第一中隊中隊長」蔡淑蓉，三人卻發展某種曖昧的情愫，展開青春愛戀互傳情書的情節。當時美軍B29空襲頻繁，發生好友沈因前往蔗園傳遞情書，遇上空襲而喪命的悲劇，讓「我」感到無限的悔恨與感傷。

〈二十年前的故事〉亦是描寫同袍好友「李」命喪空襲，他

與阿滿的戀情因此無疾而終的悲劇。「我」也因此處於極度的悲戚中，深切地感受到生命的空虛與人生的無常。在陳述戰時回憶之後，作者竟很制式八股地今昔對比寫道：「二十年來隨著臺灣光復，社會也急遽地變化著，我們不再是被征服者了，有能力的人都不用再愁沒有出頭的日子。」（《大肚山風雲》，頁60-61）作爲作者某種政治的表態。

〈野戰病院〉是描寫在野戰病院認識的女子秀月桑，雖然「我」對她頗有好感，但她卻在一次隧道開挖作業中意外喪命。同樣地「這是十八年前的事了，我的記憶，經過一片空白連接到下一幕——離開那山村，回到故鄉。」（《大肚山風雲》，頁91）這段戀情尚未開始就告終，空留餘恨。

〈配給所的姑娘〉同樣是描寫同袍「陳」暗戀配給所的姑娘，但戀情才開始，「陳」就在日本投降的四天後病死了，這同樣是一場抱憾的悲戀。

〈南郭崗上〉主要聚焦於戰時空襲下青春戀愛物語，情節的鋪排與〈大肚山風雲〉甚爲相似，同樣是有關島內戰爭動員、戰況激烈玉碎消息不斷與軍中霸凌等的描寫，但這一次主角變成另一位純情詩人悲戀的故事，但這位純情詩人最後還是命喪空襲，「我」不得不感嘆「生逢這個苦難的時代，做一個年輕人是最最不幸的，甚至連愛人都不能自由……。」（《大肚山風雲》，頁188）雖然這些悲戀皆在烽火中告終，戀愛加戰爭的情節描寫或許是當時通俗小說的某種撰寫通則，戰時動員、空襲的悲劇性與生命無常成爲鍾肇政這些文學基調之一。

筆者將鍾肇政的短篇小說集《大肚山風雲》和回憶文《鍾肇政回憶錄（一）》進行對讀之後，發現這兩本文集雖然同樣追憶

主角參加戰爭末期的學徒出陣修建機場的經驗，描寫服役間飢餓、勞役之苦，日本軍官雖有面目猙獰者，但亦有良善體恤者，和一般的戰爭回憶錄有其類似之處。但《大肚山風雲》畢竟是「小說」增添了烽火下青春戀愛物語，唯愛戀之苗和深刻的友誼卻被空襲的砲彈無情地催毀殆盡，徒留悲愴與悔恨的遺憾。這是回憶錄中所未見的，回憶錄以「人」為主，追憶友人「沈」與作者之間的情誼，反之有關被戰爭動員等實際狀況的記述則較少觸及。又，鍾肇政雖然以寫實主義作為他主要的創作手法，但在他的短篇小說中，在刻畫小說人物的心理狀態時，亦多少可見他受到六〇年代現代主義影響的痕跡。

（三）戰爭記憶與身體創傷

臺灣人二戰的戰爭創傷在戰後並未轉化成所謂國家的創傷記憶，只能留存在民間的記憶文本中。這些戰爭的創傷經驗不見得是敘述者真實的生命經驗，它可能藉由轉述成為另一種形式的記憶被留存下來。文本中臺籍青年對於戰時媒體的公信力甚為不滿，「報紙看了有什麼用，反正是一大堆謊話，沒有一個字是真的。」（《大肚山風雲》，頁30）對於戰爭末期的官媒報導充滿著不信任感。因此，藉由人物的「轉述」記憶了另一種戰爭實況。例如：〈大肚山風雲〉中經歷過中途島海戰兵曹長松野亦將他實際眼見珊瑚海海戰的慘狀轉述給「我們」聽。但，在彼此告辭後，「我幻覺似的，月光清麗晶瑩，可是我眼前隱現的，卻盡是在黑暗裡在黑色的海波上浮沉慘叫的一隻隻人頭，八個人……臨死的詛咒……那就不是叫『天皇陛下萬歲』的嘍……」（《大肚山風雲》，頁30）未經歷海戰的作者，利用文學的想像刻畫

戰時的精神狀態。死亡的恐懼在經驗轉述的過程中，已悄然進入「我」的內心，鍾肇政以現代主義的筆觸將這樣的死亡恐懼記憶，以幻覺的形式再現出來。

因此，「我」又幻聽似地：松野兵曹長的那些話，那種含著一股虛無的近乎歇斯底里的笑聲，由高而低地在我耳畔響著。一團漆黑的視界裡彼起此伏的是在那黑色的海浪裡一浮一沉的絕望而恐怖的無數面孔。這以外，還有一副同樣悲慘的圖畫——也許更悲慘更使我傷痛的，那是遭受了空襲的那一群可憐的老百姓們。（《大肚山風雲》，頁32）當時空襲的慘狀也是鍾肇政戰爭記憶敘事中的重點之一，誠如前述他們的青春悲戀皆在空襲中告終。小說中提及他們為了準備修築機場所需的材料，而被動員到大肚溪河床挖掘砂礫，並協助相關勞動工作。根據研究，1945年1月，美國第五航空隊被指派轟炸臺灣，目的是封鎖臺灣，以達成臺灣於戰局「無力化」，因此，美軍對臺灣的交通、產業與城鎮進行戰略轟炸的空襲行動。[33]因此，機場和鐵道成為空襲的主要目標，在《江山萬里》中也描述學徒兵們返鄉回營報到時，因鐵道遭轟炸破壞而步行返回營區的過程。

除了戰爭死亡（玉碎、空襲等）所造成的心理壓力之外，鍾肇政在服役期間罹患瘧疾導致失聰的身體創傷亦造成他嚴重的心理創傷。當他被宣告可能失聰時，「在那宣告的一剎那間，一切對我都成空虛的了。我沒有了思想，也不再有我的世界觀，宗教

---

33 杜正宇，〈論二戰時期的臺灣大空襲（1938-1945）〉，《國史館館刊》第51期（2017年3月），頁71。空襲臺灣的機隊以B24和B25轟炸機為主。不知作家為何卻寫成B29轟炸機。

與哲學，文學與音樂，都顯得空洞而不著邊際了。甚至愛情都變得黯淡無光。〔中略〕大家都用奇異的眼光看我。我看到無數廉價的同情，甚至似乎還摻雜著類似揶揄的神情。」（《江山萬里》，頁404）失聰的問題，讓他內心深感惶惑與無助，「我成了空漠的宇宙間的一截游絲，飄浮著漂浮著，不知伊於胡底。」（《江山萬里》，頁416）鍾肇政終戰前的一場瘧疾，讓他身體變得虛弱，病癒後休息一個多月仍未恢復；更糟的是，耳朵竟被燒壞導致聽力嚴重受損，他一直無法接受這個事實。他變得自卑，害怕和人交談，怕人發現他是一個身有殘疾的聾子；他不斷在心裡構築防禦高牆，像一條蠶般不斷吐絲結繭，把自己包得密不透光，躲避別人驚愕、憐憫、嘲弄的眼光。[34]戰後他從軍中退伍返鄉休養，病弱加上聽力受損，經常抑鬱而落淚。戰時因疾病的身心創傷，讓他的悲傷情緒難抑，即使如小說中的同袍富田不斷地試圖鼓勵他：「人，既然活在這世上，終歸有條路可走。我們都得更尊重我們自己，尊重我們的生命。」（《江山萬里》，頁422）然而，這樣的耳疾仍影響了鍾肇政戰後的升學之路。1948年他雖考取臺大中文系，卻無法聽得懂外省籍教師南腔北調的國語，又加上耳疾的問題，最後不得不選擇輟學返家自習，前進他孤獨的文學道路。

　　耳疾成為鍾肇政的生命印記，晚年幾乎失去聽覺，二十歲初嚐失聰的記憶一再浮現。四周一片死寂，像被這個世界所遺棄了般，無邊的孤獨緊緊攫住他，一道無形的隔音帷幕把他和周遭的

34　鍾延威，《攀一座山：以生命書寫歷史長河的鍾肇政》（苗栗：客家委員會客家文化發展中心，2019），頁116。

人，把他和整個世界隔絕了，他被完全困在帷幕裡，孤獨、寂寞、無助包圍著他。他想竭力吶喊，但他連自己的吶喊也聽不到了。[35]戰時的身心創傷和耳疾成爲他生命難以抹去的傷痕。

四、結語

日本學者川村湊曾回憶幼年時對戰爭的恐怖記憶，村裡祭典時穿著白色上衣的「傷痍軍人」。兩人相偕一位坐在筵席上，將義肢暴露在過路人的面前，一位彈著手風琴，那是悲傷的〈異國的山丘〉、〈戰友〉等旋律。另外，就是「校園怪談」，即是荒廢的建物裡會出現阿兵哥的幽靈，因爲新兵難耐長官霸凌投井自殺的流言。還有在村裡從戰場歸來的精神患者，他是位揮舞著棍棒要人「注意！」「敬禮！」的大叔，[36]這是日人戰後對戰爭的恐怖記憶。同樣地在臺灣文學中亦有不少有關二戰的「後記憶」文學文本，例如：陳映眞的〈鄉村的教師〉亦曾處理過臺籍日本兵因承認吃人肉而精神錯亂自殺的文本。

但，鍾肇政的戰爭記憶文本之所以重要，是因爲他是少數從自身的戰爭經驗出發，跨語後透過文學修辭說明戰爭末期殖民地學徒兵被動員的細節和精神狀態的記憶文本，文本之間有其內在的互文性，其中包括戰時殖民地臺灣人被動員的歷史處境與臺灣學徒兵們的心理狀態。因此，《江山萬里》除了可以視爲自傳體

35　同上，頁347。

36　川村湊，〈戰爭という恐怖の記憶〉，《社會文學》第23號（特集記憶と文学——歴史と未来をつなぐもの，2006），頁16-17。

小說之外，亦應可視為鍾肇政跨語之後，另一種去殖民，或是經歷過殖民、戰爭的作家的療傷書寫。即是跨語不久的他藉由「自傳小說」的形式，符合報刊連載小說之格式（字數的限制），除了書寫青春悲戀的通俗性題材之外，其中亦隱含文學嚴肅性的社會歷史意涵，積極型塑「戰中世代」的青年群像與戰爭小說的典型性人物。且在文本中透過記憶敘事形式，寫下這群臺灣學徒兵在戰爭末期的生命經驗和文化教養。即使這些文化記憶無法在戰後的臺灣社會得到認可，但是卻是他們青春生命真實的時代見證。雖然戒嚴時期省籍作家的戰爭記憶文本經常被「抗日論述」或「國族認同」所覆蓋，但重新剝離遮掩之後，臺灣戰中派省籍人士的二戰記憶仍可清楚地浮現出來，其中包括殖民地的戰時動員和空襲災難的戰爭記憶。

根據筆者的管見在這個階段鍾肇政的戰爭敘事文本中，仍殘留著大量的日語語彙和句法形式。但這些文字正展現他勇敢積極克服語言的高牆，急欲表達自我生命、歷史經驗的內在渴望。這些文本不只是鍾肇政自傳性記憶文本，同時也是臺灣戰爭文學承先啟後重要的文本，有其傳承臺灣戰爭文化記憶的價值。當我們重新檢視臺灣戰爭文學系譜時，不應忽視鍾肇政這一時期的文學成就和文化意義。

參考文獻

黃慧鳳，2012，〈被殖民者的自傳——論鍾肇政《濁流三部曲》〉，《彰化師大文學院學報》6：119-133。

金石範，1972，《ことばの呪縛「在日朝鮮人文学」と日本語》。東京：筑摩書房。

周婉窈，2003，〈「世代」的概念和日本殖民統治時期臺灣史的研究（代序）〉，《海行兮的年代日本殖民統治時期臺灣史論集》。臺北：允晨文化。

松永正義，2017，〈戰後臺灣的日語以及日本印象〉，收錄於所澤潤、林初梅編，《戰後臺灣的日本記憶：重返再現戰後的時空》。臺北：允晨文化。

鍾延威，2019，《攀一座山：以生命書寫歷史長河的鍾肇政》。苗栗：客家委員會客家文化發展中心。

川村湊，2006，〈戦争という恐怖の記憶〉，《社會文學》23號（特集記憶と文学——歴史と未来をつなぐもの，2006年）：16-17。

戴華萱，2016，《成長的迹線，臺灣五〇年代小說家的成長書寫（1950-1969）》。臺北：萬卷樓圖書公司。

戴國輝，1991，〈其助教授の死と再出発の苦しみ〉，《台湾と台湾人》。東京：研文社。

大貫美惠子，2006，《学徒兵の精神誌：「与えられた死」と「生」の探求》。東京：岩波書店。

大貫美惠子，2014，《被扭曲的櫻花：美的意識與軍國主義》。臺北：聯經出版公司。

陳文松，〈「青師」學徒兵所見日本皇國教育的虛實：以鍾肇政先生訪談紀錄及回憶錄、小說為中心〉，《臺灣風物》，62卷1期（2012年3月），頁15。

杜正宇，2017，〈論二戰時期的臺灣大空襲（1938-1945）〉，《國史館館刊》51：71。

莫里斯‧哈布瓦赫著，丁佳寧譯，2012，《文化記憶理論讀本》。北京：北京大學出版社。

福間良明，2009，《「戰爭體驗」の戰後　世代‧教養‧イデオロギー》。東京：中央公論新社。

莊華堂主編，2008，《鍾肇政口述歷史：「戰後臺灣文學發展史」》。臺北：唐山出版社。

許宏勛，〈客家大河小說〉，《國立中央大學客家學院電子報 NCU HAKKA COLLEGE E-PAPER》第182期，2013年6月1日出刊。http://hakka.ncu.edu.tw/hakka/modules/tinycontent/content/paper/paper182/05_08.html，查詢日期：2021年1月5日。

第十章
集體記憶與暴力敘事：
鍾肇政小說中的霧社事件書寫

余昭玟

國立屏東大學中國語文學系教授

一、前言

　　歷史與記憶是近年來各學門所關注的議題，不論是空間書寫、家族憶往，或人文地理等領域，都興起了一股往回看的趨勢。臺灣小說的歷史書寫有其複雜性，數百年來的移民社會，造成多元的族群，重複被殖民的史實，又使歷史解讀更增變數，所以在記憶與書寫時，常出現多重意涵。鍾肇政在六〇年代就開始一系列的歷史書寫，[1]到八〇年代為止，他已經發表了為數可觀的臺灣歷史題材的大河小說。

　　在現代小說領域中，「大河小說」的出現，是相當值得關注的一個議題，臺灣大河小說萌發於 1960 年代，至二十一世紀仍有新作出現，它的形成與特質都與其他文類不同。大河小說的出

---

[1]　例如《濁流三部曲》即作於 1961-1963 年，以日治末期至光復初期為背景，是臺灣文學中的第一部大河小說。

現，和長篇小說一樣，或許是作家們認爲這是一個「一言難盡，無法長話短說的世代吧！」[2] 一般說來，鍾肇政被認爲是臺灣「大河小說」的奠基者，前承吳濁流，後啓李喬、東方白、黃娟、施叔青等人。臺灣大河小說這個文類中，一般公認最傑出、最具代表性的作品，大概就屬鍾肇政的《臺灣人三部曲》、李喬的《寒夜三部曲》以及東方白的《浪淘沙》。[3] 若檢視目前臺灣大河小說的作家與作品，可以發現其中有兩個明顯的不同脈絡：臺灣意識與中國意識的表述。前者多剖析臺灣人民在各歷史階段裡的遭遇和掙扎，同時著力描寫臺灣知識份子跨越兩個截然不同時代的徬徨和覺醒。後者則與五〇年代反共文學相關聯，作家將文字當作接近中國（文化）的途徑，多書寫中國原鄉小鎮，以其爲想像的中國縮影。鍾肇政的《濁流三部曲》[4]、《臺灣人三部曲》（鍾肇政，1979a、1980）完成於 1979 至 1980 年之間，除了大河小說記錄臺灣的歷史和土地的故事之外，鍾肇政也爲霧社事件蒐集了第一手的田調資料，1973 年出版《馬黑坡風雲》，1985 年出版《川中島》及《戰火》，圍繞霧社事件的這三部小說，不僅有大河小說的規模，甚至也是最早探討此事件的歷史題

2　此處借用彭瑞金對臺灣戰後第一代作家，如鍾肇政、李榮春等人不約而同書寫長篇小說的評語，彭瑞金認爲這群作家均以長篇作品名世，且眞正地都以文學青年的敏銳心靈共同地感應了相同時代的脈跳。（彭瑞金，1989：596）

3　關於臺灣大河小說的評價，此處參考楊照的說法。（楊照，1995：96）

4　《濁流三部曲》由《濁流》（1961）、《江山萬里》（1962）、《流雲》（1965）組成，以個人青春戀情的苦悶徬徨做主軸，呈現殖民地社會的生活經驗，尤其是一個知識分子的「成長」歷程。《臺灣人三部曲》則敘述臺灣人的抗日從武力抗爭轉變爲法理抗爭的模式，知識份子帶領農民爭取權益，表現臺灣殖民歷史中的時代精神。

材小說。依時序來敘事，交代了事件前後的演變，綿延至戰爭時期事件遺族如何為日本人作戰，其中精確的背景構圖，加上龐大的篇幅，其實可以說是一部原住民族抗日的大河小說。

　　鍾肇政此三部小說的寫作動機是他自幼耳聞父親、鄰人談論此事件，中學時偶然讀到日人撰寫的「霧社事件兇蕃討伐記」一類的書籍，引發他強烈的好奇心，因此去調查事件始末並立意寫成小說。以霧社事件及泰雅族抗日仇日的事件為題材，記錄這場戰爭的原由、過程、結果及影響。他先設定主題去從事田野調查，努力蒐集資料才得以完成，曾親自到川中島採訪，也走過莫那‧魯道的部落「馬黑坡」，因此能創作出人物形象鮮明，與史實相呼應，並具有宏偉史觀的小說。有意思的是拜訪從霧社事件、高砂義勇隊存活下來的泰雅族老人時，他們以同被日本殖民的背景，竟是使用共通的日語來交談，而且溝通毫無語言隔閡，非常暢通愉快。與日治時代相隔三十年，這種被殖民的歷史記憶猶新，在嚴峻的同化政策下我們發現作者與小說描寫對象間微妙的一體感。本論文著重探討小說中對戰爭場景的鋪陳，從集體記憶與暴力敘事兩個切入點來釐析鍾肇政霧社事件書寫的特色。

二、鍾肇政筆下的霧社事件

　　在臺灣的各族群裡，真正可以說是「弱勢族群」的，只有原住民。為數約四百萬的客家人有一定的社會經濟成就，地位並不低落；兩百萬的外省人有相當高的比例位居政府各部門，掌握了臺灣重要的政經資源，人數雖少，卻是強勢族群。只有原住民，分為十多個族群，但人數到二十一世紀的今天，總共也不過四十

一萬多人[5]，他們散居全省各地山區，無論語言、文化、外表上，和漢人都有顯著差異，經濟所得普遍偏低，教育程度低，社會適應差，所以在個人的自我認同上多傾向「負面的認同」。在臺灣居住數千年的「原」住民會面臨此種絕境，乃是四百年來漢人的移入、掠奪所造成，清朝統治時代對原住民的描述是：

> 社番不通漢語，納餉辦差，皆通事為之承理。而奸棍以番為可欺，視其所有，不異己物，藉事開銷，按削無厭；呼男婦孩稚供役，直如奴隸，甚至略賣；或納番女為妻妾，以致番老而無妻，各社戶口，日就衰微。（臺灣省文獻委員會，1988：353~354）

所以漢人對原住民的榨取剝削，其來有自。進入日治時期後，原住民更陷入了漢人與日本人「雙重宰制」的情況，尤其日本更將脅迫性、壓榨性的殖民政策強加在他們身上，使他們蒙受到前所未有的屈辱與打擊，於是1930年發生了壯烈的霧社事件。所以，在臺灣多元的移民中，原住民是受到最多迫害的族群，從日治時期開始，他們被迫放棄土地、獻出勞力、改變信仰，當日本人的軍伕。戰後他們必須改變姓名、學習國語，又不得不離開家鄉到都市叢林討生活，成為廉價勞工。出身自原住民的文化論述者孫大川形容原住民的處境是：

5　根據內政部民政司的統計，引自《行政院原委會簡訊月刊》，2001年9月。

部落社會與宗教信仰的瓦解，語言之喪失與族類人口之質變，清楚的告訴我們：原住民乃是一群屬於黃昏的民族。黃昏意識正是他們靈魂深處最深的煎熬、困惑與真實。無論從文化、歷史或現實空間來說，身爲原住民，我們無法不面對由黃昏慢慢步入黑夜之民族處境……。（孫大川，1991：118）

　　不管從原住民母語喪失或土地被奪的現象來觀察，孫大川的悲慨都是有根據的。事實上近百年來原住民佔臺灣的人口比例逐漸縮小，1905年日治時期第一次的人口普查中，原住民有十一萬，佔全臺人口3.6%，到1990年代，其人口總數三十四萬，[6]比例降爲1.6%。更有甚者，他們對自己的傳統感到自卑、鄙夷，積極學習漢人的生活方式，而隱藏、淡化，甚至否定自己的族群身分。鍾肇政的小說完全掌握了原住民此種悲劇性的歷史進程，描寫他們被「錯置」在臺灣數百年來的時空之下的種種窘境，深刻反映了一個文化被扭曲、生機被阻斷的族群。

　　臺灣文學中最早描寫原住民的小說，是鍾理和的〈假黎婆〉（1987），他以溫情的筆調描寫假黎婆爲主角生命中最親近最依戀的人，也以客觀的眼光觀察著原住民漢化的細節，假黎婆是一個被邊緣化、被噤聲、被否定的原住民，囿於族群的因素，她感受到的是各種不同的束縛和箝制，她隨時處在漢文化的巨大陰影之下。這篇作品點出了「化外之民」被強權霸勢所馴化的事實，

6　根據內政部民政司的統計，1990年的原住民人口是三十四萬人，數十年來成長率甚低。

假黎婆既無社會地位，也無經濟能力，她擁有的只是不斷被自己壓抑的族群記憶，以及用漢化為手段所建立的自我尊嚴。

自鍾理和以下，張彥勳、文心、吳錦發也以原住民當做寫作題材，他們大多從「被征服者」、「被擊敗者」的角度來刻畫原住民的宿命遭遇，而鍾肇政則自霧社事件取材，賦予原住民「可以被消滅，但不可被征服」的勇者形象。

鍾肇政寫原住民的題材是臺灣漢人作家之冠，包括了描寫「霧社事件」的長篇小說《馬黑坡風雲》、《川中島》、《戰火》（鍾肇政，2000a、2000b、2000c）；原住民民間故事集《馬利科彎英雄傳》（鍾肇政，1979），借助考古知識呈現臺灣先民生活圖像的《卑南平原》（鍾肇政，1987），短篇〈獵熊的人〉、〈馬拉松・冠軍・一等賞〉（鍾肇政，1990），不論史實、傳說、民間故事或史前遺址均涵蓋在內。其中他最著力表現的是日治時期泰雅族的「霧社事件」，他以此為主軸寫成一系列小說。

《馬黑坡風雲》的敘事由歡樂熱鬧的婚宴開始，十九歲的峨東濱將迎娶新娘路比・巴旺。在「蕃童教育所」的校庭將宰殺兩條大豬。莫那・魯道之妹恬娃絲・魯道領導大家跳起了雞舞，小說插敘恬娃絲的不幸遭遇，她曾是一位美貌的霧社之花，高貴的公主，嫁給了霧社分室的巡查部長近藤儀三郎，這婚姻是為了懷柔一兩年前莫那・魯道的密謀起義，在臺中州廳理蕃課長的勸說之下，恬娃絲即使不願意，也只有屈服答應。婚後兩年，恬娃絲成了棄婦。後來她改嫁給族裡的青年瓦當・馬萊，因不幸的婚姻，從此她性情大變，昔日端莊嫻靜的霧社之花，開始酗酒，在儀典中不再受到尊重。

在準備峨東濱婚宴的宰殺豬隻之後，他達歐・莫那是莫那・魯道之子，高大、聰明的漢子，他向偶然來到的日本巡查吉村敬一杯酒，因手上黏著紅色的豬血，吉村覺得髒污噁心而拒絕了，終於，兩人動起武來。此外，平日運搬木材，日人過分奴役泰雅人也是導火線之一。不過，眞正的原因仍在種族對立，主奴之間長期累積的仇恨。鍾肇政將之詮釋爲日人欺騙、欺壓、威脅、命令之下激發出來的反抗意志。

霧社事件結束後，六社倖存人口的統計數字，由興盛到幾乎滅絕，鍾肇政小說的霧社事件書寫加強了泰雅族抗暴的悲劇意味。這場婚宴舉行後不過兩個月，新娘路比死於日軍的毒瓦斯，新郎峨東濱戰敗不屈，自縊身亡。事件的主角——大頭目莫那・魯道與日人之間的糾葛也在婚禮中現出蛛絲馬跡。

《馬黑坡風雲》與《川中島》注重描寫戰事細節，作者自述立意寫霧社事件的原因，是他所讀到的一般報導對此語焉不詳或互相矛盾，若有文學作品提及，也多屬杜撰，未能了解事件全貌。這些漠視原住民抗日歷史的現象刺激他努力蒐集文獻資料著成此書。（鍾肇政，1987b）作者既然志在揭出眞相，書中史實成分自可想見，尤其展現出下列事件的震撼性意義：1.霧社是當時「蕃界」中最開化、教育水準最高的。2.被培育成功的泰雅族警察花岡一郎、花岡二郎亦參加起事並自殺身亡。3.起事是有長期周詳之準備、有組織、有計畫的。4.起事具民族性，對漢族不傷害，而對日本人，不論男女老幼都加以攻擊，出現理蕃史上最多內地人犧牲的記錄，達134人。（戴國煇，1981）這些在小說裡都如實反映，並做爲特點來描寫。又根據總督府的資料，起事原因是過繁的勞役、工資延遲發放、與警官的飲酒糾紛、爲女人

爭風吃醋、不肖蕃人的反抗、部族間的勢力競爭等，作者也都一一交代了。至於事件經過：十二個駐在所被燒毀，一百八十枝槍與二萬三千發彈藥被奪、動員一千二百名警察經過五十天左右剿戰，小說整個故事綱領都據此發揮，甚至事件後次年的「第二霧社事件」，也附於書末交代，被憲警及友蕃勾結殺害的受害者數據全根據史實而來。

　　由此可見，《馬黑坡風雲》實爲一部「時事小說」，旨在表現四十三年前，[7] 泰雅族英勇抗日過程，不令歷史湮滅無聞。鍾肇政曾謂此事件是「一部山胞抵抗異族，不畏強暴，視死如歸的悲壯史詩之一章。」所以他筆下的莫那・魯道是一個行動主體（actual agents），無需倚賴他人來決定族群前途，和現實中弱勢的原住民所遭遇的不同，他以自主的行動悍衛族群尊嚴，執意要顛覆原住民的宿命，即使付出的代價是滅亡。

　　在臺灣文壇上，《馬黑坡風雲》是最直接探究霧社事件核心的一部小說，也最能表現泰雅族人的悲壯色彩。鍾肇政深深推崇泰雅族人爲了生之尊嚴，不惜拚死抗爭到底的精神，所以立意用雄偉、理想的作品來表現，這種創作意識正符合後殖民思想中的兩種態度：解構（deconstructive）與重建（reconstructive），鍾肇政一方面質疑了日本對原民的殖民政策，另方面緊抓住反抗思維中毫不妥協的面向，以重寫歷史爲出發點，確認殖民者與被殖民者的眞相。

7　霧社事件發生於1930年，《馬黑坡風雲》於1973年出版，相距四十三年。

三、殖民下的暴力呈現

　　試從歷史來看，日人統治臺灣之初，對原住民原本以綏撫爲原則，第一任臺灣總督樺山資紀於 1895 年 8 月 25 日始政後第一件事就是對僚屬訓示：「蓋若要拓墾本島，必須先馴服生蕃。……故本總督主張綏撫爲主，希於他日收效。」第一任臺灣民政局長水野遵也主張以信義對待原住民：

> 時而邀集酋長及其蕃民，饗以酒食，施予布帛器物，同時諄諄不倦教誨之，以期蕃人領其善意，是以在採伐樟木、製造樟腦、經營山林、開墾土地、開鑿道路諸事之交涉能圓滿順遂。（臺灣總督府警務局，1997）

　　所以在 1896 年設立十一處撫墾署，掌管行政區以外的蕃地林野、撫育、授產等蕃地職務。但是這些安撫政策實際上因窮於剿平漢族之抗日游擊隊而無暇顧及山地，1898 年撫墾署即被廢，而採取了隘勇線之前進政策，遍布全島的隘勇線將蕃界重重包圍，並漸漸縮小包圍網以進行壓制，對於不服從命令者就進行武力討伐。1909 年起，因電流鐵線網的效果受到認可，隘勇線更延長至 550 公里。（臺灣總督府民政部蕃務本署，1913）1910年以後推行理蕃五年計畫，以警察隊爲主，又投入陸軍部隊進行武力討伐。1915 年後，由壓制改爲安撫。至 1930 年發生霧社事件，使石塚英藏總督以下多位高官引咎辭職，殖民地統治體制爲之動搖。新總督戈田政弘於次年底提出八條「理蕃政策大綱」，其中第一條即把目標定爲教化原住民、安定其生活。但由粗糙農

業轉為精緻耕種、選適當人選擔任警官、修築蕃地道路、謀求醫療救濟之道等新政策，「這些其實都是已往就該施行的政策，了無新意，如今重新提及，等於承認了過去都未實行。」（中村孝志，1992）

　　日本的理蕃政策大約如上所述，安撫懷柔並未徹底實行以取得原住民信任，霧社事件爆發無寧是當頭棒喝。而且在霧社事件討伐行動中，對僅有三四百個高砂族的敵方，出動二千多名軍警，使用飛機炸彈、山砲、機槍等新式武器，更有聳人聽聞的毒瓦斯攻擊，雖然日本軍方不曾公開承認使用毒瓦斯，但根據臺灣史研究者戴國煇所蒐集的資料，顯示當時日本政府的確下達了罔顧人道的攻擊命令，茲節錄其重要者有：

　　（一）11月3日，飛行隊長向陸軍大臣申請「宜使用糜爛性炸彈及山砲彈。」

　　（二）11月5日，陸軍省下達通牒：「將來有關瓦斯彈藥事項，應以暗號為之，使用糜爛彈藥，在對外關係上會遭物議。」

　　（三）11月7日，軍司令部電報：「明日除投下瓦斯彈外，繼續砲擊。」

　　（四）11月8日，軍司令部電報：「今日飛行隊投放下午新運到之六枚瓦斯彈。」

　　（五）臺灣民眾黨曾於11月5日擬向內閣總理大臣、拓務大臣、陸軍大臣拍發，但被禁止拍發的電報內容：「對於此次蕃人暴動，以國際間禁止使用之毒瓦斯攻擊，是非人道之行為也。」

（戴國煇，1986）[8]

　　原先參加起義的六個社，人口總共不到一千三百人，除去老弱婦孺，能作戰的戰士，最多也不過四百多人。武器雖然有當場從各駐在所搶來的各式武器與彈藥，但與大批前來的日本部隊相比，仍是難以抗衡的。但是他們異常驍勇，以一當百，據守濁水溪東南的他洛旺山脊，居高臨下，日本軍警加上其他協助討伐的番人，總共四千大軍，對他們也莫可奈何，甚至被擊退而受到重創。但是當航空部隊派飛機用炸彈轟炸，並施放毒瓦斯時，情勢就急轉直下，泰雅族人已無法做有規模的抵抗了。

　　《川中島》以畢荷・瓦歷斯的觀點來呈現討伐的殘酷，在事件發生時，母親強迫畢荷馬上逃離現場，於是他逃過一劫，在套乍部落躲了幾個月，日本人報復式的討伐過程中，他被迫充當翻譯，小說描述被日本人吸收的其他各社壯丁，能夠前往正規軍無法到達的隱密地點及叢林深處，於是駐在所每天都有新的人頭被送回來，人頭架上的戰利品越來越多。畢荷知道自己的親人、朋友正在挨受嚴厲的討伐，自己只能默默的，無止盡的流淚。小說呈現畢荷的心理，也側寫炸彈、毒瓦斯的威力：

> 那些帶著戰利品回來的戰士總是說：飛天的巨魔在下蛋，蛋會炸裂，轟的一聲，好大的聲音，樹木被拔起來，飛上半天，地面一個好大的坑。人呢？被炸碎了，這邊樹枝上掛著腿，那邊掛著手……噢噢，那是怎麼個景象啊。還有呢！還

8　以上資料引自戴國煇著、楊鏡汀譯〈霧社事件與毒瓦斯〉，《史聯雜誌》，8期（1986年6月）。可知日方此一無人道之作為證據確鑿，已是歷史定論。

不止呢！飛天的巨魔，也會放臭煙，好臭好臭，嗅到了，不久就會死的。可怕啊，可怕！好多人都自殺了，樹枝上一串串地吊著，也有跳山崖的。（鍾肇政，2000b：89）

原本是世外桃源般的山林，也脫離不了政權的紛擾，人的身體遭受到種種的暴力創傷。藉著十六歲的少年畢荷的回憶，反映霧社事件的現場細節。泰雅族被殖民的歷史轉折，怎樣的族群被塑造出來了？鍾肇政重返歷史真實，記錄霧社事件的暴力事蹟，畢荷的心理狀態毋寧是最恐怖最直接的呈現。

四、集體記憶與歷史真實

鍾肇政《馬黑坡風雲》、《川中島》、《戰火》中泰雅族人諸種被屠戮、驅逐的過程，正是日本統治的實際史蹟，而一向被日本矢口否認的事實，終被挖掘出來，這就是鍾肇政「重建」的寫作策略。鍾肇政亦認知到日本人對原住民：「所謂『撫育』，也不過是說來冠冕些，好聽些而已。實則祇是為了便於奴役山胞們，榨取山胞們。」又說明他寫《馬黑坡風雲》是「已就所能調查而得的遠因近因，全部編織進去。如婚宴糾紛、勞動糾紛，還有恬娃絲‧魯道的不幸婚姻，以及受辱情形等，無一不是真有其人，實有其事，而且主要的人物，莫不套用真實姓名以求真。」（鍾肇政，1987b）這樣的寫實信念貫串了鍾肇政霧社事件系列小說的整個創作過程。

在《戰火》中鍾肇政寫著霧社事件後的泰雅族很快又認同日本，義無反顧地為軍國犧牲，畢荷‧瓦歷斯後來成為公醫，改名

高峰浩，娶了霧社事件時自殺而亡的花岡二郎的妻子娥賓，花岡二郎遺腹子成爲他的繼子高峰新作，在1944年4月1日，「川中島青年學校」開校典禮的日子，十四歲的高峰新作以流暢純正的「國語」演說：

> 爲皇國而死，爲陛下而死，這就是我們所體會到的皇國精神。我們目前，雖然還沒有到達披上戎衣、上前線殺敵的年齡，但是，我們有必死的覺悟與決心。我們相信，這正是報答聖恩的唯一途徑！我們所欠缺的，就是那種大無畏的精神。最希望的，就是先生們能夠給我們教導，把我們鍛鍊成鐵一般的意志，爲完成聖戰，而貢獻出我們的全部力量。
>
> （鍾肇政，2000c：245）

霧社事件遺族積極去志願參加「高砂義勇隊」，這也是符合史實的，戰爭期間，原本日本殖民者禁止的「出草」，居然又重新開放，對泰雅族人而言，這是回復泰雅精神的一個舉動。從這些轉變就可以明瞭：霧社事件的倖存者，爲何在戰爭時又協助日人作戰，志願當「高砂義勇軍」？因爲那是成爲第一等人——日本人的路程，所以他們爭取當「皇軍」的機會。

而在南洋戰區，他們因從小在山野成長，所以成爲叢林戰場上的強者，日本人變成被解救的弱者，《戰火》中的情節如此發展著。在最原始的自然界中，殖民者的優勢完全被瓦解了，可是義勇隊仍然對日本「戰友」效忠，冒生命危險救他們一命。

日本人和泰雅族之間這種先敵後友，由互相仇殺到互相拯救的歷程是殖民主義下最弔詭的一面。泰雅族人由反抗到認同，是

經過幾乎被族滅的命運後的求存之道，想由「非人」而成為「人」的渴望，在現實裡既然只有當「皇軍」才辦得到，他們就義無反顧奔赴南洋戰場，以此證明「泰雅」精神。而作者在《戰火》中嘲諷的是，他們想當的日本人，這種優質上等的人種，正是十多年前他們的父祖犧牲生命所要消滅的種族。短短十五年不到，就讓一個族群的精神如此荒謬顛倒，價值錯亂，日本人的鎮壓、再教育、戰時動員政策何其殘酷而且成功，相形之下，霧社事件後的泰雅族的信念是模糊得多了，他們的族群視野已經混淆，莫那‧魯道當初「為種族生存下去而戰鬥」的誓言，顯得十分可笑而且失去意義了。

從文學的角度來看，鍾肇政雖然努力記實，寫作之前也下很多功夫考核歷史，使作品中完整呈現原住民的歷史圖像，但小說畢竟是小說，難免有作者選材角度、批判對象的主觀意識在，作者也都有他一貫的批判位置。不過，就原住民這些被湮沒不彰的史實而言，鍾肇政已走在時代的前端，儘量完整地保留下來。他翻轉一般人對原住民的刻板印象，記錄歷史，釐清真相，深刻呈現泰雅族人的生存危機和內在精神的轉變。

歷史那麼容易被切斷，所以得記錄下來。當時間流逝的時候，「敘說」故事也正是書寫歷史的動機，說出往事，即使自己不在場，也要用文字記錄下來，這是作家的使命感。創作的過程就如同「自我重譯」，超越外在事物，將這個世界原本自行遮蔽的事物，透過作者對生命的特殊觀照而將之揭露，創作即是所謂的「去蔽的動作發生」，藉由創作歷程，捕捉住生命的本質。自省才能重生，自省的方法是認知歷史根源，呈顯的歷史記憶，毋寧是一種自省之道。多元性，凝聚共識本身即價值所在，共識的

凝聚，豈非該從釐清歷史開始？

在戰亂的時代，許多歷史事蹟原本就無正史明白記載，訪諸耆老又言人人殊，於是鍾肇政的書寫，採用「縫合」的方式來進行。《馬黑坡風雲》的結尾寫道：

> 至於莫那的女兒，美麗的瑪紅，在集中營受到鄰社的襲擊時失蹤了。有人說是被馘去了頭，也有人說僥倖逃過了這一場劫難，跑進內山裡，隱名埋姓，保全了性命。到底真相如何，至今仍是個謎團。筆者倒真願意她能逃過了大難，樂享天年，並且親眼看到侵略者的日本一敗塗地，還我錦繡河山。（鍾肇政，2000a：376）

作者現身，主觀的給予歷史人物一個較圓滿的結局，顯示鍾肇政企圖弭平痛苦，為當事人遭遇轉圜的祈願。完成小說後，鍾肇政又寫下〈關於「馬黑坡風雲」〉一文，詳述事件起因，以及事件後的餘波。他引述日本的「第五十九回帝國議會議事錄」，提到濱田國松議員的發言：

> 把這樣的蕃民積極地加以討伐，因而使他們幾十個人一夥集體尋死，對這樣的事情，我很希望陸軍大臣能給我一些解釋。你閣下所屬的軍隊，為了與帝國臣民的一部分打仗，是不是當做與外國開戰一樣的意義下來打的？臺灣的幾十幾百蕃社之中，馬黑坡社一直是個模範蕃社。我不曉得你們有沒有去過臺灣，不過眾議院裡已去過臺灣的同仁都知道馬黑坡都是總督府安排的參觀地點。其次是教育進步，產業發達，

風俗習慣也改善不少，是名實相符的模範地區。這樣的模範地區的人民，以悲壯必死的決心，開始動亂，因此必有政治上重大的缺陷在。說什麼婚宴如何啦，運搬木材怎麼啦，這種騙外行人的原因，這模範部落，絕不可能發生這種叛亂的……（鍾肇政，2000a：380-81）

　　鍾肇政寫這篇長文不厭其詳的討論，嘗試為歷史真實與自己的虛構文本找尋平衡，提出縫合創傷的觀點。拉岡（Jacques Lacan）在精神分析理論（Psychoanalysis）基礎上闡述「縫合（suture）」的概念，有兩個互為表裡的層面。其一是因結構匱乏所產生的結構替代，其二是結構填補。結構替代與結構填補其實是一體的兩面，因為結構如果處於組成因素匱乏的狀況下，則需另覓組成因素以為替代，因而這種替代無異即是一種填補。當一個作家詮釋歷史人物時，就用另外事件組成片段，企圖在言說形構中表述自我，也將自我置放回社會集體之中，即替某種匱乏、某些遺漏，找尋接合因素以為填補。「藉由接合因素所形成的媒介通道，在社會集體中表述自我，使自我重新得到定位，也使集體看見此差異自我，進一步開啟雙方溝通協調的可能。」（Ernesto Laclau、Chantal Mouffe，1994；曾志隆，2002）

　　在重新審視歷史的過程中，不論是文化和精神特色，或對人物的精細描繪，大致都能達成。《川中島》對日警小島源治的描寫頗堪玩味。他庇護畢荷逃過大屠殺的浩劫，但他也挑撥並策動了1931年4月25日第二次霧社事件的發生，他教唆鄰族襲擊收容所，殘殺老弱婦孺。小說中安排了畢荷在無意間得悉此密謀，畢荷是塞達卡族群唯一知道真相的人，小島於他，既是恩人，也

是幕後的殺人主謀。畢荷‧瓦歷斯在恩怨交織之下，內心充滿矛盾及痛苦，這是鍾肇政利用小說所道出的歷史。

呂昱曾批評鍾肇政《戰火》的結局「對人性的韌力過於信賴，對歷史延續的命運也太過樂觀。」（呂昱，2000：484）那是戰爭剛結束的時候，戰敗的事實使林兵長同化的美夢破滅了，只要聖戰打下去，他就有機會成為皇軍軍官，接受奴化教育的林兵長非常認同日本「神國」，但一夕之間，他從「第一等的日本國民」，轉變為「最下等的支那人」。阿外認為林兵長心理的創傷總會好起來的，「性命既然保住了，還有什麼傷好不了呢？」（鍾肇政，2000：475）從霧社事件對日本人的集體反抗，延伸到二戰時期的集體認同，整個族群的集體記憶的問題，一時錯綜紛雜。

法國哲學家及社會學家Maurice Halbwachs對於「集體記憶」的詮釋是，強調人的記憶是依賴於社會環境，並由此延伸出個人的記憶與集體記憶間的關係，不僅個人的記憶喚起，某種程度須依賴於社會環境的適當刺激，集體記憶也遠非個人記憶的集體加總而已。社會的集體框架乃是由於同個世代的人們一點一滴所建構出來的，人們對回憶的重構同時會某種程度地符合當代的社會框架，而回憶的不斷重構過程也會進一步對集體框架做更動與改變。（Maurice Halbwachs，2002）所以個人的記憶是與整個社會環境息息相關；而社會的集體記憶呈現，也必須透過個體的回憶訴說，才得以體現與實存。鍾肇政掌握心靈中交錯複雜的歷史圖景，探討其中的歷史記憶與抵抗意識，擷取其中的記史與記人，從大敘述的國族議題，到族群的特質，討論其集體記憶的呈現。

五、結語

葉石濤曾說，書寫霧社事件的這三部小說，內容是日治時期原住民抗爭的故事，由客籍作家來書寫，比福老人合適，因為後到臺灣的客家人常被迫居住於高山邊緣，和原住民接觸的機會較多之故。（葉石濤，2000：7）的確，鍾肇政在小說中塑造高山族的完整圖象，他關注的是日本殖民者以文化和經濟優勢擠壓、摧殘原住民傳統生活的事實，長久以來，原住民是被臺灣主流社會所忽視的，大多數漢人在生活中和原住民沒有接觸，對他們的歷史毫無所知，而鍾肇政以本身的漢人「視界」側寫原住民，確認並記錄他們被邊緣化的情形；他致力於重建歷史，呈現霧社事件前後泰雅族人攸關族群生死存亡的命運。

從歷史著手，可能是正本清源之道，鍾肇政挖掘歷史記憶的動機，是在反省日治時期的殖民問題、原住民問題，而歷史正是解決當前問題的鎖鑰，誠如海德格所主張，對於存在的追問是以歷史性為前提的，要追問存在的意義，適當的方法就是從此在的時間性與歷史性著眼，把此在先行解說清楚。（海德格，2000：325）一旦將歷史詮釋清楚，一切有關族群、語言、政治等困境，才有解決的可能。

對霧社事件的這些書寫體現了鍾肇政的歷史記憶，當然，所有的歷史書寫也難免有英國人類學者 P. H. Gulliver 所稱的對族群「結構性失憶」（王明珂，2001：45）的問題，會因個人喜好或厭惡而強化集體記憶或失憶，選擇遺忘、追尋或創造過去，這些族群書寫是鍾肇政「建構」與「想像」出來的，做為一個經歷日治殖民的作家，他讚賞原住民的抗爭，表現的是那一個世代人的族群觀察。

參考文獻

中村孝志著，許賢瑤譯，1992，〈日本的「高砂族」統治——從霧社事件到高砂義勇隊〉，《臺灣風物》，42期。

內政部民政司，2001，《行政院原委會簡訊月刊》。

王明珂，2001，《華夏邊緣——歷史記憶與族群認同》。臺北：允晨文化。

吳錦發編，1987，《悲情的山林——臺灣原住民小說選》。臺中：晨星出版社。

呂昱，2000，〈歷史就是歷史——評鍾肇政的「戰火」〉，收錄於鍾肇政，《戰火》，《鍾肇政全集9》。桃園：桃園縣立文化中心。

孫大川，1991，《久久酒一次》。臺北：張老師文化。

海德格，2000，〈概述存在意義的問題〉，收錄於倪梁康主編，《面對實事本身：現象學與文學》。北京：東方出版社。

彭瑞金，1989，〈傳燈者——鍾肇政〉，收錄於李瑞騰主編，《中華現代文學大系・評論卷《壹》臺灣1970-1989》。臺北：九歌出版社。

曾志隆，2002，《拉克勞與穆芙》。臺北：生智文化。

楊照，1995，〈歷史大河中的悲情〉，《文學、社會與歷史想像——戰後文學史散論》。臺北：聯合文學出版社。

葉石濤，2000，〈總序〉，鍾肇政，《鍾肇政全集》。桃園：桃園縣立文化中心。

臺灣省文獻委員會編，1988，《臺灣史》。臺北：眾文圖書。

臺灣總督府民政部蕃務本署，1913，《理蕃概要》。臺北：臺灣總督府民政部蕃務本署。

臺灣總督府警務局編，1997，《理蕃誌稿》。南投：臺灣省文獻委員會。

戴國煇，1981，《臺灣霧社事件研究資料》。東京：社會思想社。

戴國煇著、楊鏡汀譯，1986，〈霧社事件與毒瓦斯〉，《史聯雜誌》8
　　期。

鍾肇政，1979a，《濁流三部曲》。臺北：遠景出版社。

鍾肇政，1979b，《馬利科灣英雄傳》。臺北：照明出版社。

鍾肇政，1980，《臺灣人三部曲》。臺北：遠景出版社。

鍾肇政，1987a，《卑南平原》。臺北：前衛出版社。

鍾肇政，1987b，〈關於「馬黑坡風雲」〉，收錄於《馬黑坡風雲》。
　　臺中：晨星出版社。

鍾肇政，1990，〈獵熊的人〉、〈馬拉松‧冠軍‧一等賞〉，收錄於
　　《鍾肇政集》。臺北：前衛出版社。

鍾肇政，2000a，《馬黑坡風雲》，收錄於《鍾肇政全集7》。桃園：桃
　　園縣立文化中心。

鍾肇政，2000b，《川中島》，收錄於《鍾肇政全集9》。桃園：桃園縣
　　立文化中心。

鍾肇政，2000c，《戰火》，收錄於《鍾肇政全集9》。桃園：桃園縣立
　　文化中心。

Ernesto Laclau、Chantal Mouffe著，陳墇津譯，1994，《文化霸權和社會
　　主義的戰略》。臺北：遠流出版公司。

Maurice Halbwachs著，畢然、郭金華譯，2002，《論集體記憶》。上
　　海：上海人民出版社。

第十一章
記憶與見證：
論鍾肇政《怒濤》中生命追憶與歷史重建

王慧芬

仁德醫護管理專科學校客家研究中心主任

一、前言：失憶與記憶——談戰後初期臺灣歷史延遲書寫

因為民國36至38、39年，這段時期社會很複雜，年輕作家無歷其境，極難了解其時代背景。如果老一輩的作家不寫的話，其真相時無可傳。現在老作家，老的老、隱的隱、死的死，殘存無幾，令人寒心。我想到此，不知不覺地似乎有一點責任感，所以不自量力著手寫起。……《臺灣連翹》一至八章發表於《臺灣文藝》，但殘餘部分現在不發表，待後十年或二十年留與後人發表。（吳濁流，1999：259-260）

——我確實乘著倒轉過來的時光之流回到往昔的日子，那四十六年前的日子，那四十六年前的年代。那也是我寫本書的最大目的。我多麼希望能夠在筆下重現那個時代，以及那個時代的臺灣人，尤其年輕的一代。說出來，真個是婆婆媽媽

的，不過我仍然忍不住地說，我就曾經是那個時代的年輕人之一啊。然而，我明知在星移斗轉之後，那個時代，那個時代的年輕人，他們的心情，他們的想法，這一代的人，尤其這一代的年輕人，究竟有幾個能理解呢？這也正是一個文學者，尤其像我這種力薄能鮮的文學者的悲哀。不爲什麼，只因我無法把那些活鮮鮮地記錄下來……（鍾肇政，1993：259-260）

　　吳濁流與鍾肇政兩位同爲客籍的臺灣作家，面對戰後初期二二八前後的歷史，發出了同樣的感嘆，一種不得不書寫的「敍史情結」，希冀透過書寫來「見證」那個年代與人們[1]。吳濁流在二次大戰的末期完成了《亞細亞的孤兒》，戰後分別擔任過《臺灣新生報》、《民報》記者，1947年二二八事件發生後二十天內，以記者追求眞相之筆完成《黎明前的臺灣》並出版[2]。《無

1　陳建忠在〈後戒嚴時期的後殖民書寫：讀鍾肇政《怒濤》中的「二二八」歷史建構〉一文中提及在臺灣文學史中，具有日治經驗的本土作家有「敍史情結」的傳統，著眼於不同於中華民國史的臺灣史，甚至成爲臺灣本土作家的民族病。本土作家們在國民政府戒嚴統治下所進行臺灣史的「後殖民書寫」，但是內容皆以日治時期爲主，戰後初期與二二八事件的臺灣史始終是不可被言說的禁區，所有的歷史敘述斷裂在1945年。直到1987年解嚴後的「後戒嚴時期」才紛紛書寫或出版戰後初期歷史的作品。解嚴後亟欲擺脫大中國歷史的臺灣歷史圖像建構，以及對於個人角度歷史詮釋的關注，面對不管是日本殖民的歷史，或是戰後國府戒嚴體制下的「再殖民」史實進行反思與批判，本土作家的重建臺灣歷史記憶的這股敍史情懷便在此社會文化氛圍中展開。此論文收入《鍾肇政全集33》，頁424-459。
2　1947年二二八事件後的4月、5月吳濁流以日文書寫完成，6月在臺灣出版單行本。《黎明前的臺灣》一書中分別爲〈前言〉、〈臺灣青年應走的路〉、〈奴化教育與對臺灣教育的管見〉、〈與新時代一起前進〉、〈爲我論與衙門理

花果》與《臺灣連翹》則是在戒嚴後言論受約束的敏感時期私底下偷偷寫的。《無花果》書寫於1968年，1970年10月好不容易付梓，卻又遭警總以「淆亂視聽，足以影響民心士氣或危害社會治安者」查禁[3]。《臺灣連翹》前八章1973年發表，描寫二二八事件的九到十四章直到1986年才得以發表於《臺灣新文化》雜誌，重見天日。而鍾肇政則是在戒嚴統治的六○年代開始，陸續在《聯合報》、《中央日報》副刊發表了臺灣歷史記憶大河小說《濁流三部曲》——《濁流》、《江山萬里》、《流雲》；以及《臺灣人三部曲》——《沉淪》、《滄溟行》、《插天山之歌》，以日治時期為主軸，但歷史敘事卻終結在1945年。一直要到解嚴後，鍾肇政書寫戰後初期歷史的《怒濤》（1993）一書才發表。

　　吳濁流與鍾肇政延遲書寫與發表臺灣歷史小說的原因，是戰後戒嚴時期臺灣社會的被壓抑、被壓制的結果，國民政府官方將二二八事件定義為「叛亂」、「匪禍」以合理化武力鎮壓的事實，實施戒嚴，臺灣人民失去了言論、出版、結社的自由，加上1949年兩岸對立的局勢，政治與思想嚴格控制，白色恐怖動輒

論〉、〈宣傳的副作用與反效果〉、〈愚蠢的習慣〉、〈臺灣要怎樣才會好〉、〈民主政治與政治人才〉、〈臺灣文化一瞥〉、〈附錄：廢止日文的管健與日文文化的使命〉。

3　《無花果》1970年付梓，次年4月12月即遭警總（60）助維字第三三二○號令查禁。理由是違反《臺灣地區戒嚴時期出版物管制辦法》第三條第六款；「淆亂視聽，足以影響民心士氣或危害社會治安者」。一直到1983年時，才由美國臺灣出版社「臺灣文庫」出版了該書，1985年偷渡回到臺灣，由《生根》雜誌重新刊行。但次年3月時，國防部長宋長志在立法院答覆質詢時，列出四本禁書，其一即是《無花果》，指責該書提：「嚴重歪曲事實，挑撥民族情感，散播分離意識，攻訐醜化政府，居心叵測，依法查禁在案」。

得咎，二二八事件更成了禁忌「不可言說」。整個臺灣社會至此經歷一場「埋葬記憶」與「集體失憶」，也造成戰後初期臺灣歷史「斷裂」與「消失」。面對過去生命的痛苦記憶，臺灣社會大眾以佛洛伊德所提的兩種埋葬記憶方法處理，即意識上「壓抑」它等待將來再處理。或永遠「驅逐」這可憎的記憶，將之棄置於心智之外。痛苦或不愉快的記憶被埋葬卻並不會真正的消失，只是被擠壓到看不見的地方，偶爾還會以奇異的行為形態露面，尤其是受難者與家屬，其餘生都受其影響無法擺脫。

　　1987年解嚴，二二八和平促進會成立，紛紛在各地推動二二八、白色恐怖平反運動，訴求追求真相，公開史料、建立二二八紀念碑、紀念館等，吳濁流與鍾肇政書寫二二八歷史的作品也在此時公布和發表。關於二二八、白色恐怖的官方與口述歷史「檔案」、調查「報告」、小說「文本」也在之後的十幾年間陸陸續續被挖掘、研究與書寫[4]。延遲掩藏了多年的記憶，再次出

4　1990年代前後有關二二八事件的口述歷史與調查報告紛紛出籠，官方與學術研究報告有陳芳明編，《二二八事件學術論文集》（1989）；林德龍輯註，《二二八官方機密史料》（1992）；賴澤涵等，《悲劇性的開端——臺灣二二八事變》（1993）；陳興唐主編，《臺灣「二二八」事件檔案史料（上卷）》（1992）；中央研究院近代史研究所「口述歷史」編輯委員會，《口述歷史4・二二八事件專號》（1993）；中央研究院近代史研究所編，《二二八事件資料選輯（一）至（六）》（1992-1997）；臺灣省文獻委員會編，《二二八事件文獻輯錄》（1994）；行政院研究二二八事件小組，《二二八事件研究報告》（1994）。調查報告有許雪姬主編的《二二八事件期間上海、南京、臺灣報紙資料選輯（上）（下）》、《保密局臺灣站二二八史料彙編（二）、（三）》；陳琰玉、胡慧玲編，《二二八學術研討會論文集（1991）》（1992）。二二八事件或受難者研究報告有李敖，《二二八研究》（1990）；李敖、陳境圳，《你不知道的二二八》（1997）；張炎憲、陳美蓉、楊雅慧編，《二二八事件研究論文集》（1998）；李筱峰，《二二八消失的臺灣精

現，卻早已不再是原來的記憶。記憶的書寫除了個人切身經驗，更牽涉了外部化的社會、法律、政治等相關領域人造記憶。二二八事件，從不可言說到「可說」，從空缺到「檔案化」，過程中自然也被賦予了政治性意義與目的，成爲對抗國民黨統治與大中國文化的標誌，具足建置與詮釋的權力，成爲解嚴後思索、建構臺灣主體性，重構臺灣歷史的重要憑藉。創傷記憶的蔓延甚至可能達到「檔案狂熱」的情況[5]，先前的「集體失憶」也轉變爲

英》（1990）；李筱峰，《林茂生·陳炘和他們的時代》（1996）；李筱峰，《解讀二二八》（1998）。二二八事件或白色恐怖書寫與回憶錄，有吳濁流，《臺灣連翹》、《無花果》、《亞細亞的孤兒》；吳新榮，《震瀛回憶錄——吳新榮回憶錄》、《吳新榮日記全集》；林獻堂的《灌園先生日記（十八）：一九四六年》；李純青的《望鄉》；丘念臺的《嶺海微飆》；汪 定《走過關鍵年代》；吳三連，《吳三連回憶錄》；吳克泰《吳克泰回憶錄》；陳英泰《回憶——見證白色恐怖（上）（下）》、《再說白色恐怖》；陳逸松口述《陳逸松回憶錄》；黃金島《二二八戰士黃金島的一生》；張光直《蕃薯人的故事》；楊克煌《臺灣人民民族解放鬥爭小史》；楊肇嘉，《楊肇嘉回憶錄》；葉石濤，《作家的條件》、葉石濤，《文學回憶錄》；蔡瑞月口述《臺灣舞蹈的先知蔡瑞月口述歷史》；韓石泉，《六十回憶》；黃朝琴《朝琴回憶錄：臺灣政界耆宿黃朝琴》；呂赫若《呂赫若小說全集》；蘇新，蘇新、《憤怒的臺灣》、楊逸舟《二二八民變》等等。還有戴國煇、葉芸芸的《愛憎二、二八——神話與史實解開歷史之謎》，對於二二八事件有個人的實際經驗，也有史料證明。研究最深入的要如陳翠蓮《派系鬥爭與權謀政治——二二八悲劇的另一面向》、《重構二二八》，提供了另一個以派系鬥爭權謀的歷史證據，給予不同的視角去看待戰後初期的臺灣政治與社會。還有戰後初期二二八事件受難者、學生運動史料整理與論述部分則有藍博洲的《沉屍、流亡、二二八》、《白色恐怖》、《尋訪被湮滅的臺灣史與臺灣人》、《臺灣學運報告（1945-1949）》、《青春戰鬥曲：二二八之後的臺北學運》。傳記的部分則有白先勇的《止痛療傷：白崇禧將軍與二二八》等等，數量非常多。

5 黃涵榆在〈「歷史可以被原諒，但不能遺忘」，或生命的歸零？有關檔案、見證與記憶政治的一些哲學思考〉提及臺灣在面對歷史創傷氛圍中是否充斥「檔案狂熱」、「悼念狂熱」？文中也解說「檔案狂熱」一詞援引自德希達《檔案狂熱》書名，但文中所述乃是將檔案放在思想、政治、歷史現實脈絡中去討論

「集體記憶」。

記憶建構自我主體，區別於他者，也形塑了個人特質。就如同蘿普說過：「我們累積的記憶──成功與挫折、快樂與悲傷、愛與恨、真實與想像經驗的個人記憶庫──整體地形塑我們個人的特質而且綿延經年。」（蘿普，2006：25）然記憶原本就牽涉到選取、持有、排除或壓抑的機制，也是片段不完整的，甚至可能是扭曲的，記憶的同時也代表另一方是遺忘與遺漏。同時集體記憶與個人記憶間亦存在著衝突，集體記憶所建構的「他者」，必然壓制了個人生命記憶的特異性，可能陷入了另一個「文化大敘述」，甚至被制約冠上了有權力鬥爭目的性的政治論述或道德論述。如單一意義去界定「大他者」（中國人）是「殘暴」的、「貪婪」的，忽略個人的特異性、獨立性；道德勸說受難者或家屬們「寬恕」，尤其是在大屠殺後受難者與加害者仍然共處同一時間、空間，為了弭平之間的關係，尋求「和平」、「和解」，簡化濃縮了創痛療傷過程。

如同黃涵榆在〈「歷史可以被原諒，但不能遺忘」，或生命的歸零？有關檔案、見證與記憶政治的一些哲學思考〉談及在大屠殺後受難者、見證者創傷記憶與和解，文中舉了兩個例子。一位曾經是納粹集中營囚犯的奧地利哲學家艾莫里在《在心靈的界限》以受難者與見證人身分在德國一片寬恕加害者的主流氛圍中表達「一日為受害者，終身為受害者」不願接受寬恕，甚至是嫌

「檔案」具有開放性，但也深陷於建置詮釋與權力網絡中。針對解放壓迫者、為受難者平反，尋求歷史正義，探究是否可能會陷入道德律令？該文詳見《文山評論：文學與文化》6：2（2013），頁53-92。

惡。另一個是1986年獲得諾貝爾和平獎的維賽爾在《暗夜》回憶錄中對於大屠殺的見證,對自己面對納粹毒打父親致死的聽而不聞,他無法遺忘與原諒自己。黃涵榆關注到這兩個案例呈現餘生者的生命自由,對於創傷記憶選擇處理的方式同樣是記憶,不願原諒、無法和解的樣態。也引領我們思索臺灣經歷事件、平反運動之後,受難者、見證者或是加害者餘生的選擇,對於非見證者的我們又該從中學習了解什麼?

早期碩博士研究論文大多將《怒濤》與其他鍾肇政大河小說並列進行研究[6]。專書專論的則有董砡娟《鍾肇政小說中反殖民意識之研究——以《臺灣人三部曲》、《怒濤》為例》、劉玉慧《歷史記憶與傷痕的書寫——鍾肇政《怒濤》研究》。單篇論文則有歐宗智〈本土小說裡的族群情結——以「怒濤」、「埋冤一九四七埋冤」、「浪淘沙」為例〉[7]、錢鴻鈞〈「怒濤論」日本精神之死與純潔〉[8]等。上述的論文偏重歷史建構議題,或從身分認同、或後殖民書寫、反殖民意識到臺灣人精神與意識形態等等。

本文將針對鍾肇政的《怒濤》進行兩個議題研究,一是戰後歷史重構與意義,二是生命記憶與自由。當「二二八事件」發生

6　相關的博碩士論文如李欣怡,《敘史傳統與家國圖像:以呂赫若、鍾肇政、李喬為中心》(2010)、林美華《鍾肇政大河小說中的殖民地經驗》(2004)、王慧芬《臺灣客籍作家長篇小說中人物的文化認同》(1998)、黃靖雅《鍾肇政小說研究》(1993)等等。

7　歐宗智,〈本土小說裡的族群情結——以「怒濤」、「埋冤一九四七埋冤」、「浪淘沙」為例〉,《臺灣文學評論》2:1(2002),頁78-83。

8　錢鴻鈞,〈「怒濤論」日本精神之死與純潔〉:《臺灣文藝》176(2001),頁29-57。

後便已不存在，《怒濤》對於事件的回首、回溯，其實也成爲了另一個「文本事件」，與1945-1946當年的報刊雜誌檔案或1990年後許多調查、研究報告等共爲「檔案事件」，相互補充，共同建構戰後初期歷史樣貌。第二個要探討的是作者與主角個人生命記憶與生命自由，文本中呈現了作者／主角何種樣貌的個人生命特異性，個人記憶與個別生命的軌跡。讓生命回歸個人，記憶也回到個人自我建構對話上，甚至面對歷史創傷也由個人去決定他自己是否要原諒或者記得、遺忘。面對眾多的歷史見證的文本或檔案，寫作好與壞、事件中的對與錯、眞實與虛假之外，個人餘生中憤怒、悔恨、遺憾、恐懼的生命自由也許更值得被看見。

二、事件、見證與記憶政治──《怒濤》與戰後初期歷史重構

「實效」歷史使事件在它所具有的獨一和劇烈中再次浮現。「事件」不應該被理解成一個決策、協定、一個統治時期或一場戰役，而是力量之間的關係，它顛倒一個據爲己有的權力、一個重佔優勢的字彙，反過來反抗它的使用者，因而使支配漸漸衰弱、慢慢鬆弛，乃至於敗壞自己；同時另一股力量卻很隱祕地從另一端悄悄進場。在歷史中各種競爭力量並不遵從於某一種命運，也不遵從於某一種機制，純粹只是抗爭的偶然而已。[9]

9　此爲傅柯對於實效歷史與事件的的獨特觀點。此處引述的中文譯文，轉引自邱德亮，〈事件回歸之後，歷史如何書寫事件？〉，《新史學》，第19卷第3期

傅柯這段話語點出了「事件」的獨特性、不可重複性，包括「事件」的命名本身也表示了它不可被預測的特質。當事件發生後經驗世界就已被改變，傅柯認為「事件」是力量關係，牽涉權力的更替，往往具有爆炸性的影響力，就如二二八事件或911事件。因此當我們說回首或回溯「事件」，其實全部都是在事件發生之後，只是將已消逝「事件」非存在地延續著而已。「事件」不可能再現，只能說是使之出現或呈現，所以重點不是「再」，而是「現」。因此書寫歷史也就如同是「驅魔」工作，透過不斷地評論、解釋、討論這不可名狀的「事件」，所以書寫事件本身也成為了另一個事件。德希達以「檔案事件」、「文本事件」來解說歷史書寫，以展演式言語行為，謀略式思維去書寫或訴說事件所造成的影響，讓事件發生成為有意義的文本事件，書寫歷史本身也就成為「文本事件」；「檔案事件」則是另一個履行式行動展現在銘刻、記憶、儲存等一連串的建檔工作，把事件整體或部分地寄存在某種載體或素材上，檔案化的事件銘刻補遺，且成為將來可以一再地重複展演的事件[10]。

　　用「文本事件」、「檔案事件」的論點來看待戰後初期的「二二八事件」，以及回溯二二八事件記憶的所有書寫，包括報導文章、檔案或研究報告、小說文本等。每次的書寫都不是「再現」，而是另一個「文本事件」的建構，是重新的詮釋。「檔案化」事件後，也代表透過檔案可以不斷重複再展演。所以戰後初

　　抽印本（2008），頁26。

10 觀點的引述參見邱德亮，〈事件回歸之後，歷史如何書寫事件？〉一文，《新史學》，第19卷第3期抽印本（2008），頁1-38。

期歷史的書寫有不斷可以被重新詮釋，不斷地補充，戰後初期歷史書寫更加開放，書寫述說時空背景不同，書寫閱讀者的不同，詮釋定義也必然不同，各種不同角度、觀點的切入都可以被接受，歷史的記憶可以無限延伸變異。

（一）《怒濤》中語言的特色、象徵性與顛覆性

　　《怒濤》一書作為一個小說文本，作者在文本上擁有一個整體的、全面觀照的權力，作者對於事件觀照的角度、詮釋的定義，有其相當的關鍵性。小說是敘事語言，具有象徵性。《怒濤》在語言的運用上嘗試了多種語言——中文、英語、客語、日語四種不同語言的多聲交響，可以詮釋為戰後初期時空下語言的多元性，也是當時在臺灣土地上的人民共同的切身經驗——語言的政策的轉變、跨語的困境[11]。而語言的多聲交響狀態所代表的也是多種文化的混合和衝突，作者選擇以真實原音的呈現，恐怕更有以此來突破官方語言本位思維的書寫[12]。

　　戰後初期的臺灣社會無法擺脫語言議題，而回到語言的本質是為了溝通，語言差異與隔閡也將衍生出社會問題，當時國府在臺灣推行國語運動，國民政府接收臺灣後強力推動國語，未能體

11　劉玉慧的論文《歷史記憶與傷痕的書寫——鍾肇政《怒濤》研究》中有針對《怒濤》小說各種語言語詞的使用與解釋有詳細的描述，請參見劉玉慧，2010，《歷史記憶與傷痕的書寫——鍾肇政《怒濤》研究》（國立中興大學臺文所碩士論文），頁53-58。

12　余昭玟，〈鍾肇政的跨語歷程與創作轉折〉一文，針對臺灣從日治時期到戰後初期的語言政策做了說明，也引用巴赫汀的眾聲喧嘩理論來探究跨語作家們利用雙聲部、複調形式，來達成作者與主角的對話，建構作者的自覺意識。收入《鍾肇政全集33》，頁307-337。

察臺灣社會的現實情況禁絕日文日語的使用，甚至報刊日文版面的禁止，造成日治時期臺灣作家「失語」情況，臺灣文學發展也產生斷層。光復後臺灣的語言生態依然延續了日治時代的語言衝突的爭議[13]。戰後初期的臺灣人對於中文其實抱持著相當熱情學習的心態，但受限於臺灣當時合格的中文教師不多，且中國地廣各地方言多，來到臺灣的接收人員未必所說的就是標準的中文，因此也讓臺灣人在學習語言上挫折感很大。最後語言不通成為本省人與外省人之間產生隔閡的重要原因，國民政府忽視了臺灣民眾的心態變化，成為臺灣二二八事件爆發的遠因[14]。

　　《怒濤》小說文本中對於語言問題的處理除了運用多聲交響，更不斷陳述小說人物溝通上的障礙、停頓、慌亂情境，對於讀者來說，讀者的閱讀也因為語言的多聲部造成閱讀的停頓與斷裂，從閱讀經驗或從小說情境語言的停頓、慌亂，同時暗示人際關係的裂痕，無法溝通更產生焦躁與不安，衍生出更多的誤會與臆想，就如臺灣女性秀雲面對中國中尉無法溝通的困境與難堪。

　　　交談的艱困好像使得這位中尉的攀談興趣受挫了，只好停止再發問。另兩位軍官與那位卻開始互相交談。不時地，這三個交談者會把眼光投向沉默下來的中尉和她上面。錯不了，

---

13 李惠敏《國族主義影響下的語言政策及華語文教學》，國立師範大學華語文學研究所碩論，2000年。論文中探究臺灣戰後初期語言問題，且認為延續了日治時期的語言爭議。

14 許雪姬在〈臺灣光復初期的語文問題〉一文提及國民政府忽略臺民心理變化乃是造成二二八事件發生的遠因，參見《思與言》，第29卷第4期（1991年12月）。

那是在談她，以及他和她。他有時也會被迫似地應一句。而她，秀雲，卻一句也聽不懂——不，偶爾有一、二個詞，她還是會聽懂的，然而它們根本無法形成一個意思，只不過是散落的幾個語言的片段屍首而已。他們明明在談她！而且好像有品頭論足的意態。無助與慌亂漸漸變成難堪與屈辱。

（鍾肇政，1993：75）

除了語言特色，小說一開場運用意象來暗喻臺灣，以一艘歷盡戰火兵燹的老舊貨船，在戰火中毫髮無傷的陸家公廳象徵臺灣。首先登場的是日治時期的貨輪，戰爭時被日本政府徵用，充當軍部的運輸艦。戰爭結束中國接收，執行海峽兩岸運送接收人員、日兵、難民、掏金客，還有大陸出產來臺的商品物資，以及臺灣運往中國的蓬萊米與糖。這艘運輸船是戰後初期臺灣歷史的縮影，從船艙內的不同身分的人們，到貨輪所擔當的任務，即便曾經遭受過砲火攻擊，船身創傷無數卻依然忠誠堅挺地執行任務。這艘貨輪無疑成為臺灣的象徵，走過大風大浪，身經百戰，堅韌地見證歷史。

別說它曾經有過多少輝煌戰績，轉戰於黃海、臺海、南支那海以及南洋諸海域。它受到來自天空、海上、陸地的砲火攻擊不下二三十次早已渾身創痍，但卻號稱依然保有十二節的速度。以這樣的超級老爺船來說，該算是相當不錯的了。而戰爭結束後這一年多之間，它往來於上海、臺灣之間不下幾十趟，都忠誠地、確實地，且順利地完成了它的任務。去，是一批批一群群的乘客，有接收人員、淘金客，當然最大批

的該是復員日兵和「難民」吧，外加大陸上出產的商品、物資。回，則是清一色的蓬萊米、臺灣糖，常常地也還有一些機器之類。不錯，它既然跑了這麼多趟，就像戰場上身經百戰的老戰士那樣，這一趟任務，它還是會平安無恙吧，因為往後它還有好多好多的任務呢。（鍾肇政，1993：6-7）

另一個臺灣的象徵則是陸家公廳，陸家公廳距離軍方命令以「奉公」名義動員民工築起來的零式戰鬥機基地不過幾百公尺。無論是機場或鄰近田園裡做工的農人、住家都挨過機槍掃射或中彈，但陸家公廳倖存。（鍾肇政，1993：29）不管是老貨船還是陸家公廳，都刻印了苦難，象徵著臺灣歷經動亂，依然屹立不搖。

戰後初期歷史的集體記憶，所陳述展演的是大眾全體共同的記憶，這些不必然與個人的切身經驗有關，而「建構」主體性最重要的就是「他者」形象的建立。文本中將「臺灣人」與「日本人」視為一體與「中國人」對比；更從中投射了「落後」、「進步」印象，以及「貧窮可憐」、「貪污奢靡」形象差異，就如戰後港邊遣返回臺的「難民」景況，不管是臺灣人或日本人一身襤褸，歷經辛苦是可憐的「難民」，對比來臺接收人員的貪污、沉迷風月場合的酒醉奢華生活：

大都衣衫不整、蓬首垢面，並且席地而坐。說衣衫不整，好像還過分美化了，其實有不少人是破破爛爛的、髒髒污污的。難民。對啦。他們是不折不扣的難民。如何來說明這些人的真實身分呢？他們是即將被遣送返臺的一般人民，有被

日軍強征而來的軍夫、志願兵、特志看護婦、通譯、農業挺
身隊……該還有一大串名詞，也有被日本軍政府征用的雇
員、軍屬、囑託等等，名堂甚多，所來自的地方也遍及大陸
南北、西東，也有一大批從滿洲輾轉流落到這個大港埠的。
那一身身髒污與襤褸，顯示著終戰以來一年多的他們的艱辛
困頓與狼狽。（鍾肇政，1993：7）

他訝異於有那麼多的酒客，夜夜光顧那些形形色色的酒家，
並不是他們這一批人夜夜都有飲宴，每週總有一次、兩次，
有時也會三次、四次，然而每次他們駕到，總可以發現到幾
乎每個小房間都有人在吃喝，也有女人進進出出。……奇
怪！怎麼會有這麼多的人經常地在吃喝玩樂呢？（鍾肇政，
1993：81）

又如中國軍隊破爛模樣，與日本軍人的精神抖擻對映，透過
視覺外表服裝的落差，情感上也從原本欽佩的口吻，以為打敗驕
傲日本軍隊的中國軍隊即使穿著破爛但也一定有超人的神技，最
後因為接收人員的亂象，讓臺灣人轉變了形容詞，甚至出現髒
汙、戲謔、嘲諷語詞，稱中國人是「乞丐」、「豬」。穢物與爆
粗口，既是挖苦咒罵又是歡樂放鬆，在巴赫汀的狂歡節狂歡化理
論上，廣場語言的使用離不開髒字，「排泄與污穢，毀滅與羞
辱，這些與糞尿幾乎『同構』的文化聯想往往忽視了其自然生態
環境中的重要鏈結，即肥沃、豐產、再生」（劉康，1995：284-
285），狂歡節語言被認為是具有直接政治意涵、自發和反叛、
顛覆性的，是對官方與宗教的反動，也是文化轉型期意識形態的

根基。所以透過這樣的戲謔嘲諷語言也達到了對官方中國文化的顛覆反動。

> 在看慣了日本兵的人眼裡，這是難以置信的光景。……當初人們第一次看到「國軍」的印象。……有的還背著鍋子、雨傘，也有用扁擔挑著一些破家當的，人們互相走告：他們把那些家當放下了，個個飛簷走壁。他們就是憑這種身手打敗日軍的！爲志麟說明的人必定還會補充，什麼飛簷走壁，根本就是一群乞丐，一群豬。（鍾肇政，1993：120）

> 街道上日本人是不見了，卻換來了另一種人。他們的名稱也刻刻在變。從「祖國來的」、「大陸人士」、「接收人員」漸漸變成「長山人」、「阿山仔」、「お山」、「阿山」、「ブタ」、「豬」、「四腳仔」。……從這些片片斷斷的印象，很難凝聚成一個鮮明的映像，不過人多得如螞蟻，且貧窮、落後、猥瑣、卑賤等粗淺印象倒是有的，尤其那種斗笠、布紐的衣褲、赤足的身影，卻也難以拂拭。難道這就是支那人嗎？（鍾肇政，1993：119）

　　再來就是中國人與日本人最大的不同，也同時強化了「落後」、「進步」的現代性本質。中國人沒有時間的觀念，衝擊著受日本教育下遵守時間約定的臺灣人們，宴會不但遲到一小時，還絲毫沒有歉意。姜勻宴請家鄉親友與大陸長官，六點時眾多臺灣親友都已經入席，偏偏被列爲重要貴客的那些大陸客人遲不見蹤影。直到一個鐘頭後才陸續到來。大陸貴客到來的模樣作家描

述得詳細，甚至開始與日本人統治時做了比較，日本官員雖會稍遲駕臨，以示高人一等，但最多也幾分鐘或十分鐘左右。

> 明明說好是六點的，客人們也都早到齊了，三、四十人就在店鋪型的廳裡各各坐在已經擺好的桌席上，卻他們是四個穿制服、戴帽子的人物，腰邊皮帶上還有槍套。……還好這些人都笑容可掬地左右瞧瞧，點頭，外加表示友善、致意的手勢——似乎唯獨缺少一項在這種狀況下最不可缺的歉意。也許有什麼重要的事使他們遲了這麼久，不管原因如何，在這種場合是不會有人表示怪罪的，但他們遲了整整一個小時之久是明顯的事實，而他們卻那樣落落大方、和善、理所當然，並且絲毫不以為意，恍若他們遲到是應該的，大家等他們也是天經地義。……絲毫不見有歉意之色的時候，那種大方、和善便也成了虛偽的，甚至還是高高在上的。（鍾肇政，1993：69-70）

再來還有特殊流行語的使用，特別是指中國人貪污舞弊的用語，如「落袋」，就是落進衫袋裡，人們發明了這麼一個奇妙的新詞。「『私吞』、『歪哥』，這是新從大陸傳過來的，似乎都沒有人們所新創而且馬上成為流行語的這個詞來得那麼傳神。」（鍾肇政，1993：118-119）這些特殊流行用語在臺灣傳播的速度最快，連「莫名其妙」一詞也能讓臺灣人朗朗上口。《怒濤》中類似狂歡節的廣場語言，大眾粗口與污穢的語詞使用，無疑也象徵對於中國文化與中國意識的顛覆，也透過他者中國人形象的建構，凸顯了臺灣人的形象，但是不可諱言的，臺灣人的形象在

《怒濤》小說文本中是帶有日本性的，也就是志駿所說強調保留日本精神，透過主角志駿對日本精神的重新詮釋，認為是保存好的日本人做事態度與精神。

（二）戰後初期歷史記憶檔案化與《怒濤》中的文本互相融攝

國府接收後的戰後初期臺灣，隨著美日國際、官方祕密檔案、戰後初期臺灣報刊雜誌、學者研究報告、民間史料、個人口述歷史的紛紛出土，有了多重層戰後初期歷史的論述與詮釋，有交集也有衝突。就當時盟軍、中國官方祕密檔案與戰後初期的報刊雜誌紀錄而言，著重於政治層面與臺灣社會集體經驗的陳述，這些檔案是立即的、現場的觀察，凸顯了國際局勢的詭譎、臺灣各方勢力糾葛衝突，戰後初期臺灣歷史的複雜性、多面性。

針對二二八事件的調查或研究報告來說，檔案化了「二二八事件」，尤其是以往不可得見的祕密「檔案」，提供了更開放與更多的詮釋角度去關注事件，尤其是事件發生原因的歸納論述，也許可以還原更多的戰後初期樣貌。早期學者們投入二二八事件本身發生過程，到後來研究角度也擴充了對於事件發生前的國際與國內政治環境變動，如陳翠蓮對於二二八事件就以「派系權力鬥爭」、「國際與美中關係」角度來探究；許雪姬則從報刊、保密局的檔案來討論。因此擴充了二二八事件的詮釋角度與觀照視角。就以美國中國對「占領臺灣」、「光復臺灣」認知的差異來說，影響了臺灣人到底是日本人呢？還是中國人呢？臺灣人的定位關係到了後來接收臺灣後的作為，中國在美方默許之下，完成一場日本公私財產大掠奪，貪污舞弊，造成了中國接收人員五子

登科之荒謬狀況。[15] 1945年11月24日甚至發布〈朝鮮及臺灣人財產處理辦法〉[16]，將臺灣人視爲日本人民，公私產業全被列入敵產。最令臺灣人心惶惶不安的全國漢奸總檢舉，國民政府以漢奸罪名追究臺灣人的政治忠誠。回復中國人身分竟成爲清算罪名由來。如陳翠蓮所說：

> 在美中協力體制下，國府迴避軍事佔領事實，藉著美國的協助統治臺灣，宣稱臺灣「光復」，美方雖目睹在臺灣所發生的貪污腐化、軍紀敗壞、統治失敗、官民對立等各種問題，卻未有任何作爲，默許國府統治亂象，臺灣局勢不斷惡化，

---

15 臺灣戰後初期歷史的研究報告從美方盟軍戰略資料、保密局史料出土，顯示臺灣戰後局勢其實在戰前便已開展，從盟軍對臺灣戰略位置的重視與爲了牽制日軍對中國的拉攏支持，開羅會議中更確立中國大國的地位。戰爭後期中美參謀制定〈收復臺灣計畫要點〉，提出五項原則性的規定：1.中國佔領軍之任務。2.軍事佔領前對臺灣總督之指令。3.在臺灣成立新政府之準備。4.與美軍太平洋武力之協調。5.組成美軍聯絡組（U.S.A Liaison Group）等。8月29日中國戰區美軍總部完成了〈臺灣佔領計畫大綱〉。在美軍總部計畫中特別說明成立新政府，並派任一名行政長官，具有臺灣佔領軍總司令、民政工作雙重性質，臺灣調查委員會在1944年10月提出〈臺灣接管計畫綱要〉主張接管臺灣後成立省政府，以一般民政興革的省主席職務任命，且接收的細部工作安排上也可見大多爲限於行政接收。檔案內容參見臺灣省文獻委員會，《臺灣省通志稿卷10光復志》，頁11-18。陳翠蓮比對了由國民政府擬定「臺灣省收復計畫綱領」、「臺灣省收復計畫大綱」、「臺灣省佔領計畫」內容，與美方所提的〈臺灣佔領計畫大綱〉，可發現竟有許多不謀而合的地方，因此大膽地猜測以當時美軍在太平洋地區的勢力主導，戰略安排改變了中國原先設立省政府的決定，而確立了以軍事方式接管臺灣方式。從臺灣調查委員會主張一般民政性質首主席制，演變成爲軍事、民政雙重性質的行政長官公署制，使之同時具有軍事與民政之雙重職權。參見陳翠蓮，《重構二二八》，頁256-258。

16 〈朝鮮及臺灣人財產處理辦法〉完整內容可參見秦孝儀、張瑞成編輯，《光復臺灣之籌劃與受降接收》（臺北：中國國民黨中央委員會黨史委員會，1990），頁208。

直到二二八事件爆發。（陳翠蓮，2017：126）

除了戰後初期國際局勢、美中關係對臺灣的影響，中國內政相關的官方檔案中體現戰後初期臺灣成為中國黨政軍派系鬥爭的第二戰場。中國政局如共軍（紅軍）、閻錫山晉軍、雲南的龍雲、盧漢勢力、李宗仁與白崇禧的桂軍勢力，重慶國民政府中也有政學派、黃埔派、CC派、軍統、中統、嫡系、非嫡系軍隊等。還有臺灣本土派系，如半山派，島內還有以林獻堂為首的臺中派，由臺灣地方士紳先後組成政治研究會、臺灣政治經濟研究會、臺灣建設協進會等組織參與臺灣事務，力主臺灣人建設臺灣的態勢顯而易見。還有以蔣渭川、許丙為首的阿海派。左翼人士成員，如謝雪紅、楊克煌、王添強的臺灣人民協會；日治時期農民協會的簡吉籌組的臺灣省農會組織等等，增加行政長官公署治理的困難。

當時中國一方因為內部發展不均，交通又不發達，地方割據的勢力也未剷除，政治、社會、經濟上難以整合。國府派到各地接收軍政的官員充斥著大發戰爭財心態「劫收」[17]，使得人民對國民黨失去信心，也因此讓共軍有機可趁。再則政治上與經濟上接收的混亂，貨幣政策的失當，收復區的民心盡失，而陳儀及其所率領的臺灣省長官公署、臺灣省警備總司令部等來臺辦接收的機關及其人員的思維、意識、行動模式以及生活方式當然受制於

---

17 國民黨軍事接收上也被批評蔣介石以私心打擊非黃埔軍隊嫡系的部隊，派員解散了收復區的偽軍和游擊隊，加上內部黃埔派與CC派的鬥爭，讓共軍得以趁虛而入，有機會接收投奔而來的軍人。

中國大陸當年的環境和歷史文化，正是在上述一類的時代大背景下形成的。（戴國煇、葉芸芸，1992：59）

另外一個中國黨政軍勢力介入臺灣，且影響至深的恐怕要屬保密局臺灣站[18]的成立了，其為在臺建立情報網絡監視社會最力者。保密局在臺北、基隆、臺中、新竹、臺南、高雄、臺東、花蓮、澎湖等地成立九個諜報組，與中央政府情報單位聯繫，擬定運用臺灣社會團體與地方民眾蒐集情報工作，有關這些黨派的鬥爭檔案的陳述無疑在《怒濤》小說文本中比較沒有提及。

至於戰後初期報刊雜誌的檔案部分，提供了第一手的新聞報導及相關史料，對戰後初期諸多問題的呈現無疑是可與《怒濤》互為參照的。諸如臺灣戰後初期政治真空期[19]的歡喜，臺灣人熱烈投入響應光復的行動，度過光復初期的甜蜜期，國民政府的諸多亂象與失當的政策引發民怨，亦如陳逸松在《政經報》發表

---

18 依據陳翠蓮研究，1945年11月軍統局閩南站站長陳達元來臺擔任警備總部調查室主任開始，表面上是警備總部調查室主任實則為軍統局臺灣站站長。以警備總部職位掩護其從事軍統局情報蒐查及特務活動。早先在戰爭前就已利用臺籍戰俘進行特務訓練，且結合美國特工心理作戰科目，成立臺訓班。戰後軍統局將這些學員加以軍銜派返臺灣，另外還吸收臺籍浪人或流氓為線民，在臺灣社會建立起綿密網絡進行監視與調查。陳翠蓮指出就警備總部調查室在1947年初製作的〈各縣市奸黨份子名冊〉，監視名單有118人，致可歸納列入黑色名單造冊的有五種人士：1.日治時期參加農民組合、臺灣共產黨、新文協、黑色青年聯盟等左翼人士，如謝雪紅、蘇新、王萬得、楊逵等。2.戰後來自中國的人士如基隆中學訓育主任戴樂志、廣播劇作家宋非我等。3.戰後批評政府支持本土活躍人士如基隆市參議會副議長楊元丁、高雄市參議員楊金虎等。4.官方人士如新竹縣長劉啟光。5.中國共產黨來臺發展的臺灣省工作委員會組織，主要負責人蔡孝乾。（陳翠蓮，2017：147-161）

19 對於「政治真空期」一詞以及此時間內臺灣地方領袖與知識青年兼負起戰後治安與社會的穩定力量說法，主要是依據吳濁流或葉榮鐘的紀錄，而大多的研究學者也都援用，以「政治真空期」來界定這段時間。

〈社論——現下臺灣政治的出路〉點出了戰後初期國府接收的亂象，以及臺灣社會面臨的諸多社會問題，如貪汙、通貨膨脹、日產處理、工廠與物資、臺籍人士任用與失業問題等等：

> 今日的臺灣政治是成個什麼樣子？高唱主義，少見實行；抽象的原則論旺盛，具體的方策論罕聽；貪官污吏結群成黨，清廉的官吏難得立腳；長官高呼肅清，下屬孤行所好；經濟有五個年計畫，建設無明日豫定；日產處理有委員會，房產工廠毫無定策，監理制度繼續十個月，工場原料將近賣清；本省人股份毫不必顧慮，只將日人有關公司全部接收；受日人強佔地產有法恢復，八·一五以前確實從日人買來而未登記或八·一五以後登記的全部無效；火車電力自來水郵電所有公共事業乃五倍又十倍十五倍地抬高價格，其能率效用少見改良的痕跡；官廳薪水累次抬高，民間不能用人；官廳整理大批本省人，失業男女饑寒交迫；牽親引戚挑販理髮匠可做科長主任，背景無人大學畢業生竟覓無一職等等。（陳逸松，1946：3-4）

報刊檔案呈現的問題是第一手史料，更是臺灣人戰後初期的共同記憶，其中影響民生最大的問題莫不是米的問題，臺灣產米但臺灣人民卻沒有米可吃，甚至吃不飽。臺灣存米是不少的，原本可支持兩年的庫存，移交出來以後，拿去支援大陸糧荒、支援國軍剿匪軍事行動——大批大批地運往上海。最後連糖、樟腦等等，日本人儲存的大量物資都運往大陸。但實際上接收到的糧食、物資、工廠只剩下空殼子，能拆除或變賣的東西都被拆除變

賣「落袋」了。連桃園機場上在戰爭中倖存的零式戰鬥機命運也坎坷，變成了廢鐵給賣掉了，甚至傳言接收部隊在亮光光的機身上澆了鹽水讓它快速腐朽，以便快速拿去拆除變賣，路邊便出現了許多漂亮的鋁鍋。

此外還有假貨與假冒的問題，大陸傳來的「囤貨居奇」、「買空賣空」，光怪陸離的各種做生意方法，是過去在日本統治下重視商譽的日本人所不齒，現在臺灣人也趕上了流行商業道德全無，「偽、詐、狠三個字成人們所信奉的指針。」（鍾肇政，1993：119）這種虛假的事情甚至還發展到買賣臺灣人的事項，小說中記錄傳言一個大尉在鄉里招募士兵，打著加入國軍有安家費，還能夠學技藝開飛機的幌子，還稱說大陸數百萬士兵不需要臺灣兵上戰場，騙了一票的臺灣兵到中國，卻一去不返。後來祕密是大尉夫人傳出來的說道：

> 大尉把人馬帶到上海，領了錢就又回來了。領了錢？大尉領了錢又回來，可是那些臺灣兵可沒有回來呀。而他領的錢，又是什麼錢呢？人們祕密地傳告著，是把一批臺灣兵賣掉的錢，而買的卻是共產黨！！因為共產黨出的價錢高啊，真是匪夷所思，可是這年頭，一切的匪夷所思啦，並且越是匪夷所思越有人相信傳告。（鍾肇政，1993：210-211）

這件匪夷所思的事情並未獲得證實，僅止於傳告，然而卻也揭露了臺灣當時可能存在著的販賣人口問題。臺灣人民的生活越發貧窮困苦，物價又不停地上漲，米價在日治時期被總督府控制在兩角一斤，國民政府來臺灣之後從四角一斤的米漲到了十元。

戰時日本人實施「統制經濟」，民生必需品全面配給，米價一斤釘死兩角一，「闇米」，在暗地裡風行，卻也不是可以輕易購得的，價錢則由三角一直漲到四角、四角多，已經貴得嚇死人了。日本降伏，統制瓦解，「闇米」成了歷史名詞，願買多少便有多少，米是確實有的，其他各種物資也都一樣，一夜之間從樣樣都缺變成樣樣不缺。然而，料不到的事發生了，樣樣不缺固然沒錯，卻也樣樣貴，貴得匪夷所思，有時還三天兩頭地就漲一次。漲價一次。終戰時四角或五角一斤的米，才多久呢？先是破了一元大關，不久兩元大關也輕易地給沖破了，到了過年時竟然達到一斤十元的破天荒數字！沒有人相信米會貴成那個樣子，可是事實就擺在眼前，不由你不面對。大部分的人都買不起米了，只好恢復戰時的方式：吃粥，或者摻大量蕃薯籤。（鍾肇政，1993：29-30）

除了社會共像陳述之外，也羅列其他國際與中國境內所發生的事件，但因為並非主角的親身經驗，作者透過交談和旁白的描述來處理，例如北大發生的女大學生遭到美軍強暴的事件，中國內地的反美情緒與活動的紛起。小說中也記錄起當時衛生管理出現問題，臺灣出現了傳染性疾病，防疫工作下還得應付前來看病不排隊霸道的中國人。總總的臺灣社會層面的共同記憶描述，作者透過展演的方式在小說中建構了戰後初期的臺灣歷史，包括「二二八事件」，作者以一個黑雲密布來形容事件後臺灣的景象，更沉痛地提出了心底的領悟，或者說是憤恨。

臺北天空罩上了一團濃濃的黑雲，不，全臺灣都一樣，那是恐怖的黑雲、血腥的黑雲。在那黑雲底下，固然有少許人獰笑著，偷偷地喜悅著，但絕大多數人只是恐懼、惶悚，並由此而自然萌生憤恨。他們看清了那些支那人的真實面貌，除了貪婪、腐敗、卑鄙等等之外，還加上了一個領悟：他們是殘酷的屠夫，泯滅人性的惡魔。（鍾肇政，1993：339）

二二八事件在小說中是透過志鈞和志麟的視角來進行展演的，但小說角色有著「剩餘視域」的問題，為求事件的完整表述，作者鍾肇政交雜以檔案式資料解說方式呈現，將「二二八事件」乃至後續發展進行時間流的「重現」。從專賣局前群眾呼喊嚴懲查緝員呼喊聲，群眾的轉移陣地，憤怒的臺灣人對外省人毆打，以及最後到行政長官公署前的掃射，以及後續臺灣各地的響應行動。小說中二二八事件後，主角志鈞、志駿兩人懷抱一腔熱血，投身反抗軍行列。小說結尾志鈞以革命者形象壯烈犧牲，志駿則以見證者姿態，記憶並重現事件，亦透過人物慷慨激昂陳詞、保衛家園反抗威權的戰鬥行動定義了二二八事件。

不錯，那是一場戰爭，不折不扣的戰爭。外族來了，我們是為了保衛自己的土地家園，當然要打，甚至上一兩代人是明明知道打不過人家的，還是起來打，土炮也好，伐刀也好，只要是能用得上的武器那怕是農具也好，拿起來就跟人家的機關槍、大砲拚上了，既是異族，手下當然不留情，是死了不少人，死的人恐怕也心不甘情不願，然而那是民族大義，死得有價值。現在呢？那些人卻是口口聲聲稱同胞講仁德

的，還有什麼炎黃子孫啦，血濃於水啦，這樣的同胞手足，殺起來竟然也這麼殘忍冷酷，甚至那種手法，只能說是更殘忍冷酷，死的人還是莫名其妙的，更不用說值不值得了。（鍾肇政，1993：338）

《怒濤》小說中反抗軍描述連結二二八事件後二七部隊、斗六民兵的史實，反擊國民政府以共黨叛亂界定二二八事件。國民政府決定武力鎮壓後的十天內，當時的國民軍隊幾乎沒遇到任何抵抗，只有遭遇退到埔里的二七部隊、陳篡地的斗六民兵的反抗而已。依據解嚴後二七部隊諸多成員回憶錄的出版，說明了當年二七部隊成員多是自願性投入，有的是學生、退伍軍人，甚至連像樣的武器都沒有，非訓練已久的反抗部隊，乃屬臨時性的組織。國民政府與中共同時將二七部隊做為其政治籌碼。一個是撇清殘殺責任，將二二八定位為共黨叛亂，而中共又以此為己之功勞，人民戰鬥，兩方都有政治權謀意圖。鍾逸人說起二七部隊的成立與臺灣人為保護臺灣的赤誠之心：

> 二七部隊成立的消息，在短短一夜之間，幾乎傳播到半個臺灣。……自早晨到中午之間，已有各地各種不同組織的退伍軍人、學生等十幾個單位陸陸續續前來報到，有的自己有槍，有的祇有幾把軍刀，有的甚至什麼都沒有，但每一個人都有一顆願為臺灣拚命的熱誠赤心。他們的熱情，他們的犧牲精神令人感動。（鍾逸人，1994：486）

關於二二八事件的反正，乃是在1987年解嚴後，行政院組

織了二二八事件研究調查小組，撰寫了《二二八事件研究報告》，四十年後再次以官方政府的角度重新回顧歷史整理二二八事件發生原因，人謀不臧之外，歸納有政策、文化、情感、社會等層面，共九個因素[20]，重新審視這段歷史傷痕。大抵綜合從政策、經濟、文化情感等方面來檢討與究責。官方的檢討報告書也許還了歷史的清白，二二八事件定調爲亂黨叛亂的抹黑與汙名化得以消除，但是當年武力鎮壓與白色恐怖下，恐怕是無法以一份官方報告書就能彌補的。官方之外許許多多關於二二八事件的個人傳記與回憶錄、各縣市二二八事件發生與傷亡調查研究書籍，隨著解嚴排山倒海般地出版。無數的個人與家庭小歷史的書寫，積累如海汪洋般的磅礴血淚，呈顯戰後初期最鮮活、最人性的一

20 根據行政院研究二二八事件報告中就四個面向載明了九個因素。（一）省臺政當局忽視臺人心之所嚮：陳儀信任部屬未能約束其貪污行爲，致使臺人失望反感。加上統治上不平等對待，言論、出版等各方面臺人受到的限制等。（二）阻饒大陸臺人回鄉：陳儀續用、優待日人，重用日治時期御用紳士，使臺人對行政長官公署失望。（三）處理日產與臺人財產不當：國民政府『關於朝鮮及臺灣人產業處理辦法』對臺人打擊甚大。（四）臺人在政治上遭受差別待遇：外省人獨佔了上層政治職缺，加上『同工而不同酬』也讓臺人不滿。（五）部分官員之官僚作風與貪污行爲：政治上缺乏效率，官僚作風盛，各機關冗員太多，甚至與人民爭利，對公務人員觀感甚差。（六）政風與軍紀太差：仗勢公職之便行貪污舞弊之情事，軍隊紀律太差。（七）通貨膨脹嚴重：臺灣的經濟日益困難。工業原料不足，生產機構殘破，交通器材缺乏，財政困難，技術人員難以補充，糧價居高不下。（八）統制經濟與民利害：陳儀繼續日人在臺專賣制度而設置專賣局，又設了控制省內外運輸的貿易局，幾乎壟斷了臺灣的民生貿易與工業各層面。（九）臺胞與祖國的隔閡：國共戰事不斷升高，全國性經濟危機發生，物價上漲，社會失序，人心不穩，國民政府難以致力經營臺灣。但臺人對祖國情況所知不多，處處拿日治時期的軍政經社會等方面與戰後中國政府所治理者比較，感到祖國不如日人，轉生輕視鄙夷之心理。參見行政院研究二二八事件小組（召集人：陳重光、葉明勳，總主筆賴澤涵），《二二八事件研究報告》第一章，頁3-27。

面；對於受難者或家屬的生命磨難與心靈折磨，卻也是大歷史中最黑暗、最沉痛的一面。《怒濤》小說也著力於人物主角的生命經驗、自我的對話，呼應著戰後初期二二八事件後個人生命史書寫浪潮。

三、歷史之外──《怒濤》文本中人物生命記憶、對話與趨變

《怒濤》小說中陸氏家族龐大，除了居住在臺灣的，還有具有留學日本與中國經驗的成員，戰後都回到臺灣，帶著各自的海外經驗在戰後初期變局中演示著不同角色。主角為留學日本醫學生戰後學業未成返回臺灣的志麟、從滿洲回來厭惡中國人的志鈞、留在故鄉擁有帝國二等兵經歷的志騤。志騤、志麟、志鈞的安排各有其意義，展現了戰後初期臺灣社會的多重層性，也體現各種不同背景的知識份子生命樣貌。

故事開場晚宴中的陸氏家族也是日治時期臺灣人（群體）縮影，青年人或留學日本，或因為不同的目的前進中國。小說中父執輩的維禎、維尚、維國，從中國回來，維禎日本留學後前往滿洲國祕密替國民政府工作，也是戰後出任縣長的熱門人選；維尚則是曾經在北京擔任郵政總局局長；維國在祖國求學，回來就成為了臺北帝大的教授。另外是從日本內地回來的東京帝大醫學生的志麟，留學日本的光環如同頭上的角帽高人一等，讓人目眩神迷，加上父親維林在臺北行醫頗負盛名，兄長志麒又是榮獲醫學博士頭銜的頂尖人物，家世背景和留日的經歷讓他成為宴會中子侄輩中的焦點。而到中國留學從滿洲回來的志鈞，在中國經歷更

不同凡響。

（一）中國（滿洲）經驗與革命家生命記憶——志鈞

志鈞的特色從一開始在船上便已展現，他對於三腳仔忘記了自己臺灣人身分的姜匀便充滿了敵意。不認同中國人，對於中國人在臺灣的一切行為採取批判的角度，且往往一針見血，外在的表現激越昂揚，分析時局透徹又犀利，相較於留學日本的志麟、留在臺灣的志驤，志鈞對中國的敏銳度與批判性，乃是源自於他的中國（滿洲）經驗，讓他最具有主見性，不至於被中國假象魅惑，也得以很快地針對現實環境做出應變。志鈞的中國經驗在滿洲，滿洲國是1932年在日本扶持下建立的，由於日本給予願意遷居滿洲者更好的工作機會與待遇，臺灣和朝鮮殖民地有不少人民懷抱夢想前進滿洲新天地。臺灣人因擁有原鄉中國與日本殖民地人民的重層身分處境非常尷尬，日本戰敗中國勝利後，臺灣人從戰敗的亡國者，變成中國國民，到清算時又變成漢奸，政權轉移下臺灣人身分不斷地變化。也因此滿洲客的志鈞面對中國人與日本殖民者，有更深切的體認和感受。對於中國人的兩張臉孔，一方面對著臺灣人說是同胞，另一方面卻又武力鎮壓手無寸鐵的臺灣人，更是批判痛斥：

> 先那邊的人和我們就不同，他們從一般的互相殺戮、殺人、被殺，早就習慣了，這點我是親眼看過來的。我們這邊可不是，還有在我們這邊，也還有番薯和豬的不同，就是本省外省啦！我覺得番薯本來好像就有一種排他性，這也許是由於出外人，更加上過去都是被欺負的歷史所造成的。也許這也

是一種防衛本能吧！因此同樣是番薯，也互相憎惡，例如以前是漳州人和泉州人，還有福佬人和客家人，番薯和日本人不用說也是，所以外省人來了，起初大家都說是同胞啦！手足啦！末了也領悟到阿山的卑劣，結果感到無可比擬的畫面。（鍾肇政，1993：258）

志鈞痛恨國府的謊言，對於國府統治臺灣的亂象也感到不滿，對於臺灣國際局勢也有較深的了解。如中國內地發生北大女學生被美軍強暴的事件時，各地反美示威紛起，臺灣大學也發起，志鈞卻有不同的看法，他認為鑑於以往在中國（滿洲）經驗，國民黨中派系鬥爭嚴重，加上國共內戰，學生容易被煽動，最後受傷的可能是臺灣人。從國共內戰到國民政府撤退臺灣兩岸對立，現在又本省外省人的問題，所以他不建議太過投入，他說：

臺灣也受到波及了，不應該說被捲進去了吧？從大陸那邊來了不少學生，都進了臺大，正在大肆活絡學生運動的領導者當中，有不少就是這一類人，就是紅的啦！搞的便是反美示威，打算從臺灣，不，應該說從全中國把美國人趕出去。學生們之中有不少被煽動了，不過根本上我們本島人並不喜歡紅色的，這就是說整個事情當中還要加上本身和外省的問題，還有國民黨這些豬早就腐敗透了，到處都有他們的特務在暗中活動，一方面想抓紅的，另一方面也想壓制本島人的事，國民黨的特務還有種種派系，你爭我搶，勾心鬥角，老實說，這些我也還不太了解，太複雜了，我們本島人只有吃

虧的份！（鍾肇政，1993：250-251）

　　志鈞的中國（滿洲）經驗讓他對於中國人較於其他臺灣人有先見之明，對於權力角力情況更爲透徹。除了中國人他對於臺灣人也同樣站在批判角度上，點出臺灣人內鬥眞相，排他性強。直言臺灣人對共產黨紅軍沒有興趣，點明中國人在臺灣建立特務網絡，操弄權力鬥爭，這些都是臺灣人應付不來的。

　　在二二八事件發生時他帶著志麟一起在現場，立志要做時代的見證者，最後還毅然決然地投入反抗軍的行列，擔任起隊長帶領隊友，佔領機場衝鋒陷陣，在死前慷慨激昂陳詞說：「諸君的性命，我都要了，千萬勿存活著回來的想法，爲了我們的同胞，我們要戰鬥到底，讓我們活在悠久的大義裡。」（鍾肇政，1993：361）志鈞被塑造成一個壯烈犧牲革命家角色，立志做時代見證者的他最後死亡，他生前的話語以及他的死亡點燃了其他人心中的火苗。

　　堂兄弟兩人參與群眾保持稍許的距離，很明顯不是他們只顧置身事外，而是滿洲客自有自由主張。他要當一名歷史的見證者，他要好好的把這歷史的一幕烙印在腦膜上。至於志麟他是清一色在軍國主義色彩的社會與皇民化教育環境下長大起來的，他從未見識過這種場面，都出乎他想像之外。原來他有些當野次馬（看熱鬧的反應），然而此刻受到群眾的龐大魄力震懾之後，漸進的被激起了好奇心與共鳴的熱血，表面上似乎還是被堂兄他牽著，事實是他也融入群眾當中了，此對堂兄的話他也深有同感，一點也沒錯，他本身也確實感

到一無可怕了。（鍾肇政，1993：270）

在日本皇民化教育長大的志麟，對政治並無熱衷，但因為與志鈞共同經驗了二二八臺灣人民的抗議活動，體認到時代巨輪的不可抗力，志麟雖然最後並未投身民兵行列，卻也在不知不覺中受到了影響與改變，重新省思自己人生與未來方向。

（二）日本經驗、異文化衝突對話與新多元文化誕育——志麟

志麟頂著留日醫大學生光環，在日本留學多年，戰後返回家鄉得到家族成員的敬重，可是他對於外在局勢的變化並不了解，也極少去思索其中問題的癥結。具有日本經驗的志麟，對於日本社會與時局的熟悉度更勝於臺灣，除卻留學生的日本日常學習記憶，偏重於日本戰敗後的凋零與殘敗景象，對於日本戰敗讓他無法在日本繼續完成學業心有遺憾，對於臺灣未來的見解不免太過理想化，對於臺灣脫離日本統治後各種建設充滿信心與動力，可是卻遲遲沒有提出具體的解決辦法和做法。唯一有見識的地方是提出臺灣人需要學習英語，強化西方文化了解與外語能力的提升，暗示了臺灣文化的多元趨向與未來發展，融鑄原有的日本文化、中國文化，需要再加入西方英語文化，提出更具國際化多元的臺灣文化提升。

志麟與長山女子韓萍，有不同的身分與文化背景，日本與中國兩種異文化的接觸，起先因為彼此存在著語言的障礙，到後來彼此愛戀，乃至認清現實而分離，或小說中未提及的可能性，因孩子而復合的結果。志麟與韓萍的愛戀、結合、了解而分離，正

是受到日本文化影響的本省臺灣人與純正中國文化思維的外省人在戰後初期接觸後的景況投射。不同文化背景的臺灣本省人與外省人因新奇、好感，然後差異、衝突與分離，到預告誕生新文化，凸顯戰後初期本省人與外省人的文化語言隔閡，及價值觀差異，成為二二八事件肇因。

小說中對於志麟韓萍的愛戀，大家並不看好。但兩人進展快，享受著戀愛的甜蜜，韓萍後來懷孕了也就辦理結婚，婚後兩方生活慣習不同，韓萍保有中國的習慣，吃的物品、生活習慣等，她直接帶進婆家，陸家公婆慢慢接受，至此改變了陸家原有的生活習慣。這段情節安排暗喻著臺灣社會在國民政府與中國人來臺後，臺灣人被迫因應改變，接受國民政府所給予的所要求的。直至二二八事件發生，兩種文化的衝擊達到高點，此時的志麟開始面對臺人奴化汙名、文化認知差異等，與自我內在主體進行對話。志麟與韓萍兩人的立場不同，注定了兩人將來可能要分開的命運，也標示了在二二八事件後兩方之間的鴻溝已然產生難以消弭。

> 對志麟來說，說正確一些，應該是他從日本回來以後，所見所聞都那麼明顯的表露著，政軍人員為首的那些支那人，只能說是野蠻的。而在韓萍的意識裡，立場恰恰到反過來了！這些臺灣人才是落後的，沒有文化水準的，若有，也只是皇民文化、奴化文化的。野蠻小攤販不應該為犯禁令，查緝員應該是正當的，即使有人因此受了傷，乃至出了人命，也不過是芝麻大小的事。就是因為皇民、奴化太深，所以才會為了這種小事鬧成那個樣子，還要顯示出對祖國人士的激烈排

斥，這就是野蠻就是造反。爭執到這個地步，心中的疙瘩和遺憾也演變成無法彌補的鴻溝了。（鍾肇政，1993：333）

　　兩個不同文化接觸初期帶著甜蜜，志麟在與韓萍高調談戀愛時，便成為眾人關注的焦點，等到了婚後卻發現彼此的差異太大觀念也不同。他才去面對和思考，他與韓萍到底是愛還是肉體的吸引。小說中兩人「肉體」和感官慾望吸引，甚至是將要誕育下一代，孩子代表新生命的開始，這肉體開放與呈現代表的正是兩種不同文化的交流、衝突和新文化的誕生。

　　當志麟突然被迫不得不面對這個問題時，他第一次感覺到對她的一種依戀，前此，他確實也感覺到他是愛她的……如今情形有了個突變，他這才領悟到原來過去只是男女肉體上的互相吸引而已，然則目前的這種依戀，也只是對她的肉體的需求嗎？抑或是發自肉體的滿足使他萌生了對她的愛？他簡直沒有辦法解答這個疑問，並且還越想越使他迷惘。如果說這迷惘中還清晰的部分，那就是他可能會失去她以及他的孩子──這孩子是陸家的骨肉啊──的絕望感。（鍾肇政，1993：343）

　　雖然兩人間鴻溝與傷害已造成，復合恐無望，要完全弭平傷痕也不可能，但作者留了一個伏筆，即是兩人未出生的孩子，是一個新希望。小說結尾並未交代韓萍肚中孩子的去處，卻也預示了臺灣社會新文化即將誕育，帶著傷痛歷史的新生命，將鎔鑄不同族群與文化，走向下一個新歷史。另外一個協助志麟開創新局

的還有志鈞的死亡，當志麟從志駿口中得知志鈞為了臺灣人民，為了他們這一代的年輕人犧牲，死亡讓他思索人生接下來的道路與意義，激起了他勇敢向前的意念，終於拿出了行動與作為，決心回到日本繼續完成學業，「新生」與「死亡」便是激勵臺灣向前邁進的動力，記憶革命者的犧牲，衝突後新文化誕育，寄寓臺灣重生的希望。

（三）餘生見證者與土地的對話──志駿

第三個主角是在故鄉就讀農林學校，戰爭末期被日本徵召帝國二等志願兵的志駿，在小說一開場面對這些長輩和堂兄弟，聽著志鈞與志麟兩位堂兄高談闊論，說著東京空襲躲防空壕，與缺糧和「學徒出陣」的經歷，或是志鈞在滿洲親身經歷的日本與蘇俄「諾蒙漢事件」、「張鼓峰事件」兩軍交戰，日軍「肉彈攻擊」法抵擋蘇俄坦克車的壯烈，還有從中國逃難回臺的故事，在在都讓志駿感到自卑，使他痛切地感到自己比人家著著實實矮了一大截。

> 這兩個堂兄可以說曾經置身激動的大時代，在滔天巨浪般的險境裡力泅彼岸生還的。反觀自己，既無輝煌學歷，雖然也當上了兵，算是「皇軍」一員了，卻只不過是在島內，既未在槍林彈雨中出生入死過，受到的苦楚也不過是日本兵營裡司空見慣的凌辱踐踏而已。故此，兩位堂兄的交談，越聽使他越覺自己的渺小與卑微。（鍾肇政，1993：27）

志駿的自卑乃源於國際變局與海外生命歷練的缺乏，志駿的

角色明顯地有著作者鍾肇政的影子，如留在故鄉未能遊歷日本或中國，曾經是帝國軍人身分，成為二二八民變歷史的見證人，一個口述、一個書寫，同樣都是見證與建構歷史。延續著鍾肇政歷史小說自傳性強烈的特性，作者鍾肇政與主角陸志驤透過小說進行對話，陸志驤作為鍾肇政分身的虛與實，同樣也見證與記錄鍾肇政個人自我意識的建構，以及生命記憶的樣貌，所有的喜怒哀樂。

志驤因為家庭貧窮，一直以自己書讀得不夠多而自卑著，留在家鄉找了個工作擔任山林巡山員，看盡所有中國人的官場文化，紙醉金迷。對個人精神上或生活上都沒有發展，鎮日醉生夢死的活著，官場陪笑臉，但對這他卻感到自卑，且生厭這樣的自己醉生夢死般活著，於是在二二八事變後志驤毅然決然投入臺灣反抗軍，成為臺灣軍、戰後初期歷史的參與者，也是革命者志鈞死亡的見證者。

> 他經過這些日子以來的歷練，也是令他自己生厭、自卑的力量。已經學會如何按耐自己，裝扮自己了。嗟嘆之間，他那麼自然地裝出一副附和的樣子，小小笑出聲音來，這會多麼歡樂事，總算把這個場面應付過去了。是啊！醉生夢死，在醉意裡活著，在夢境裡死去，就是人生嗎？這是什麼人生？
> （鍾肇政，1993：287）

> 他內心裡有種體會，真的，我們是臺灣軍呢！這才是真正的臺灣軍人，就像剛才志鈞隊長說的，這是支那軍與臺灣軍的對決，臺灣軍三個字雖然當帝國陸軍二等兵時也經常會提

起，或者被提到，但從來也沒有過真切感。這一刻他彷彿第一次明瞭什麼是臺灣軍了。（鍾肇政，1993：230）

　　小說中志駿的自我獨白可說貫串整個小說，就連二二八事件後投入臺灣反抗軍戰亡的志鈞最後的生命故事也是透過志駿口中道出。志駿作為故事推進與連貫情節的主角，被安排為山林的保護者姿態出現，山林土地是臺灣根本，代表的是一個穩定堅毅的力量。甚至最後將要投入臺灣軍行列前與阿由米告別，清楚知曉了阿由米的心意後，感到幸福，可是橫梗在面前的卻是臺灣人民沒有希望的未來，除了投身反抗別無他法，阿由米送了一塊花王香皂作紀念，這個紀念品也將成為他幸福的來源，知道故鄉有人在等待他。他不斷重複地自我詢問幸福嗎？也許沒有未來，但至少此刻的自己是幸福的。香氣與幸福是相互呼應的，而死亡與幸福在此同時被並列，代表了壯士的死亡帶來未來的幸福，痛苦的記憶會伴隨著餘生，但有記憶的餘生也是幸福可期的。

　　幸福，我幸福嗎？志駿禁不住的在內心理質問，這就是幸福不錯。這的確就是幸福吧！然後他如今變得多麼遙遠了呢？或許我還需要逃亡，也或許那一隻魔手伸過來，讓我無處逃離魔手掌心，然後這些日子裡，傳聞亦聽了不少某甲的誰被殺了，多少多少人全都失蹤了，哪兒港邊浮屍數也數不清，哪兒河上也浮起一大串又一大串，哪兒的荒野，哪兒的亂葬崗，哪集體的用鐵絲穿過手掌，……志駿腦膜上浮現了那血腥的一幕，那是滿洲客志鈞堂哥的血，還有托西林俊雄的血，那鮮紅的血噴灑在泥牆上，連一句自絕都沒有，人就倒

下了。帝國軍人都是喊「天皇陛下萬歲」或者「大日本帝國萬歲」才死去的。不管真假如何，至少那時候他們都是這麼說的，還說那就是日本精神，是帝國軍人的本色，是武士道的機制！……這樣的社會，這樣的時代，這樣的時候，哪會有幸福呢？誰是幸福的呢？一顆花王石鹼（花王香皂）是真意的寶貝。（鍾肇政，1993：354-355）

　　志鈞死亡後志駿回到故鄉，與阿由米再相遇，保住命也保住了工作，一切回到正常的生活軌道，繼續在山上保護山林的工作，也繼續燈紅酒綠、醉生夢死。一切平靜地好像從來沒有發生過任何事情，往後的餘生，也許有人記得，也許沒人知曉。作者透過三個角色完整了戰後初期臺灣年輕人的生命，以他們三個人生命的遭遇與生命決定為紀錄下戰後初期所有臺灣人的命運，以及不同的生活樣態，有為理想而死、有繼續前行追尋夢想、也有以劫後餘生一輩子去記得的。

四、結語

　　戰後光復初期與二二八事件的書寫卻礙於戒嚴、白色恐怖陰影被壓抑、強迫性空缺，解嚴後鍾肇政書寫《怒濤》一書有意識地填補、重建了這段歷史記憶。《怒濤》以小說「文本事件」重新詮釋與建構戰後初期二二八事件前後的臺灣社會。小說中透過語言多聲響與小說語言象徵性來凸顯臺灣當時語言問題，以及透過小說語言來進行對中國文化顛覆反動。另一方面也透過與戰後初期歷史檔案的互相融攝參照，將這段壓抑的、延遲的記憶，片

段地進行展示與展演。如米荒、通貨膨脹、虛假與詐騙、中國人不守時貪汙、防疫工作、二二八事件與反抗軍行動等等。然而小說中除了臺灣這段延遲歷史的書寫建構外，更透過小說主角書寫了作者抑或是同時代其他青年的個別生命記憶與歷程。作者以志鈞、志麟、志駸三個角色來代表戰後初期臺灣青年全體，透過他們人生境遇樣態與生命抉擇轉變，詮釋戰後初期所有臺灣人的命運與選擇，有堅持為理想赴死的、有選擇人生繼續前行勇敢再追尋夢想、也有選擇以劫後餘生來記憶、見證這段歷史的。也透過三位主角的生命歷程展演鮮活而深刻地重現了戰後初期歷史。對於作者本身也透過小說主角志駸個人自白進行了對話，達成生命的回溯與意義的追索。

參考文獻

臺灣省文獻委員會，1952，《臺灣省通志稿卷10光復志》。南投：臺灣
　　省文獻委員會。

行政院研究二二八事件小組，1994，《二二八事件研究報告》。臺北：
　　時報文化。

余昭玟，2004，〈鍾肇政的跨語歷程與創作轉折〉，收入《鍾肇政全集
　　33》，頁307-337。

吳濁流，1999，《臺灣連翹》。臺北：草根出版社。

李惠敏，2002，《國族主義影響下的語言政策及華語文教學》。臺北：
　　國立臺灣師範大學華語文學研究所碩士論文。

邱德亮，2008，〈事件回歸之後，歷史如何書寫事件？〉，《新史
　　學》，第19卷第3期抽印本。臺北：新史學社。

秦孝儀、張瑞成編輯，1990，《光復臺灣之籌劃與受降接收》。臺北：
　　中國國民黨中央委員會黨史委員會。

許雪姬，1991，〈臺灣光復初期的語文問題〉，《思與言》，第29卷第
　　4期，頁156-184。

陳建忠，2004，〈後戒嚴時期的後殖民書寫：讀鍾肇政《怒濤》中的
　　「二二八」歷史建構〉。收入《鍾肇政全集33》，頁424-459。

陳逸松，1946，〈社論——現下臺灣政治的出路〉，《政經報》，第2
　　卷6號，頁3-4。

陳翠蓮，2017，《重構二二八》。臺北：衛城出版社。

黃涵榆，2013，〈「歷史可以被原諒，但不能遺忘」，或生命的歸零？
　　有關檔案、見證與記憶政治的一些哲學思考〉，《文山評論：文學與
　　文化》6：2，53-92。

劉玉慧，2010，《歷史記憶與傷痕的書寫——鍾肇政《怒濤》研究》。
　　臺中：國立中興大學臺文所碩士論文。

劉康，1995，《對話的喧聲──巴赫汀文化理論述評》。臺北：麥田出版社。

歐宗智，2002，〈本土小說裡的族群情結──以「怒濤」、「埋冤一九四七埋冤」、「浪淘沙」為例〉，《臺灣文學評論》2：1，78-83。

錢鴻鈞，2001，〈「怒濤論」日本精神之死與純潔〉，《臺灣文藝》176，29-57。

鍾肇政，1993，《怒濤》。臺北：前衛出版社。

鍾逸人，1994，《辛酸六十年（上）》。臺北：前衛出版社。

蘆普（Rebecca Rupp）著，洪蘭譯，2004，《記憶的祕密》。臺北：貓頭鷹出版社。

第十二章
鍾肇政文學中的原住民族群關懷書寫

蔡政惠

國立臺中科技大學通識教育中心助理教授

一、前言

　　關於鍾肇政文學中對於原住民族群關懷的創作，可由戰後1945年到1980年代解嚴前夕的書寫爲主，當年臺灣文壇在較爲缺乏原住民作家的背景下，關於原住民歷史勾勒與人物形象刻畫，多被隱沒於臺灣歷史、臺灣人物形象書寫所建構的脈絡之下。鍾肇政乃透過日治時期，關於原住民族被殖民經驗、與抵抗精神的書寫爲其核心創作主軸；同時也展現出他對於原住民族深刻的族群關懷之情。鍾肇政的原住民族群關懷書寫，不僅在原住民文學史上深具指標性意義外，甚至於在臺灣文壇上的重要性也不言可喻，深具舉足輕重的文學價值。

　　由於在日治時期關於原住民族書寫的文本甚少，漢族作家均將心力投入於抗日文學中。因此，鍾肇政以長篇小說致力於原住民族書寫，即深具時代指標性，他的族群關懷之作，乃跨越1970、1980年代，諸如鍾肇政在《臺灣人三部曲》中，對於原

住民族形象有深刻的描述外，1973 年 9 月長篇小說《馬黑坡風雲》、1975 年《插天山之歌》、1978 年〈月夜的召喚〉、1978年〈女人島〉、1979 年 4 月《馬利科彎英雄傳》（長篇）、1980年〈回山裡真好〉、1980 年〈馬拉松・冠軍・一等賞〉、1982年〈獵熊的人〉、〈阿他茲與瓦麗絲〉、〈矮人之祭〉、〈蛇之妻〉、1982 年計畫著手進行〈高山三部曲〉的寫作、1983 年《高山組曲》發表，1985 年 4 月《川中島》（《高山組曲》第一部）（長篇）、1985 年 4 月《戰火》（《高山組曲》第二部）（長篇）、1985 年為寫作《卑南平原》赴臺東田野調查、1987年《卑南平原》（長篇）……等重要著作，乃呈現許多對於原住民族群關懷的重要指標性象徵意義。

> 鍾肇政先生正好就是屈指可數之中的一位創作者。葉石濤先生早期發表的〈論鍾肇政文學的特質〉一文裡，曾形容：「鍾肇政這位作家也許是我們這一代裡影響力最廣泛的作家之一」；又說，他是戰後「第一代作家中最有卓越天賦和強韌創造力的作家」。預言的正確性需要長久時間來提供充分證據。（呂昱，2000：11）

在葉石濤眼中，鍾肇政是位極為令人敬仰的作家，其於創作過程中，縱然遭遇到諸多困苦與挑戰，仍堅持創作這條道路而努力不懈，「三十餘年坎坷顛簸的創作旅程是如何地走下來，其間的艱辛困厄且不必再去細數，每位有志文學工作的人幾乎都無力擺脫得了受苦的命運，然而單憑其隱忍無怨的毅力，就已贏得我們的景仰。」（呂昱，2000：11）鍾肇政對於原住民族群關懷的

具體展現於其文本敘事的字裡行間，表露無遺。

在日治時期，漢族面對日本殖民的強勢壓迫下，展現捍衛土地的決心，但此刻原住民族已儼然消失於文本中，而鍾肇政關懷臺灣、關懷族群的深刻感情與高尚情操，諸如其所述：「各位鄉親，你們當然明白我們耕種的田園，原本都是我們的。是我們的祖先留下來給我們的。我們的祖先辛辛苦苦用無數的血汗，出了無數的力，開拓出來的。誰也不能說那不是我們的土地。」（鍾肇政，1980：626）鍾肇政以獨特視角描述當時的原住民族，展現出他的深刻族群關懷之情；尤其霧社事件乃成為鍾肇政創作原住民書寫題材中，極為重要的核心意識之一。

鍾肇政並經常鼓勵後輩有志於創作原住民族文學作品，藉此機會對於原住民文化，有更深入的認識與體悟。當鍾肇政與原住民青年接觸的過程中，「我發現到他們多半不知高山同胞過去的歷史，知道的也所知有限，連住在馬黑坡社舊址的，竟也不知道昔時馬黑坡社的存在。這一點，牽涉到舊日一段恩怨，在今日是否還有必要讓他們知道往昔的歷史，是我不得不深感徬徨的現實問題。然而，使我驚詫的卻不是這些，而他們之中，有人並不以現行的寫作方式為然！」（鍾肇政，2000：6）此外，鍾肇政曾多次實地考察山地部落，所獲的珍貴資料同樣值得深入研究。

> 我敢說，那兒是全臺灣最美、最寧靜，恐怕也是最富於靈氣的所在。那兒有矜持、最純淨的山之子民們。他們之中，男的，勇敢而富有正義感；女的，美而柔情。他們該也是最羅曼蒂克的族類吧。（鍾肇政，2000：4）

鍾肇政對於原住民族存在著特殊的情感，誠如1985年1月在九龍書室中所述，「爲什麼這麼喜歡高山同胞？雖然從來沒有人這麼問過我，可是如果有人這麼問，我恐怕是不容易提出使自己，也使人家滿意的答覆。爲什麼寫了那麼多高山故事？這個問話，恐怕也是差不多的吧——不，我也可以回答說：因爲我喜歡高山同胞。然而，既然前面一個疑問，我沒有辦法回答，那麼這個答覆，或許也是毫無意義的。」（鍾肇政，2000：3）因此，接著就深入探究鍾肇政在文學創作中的原住民族群關懷意識。

二、鍾肇政《高山組曲》之日治殖民與「霧社事件」族群「史實」關懷

　　鍾肇政的原住民族群關懷文本，在早期臺灣文壇中算是質量俱佳。鍾肇政於1973年《馬黑坡風雲》與1985年的《川中島》、《戰火》，乃描述霧社事件中的原住民族，再現於「臺灣」與「臺灣人」形象的重構中，證明原住民族即同樣具備著臺灣人的傳統精神，共同「用血，用淚，用骨髓，寫下另一頁歷史。」（鍾肇政，2000：4）因此，《高山三部曲》、《濁流三部曲》與《臺灣人三部曲》，乃可共同合稱爲鍾肇政大河小說創作的完整版圖。

　　鍾肇政的《高山組曲》即記錄著「霧社事件」的史實，「『高山組曲』即是『霧社事件』的史詩續誌。一如『臺灣人三部曲』所突顯的春秋意識，鍾肇政先生仍然從悲苦大地出發，以鄉土意念所延伸的民族感情做爲爲生命執著的根源，企圖爲臺灣史上最被忽視，最爲沉鬱的史實眞相撥雲見日，從而探索出高山

族在重重劫難中所賴以存活的奧秘。自積極面看去,見證的筆墨也正是作家捨生充做代言人的責任擔當。」(呂昱,2000:12)鍾肇政以忠義之筆,為臺灣人與原住民族記錄下這段曾被忽視的歷史,也見證原住民部落的生活樣貌。當初在日治時期五十年來的殖民統治下,臺灣人與原住民族同樣成為被殖民統治下的犧牲者,原漢族群在被殖民後所產生的抗日情結與事件,儼然為生命共同體般的命運。

在原住民族文學的創作道路上,鍾肇政乃為開路先鋒的著筆先驅,早在六〇年代即振筆疾書地為原住民族歷史留下見證,「鍾肇政先生是山地文學的先驅者。早在五十九年,他就以貼近歷史真相的小說筆法『霧社事件』寫成『馬黑坡風雲』。用鮮血染紅的櫻花也因之而得以綻放在文學珍貴的真跡裡。」(呂昱,2000:16)由最早《馬黑坡風雲》到《高山組曲》的催生,成為頗具指標性與代表性的原住民族文學創作者。

在鍾肇政重新為原住民族寫下見證歷史的文本時,讓這段被遺忘的史實得以再現。那段辛酸血淚交織而成的歷史,對原住民族而言,乃為永難磨滅的歷史傷痛,將在鍾肇政的筆下,得以再現於世人面前。鍾肇政在創作霧社事件時的觀點,記錄著歷史與文化背景下所產生的原住民族史,將如何地見證著原住民的歷史傷痛與淚痕。霧社事件儼然已走入歷史,但歷史傷痛與衝擊將永存於原住民族心目中。

鍾肇政的文本即具有重要的指標性意義。又如呂昱所述,「倘若從文學的表現來看,作家的創作觀大抵上總不免要受限於個人文學心靈和生活經驗的制約。而文學心靈對人間世界的諸多觀點與認知,則直接緣起於本位性文化模式的塑體。」(呂昱,

2000：225）縱然作家在創作時，經常會受到本位文化的影響；如同鍾肇政所言，經過多次田野調查後，才如實地記載著山地故事與歷史。因此，在解嚴前的時代，鍾肇政能以漢族作家身分，如實地記載著山地歷史與部落文化故事，已深具有時代性的指標意義。此外，鍾肇政在當時的時代氛圍下，所創作出的文本特色，均具有苦悶的現象，乃回應著當時的種族、環境與時代氛圍。

鍾肇政縱然跨越種族的限制，時代的變遷，與環境的變異，「此類美學概念固有其實際適用的一面，到底並非就是唯一的真理。對於某些企圖跨越種族、時代與環境的作家而言，總是努力地要使自己個人文學心靈穿透過文化模式的既有結構網，從人性的基本理念去尋找共相與殊相的交疊部分。」（呂昱，2000：225）鍾肇政仍透過自身對於山地文化的認知，努力地建構出，在歷史洪流與空間變異下，山地文本的指標性議題。因此，鍾肇政的山地文本，在整個原住民文學歷史中，均具有開創性的象徵意義。由最早的《馬黑坡風雲》，到《高山組曲》中的《川中島》與《戰火》中，霧社事件首次如此詳盡地以文本方式披露。

鍾肇政在最早的《馬黑坡風雲》中，曾自述為此創作，無數次地到山地間進行田野調查，藉由史實的蒐集與當事者的言論記憶中，去刻畫出重要的歷史片段，故「『馬黑坡風雲』成書於1970年，出版於1973年。作者動筆之初，已廣泛蒐集了可靠資料，執筆時又採取極貼近史實真相的故事性筆法而敘述，體例上屬於『非虛構小說』（Nonfiction Novel）的類型。使既有其真人真事，為了澄清史錄的偏差，為了保存史實的原貌，作者的創作原意，我們自能體會得到。」（呂昱，2000：226）在《馬黑坡

風雲》發表的十二年後，鍾肇政蒐集更多詳實的田野調查資料，進而創作出更精彩的山地文本《高山組曲》中，《川中島》與《戰火》二部文本，刻畫出霧社事件的過程與眞相；甚至於還呈現關於馘首、頭目權力消逝、教育與文明近代化……等諸多議題的多元化分析。

在殖民化的高壓統治下，漢族即經歷著被同化的命運，更何況是山地的原住民族呢？「在臺灣，平地的漢人儘管仗恃博大精深的民族文化爲依據，猶然掙不斷日本殖民的牢籠鎖鍊，則山地人民又何獨能脫卸得了歷史強加的鐐銬？」（呂昱，2000：229）諸多描述臺灣殖民歷史的文本，均忽視原住民族的被殖民處境，直至鍾肇政乃以文本補足當時臺灣文壇的不足之處。

自從1983年《馬黑坡風雲》後，鍾肇政又陸續完成《高山組曲》中的《川中島》與《戰火》，不同於以往的漢人視角，鍾肇政經由田野調查與詳細閱讀歷史資料後，以貼近原住民族史實的方式書寫，如實呈現霧社事件的眞相；並以人道關懷精神，描述歷經霧社事件後的原住民族處境。因此，《馬黑坡風雲》、《川中島》與《戰火》，均可視爲一系列關注於原住民族霧社事件史實的重要指標性文本。

（一）《馬黑坡風雲》之「泰雅族」日治殖民與文化習俗

首先，由最早的《馬利科彎英雄傳》、《馬黑坡風雲》，到《高山組曲》中的《川中島》、《戰火》……等著作外，尚有其他的原住民族文學作品，均由不同層面的角度，切入原住民族群關懷議題，使原住民族的部落世界與文化情境，再現於文本的字裡行間。

我不曉得自己寫的高山故事算不算多，如果算，恐怕也只是
比較上而言。一本長篇小說《馬黑坡風雲》，一本高山民間
故事集《馬利科灣英雄傳》，包括一個長篇和數篇短篇，另
外零星寫成的短篇小說，大概有六、七篇，也許也夠集結成
一本小書。如今再加上《高山組曲》總題下的《川中島》和
《戰火》兩部長篇小說，也許勉強可以湊成五本書。這些，
大約就是我寫高山同胞的總成績吧。（鍾肇政，2000：3）

　　鍾肇政對於山地的故事與文化，仍有一股深切的喜愛。不斷
地到深山中去尋覓部落原住民文化的故事，「不錯，爲了前兩
部，我已隻身跑過數趟霧社一帶，遊履亦曾涉及當年成爲舉世矚
目焦點的馬黑坡遺址，諦聽過馬黑坡溪流水的嗚咽。」（鍾肇
政，2000：4）鍾肇政由文字來展現出對於原住民族不可言喻的
喜愛。

　　鍾肇政《馬黑坡風雲》描述的族群關懷議題，可分爲日治殖
民的人道關懷、與原住民傳統文化關懷視角而言，諸如日治時期
的日本殖民壓迫，諸如同化政策、同化教育、殖民勞役、殖民衝
突壓迫、皇民化運動、霧社事件、抗日精神與抗日行動……等諸
多日本殖民行動與現象；關於原住民族文化，諸如原住民族祭
典、祖靈與天神傳說、出草習俗、獵豹行動，均可見證原住民勇
士的訓練與榮耀的象徵；還有原住民族祭典、部落婚禮……等諸
多傳統部落文化習俗，深刻地記錄下原住民族重要的文化資產。

（二）《插天山之歌》之日治殖民與皇民化運動

　　鍾肇政在《插天山之歌》中，以日治時期爲創作背景，將當

時被殖民情境下的臺灣人與原住民族，如何在日本殖民統治下，艱困地過日子？甚至於在日治時期結束後，仍活在殖民時代的遺毒下，努力地為追求去殖民化的集體意識與行動實踐而奮鬥著。此文本中曾出現多位原住民，鮮明地再現原住民族的被殖民形象。

> 每一寸田園，每一塊泥土，都滲有先人們的汗水與淚滴，這樣的大好河山，受異族統治也快五十年了——五十年，不是短暫的歲月，天地有靈，必知曉在異族統治下，人們的日子是格外艱辛難過的。不錯，結束這段異族騎在頭上的日子，趕走那些異族醜類，還我河山，已經是時候了！（鍾肇政，2000：885）

鍾肇政《插天山之歌》中，乃將日治時期原住民青年在山中的形象，與被壓迫情境，自然地再現於文本中，諸如日本殖民衝突壓迫與皇民化運動……等諸多殖民現象。山地部落原住民老人談論著，原住民族所承受的殘暴殖民壓迫，他兒子均被日本人徵召成為「軍伕」。

此外，還生動地描述日治時期，關於日本皇民化運動的現象，諸如志願兵制度、改成日本式名字、青年團查閱場、四方拜、青年團；甚至於在「雞飛蕃社」中的「國語家庭」……等諸多皇民化現象，顯現出鍾肇政在文本中，對於原住民族群關懷之情的深刻展露。

（三）《川中島》之霧社事件與皇民化運動

鍾肇政載《川中島》（《高山組曲》第一部）（長篇），乃分析諸多原住民族群關懷議題，諸如同化教育、殖民勞役、殖民衝突壓迫、皇民化運動、霧社事件抗日精神與行動、出草行動、部落婚禮、埋石爲盟……等諸多層面的原住民族議題。

鍾肇政的《川中島》，於1982年起筆，1983年脫稿，1985年由蘭亭書店出版。以日治時代爲背景，描述原住民族所受到的殖民壓迫。在此因緣際會下，鍾肇政的原住民族文本，在早期文壇中算是質量俱佳，均由不同層面的角度，切入原住民族議題，使原住民族的部落世界，再現於文本中。

鍾肇政常以山地故事爲創作背景，「這些，也正是我特別喜歡山，而且一而再、再而三地，以高山爲背景寫作的原因了。而這《高山組曲》之寫作，主意已有年，……我預料到以後可以有充裕的時間與精力，便開始準備。並一次又一次地往山裡跑。」（鍾肇政，2000：4）鍾肇政在卸下「臺灣文藝」的工作後，積極地往山裡跑，以催生山地文學的再現。

鍾肇政眞實的記錄著山地故事，甚至於將眞人眞事的故事，書中要角畢荷·瓦歷斯，即爲高永清先生，「我還訪問到了歷次入山都因爲他、並得下山住院而陰錯陽差錯緣慳一面的霧社靈魂人物，也是書中要角畢荷·瓦歷斯——日式姓氏中山——高永清先生。雖然晤面是在他大病甫露轉機的當口，然而分手才數日，這位一生在數次命運下屢屢被簸弄的傳奇人物，竟爾溘然長逝！我爲此深覺悲痛，可是執筆卻也頗能全力以赴，歷時約半載，第一、二部全文脫稿，在報上則連載七個月而告結束。」（鍾肇政，2000：4-5）

（四）《戰火》之太平洋戰爭下的皇民青年

鍾肇政《戰火》（《高山組曲》第二部）為長篇小說，乃以太平洋戰爭為背景，描述第二次霧社事件後，原住民遺族的生活型態，分析諸多原住民族議題，諸如殖民衝突壓迫、皇民化運動、故鄉情境……等諸多層面。在川中島收容所的保護蕃，乃競相參與志願兵，成為原住民皇軍而徹底被奴化，諸如阿外未成年弟弟沙坡（山下次郎）、達巴斯·庫拉（中島俊雄）、布農族林兵長（歐蘭·卡曼）……等均嚮往成為日本皇軍。

《戰火》乃深刻記載原住民遺族在川中島生活，除了住所改變外，最主要面對的還是生活型態、風俗習慣、思想改造……等諸多層面的衝擊與影響。此外，《戰火》乃延續《川中島》，以太平洋戰爭為背景，展現在皇民思想的鼓吹下，川中島青年踴躍志願參戰的景象。此刻族人似乎遺忘歷史傷痛地競相參與志願兵，以身為日本皇軍為榮。原住民族的態度從反日抗日，轉而效忠天皇與日本帝國。因此，《戰火》「小說的背景係置放在日本所掀動的太平洋戰爭末期，亦即喧嚷著『一億總玉碎』的敗亡年代裡。」（呂昱，2000：477）此即取材於原住民青年參戰的際遇與思想變遷，在當時乃為鮮見的文學題材。

> 《戰火》是鍾肇政近作《高山組曲》長篇系列的第二部。……真正必取材於山地人民的參戰經驗，且純粹以部落族人性格和山民意識，做為小說之投影於現實世界的觀點作品，則寧非無有？（呂昱，2000：477）

鍾肇政在《戰火》中，以諸多原住民族皇軍為代表，象徵被

殖民者已徹底被奴化，以彰顯皇民化運動的合理性，原住民族皇軍乃成為日本當局強制壓迫後，僅能絕對服從命令所產生的志願兵，甚至於成為殖民霸權下的慘烈犧牲者。出身布農族的林兵長（歐蘭·卡曼），乃為形象較鮮明的人物，方成為此場戰役中的悲劇英雄。他贏得日本殖民統治者的高度信任後，成為高深莫測的原住民族皇軍。

在皇民化思想的奴化教育下，林兵長彷彿當年的花岡一郎、花岡二郎，一心一意想成為被殖民者與自我爬升的美夢實現者，「奴化教育使林兵長在思想上積極地向『神國』日本認同。皇軍制服和戰爭平等生活的感受，則使他的皇民思想得到具體印證與肯定──被殖民者的自我爬升的美夢找到了落實點。只要聖戰打下去，他就有機會擢升為皇軍軍官。」（呂昱，2000：483）此種被殖民者的意識形態，彷彿法農被殖民心理的再現。

鍾肇政描述這段歷史乃將原住民族被殖民的受難過程，經由筆墨記錄下來。在《高山組曲》中，細膩地刻畫出原住民族如何在日本殖民霸權下求生存？將臺灣殖民地時期的奴化教育，鮮明的再現於文本中，以控訴日本殖民帝國的衝擊與殘酷。

鍾肇政以前後兩代原住民知識份子眼光，觀察原住民族與日本的關係。在《川中島》中，原住民族與日警乃為主奴關係，原住民被不合理的勞役所壓迫；但在《戰火》中，南洋戰場上的原住民得到的平等待遇，取得與日人一較高下的機會，高砂義勇隊的表現甚至於逆轉其被殖民者地位。鍾肇政由《川中島》至《戰火》中，在日治末期皇民化運動時期，霧社事件時的小孩阿外轉而成為「皇國青年」，以高砂義勇隊身分在太平洋戰爭中，展現原住民族尚武的馘首精神；布農族的林兵長，也被鍾肇政塑造為

原住民皇軍青年典型。

三、鍾肇政之原住民族群「祭典文化」關懷

（一）〈女人島〉之「阿美族」、「女人島」與「海神祭」的傳說

　　鍾肇政在〈女人島〉中，鋪陳一個阿美族原住民部落的傳說故事——女人島的傳說。原住民青年沙拉凡進入女人國，這段奇異冒險旅程為主軸，勾勒出阿美族部落中的傳說故事；文本中甚至於藉此解釋阿美族為何認為海水是鹹鹹的傳說故事。

　　〈女人島〉中，乃針對阿美族原住民青年沙拉凡的奇異冒險旅程，探討原住民族的故鄉情境、山地傳說故事、部落婚禮習俗……等諸多原住民族議題。沙拉凡則巧遇號稱馬啾馬啾的「海神」大鯨魚而回部落。沙拉凡以屋簷下的磨刀石證明身分，頭目認為馬啾馬啾，即為所謂的「海神」，而產生海神祭。最後，沙拉凡在死後將膽放入海中祭神，此即為海水又鹹又藍的傳說故事。

（二）《馬利科彎英雄傳》之「泰雅族」傳說與文化習俗

　　鍾肇政《馬利科彎英雄傳》中，藉由民間故事的闡述，探尋其民族特點與文化特色，藉此了解原住民族的生活價值觀。在原住民族的被殖民、政治、經濟、風俗、民情之外，文化即為展現出族群精神的重要要素之一。

　　鍾肇政同時也闡明當初對於原住民文學的創作動機，即由於早年居住環境的地緣關係，使他有機會可與原住民產生較多的接

觸機會，因而觸發其創作動機。在此因緣際會下，漢族作家均著眼於日治時期的抗日議題，鍾肇政乃異軍突起，且難能可貴地關注於原住民族的被殖民情境。

> 筆者早年曾隨先父任所居住於與桃園縣山地鄉「復興」僅一河之隔的地方，近五年之久，與山地同胞略有接觸。多年來，由於關心與興趣所在，也涉獵了若干有關山地同胞的記載與著述。（鍾肇政，2000：389）

在鍾肇政眼中，「深深覺得，如果撇開文明人的道德、價值標準不談，那麼我確實認為他們也是一支十分高貴、十分矜持的民族，他們尚武，以勇敢為最高美德，充滿正義感。」（鍾肇政2000：389）鍾肇政曾言在接觸山地原住民族後，驚覺原住民族的族群寶藏之豐富、民族文化之多元，乃成為文學創作、電影拍攝、藝術文化……等領域，均具有無盡的取材領域，故鍾肇政即以原住民族文化故事創作《馬利科彎英雄傳》。

> 筆者曾經有過一個夢想，如果這些勇敢的部族的故事，我們能去挖掘，去組織，去形象化，說不定在文學方面、電影方面等，會是個取之不盡用之不竭的題材來源，……本書即在這種心情下，驅用有限的知識與題材寫成。（鍾肇政，2000：389）

鍾肇政闡述其創作山地原住民文學的主軸，即以民間故事為主；同時秉持著人道關懷精神，為原住民族發聲；進而喚醒更多

普羅大眾，跨越族群隔閡與限制，展現對於原住民族的理解與關懷，此即為知識份子油然而生的時代使命感。

鍾肇政由於長期地在部落中，蒐集與探索著原住民的傳說故事與文化習俗，因此，第一篇原住民長篇小說《馬利科彎英雄傳》，乃生動活潑地如實呈現原住民部落風貌與文化特徵，舉凡出草、祭典、習俗、禁忌……等諸多原住民族的文化精神，均可在原住民族書寫中一窺究竟。在馬利科彎英雄傳說故事中，二大重要人物即為布達和蘇羊。關於部落文化習俗層面，諸如狩獵前的鳥占與夢占，埋石為盟、為復仇斯卡馬哈勇部落而出草、為瘟疫除害而出草……等諸多習俗。

（三）〈馬拉松・冠軍・一等賞〉之馬拉松與馬嘎嘎

鍾肇政在〈馬拉松・冠軍・一等賞〉中，描述原住民青年想要贏得山地部落的馬拉松賽跑冠軍的過程，即與老瓦丹談論過去曾獲得冠軍的豐功偉業，更展現現代原住民如何藉由山地活動，展現出現代的部落勇士精神。

鍾肇政以馬拉松競賽的方式，展現出現代原住民的山地勇士氣勢，同時表現出原住民族傳統部落活動的轉型與變遷。〈馬拉松・冠軍・一等賞〉，乃描述參賽者除了需禁酒外，還描述原住民族出草、馬拉松部落活動……等諸多重要的傳統部落活動。老瓦丹談論著當年獲得冠軍的豐功偉業，並談論到如今已無馬嘎嘎活動；日治時期的馬嘎嘎並非出草，而僅為所謂的南洋戰爭。

（四）〈獵熊的人〉之「泰雅族」獵熊英雄

鍾肇政在〈獵熊的人〉中，以獵熊活動來鋪陳出原住民部

落，此活動乃為現代原住民展現山地勇士氣勢的重要途徑之一。在馬利科彎一帶，大家都認得這一對獵熊英雄兄弟——比拉克跟歐畢魯。

鍾肇政除了刻畫出獵熊英雄的過程外，還將歐畢魯如何因漢化而轉變，諷刺原住民青年的漢化，有時反而染上惡習而失去原住民族傳統的美德。最後比拉克與歐畢魯成為獵熊英雄後，又重新回到現實生活；歐畢魯同樣去開計程車與打紙牌，再也不提及獵熊之事，一切彷彿過往雲煙般煙消雲散。比拉克十分低調地面對獵熊英雄一事，也輕描淡寫地帶過。除了兩把長柄刀做為獵熊成功的證據外，唯一重要的證據即為那條熊尾巴。

> 他之所以珍愛他們，是不是像某些村人所說，是為了迎擊那隻巨熊前來尋仇？如果你拿這個問題來問他，也許他只是苦笑一下搖搖頭而已。還有，如果你願意到他家裡瞧瞧，便可以看到那所簡陋的房子的屋簷吊著的一條熊尾巴。那也是證實這整個故事的唯一證物呢。（鍾肇政，2000：299）

鍾肇政在〈獵熊的人〉中，揭露現代部落生活中的變遷、部落青年的觀念變遷、部落獵熊活動的過程與獵熊英雄的產生……等諸多部落生活情節；鋪陳關於狩獵、馬嘎嘎與原住民青年，介於傳統狩獵活動與現實生活的變遷與影響。

因此，部落獵熊活動，即為展現山地勇士氣勢的重要途徑，而比拉克跟歐畢魯兄弟，即為著名的獵熊英雄。但在現實生活的歐畢魯，乃將平地的生活陋習帶入部落，諸如學會花錢、彈吉他、玩紙牌、嚼檳榔、喝酒……等諸多惡習。

（五）〈矮人之祭〉之「賽夏族」矮靈祭與帕斯他矮族

　　鍾肇政在〈矮人之祭〉中，描述賽夏族矮靈祭的由來。賽夏族人如何巧遇帕斯他矮族，如何舉行矮靈祭？首先，故事開頭即由於賽夏族的西巴吉和大隘兩社，連續兩年均歉收。兩社的男人不得不冒險上山去打獵，結果造成被泰耶魯馘首後，兩族即種下族群恩怨。當賽夏族生活越來越困窘也不敢遷族移居，因若遇到凶猛的泰耶魯族，或許會有被馘首危機；甚至於被滅族，藉此描述賽夏族與泰耶魯族間的族群恩怨。

> 　　一連兩年，西巴吉和大隘兩社都歉收，刈不到多少粟子。就有那麼湊巧，山野裡的野獸竟然也特別少，不容易獵取到。為了這，兩社裡的男人們不得不冒險到吉那山麓去打獵，可是那兒是泰耶魯的土地，結果接連地有兩社裡的戰士們被兇悍殘忍的泰耶魯馘去了頭。（鍾肇政，2000：579）

　　賽夏族第一次遇見帕斯他矮族的景象，由阿島與他洛在狩獵途中，「在驚疑間，歌聲很快地就近了，然後從對面林子裡走出一群人，還以為是一群小孩子的，定睛一看才知，他們都確實是大人，可是最高的也僅及阿島與他洛兩人半胸模樣，一共有二十來個吧，有男的也有女的，有些男人手持弓箭，腰繫彎刀。臉上沒有刺青，不會是泰耶魯——當然不是泰耶魯，泰耶魯才不會有這麼矮的人。」（鍾肇政，2000：581）

　　當這群矮人族頭目出來自我介紹時，說道「我們是帕斯他矮，來自帕斯他矮之地，我是頭目他愛，這次我的妻子托愛。」（鍾肇政，2000：581）矮人族甚至於告知賽夏族連年歉收的原

因，即爲賽夏族觸怒帕斯他矮神，矮人族可加以解決，「辦法當然有，告訴你們，你們是觸怒了帕斯他矮神，神才降災給你們的，祂要把你們消滅掉。」（鍾肇政，2000：582）矮人族把關於帕斯他矮神的一切告知賽夏族。

> 「你們當然不知道帕斯他矮神。」他愛又說：「祂是眞神，萬神之神，無所不在的神。」⋯⋯「祭神，舉行帕斯他矮祭典。」⋯⋯「我會教你們，你們能遇到我，這眞是你們的大幸哩，只要你們願意照我的話做，包你們以後年年豐收，大家都能夠吃個飽。」（鍾肇政，2000：583）

賽夏族矮靈祭，又稱之爲「帕斯他矮祭典」，兩社頭目需準備三十隻野獸以展開祭典。在帕斯他矮族的熱心協助下，賽夏族每年進行「帕斯他矮祭典」，此乃賽夏族矮靈祭典的由來。此後，賽夏族即將帕斯他矮族奉爲恩人般地對待。因此，〈矮人之祭〉，乃描述賽夏族矮人傳說與矮靈祭由來，與山地傳說故事、原住民族祭典文化⋯⋯等層面進行論述。

（六）〈蛇之妻〉之「排灣族」「布納答西」、鳥占與搶婚

鍾肇政在〈蛇之妻〉中，呈現族中禁地的傳說故事外，還記錄下排灣族原住民重要的文化傳說故事——蛇郎君；還分析諸多原住民族議題，諸如山地傳說故事、祖靈與天神傳說、狩獵行動、勇士訓練與榮耀象徵、部落婚禮習俗、鳥占習俗⋯⋯等諸多原住民族文化議題。

鍾肇政在〈蛇之妻〉中，以老獵人布康的狩獵生活，描述蛇

郎君的傳說故事。當布康在狩獵時，首先想起當年與妻子瑪麗肯第一次邂逅的情景，「第一次馘取了人頭時的榮耀，第一次打死了一隻山豬時的得意，……她是他拉馬考社的一朵花，人人愛慕的，成了他布康馬來的『瓦勞』。那曾教多少社裡的青年羨慕過啊！」（鍾肇政，2000：611）布康擁有著諸多令族人稱羨的過去。

當布康為了狩獵，不得不接近族中禁地時，心中不免心生恐懼，「發自本能的恐懼緊緊地裹住了他的整個身子。這怎麼成呢？司魯多多山脊是『布納答西』（註：不吉之地）啊，那兒是不能種粟，不能伐木，連打獵都不可以的禁地，你怎能跑到那兒呢？」（鍾肇政，2000：613）當年年輕的布康和父親一同打獵時，父親即告誡過他絕不可進入族中禁地「布納答西」，否則將會觸怒「茲馬斯」（註：天神）而使得災禍降臨。原住民對於禁忌深信不疑，但為了飽餐一頓，布康也顧不得禁忌。

> 有一天，父親帶他去出獵，路過司魯多多山脊。父親鄭重其事地告誡他，那個山脊深處，是「布納答西」。事情發生是在祖父的父親的時候，後來在祖父那一代，這個血海深仇已索回了，不過該地一直仍然列為禁地。人們都相信，只要有人踏進了該地，就會觸怒「茲馬斯」，立即會有災禍降臨。（鍾肇政，2000：613）

當布康追問祖父時，「祖父還說了些往事，有個人進去了，結果被巨熊撕裂慘死。還有某某，雖然是因為追一頭山豬不小心踏進去，過了三天竟被鄰族馘去了頭。」（鍾肇政，2000：

614）因此，族人們均十分恪守此禁忌。

因此，老獵人布康爲了狩獵而誤入禁地「布納答西」，遇見蛇郎君要求將女兒出嫁；孝順的女兒拉麗姮決定嫁給傳說中蛇王達魯馬斯，奴奴拉卻羨慕妹妹嫁的不錯，而進入禁地「布納答西」，害死拉麗姮，進而取而代之。

鍾肇政還描述原住民族在狩獵前，均會以鳥占或夢占，尋求天神奧托夫的旨意。但傳說中只要族人踏進族中禁地——司魯多多山脊「布納答西」（不吉之地），即會觸怒「茲馬斯」。此外，還描述排灣族的搶婚習俗，蛇王達魯馬斯在迎娶拉麗姮時，同樣遵守族中搶婚習俗。

（七）《卑南平原》之原漢族群接觸、「卑南王」傳說與「卑南族」祭典

鍾肇政在《卑南平原》中，藉由幾位研究生與研究團隊的活動，陳述關於原住民族的歷史、故事與習俗。首先提及「排灣族的古老民間故事。一對兄妹因爲卑南平原的洪水被沖走，由於拉住『拉加加茲』的草才獲救，後遇半截蚯蚓變成山，甲蟲帶來了火，開始種植蕃薯、山芋、粟子，最後兄妹結婚，經過幾代才生下健康後代。」（鍾肇政，2000：223-224）說明排灣族的民族文化特色與歷史發展。

> 排灣族的獵頭風俗，……最勇敢尚武的部族。牡丹社事件……就是把漂來的日本漁民殺光了，然後日本人派軍來，你們就和他們結結實實打了一仗。……排灣也是藝術的民族，工藝品是一流的。崇拜百步蛇，算是個奇異的風俗吧。

（鍾肇政，2000：232）

　　鍾肇政即由歷史、社會的角度，再現屬於原住民族的時代悲情。鍾肇政藉由現代研究原住民族歷史、文化的研究團隊角度，切入歷史洪流中的原住民族，以虛實相間的敘寫方式，多元視角地再現原住民族群特色。鍾肇政還在普優馬的卑南王部落中，以漢族女人羅姍曜和漢族青年阿篤融入部落，而逐漸改變部落陋習與生態，描述原漢族群在歷史情境中的相處境況。

> 普優馬也好，排灣也好，阿咪斯，還有泰耶魯、賽夏、布農、曹、魯凱……他們背負著歷史的、社會的、時代的悲苦，在全臺灣每個角落討生活──我不曉得那是不是也可以稱為生活。如果可以，那又是怎麼一種生活啊。（鍾肇政，2000：233）

　　鍾肇政為了《卑南平原》赴臺東田野調查，1987年發表《卑南平原》長篇小說，分析諸多原住民族議題，諸如霧社事件抗日行動、山地傳說故事、祭典、祖靈與天神傳說、出草與狩獵行動、勇士訓練與榮耀象徵、孿生子禁忌……等諸多層面。在普優馬的卑南王部落，加入漢族羅姍曜王后與漢族青年阿篤，描述原漢族群的相處過程。

　　此外，還描述「霧社事件」、「皮士丹事件」、「大關山事件」、「逢坂事件」。在皮士丹事件中，泰耶魯族大頭目疋林‧疋戴，交出發動兇殺行為的高山同胞；在大關山事件中，襲殺日警的頭目父子同時被處死；在「逢坂事件」中，高雄、臺東與花

蓮交界處，發生布農族歐蘭卡曼被日警毒打後，憤而殺巡查的事件；但最慘烈即為霧社事件的毒瓦斯攻擊。

關於原住民族文化部分，他還描述「卑南王」傳說的由來，即卑南王協助平定林爽文之亂，受到滿清冊封得名；漢族官吏甚至於被卑南王招為駙馬。關於原住民族祭典文化，乃描述帕卡塞拉拉、「獻祭」、「馬魯烏」、「悼亡祭」、「入倉祭」、「農神嘗新祭」、「刺猴祭」……等諸多祭典。

（八）〈日安・卑南〉之「卑南族」文化遺址、「聖山」都蠻山與「巨石文化」

鍾肇政自述到臺東進行田野調查的經驗，進而感嘆卑南遺址的破壞殆盡，「甫抵臺東，稍事休息之後，我就迫不及待地，要世姪全剛陪我到卑南文化遺址去看個究竟。雖然從不以為這麼小的一個臺灣島，還會有任何落後的城市，然而臺東的進步與現代化，頗使我覺得驚奇。……原來我涉獵的一大堆文獻紀錄裡，臺東全是後山邊陲的寂寞小鎮；……想到此，禁不住為自己的迂腐失笑了。」（鍾肇政，2000：164）當鍾肇政抵達臺東時，「馬蘭、卑南，繼而是南王，……前面展現了坡度極緩的山坡。」（鍾肇政，2000：164）鍾肇政乃立即前往山地部落。

> 都蠻山！在為數不少的文獻裡，我早知道有這麼一座山，海拔一千二百公尺不到，只因是夾著臺東縱谷、聳立在太平洋岸，因而看來仍有其挺拔傲岸的氣勢。……我還在內心裡稱它為「聖山」，因為在甫出土的先民墓葬，一隻隻石棺都是朝向它下土的。易言之，此山該是先民們靈魂之所寄託；在

他們的信仰裡，必有它的神聖意義在內。（鍾肇政，2000：164-165）

在臺東的山地原住民族部落，乃居住著諸多原住民族，諸如「這一塊小小的平原上聚集了叫人料想不到的那麼多的不同種族，阿美、排灣、卑南、魯凱，加上山區的布農，一水之隔的孤島上還有個雅美，外加後期移民過來的閩粵苗裔，自然也還有更後期，於戰後渡海而來的不同省籍的移民者。」（鍾肇政，2000：166）

我不知道有多少學界人士曾經夢想過這麼一所博物館，提供中外學者一個研究的機構及環境。人類學、民族學、民俗學、語言學、考古學等等學術分野上，這裡都是最可能的一個寶庫，在全世界的學術界，它可以使我們這塊寶島揚名立萬的。但是，展現在我眼前的，只有中央山脈的層巒默默，以及卑南溪的流水嗚咽而已。（鍾肇政，2000：167）

當鍾肇政抵達卑南遺址後，見到竟被忽視的亙古遺跡，先民立石甚至於同樣被遺棄路旁，「它該是音遠往昔的居民們熙來攘往的目擊者，可惜它也只能默默鵠立於夕風之中，面對千古歲月而已。」（鍾肇政，2000：168）由此可見，當時對於原住民族文化遺址的保存乃極為忽視。

〈日安‧卑南〉遠赴臺東進行田野調查，描述原住民族的田野調查過程、原住民族形象、原住民族文化議題。在臺東見到的都蠻山，在鍾肇政內心裡稱之為「聖山」，乃為先民們靈魂的寄

託地，而深具神聖意義。此外，始於民國69年的考古活動，在此挖掘出無數出土物，證明約在三千年前，即存在有原住民部族。但現今卑南遺址徹底被破壞，見證著原住民族文化的凋零與消逝。

鍾肇政還見到先民立石，為先住民房屋構造物，彷彿「巨石文化」的象徵。鍾肇政還描述諸多原住民族菁英，諸如林志興、林信來，為保存族群傳統文化而努力。戰後第一位原住民族作家陳英雄，即深具指標性意義。郭光也為當年曾馳騁過日本甲子園球場的棒球名將。陸森寶以記錄傳統文化為職志。鍾肇政還訪談一位普優馬青年，曾接受過斯巴達教育；與當年陸森寶所接受的斯巴達教育有所差異。

四、鍾肇政之「原漢族群接觸」與「回歸部落」關懷

（一）〈月夜的召喚〉之原漢族群接觸

鍾肇政在〈月夜的召喚〉中，藉由原住民青年莫勇到平地工作的經歷，呈現出在原漢族群接觸的過程中，漢族如何看待與對待原住民族的視角觀點。原住民族如何在漢族多數的主流社會中，在夾縫中求生存，原住民將如何自處？

因此，〈月夜的召喚〉中，呈現諸多原漢族群接觸之際，重要原住民族群議題，諸如原住民青年形象、漢族的眼光、原住民族懷鄉心境與故鄉情境的懷念之情……等諸多層面族群議題。然而，原住民族如何在後殖民時期，真正地去殖民化，真正地建構出民族認同的自信心，去除長期彷彿被殖民般所帶來的汙名化認同，為集體族群意識之重要課題。

（二）〈回山裡真好〉之原漢族群接觸與回歸部落

鍾肇政在〈回山裡真好〉中，以一個送到平地唸書的山地青年武達歐的故事加以鋪陳，文本所呈現的原住民族議題，諸如原住民族群認同意識迷思、原住民青年形象、故鄉情境的懷念、出草意義……等諸多層面進行論述。

在漢族心目中，原住民族即帶有山中勇士英雄的氣質。諸多山地原住民男子，均為了不起的戰士，故期許武達歐也可成為英勇、高貴的戰士。但當武達歐在平地親身經歷了原住民所遭受到諸多不平等待遇而飽受委屈；完全無法展現山地原住民族本有的勇士氣勢。

> 「陳約翰，你知道你父親是一位了不起的戰士嗎？」「呃？」「不但了不起，而且還是一位高貴的戰士。高貴的，你懂不懂？」武達歐猛地點了一下頭。「你父親曾經在戰場上勇敢地殺過敵人，然後平安回來。你們族裡的男人有很多都是了不起的戰士，你知道嗎？」武達歐點了點頭。「好，知道就好。所以你也要多多鍛鍊身體，將來才能成為像你爸那樣的了不起的勇士。」……武達歐，你亞爸巴杜是一名了不起的戰士，高貴的戰士。你懂嗎？懂。武達歐太懂啦。武達歐也是呢。（鍾肇政，2000：250-251）

在平地求學的武達歐，或許因適應不良，而要求父親答應他可回山上打獵，甚至於到工廠做工；最後，在武達歐多次要求下，終於如願地回到山上而深感「回山裡真好」。

（三）〈阿他茲與瓦麗絲〉之族群困境與回歸部落

鍾肇政在〈阿他茲與瓦麗絲〉中，藉由主角阿他茲與瓦麗絲的際遇，阿他茲的生病與瓦麗絲的喝農藥自殺，鋪陳出原住民女子瓦麗絲的辛酸苦楚。此外，描述阿他茲帶著生病的妻子瓦麗絲就醫時，她喃喃自語地訴說著，欲回到山上的願望，「她想回去山裡，回去母親、阿姊那裡？」展現原住民對於故鄉部落的眷戀。

由平地的阿他茲與山地的瓦麗絲相遇、結婚的過去，揭露她幼年喪雙親、喪姊，孤苦無依的山地女孩，只好選擇自願嫁給平地男人阿他茲；瓦麗絲的命運不論多麼乖舛，生活如何悲苦，唯一的冀望，即希望有機會可回歸部落，展現出原住民回歸部落的眷戀、與渴望。

〈阿他茲與瓦麗絲〉，乃展現諸多原住民族議題，諸如漢族眼光、懷鄉心境……等諸多層面。道出瓦麗絲喝農藥輕生、幼年喪雙親、喪姊，而嫁給平地漢族先生阿他茲；卻極為眷戀故鄉。瓦麗絲姊姊也曾迫於生活而成為妓女；瓦麗絲的亞爸乃為日本征戰而喪生。阿他茲還罹患「巴卡症」；甚至於被懷疑跟娶山地女人瓦麗絲有關，極度汙名化。最後，瓦麗絲仍迫於經濟而賣身。

五、結語

（一）鍾肇政原住民族群關懷核心創作之三大層面

鍾肇政的原住民族群關懷核心創作，跨越日治殖民時期與戰後原住民部落的後殖民時代，去殖民化訴求；甚至於關於各個原住民部落的口傳文學紀錄與報導，舉凡原住民族文化、習俗、禁

忌、神話、傳說、祭典、遺址；甚至於是原漢、原日族群接觸所產生的衝擊與影響……等，均可在鍾肇政長期關注於原住民族群的熱忱筆墨下，記載下許多珍貴又重要的族群關懷創作。

資料來源：作者繪製

圖1：鍾肇政原住民族群關懷核心創作之三大層面

鍾肇政的原住民族群關懷核心創作，可分成三大層面進行歸納分析：

一、《高山組曲》之日治殖民與「霧社事件」族群「史實」關懷，關注於日治殖民、霧社事件與皇民化運動：（1）1973年9月《馬黑坡風雲》之「泰雅族」日治殖民與文化習俗；（2）

1975年《插天山之歌》之日治殖民與皇民化運動；（3）1985年4月《川中島》之霧社事件與皇民化運動；（4）1985年《戰火》之太平洋戰爭下的皇民青年。

此外，二、鍾肇政之原住民族群「祭典文化」關懷，關注於神話傳說、祭典、文化習俗；研究族群跨域「阿美族」、「泰雅族」、「賽夏族」、「排灣族」、「卑南族」……等原住民族群關懷；（1）1978年〈女人島〉之「阿美族」「女人島」與「海神祭」的傳說；（2）1979年4月《馬利科彎英雄傳》之「泰雅族」傳說與文化習俗；（3）1980年〈馬拉松・冠軍・一等賞〉之馬拉松與馬嘎嘎；（4）1982年〈獵熊的人〉之「泰雅族」獵熊英雄；（5）1982年〈矮人之祭〉之「賽夏族」矮靈祭與帕斯他矮族；（6）1982年〈蛇之妻〉之「排灣族」「布納答西」、鳥占與搶婚；（7）1985年《卑南平原》之原漢族群接觸、「卑南王」傳說與「卑南族」祭典；（8）1987年〈日安・卑南〉之「卑南族」文化遺址、「聖山」都蠻山與「巨石文化」。

最後，三、鍾肇政之「原漢族群接觸」與「回歸部落」關懷；鍾肇政同樣很關懷於原漢族群接觸時，所產生的衝擊與問題，諸如族群困境、原漢族群接觸、與回歸部落……等核心族群關懷意識。誠如（1）1978年〈月夜的召喚〉之原漢族群接觸；（2）1980年〈回山裡真好〉之原漢族群接觸與回歸部落；（3）1982年〈阿他茲與瓦麗絲〉之族群困境與回歸部落。

（二）鍾肇政原住民族群關懷核心創作之最主要核心關懷視角

此外，鍾肇政的原住民族群關懷書寫中，最主要的核心關懷

視角，諸如：一、日治時期的被殖民處境；二、原住民族的族群文化；三、原住民族所承受的種族歧視；四、原住民族的弱勢族群處境，如下所述。

1、日治時期的被殖民處境

鍾肇政1973年9月長篇小說《馬黑坡風雲》、1975年《插天山之歌》、1983年《高山組曲》、1985年4月《川中島》（《高山組曲》第一部）（長篇）、1985年4月《戰火》（《高山組曲》第二部）（長篇）、1987年《卑南平原》（長篇）……等重要著作。

2、原住民族的族群文化

鍾肇政1978年〈女人島〉、1979年4月《馬利科彎英雄傳》（長篇）、1980年〈馬拉松‧冠軍‧一等賞〉、1982年〈獵熊的人〉、〈矮人之祭〉、〈蛇之妻〉、1987年《卑南平原》（長篇）、1989年〈日安‧卑南〉……等文本，均將描述重心放在原住民族文化習俗與神話傳說故事書寫。

3、原住民族所承受的種族歧視

鍾肇政1978年〈月夜的召喚〉、〈阿他茲與瓦麗絲〉、1980年〈回山裡真好〉……等文本，均以描述原住民族弱勢處境為主。

4、原住民族的弱勢族群處境

鍾肇政1973年9月長篇小說《馬黑坡風雲》、1975年《插天山之歌》、1985年4月《川中島》、1985年4月《戰火》……等重要著作，乃著眼於原住民族在日治時期被殖民族群處境。

鍾肇政均親自前往山地部落進行田野調查，實際接觸過原住民族生活經驗後，引發其研究與書寫原住民族議題創作動機。在

表1：鍾肇政原住民族群關懷核心創作之最主要核心關懷視角

鍾肇政原住民族群關懷書寫之最主要核心關懷視角	
一	日治時期的被殖民處境
	1.1973 年 9 月長篇小說《馬黑坡風雲》
	2.1975 年《插天山之歌》
	3.1983 年《高山組曲》發表，1985 年 4 月《川中島》（《高山組曲》第一部）（長篇）
	4.1985 年 4 月《戰火》（《高山組曲》第二部）（長篇）
	5.1987 年《卑南平原》（長篇）
二	原住民族的族群文化
	1.1978 年〈女人島〉、1979 年 4 月《馬利科彎英雄傳》（長篇）
	2.1980 年〈馬拉松·冠軍·一等賞〉
	3.1982 年〈獵熊的人〉
	4.1982 年〈矮人之祭〉
	5.1982 年〈蛇之妻〉
	6.1987 年《卑南平原》（長篇）
	7.1989 年〈日安·卑南〉
三	原住民族所承受的種族歧視
	1.1978 年〈月夜的召喚〉
	2.1978 年〈阿他茲與瓦麗絲〉
	3.1980 年〈回山裡真好〉
四	原住民族的弱勢族群處境
	1.1973 年 9 月長篇小說《馬黑坡風雲》
	2.1975 年《插天山之歌》、1985 年 4 月《川中島》
	3.1985 年 4 月《戰火》

資料來源：作者整理

歷年來創作歷程發展脈絡中，由戰後早期關於日治時期霧社事件描述外，接著由於當時在政治上保守禁忌年代所致，創作題材多半趨向於原住民族文化習俗與神話傳說書寫。直至解嚴後初期，隨著原住民族運動興起，原住民文學崛起，原住民族議題逐漸關注後，鍾肇政方將創作方向，又趨向於日治時期史實霧社事件再

現。在鍾肇政文學中原住民族書寫，乃結合政治、歷史、族群、文化……等多元視角創作場域再現。在創作體裁層面，以長篇小說撰寫政治議題，而以短篇小說或散文撰寫文化議題。但諸多長篇小說中，乃同樣涵蓋著族群、文化……等多元題材再現。

總之，在鍾肇政的原住民族群關懷文學創作中，可深刻地感受到他對於原住民族在歷史洪流中的被殖民處境、原住民族文化深具廣度與深度的採集與紀錄、原漢、原日族群接觸所產生的衝擊影響與族群困境，均可在其創作的筆桿下見證原住民族群歷史文化的變遷與歷程，鍾肇政對於原住民族的族群關懷，乃用心良苦且令人敬佩。

參考文獻

呂昱，2000，〈解開苛政下隱忍圖存的奧祕——評鍾肇政的「川中島」〉，鍾肇政，《鍾肇政全集9：高山組曲・川中島》。桃園：行政院文化建設委員會。

呂昱，2000，〈歷史就是歷史：評鍾肇政的「戰火」〉，鍾肇政，《鍾肇政全集9：高山組曲・戰火》。桃園：行政院文化建設委員會。

呂昱，2000，《鍾肇政全集9：高山組曲・川中島・血染櫻花的後裔們（代序）》。桃園：行政院文化建設委員會。

鍾肇政，1980，《臺灣人三部曲》。臺北：遠景出版社。

鍾肇政，2000，《鍾肇政全集9：高山組曲・川中島・自序》。桃園：行政院文化建設委員會。

鍾肇政，2000，《鍾肇政全集4：臺灣人三部曲・插天山之歌》。桃園：行政院文化建設委員會。

鍾肇政，2000，《鍾肇政全集7：馬利科彎英雄傳（序）》。桃園：行政院文化建設委員會。

鍾肇政，2000，《鍾肇政全集15：獵熊的人》。桃園：行政院文化建設委員會。

鍾肇政，2000，《鍾肇政全集7：矮人之祭》。桃園：行政院文化建設委員會。

鍾肇政，2000，《鍾肇政全集7：蛇之妻》。桃園：行政院文化建設委員會。

鍾肇政，2000，《鍾肇政全集10：卑南平原》。桃園：行政院文化建設委員會。鍾肇政，1989，〈日安・卑南〉，《願嫁山地郎》。臺中：晨星出版社。

鍾肇政，2000，《鍾肇政全集15：回山裡真好》。桃園：行政院文化建設委員會。

第十三章
鍾肇政小說中的族群再現

黃菊芳

國立中央大學客家語文暨社會科學學系副教授

一、前言

臺灣由於歷史因素，擁有多元豐富的文化。政權更迭，今日臺灣所強調的族群主流化，政府所努力建構的多元文化的社會發展，其實是許多臺灣前輩在過去的專制體制下所努力爭取獲得的一些成果。要走的路還很長，解嚴後至今，追求臺灣各族群的相互尊重及平等共榮是每一位國民的責任。臺灣這塊土地歷經不同政權更迭，血汗編織的歷史過往讓臺灣充滿故事，移民的先來後到讓故事益形豐富。臺灣的族群認同與地方重建必須建立在對地方充分認識的基礎之上，進而與各族群共創集體記憶。轉型正義的基礎應該建立在深刻的反省之上，歷史的記載告訴我們，舊政權所極力掩蓋的，不正是新政權所努力要揭露的？

在臺灣，政治認同一直是選舉的重點，然而許多議題其實是被製造出來的。不同「族群」的此疆彼界是在日常生活中的實際感受，這些感受在作家文學中透過文人的筆抒寫記錄下來，在民

間文學中則是透過集體傳承的歌謠、故事代代流傳。文本中具體反映了人們在日常生活中如何感受到族群界線的分類運作，每一個個體的生命經驗不同，隨著個體身處不同的社會領域、社會位置，再加上生命階段的不同而有所差異。

文學文本中更反映出不同歷史時期社會的遷移經驗、人群互動，還有不同歷史階段的不同統治者於社會中主導的種族主義（民族主義）意識形態與制度等。種種族群議題無不在臺灣豐富的文學文本中以族群偏見、歧視、宰制、抵抗等形式出現，當然也有族群融合的想望。值得進一步研究與深入分析文本所呈現的族群關係，包括族群階層化、族群身分／認同的日常實作、族群界線的形成與變遷、族群政治與文化運動的抵抗等議題。

族群關係的緊張、和諧，有賴執政當局的智慧施政。過去已經造成的種種對臺灣這塊土地原住民族的不公不義，透過反思與相關文化復興的友善政策，多少能平衡歷史的傷痕。那些不可復原的傷痛，也留在許多文本中讓後人反思與記取前車之鑑。柯志明（2001）研究清代臺灣的族群政治，提出統治者（清廷）、漢人、熟番（平埔族）與生番（高山族）之間的互動是結構性的結果，統治者（清廷）運用三層制族群分布的設計，即讓「熟番」夾在「生番」與「漢人」中間的機制，彼此制衡，形成清廷治臺的特殊現象，其結論指出：

> 在不同的歷史情境與環境所提供的限制與機會下，歷史行動者如何作選擇，形成對其認知與行為具有規約力的制度，而既存的制度又如何構成行動者後續選擇的結構限制。制度內主要的歷史行動者（就我們的案例：清廷、漢人、熟番與生

番）往往被綁縛於衝突的特定策略位置上，各自依結構所界定的特定位置選擇行動，以求掌握與擴大自身利益。但在行動者的策略選擇與制度結構的交互作用下，歷史卻不乏產生意外結果的可能性。在與番漢族群互動形成制度的歷史過程裡，清廷並不見得有能力預見政策的後果，雖然它（假設將之縮小到北京的朝廷）常常自以為是，但事實上政策的制定與執行通常是處在一個嘗試錯誤的過程。因應過去制度的限制與危機而發展出來的新政策，不時造成出乎意料之外的結果，乃至動亂，被迫改弦易轍，而催生了新的制度。新制度製造出新的問題，通常也不難看到它從內部發展出危及自身的危機。（柯志明，2001：378）

清政府對人群的分類直到日本政府治臺開始，便進行了符碼（code）的置換而使用「平埔族」和「高砂族」取代「熟番」和「生番」，雖然兩者間的語義並不完全相等。雖然「番」的意含充滿歧視，但其實也是所有的殖民統治者的假設立場，自許文明，要以文化之。

客家民間歌本《渡臺悲歌》如此描述清初臺灣的族群：「臺灣本是福建管，一半漳州一半泉。一半廣東人居住，一半生番並熟番。生番住在山林內，專殺人頭帶入山。帶入山中食粟酒，食酒唱歌笑連連。熟番就是人一樣，理番吩咐管番官。」（黃菊芳，2011：197）民間視野裡的族群有「漳州」人、「泉州」人、「廣東人」、「生番」、「熟番」，前三類用地域區分，後來被統稱為「漢人」，後兩類是區別於「人」的「番」。其中「漳州」與「泉州」人今日稱之為「閩南人」，「廣東人」實際

上是講客語的「客家人」，根據研究指出，漳州也有不少的客家人，「生番」也不完全與「高砂族」對應，雖然「平埔族」似乎可以等於「熟番」。

無論如何，符碼的選用有其意識形態立場，東方主義（Orientalism）所要揭示的正是西方強權總是用入侵者的「文明」去定義本土的「野蠻」。（Edward W. Said, 1978 *Orientalism*，1999中譯《東方主義》）而華夏文明所定義的「東夷」、「西戎」、「南蠻」、「北狄」與「東方主義」相去並不遙遠。我們要省思的課題不單只是族群關係而已，符碼的選用與知識的生產，本身就是文化霸權（cultural hegemony）的展示。

近年因婚姻而來臺的移民人口數甚至已超出了原住民族，形成所謂的「新住民」，這也使得臺灣的族群結構益形多元。由於歷史因素，原住民族在臺灣族群與階級等社會經濟結構上陷於劣勢，政府相關的統計資料顯示原住民處於臺灣政治經濟的最底層。在收入、教育、就業、醫療等各項指標與處於優勢的漢人移民間發展差距頗大。族群關係的形成有其結構和歷史面向，在臺灣不同階段，西方殖民及外來移民政權一次又一次試圖同化臺灣原住民族的過程，造成原住民族語言文化逐漸消亡，部落解體。本文認為，經由整理文本所再現的族群圖像與族群刻板印象，反思族群間難以跨越的那道鴻溝，將是邁向不同族群間的真正和解與共榮共存的必經過程。

二、族群再現相關研究

回顧關於文本中的族群再現研究，蕭阿勤（2000，2012）於

二十年前即透過歷史取向的社會學研究，指出八〇、九〇年代臺灣的文化菁英如何重構記憶、歷史與認同，作者指出其論述的主要重點在於：

> 探討1980、1990年代本省籍的文學作家、文學批評家、語言學家、語言復興運動者、業餘或專業的歷史學者等「人文知識份子」在臺灣民族主義的國族建構中的角色與作用，釐清他們所從事的文化活動如何成爲臺灣民族主義政治的重要部分，如何成爲塑造「臺灣性」（Taiwaneseness）或臺灣國族特性的重要力量。（蕭阿勤，2012：10-11）

　　書中指出「臺灣性」的塑造很重要的是語言的使用，早在20年前的研究已經指出「國語意識形態與少數族群語言運動的缺陷，都與以族群認同爲基礎的政治動員密切相關。……如何達到國族認同（凝聚團結）與族群認同（多語主義和多元文化主義）的平衡。」（蕭阿勤，2012：272）這是兩難的問題，也是世界上多數民主國家所面臨的困境。

　　臺灣文學史建構過程中的中國史觀與臺灣史觀的對立，其實也是值得討論的一段歷史，不過蕭阿勤認爲其「研究的主要目的，在於闡明族群認同與民族認同的性質是『被建構的』（constructed），指出這些集體認同是受到歷史變遷與政治的重新定義所影響的，而這才是理解集體認同比較恰當的方式。」（蕭阿勤，2012：335）事實上，這些討論仍舊是漢人中心的國族敘事，所謂的中國史觀或臺灣史觀的論述脈絡，仍難逃脫政治上新統治者的歷史重構過程的一種新正統敘事，爲的是讓統治合

理化。

　　2003年，王甫昌提出當前臺灣社會的族群想像：臺灣四大族群的觀點，該書從社會學的角度對「族群現象」進行分析與討論。該書指出，西方社會科學對於「族群」（ethnic groups）的定義有五個重點：（1）以「共同來源」區分我群、他群的群體認同；（2）「族群」是相對性的群體認同；（3）弱勢者的「族群意識」；（4）「族群」的位階與規模；（5）「族群」做為一種人群分類的想像：把他族群也當作是人，只是要求平等、或者是要求他族群尊重自己的獨特性。而族群意識的內涵則是建立在差異（歷史經驗與文化特質）、不平等（我們弱勢vs.他們優勢）及集體行動必要性（族群運動）的三重認知之上。（王甫昌，2003：9-20）並且進一步說明「族群認同」與「族群想像」在臺灣被發明的歷史過程及其功能，該書提到幾個重點：（1）「族群」的人群分類想像，是相當近代的發明；（2）具體的族群分類類屬在不同時間上的變異性；（3）族群意識是族群運動建構的結果；（4）當代的族群意識受到現代國家與公民觀念的啟發。（王甫昌，2003：20-42）「族群認同」功能則有兩個重點：（1）為何「現在」的人需要「過去」？它可以讓人們覺得自己歸屬到一個有傳統且有未來目標的大社群中；（2）支持「族群建構運動」對抗族群歧視。（王甫昌，2003：42-51）

　　基於社會科學對「族群」、「族群想像」與「族群認同」的定義、認知和功能詮釋，臺灣四大族群的形成各有其形成過程：「本省人／外省人」的區分，出現時機：1970年代以後；「原住民／漢人」的區分，出現時機：1980年代初期；「客家人」／「閩南人」的區分（1980年代中期以後）；「外省人／閩南

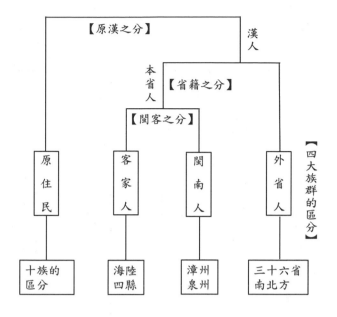

資料來源：王甫昌（2003：57）

圖1：臺灣四大族群在人群分類上的組成

「人」的區分，1990年代以後。（王甫昌2003：53-63）圖1是二十年前王甫昌繪製的臺灣四大族群在人群分類上的組成。

　　如果再加上最近政府大力照顧的新住民，我們可以將臺灣四大族群在人群分類上的組成改為五大族群，並繪製如圖2。原住民／漢人／新住民屬於一種分類，「原住民」與「新住民」符碼的使用有時間上先來後到的暗示。「原住民」的內涵也一直在變動中，目前臺灣的原住民指16族：阿美族、泰雅族、排灣族、布農族、卑南族、魯凱族、鄒族、賽夏族、雅美族（達悟族）、邵族、噶瑪蘭族、太魯閣族、撒奇萊雅族、賽德克族、拉阿魯哇族、卡那卡那富族。

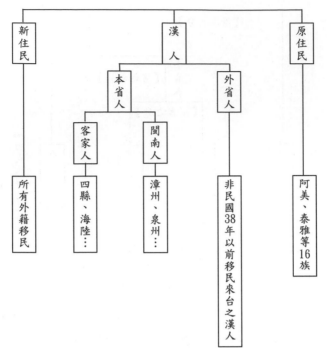

資料來源：作者繪製

圖2：臺灣族群分類圖

「新住民」意指所有外籍移民，其中以東南亞的移民居多數。「漢人」則是一個意指模糊的符碼，指涉的是非原住民的清朝移民及其後因國共內戰而大量移入臺灣的各省籍人口。「外省人」與「本省人」符碼的使用則是漢人傳統的慣習，只要非本省人就是外省人，然而本省的定義則相對模糊，世居本省自然是本省人，而移民的第二代算不算本省人？

臺灣對「本省」與「外省」的定義相對清楚，只要非民國38年以前移民來臺之漢人即稱之「外省人」，因為這一群人相

較於其他本省人，在國民政府主政的時代享有更多更好的政經地位與福利。「客家人」與「閩南人」的符碼使用則有更多的討論空間，持學老沙文主義的知識份子慣習使用「臺灣人」做為「閩南人」的符碼，客家人則慣習使用「學老人」做為稱呼「閩南人」的符碼。而「閩南人」與「客家人」也有各自的語言使用次群分類，「外省人」更是複雜，來源極為多元。

Brubaker指出並強調，種族、族群、民族等是人群分類的範疇（categories）而非實質的團體（groups），是人們「對世界的觀點」（perspectives on the world），存在於人們的感受、詮釋、再現、分類與認同中，而且藉著這些過程才存在。（Brubaker, 2004：17）基於這個觀點，學者林開世進一步指出：

> 我們有理由去質疑當代眾多的「尋根」與重建族群史的工作，是真的反映了過去，還是以我們當下的族群政治論述來扭曲過去？面對在過去存在的人群區別與動員現象，包括漳／泉、閩／粵、高山／平埔、外省／本省等社會範疇時，許多學者與文化工作者一再地將分類的範疇當成具體的族群實體，用血緣、地緣、語言、文化的連結與分散來實體化它們的存在，並重建族群存在的系譜。忽略了群體認同與社會界線，一直都是論述的現象，是打造政治權力工程的裝置。以族群做為歷史過程中的主體為出發點，這些大量的學術或非學術的工作，未能區分研究過程中，分析的範疇與描述的範疇，往往使得自己的研究捲入族群政治中而不自覺，這可以說是從事族群研究，常常帶來的職業風險。（林開世，2016：306-307）

學者對從事族群研究帶有警覺，新歷史主義告訴我們，知識與權力的關係密切，所有的論述都帶有意識形態立場，這是不可避免的學術陷阱。不論學者、說故事者自覺或不自覺，這些群體的分類是臺灣多元文化的來源，當文學敘事（narrative）運用這些符碼描述人群的故事，也就反映了特定歷史時期的特定意識形態，更透露敘事者（narrator）的族群假設。我們的研究將以相對客觀的主觀，也就是所有研究或書寫不能避免的意識形態主觀出發，從族群主流化的觀點切入，提出以相對弱勢的「客家族群」為核心的觀察，努力從文本中梳理「客家」相較於「外省」及「閩南」的弱勢，又較原住民及新住民優勢的特殊處境。

　　2005年，陳國偉以《解嚴以來（1987~）臺灣現代小說中的族群書寫》為題撰寫他的博士論文，其後以《想像臺灣——當代小說中的族群書寫》（2007）改寫為專書出版。全文主要的論述以漢人的觀點出發，聚焦於解嚴以來（1987~）在臺灣所逐漸形成的以福老族群為主體的「臺灣意識」，該研究指出福老、客家、外省等族群，透過書寫回應這個民族國家形成過程中，「想像的共同體（Imagined communities）」（Anderson, 1991）在不同族群漢文小說類的書寫立場。其研究指出，福老、客家及外省三大族群的小說書寫，作家們都透過族群歷史情境的重建，呈現出他們對於族群的理解、建構、想像及反省，於文本中更反映出作家們因應這樣的「本土化」潮流，建立不同族群書寫的典範，並確立族群小說的書寫風格。論文共計561頁，可見素材浩繁，然而獨漏原住民的小說書寫，可謂美中不足。

　　事實上，解嚴後的文學書寫，不同族群的作家確實都在回應「本土化」的議題，然而大部分仍是漢人中心思維的展現，反思

究竟是誰的反思？除了原住民的書寫之外，尚有分量不輕的馬華文學的小說書寫，相較於臺灣外省族群面對「本土化」與臺灣國族主義建構的迷茫，在臺灣的馬華文學呈現出對中國魂與華夏文明的追求與嚮往，堅定不移。時空背景的不同，國族想像的差異必然巨大，文本中的族群再現顯得益形豐富而深具研究價值。

　　從解嚴至今的碩博士論文題目觀察，其實也告訴我們臺灣在本土化的過程中，討論文學作品的相關論文對「族群」的興趣有增無減。其中對原住民族群的關注較多，例如（1）吳家君（1996）《臺灣原住民文學研究》；（2）郭祐慈（2000）《當今臺灣相關原住民少年／兒童小說呈現原住民形象探討》；（3）林奕辰（2001）《原住民女性之族群與性別書寫：阿嫣書寫的敘事批評》；（4）呂慧珍（2001）《九〇年代臺灣原住民小說研究》；（5）伊象菁（2001）《原住民文學中邊緣論述的排除與建構——以瓦歷斯·諾幹與利格拉樂·阿嫣為例》；（6）董恕明（2003）《邊緣主體的建構——臺灣當代原住民文學研究》；（7）趙慶華（2004）《認同與書寫——以朱天心和利格拉樂·阿嫣為考察對象》；（8）李玉華（2004）《臺灣原住民文學的發展歷程與主體意識的建構》；（9）陳芷凡（2005）《語言與文化翻譯的辯證——以原住民作家夏曼·藍波安、奧威尼·卡露斯盎、阿道·巴辣夫為例》；（10）賴桂如（2008）《美麗的達戈文：臺灣原住民漢語文學中族語運用之研究》；（11）奉君山（2009）《為什麼原住民文學？—— 1984迄今原住民文學對臺灣民族國家建構的回應與展望》；（12）曾有欽（2010）《「我在故我寫」——當代臺灣原住民文學發展與內涵》；（13）林瑜馨（2012）《原住民文學的非典型書寫現象

——以達德拉凡‧伊苞、董恕明以及阿綺骨爲例》；（14）劉得興（2012）《後殖民語境下的神話再現：臺灣原住民族漢語書寫之比較研究》；（15）高旋淨（2013）《霍斯陸曼‧伐伐小說之族群書寫研究》；（16）蔡政惠（2014）《戰後臺灣作家文學中的「原住民族書寫」：自1945到1987》；（17）王偉祺（2014）《平埔族小說之研究——以莊華堂《慾望草原》及《巴賽風雲》爲例》；（18）陳伯軒（2015）《臺灣當代原住民漢語文學中知識／姿勢與記憶／技藝的相互滲透》；（19）蔡政惠（2015）《戰後臺灣作家文學中的「原住民族書寫」：自1945到1987》；（20）林祁漢（2016）《華語語系脈絡下的少數族裔寫作：夏曼‧藍波安、達德拉凡‧伊苞及阿來的移動敘事研究》。

以上20本碩博士論文關注的是漢人作家視角下的原住民族形象、原住民族主體意識的建構，族語的運用以及原住民族對臺灣民族國家建構的回應等議題，也有從「華語語系」脈絡的視角立論與批判的研究。從這些研究可知，名爲原住民文學卻使用漢文書寫，符碼的選擇已經透露許多訊息。茲舉其中兩位研究者的省思如下：

本論文的研究限制，乃爲目前臺灣文壇的臺灣原住民文學的書寫仍是以漢語爲主，是否可眞實呈現原住民族母語的原汁原味，展現眞正的原住民文學精髓。關於原住民是否應該以漢語或母語創作文學作品這一個問題，成爲許多原住民作家和漢族學者爭論的焦點。如孫大川對漢語、漢文化、甚至當代新儒家採取比較開放的態度，其認爲原住民作家使用的語

言雖然是漢語，但是抒發的卻是主體經驗，若以母語的使用成為檢驗原住民文學的唯一要件將十分狹隘。關於這一個問題，瓦歷斯・尤幹則持相反之詞而嚴格定義，原住民族書面文學為以原住民文字指以羅馬拼音書寫下的母語所創作的文學作品，如果捨棄此起點，原住民文學將只是臺灣文學的支派——邊疆文學，無法成為中心學，獨立於中國文學。（蔡政惠，2007：16）

蔡政惠2015年的博士論文進一步探討戰後臺灣作家文學中的「原住民族書寫」，該論文指出：

原住民族形象由早期文本中，日治殖民下被殖民悲情形象、皇民化運動下族群認同迷思形象；中後期文本中，飽受種族歧視與族群壓迫下污名化形象、經濟貧窮與就業困境下刻苦形象，均見證著原住民族身為少數族群的弱勢處境。但原住民族在文化祭典中恪守紀律的形象、傳統部落中勇士形象、社會中純樸自然、熱情親切形象，均為原住民族獲得正面肯定的族群形象。原住民族在諸多戰後漢族作家筆下，乃呈現多元樣貌；甚至於隨著時代變遷，而產生不同人物形象。（蔡政惠，2015：687-688）

劉得興從殖民的視角批判臺灣原住民族的漢語書寫，並語重心長地指出：

臺灣原住民族漢語文學開展至今已經邁入了二十年，早期的

書寫策略是為了揭發殖民政權對原住民族群文化的摧殘與傷害，進而抵抗漢文化對原住民族的文化再殖民，此種策略雖然獲得了主流社會群體的善意回應，原住民族群本身也開始體會到傳統文化的傳承是族群發展的核心工作。雖然許多原住民文化工作者及文學家努力地為原住民族文化傳承而貢獻心力，但受到國語政策影響頗深的原住社會似乎無法跳脫漢化思維的繼續宰制，因而忽略了族群語言是延續傳統文化最為關鍵的環節。現階段的文學創作應該回歸到族群內部進行對話，如果族群內部的族人無法清楚地認識自己是誰？甚至無法透過族群語言來認識及講述自己的歷史與文化，恐怕將面臨跟臺灣平埔族相同的命運，他們雖然有心想要恢復族群的傳統文化，但族群語言早已被自己的族人們遺忘。（劉得興，2012：224）

　　無論是批判漢文化宰制下的原住民族群文化，抑或是慨嘆被遺忘的語言與神話故事，無不指出原住民文學的困境與所面臨的文化斷裂險境重重。相較於對原住民文學中的族群關係或文本中的原住民書寫的研究蓬勃，解嚴後對客家文學的族群關係研究則少很多，王慧芬（1998）《臺灣客籍作家長篇小說中人物的文化認同》是較早探討臺灣客籍作家長篇小說人物所反映的文化認同與族群關係。陳康芬（2008）的客委會結案報告《政治意識、族群身分、與歷史文化——臺灣現當代小說中的客屬作家》指出：

　　具有客家人身分的作家並不一定會選擇以客家身分或客家文化認同／客家意識，作為其創作導向或書寫策略。這兩者關

係在臺灣的延變，也必須要等到九〇年代之後臺灣本土文學興起，才浮現以族群身分認同或族群文化意識為書寫主體策略，並因之躋身作家行列的「本土」文壇，才漸漸產生可以相互呼應的對等性。因此，「客屬作家」與「客家書寫」在九〇年代以前，可以被視為是一種「隱性的聲音」方式存在於臺灣現當代文學中。（陳康芬，2008：1）

這篇報告將九〇年代以前的客屬作家與客家書寫視為「隱性的聲音」，呼應1988年還我母語運動以前「隱形的客家人」的稱呼。同樣的論述觀點也出現在邱雅芳（2017）〈客家作家在臺灣文學史的位置：以葉石濤、彭瑞金與陳芳明的臺灣文學史書寫為探討對象〉一文中。邱雅芳指出「本文為何強調以『客家作為方法』來思考臺灣文學史，最重要的即是為了打破客家過去以來的『隱形』位置。」（邱雅芳，2017：269）這樣的思維是站在多元共生的多元文化主義立場立論，強調以客家文學為主體的臺灣文學論述將豐富臺灣文學的內涵，其觀點如下：

唯有將客家文學與其他原住民文學、閩南文學、外省文學、女性文學……並置，作為方法之一來理解臺灣文學，臺灣文學才能夠真正顯現出其多元共生的意義，創造出獨特的臺灣文學。以此進一步與其他世界（中國、日本、美國……）文學相抗衡，而不再被這些大國文學所宰制。換句話說，客家文學所具有的價值，不僅僅是對於客家族群或客家文化而已，更重要的是讓臺灣文學不至於被扭曲，成為其他大國文學的附屬或化身。（邱雅芳，2017：266）

站在臺灣國族主義的立場，相關論述無不強調臺灣文學的獨特性，「臺灣文學」共識的建構看來是臺灣想像共同體形構重要的關鍵環結，然而如何臺灣又怎樣文學，各族群正各自表述各展主體性（subjectivity）。陳震宇（2018）《世代、性別與族群交織的成長之路——甘耀明《殺鬼》與《邦查女孩》之比較研究》，該論文以客籍作家甘耀明所書寫的兩本重要族群關係小說為例，指出甘耀明在《殺鬼》中讓主角少年帕的血緣融合原（泰雅族）漢（客家），預言臺灣的未來走向：

> 甘耀明讓帕的血緣以臺灣最邊緣的兩種族群客家與原住民匯集在一起，並非訴諸反抗的再現，而更有族群融合的展現。其客家背景帶出的是帕所保留的家鄉意識，即便帕在成為臺籍日本兵的過程中對於日本有較多的國族認同，但仍有出入於客家原鄉的力量，讓帕得以保有一塊淨土得以歸返。而泰雅族的血緣提供給帕的神力，也讓帕在面對危難時得以清楚認識自己並克服困難。二者都暗示著帕的成長過程中保有對臺灣在地連結，亦有臺灣兼容並蓄多元民族的期盼。但國民政府的到來，加深了族群的對立與傷害，甘耀明對於後來者的批判也在此強化，臺灣性的生成自此又被打壞平衡，而必須面對一個新的難題，這樣的成長過程訴說的是「後來者」始終對臺灣族群的共榮造成影響，而影響需要時間沉澱，一九四〇年代歷史與政治的快速變化，卻造成族群衝突再一次的加深，也對未來的未知世界有憂心與再出發的雙重意涵。（陳震宇，2018：150-151）

該論文也指出，《邦查女孩》中的主角是女性，古阿霞的血統也寄寓了甘耀明的族群融合想望，其結論提到在族群的意義上，《邦查女孩》融入更多的族群衝突議題：

> 不論是漢人移民、日本、或是國民政府所產生的外省與本省對立，都對古阿霞的原住民身分造成脅迫，而古阿霞身上的黑人血緣也是在越戰的背景之下所造成，古阿霞的雙重血緣事實上就是臺灣歷史傷痕的匯流，但一如甘耀明在小說中所呈現的，甘耀明期盼的是更多融合與共同生存的可能，是以古阿霞得以正視自己的黑人血統並且與之和解，她認同邦查文化並為之發聲與傳遞，展現邊緣主體也是讓讀者得以正視臺灣的邊緣族群與問題，甘耀明要透過小說中和諧共處的族群，傳達所有人都該被重視，也都該彼此尊重相處的期盼，這與《殺鬼》的結局中以族群的撕裂作結對照有相當大程度的不同，在與戰爭漸行漸遠的一九七〇年代，面對世界的經濟強權，臺灣的族群之間也該正視彼此的歷史過往，然後尋找和諧共處的可能，才能有再出發的可能。（陳震宇，2018：152-153）

　　簡言之，客籍作家甘耀明除了大量運用不同的語言在其創作，主角身分的設定也頗具巧思，具體呈現了作者想望族群融合與和諧共生的人文關懷。

　　在作家的書寫之外，原漢族群接觸與衝突的民間文學相關研究，則指出民間文本所再現的原漢接觸問題，例如鄭美惠（2007）《臺灣原／漢族群接觸與衝突下的傳說研究——以漢人

文本為主》以及蘇雅玲（2014）《黃南球傳說研究》。兩本論文都是探討原漢民間故事中與族群間接觸相關的民間文本，鄭美惠的研究指出，原／漢族群接觸與衝突下的各類傳說可以歸納為幾類：（1）流傳於漢人及原住民族群的土地爭奪傳說。漢人的傳說常見的主題有三，一是以武力強奪原住民的土地；二是原住民的自動讓（賣）予；三是以詐騙手段獲取原住民土地。原住民的傳說則以講述漢人利用種種手段騙取原住民的土地。（2）漢人「屙屎嚇番」傳說的智退原住民。（3）漢人「借斗還口」傳說用欺騙方式剝削原住民。（4）漢人與原住民衝突下的神明顯靈護佑漢人相關傳說與習俗。神明顯靈救助的相關傳說，學老族群的傳說以媽祖或王爺居多，客家族群另有三山國王的護佑。習俗則有因為遭原住民馘首而產生的有應公廟，以及被馘首者不上祖先牌位等。「食番肉」的故事是另一種漢人與原住民衝突的典型故事。

漢人文本所形塑的原住民形象總是「野蠻」而「愚蠢」，而原住民稱呼漢人的「白浪」一詞，也形塑了原住民心目中的漢人形象：壞人。文明與野蠻的相遇烙印在文字符碼中流傳，製造衝突。每一個記載或每一位說故事者或許都是無心的，但卻在書寫或故事的傳播過程中製造了歧視與傷害，想像的他者總是充滿故事性而又允許被誇大與製造效果。民間文本的集體無意識是族群關係再現研究的理想文本，然而並非每個族群都有足夠的被記錄的文本可資研究，這也是研究最大的挑戰之處。

文本中的族群再現課題，由於歷史時代（滿清、日本、國民政府）不同，族群意識形態書寫立場各異，加上研究取向從「結構」走向「後結構（解構）」，潮流從「現代」走向「後現

代」，關於文本中的族群再現值得我們持續關注，也應當由不同族群立場的研究者共同進行同一課題的深度探究。本文把這些敘事視為社會的象徵性行為，強調文學和文化的認識價值。換句話說，文學敘事最重要的功能便在於揭示社會生活中的矛盾和問題，作家往往提出了該時代的問題，以小說人物而言，作家藉小說人物突出地表現社會歷史中的衝突，最重要的衝突就是人的思想意識和社會基礎之間以及人與人之間的矛盾。（陳然興，2013：167-172）當然，我們也不能以為所有文學敘事都再現了社會與歷史，而應該體認詹明信（Fredric Jameson）指出的重要問題：

> 我們不能把一切敘事矛盾簡單地與社會矛盾和意識形態衝突的再現等同起來，而應該充分考慮到，在一個消費社會中，敘事作為文化娛樂的主要形式，它既可能創造某種新的敘事，從而揭示某種新的社會問題；也可能復活一切能夠引起人們消費興趣的舊的情節衝突模式，從而轉移社會矛盾。（陳然興，2013：175）

本文同意詹明信將敘事作為話語（discourse）的一個看法，任何敘事都是人們有意識的文化創造，目的在於對社會生活進行編碼（encoding）。敘事活動就是一種話語交際的行動，「講故事」是社會中人際之間交流經驗、情感、思想的重要方式，交流的過程必然有協商也有爭論。文本的流傳和敘事被接受的過程（在各族群間被接受與傳播並信以為真），其實就是話語交際開展的一種過程。

在這個定義底下，我們認為文學敘事與社會主導敘事編碼體係之間的關係、區別以及相互作用機制等等，是研究的重點。文學敘事話語並沒有一個客觀的所指（signified），而是一種對話、爭辯和意識形態鬥爭的場域，是整個已經存在的能指（signifier）體系。如果把敘事視為再現（representation），誰是敘事的主體而誰是客體成為探討的重點，「再現」與「主體性」的問題息息相關，也是本文關注的重點。

三、鍾肇政小說再現的族群與文化符碼探討

本文閱讀整理鍾肇政書寫時代的11本長篇小說：《濁流》、《流雲》、《沉淪》、《江山萬里》、《馬黑坡風雲》、《插天山之歌》、《八角塔下》、《滄溟行》、《川中島》、《戰火》、《怒濤》。其中《馬黑坡風雲》、《川中島》、《戰火》書寫霧社事件原住民的故事，其餘則書寫日本時代鍾老的所見所聞，透過小說家細膩的筆，描繪在時代的巨輪運轉下，不同族群之間的磨擦碰撞。字裡行間忠實地記錄了每一個時代小人物的生命歷程。閱讀文本，我們共同體會臺灣島上不同族群小老百姓的喜怒哀樂，見證時代的無情，感受族群的交流。

鍾老的小說就是一部臺灣的史詩，小說文本書寫了不同的族群，他們在臺灣都是主角之一。只是我群與他者之間仍然不免有文化上的差異，也有彼此的刻板印象，表1整理這11本小說出現的與族群相關的符碼，經由閱讀整理，剔除重複，共計有91個符碼，其中有正面有負面，列舉如下：三本足、三腳仔、大陸人士、大陸的客家人、山刀、山地人、山胞、山歌、中國人、內地

人（日本人）、凶蕃、友蕃、反抗蕃、支那人、支那兵、支那姑娘、支那娘、日本人、日本刀、日本仔（指警官，負面符碼）、日本式英語、日本妹子、日本話、日本蕃、日語、北京語、半山仔、四腳仔、外省人、平地人、平埔蕃、本省人、本島人、生蕃、西洋人、亞洲人、官話、東方人、狗仔（罵日本人）、長山人、長山仔、長山兵仔、長山妹仔、長山客、長山婆仔、阿山、阿山仔、保護蕃、客家人、客話、客語、泉州人、突奴（意指人頭，文中指日本人或警察）、紅毛蕃、美式英語、美國人、英語、原住民、臭狗（罵日本人）、高砂族（小說出現的有布農、阿美、排灣等）、國語（日本話）、國語（北京語）、張科羅（日人罵中國人的髒話）、從祖國來的、採茶歌、接收人員、梅縣人、塞達卡‧達耶（山地人自稱，意爲高山上的人）、「嫁給長山仔（或兵仔），還不如殺了給母豬吃」、腦丁、隘勇、滿洲人、滿洲語、漢文、漳州人、熊襲（日本古代棲息九州地方的番族）、福老人、福老話、臺灣人、臺灣妹仔、臺灣戲、蒙古人、閩南話、閩南語、標準語、豬（罵中國人）、豬玀（豬奴，日人罵中國人的髒話）、蕃人、蕃仔、蕃民、蕃薯、講閩南話的人。

這些符碼從表1的出版先後排序可以發現，在鍾老的小說裡，直至1993年出版的《怒濤》才出現本省人、外省人、原住民。客家人與福老人的區分則早在1962年的《濁流》就已經出現。與社會科學家所指出的臺灣四大族群的形成時機：「本省人／外省人」的區分，出現時機：1970年代以後；「原住民／漢人」的區分，出現時機：1980年代初期；「客家人」／「閩南人」的區分，1980年代中期以後；「外省人／閩南人」的區分，1990年代以後。（王甫昌，2003：53-63）並不相符，卻符

合一般對閩、客分群的認識。

在這些符碼裡，我們將非關臺灣的符碼如：西洋人、亞洲人、東方人、紅毛蕃、美式英語、美國人、英語、蒙古人扣除，可以分為三大類討論：「中國人／日本人／臺灣人」、「漢人／客家人／福老人」、「原住民」。

表1：鍾肇政小說的族群相關符碼

編號	出版年	書名	文化符碼
1	1962	濁流三部曲（一）濁流	日本蕃、支那人、平埔蕃、客家人、福老人、狗仔（日本人）、四腳仔（日本人）
2	1965	濁流三部曲（三）流雲	臭狗、四腳仔、講閩南話的人、客家人、支那兵、臺灣戲、客語（客話）、閩南話（閩南語）、臺灣人、本島人、梅縣人、日本仔（警察）、生蕃、山歌、採茶歌、臺灣戲、絃仔、漢文、北京語、國語、日本話、標準語
3	1967	臺灣人三部曲（一）沉淪	長山人、支那人、臺灣人、日本人、內地人、日本蕃、狗仔、四腳仔
4	1969	濁流三部曲（二）江山萬里	日本人、內地人、熊襲（日本古代棲息九州地方的番族）、客話、福老話、國語（日本話）、英語、支那人、長山人
5	1973	馬黑坡風雲	霧社事件（1930 年 10 月 27 日）、山胞（蕃人、蕃民、山地人）、內地人（日本人）、塞達卡·達耶（意為高山上的人）
6	1975	臺灣人三部曲（三）插天山之歌	日本人、臺灣人、支那人、狗仔、隘勇、腦丁、蕃人、蕃仔、平地人、山地人

編號	出版年	書名	文化符碼
7	1975	八角塔下	內地人、臺灣人、蕃人、本島人、日本仔（警官）、中國人、支那人、張科羅（日人罵中國人的髒話）、豬玀（豬奴）、四腳仔
8	1976	臺灣人三部曲（二）滄溟行	日本仔（此處為警官代名詞）、本島人（臺灣人）、臺灣人、
9	1985	川中島	突奴（意指人頭、日本人或警察）、反抗蕃、保護蕃、凶蕃、友蕃、生蕃
10	1985	戰火	高砂族、內地人、本島人、臺灣人、高砂族（布農、阿美、排灣）、中國人、山刀、日本刀
11	1993	怒濤	支那姑娘、日本人、梅縣人、英語、北京語、漢文、長山人、日語、滿洲語、大陸的客家人、蕃薯（臺灣）、三本足（三隻腳）、半山仔、蒙古人、滿洲人、客家人、四腳仔、本島人、內地人、阿山仔、阿山、長山客、豬、張科羅、原住民、臺灣人、紅毛蕃、東方人、美國人、西洋人、亞洲人、支那人、從祖國來的、大陸人士、接收人員、美式英語、日本式英語、國語、官話、三腳仔、長山妹仔、支那兵、支那娘、日本妹子、長山婆仔、臺灣妹仔、長山仔、長山兵仔、「嫁給長山仔（或兵仔），還不如殺了給母豬吃」、蕃薯和豬（本省和外省）、漳州人、泉州人、福老人、外省人、山地人

資料來源：作者整理

（一）日本人／中國人／臺灣人

這一組的人群分類屬於國族層次及殖民者與被殖民者的身分認同符碼生產，也有我群與他者之間的負面印象所生產的負面符碼。表2整理中國人／日本人／臺灣人在鍾老小說中出現的不同符碼。

表2：鍾肇政小說「中國人」、「日本人」、「臺灣人」的符碼整理

族群	一般符碼	負面符碼
日本人	日本人、內地人、日本妹子、日本刀、日本話、日語、國語（日本話）	日本仔、日本式英語、日本蕃、四腳仔、狗仔、突奴、臭狗、熊襲（日本古代棲息九州地方的番族）
中國人	中國人、大陸人士、大陸的客家人、北京語、外省人、官話、長山人、長山兵仔、長山妹仔、長山客、國語（北京語）、從祖國來的、接收人員、滿洲人、滿洲語、標準語	三本足（三隻腳）、三腳仔、半山仔、長山仔、長山婆仔、阿山、阿山仔、張科羅（日人罵中國人的髒話）、豬（罵中國人）、豬玀（豬奴，日人罵中國人的髒話）、支那人、支那兵、支那姑娘、支那娘
臺灣人	臺灣人、本島人、本省人、臺灣妹仔、臺灣戲	蕃薯

資料來源：作者整理

「日本人」和「中國人」是前後的統治者，小說中的負面符碼都多於一般符碼，充分表現時代色彩。關於日本人的相關描寫舉兩例如下：

> 文子確實與一般日本人不同，尤其與一般日本女性大不相同。維樑這兩年來經常與日本人接觸，早就感覺出他們絕大多數抱著一種優越感，認定臺灣人確乎是劣等的民族，懶

惰、骯髒、迷信、貪婪、膽小、懦弱、卑屈、狡猾、陰險，
這些惡習與低劣品性，都集中在臺灣人身上，因而根本不放
在眼裡。維樑就從來到店裡的顧客的神色上，經常感到這種
輕蔑的眼光。（鍾肇政，《臺灣人三部曲（二）滄溟行》，
2005：49）

記得當我看著兩個在「默禱」時不規矩的小朋友被古田亮一
毆打時，我想起了自己被那個日本瘋狗教師痛打的往事。那
時，我沒有能得到一個結論，如今我完全明白過來。那是日
本人與臺灣人的對立具體化的事件，至少在那個瘋狗教師當
時心目中，是有著那種對立概念的，他之以說「這是日本人
與臺灣人的打架」這樣的話，原因正在此，雖然他只是因為
學生們不聽指使，為了洩憤而找上我一個人，可是他一定瘋
狂了，打算藉那把小洋刀來謀殺我。如果我稍為勇敢些，可
能已握著那把小刀撲向他，那樣一來，他一定可以輕而易舉
地制服我，甚至刺殺我，而他自己可以「正當防衛」洗脫謀
殺罪嫌。多麼可怕！日本人竟是用這種心情來看待臺灣人
的！所謂「皇民化教育」，「一視同仁」，只不過是表面文
章而已，美麗的謊言而已！
我慚愧，行年二十方懂得這個道理。原來，我竟是這麼個憒
憒無知的人物。小孩子都知道管日本人叫「狗仔」、「四腳
仔」，我這個人卻一定要到受完五年的中學教育，教了半年
書，嘗了這許多苦楚，摸索了這麼久，方才懂得一切，我真
禁不住又要詛咒自己了。（鍾肇政，《濁流三部曲（一）濁
流》，2005：291-292）

關於外省人的相關描寫指出本省人的幻滅，小說描寫如下：

> 這一點，當然說是差不多，也不算錯誤，但是，我想還是有
> 不同的地方。首先，那邊的人和我們就不同。他們蟲一般地
> 互相殺戮，殺人、被殺，早就習慣了。這點我是親眼看過來
> 的。我們這邊也還有蕃薯和豬的不同，就是本省外省啦。我
> 覺得，蕃薯本來好像就有一種排他性，這也許是由於出外人
> 根性，加上過去都是被欺負的歷史所造成的。也許這也是一
> 種防衛本能吧。因此，同樣是蕃薯，也互相爭執。例如從前
> 是漳州人和泉州人，還有福佬人和客家人，蕃薯和日本人不
> 用說也是。所以外省人來了，起初大家都說是同胞啦，手足
> 啦，末了是領悟到阿山的卑劣，結果感到無可比擬的幻滅。
> 我說的是無可比擬的幻滅，這個懂不懂？（鍾肇政，《怒
> 濤》，1993：258）

日本人是「狗」，外省人（中國人）是「豬」，本省人（臺
灣人）是「蕃薯」，這些帶負面的符碼不停地出現在小說中，標
籤化他者和我群，並築起無數高牆，區分彼此。「日本人」和
「中國人」是統治者，相對於被統治的「臺灣人」，顯然是製造
許多不公不義回憶的可惡的人。小說中對日本人的結論是「日本
人竟是用這種心情來看待臺灣人的！所謂『皇民化教育』，『一
視同仁』，只不過是表面文章而已，美麗的謊言而已！」對中國
人的結論是「外省人來了，起初大家都說是同胞啦，手足啦，末
了是領悟到阿山的卑劣，結果感到無可比擬的幻滅。」小說不停
地提醒讀者，統治者（日本人、中國人）所編織的美麗謊言以及

那些對臺灣人的所有不公不義。

（二）漢人／客家人／福老人

　　「漢人」這個分群目前接受的詮釋是使用漢字的族群，在臺灣較大的兩群就是「客家人」和「福老人」。在鍾老的敘事裡，通常用「平地人」與「山地人」相對，「平地人」就是使用「漢文」的「漢人」。「客家人」和「福老人」在小說中所使用的符碼整理如表3。

表3：鍾肇政小說「漢人」、「客家人」、「福老人」的符碼整理

族群	符碼
客家人	客家人、客話、客語、採茶歌、梅縣人、腦丁、隘勇、「嫁給長山仔（或兵仔），還不如殺了給母豬吃」
福老人	福老人、泉州人、漳州人、福老話、閩南話、閩南語、講閩南話的人

資料來源：作者整理

　　在這一組人群分類裡看不出來有負面的符號，不過小說中仍有相關刻板印象的描寫，例如：

記得從前在五寮時，父親有個酒友，是個幹木匠的粗人。他的話幾乎每一句都是「幹伊娘」或「賽伊娘」開始的。在我的印象裡，講閩南話的人很多都慣常地使用著這個下流字眼，可是在客家人裡，這種情形倒是很少接觸到的。可能這是因為過去我與鄉人們的接觸較少的緣故，也就因為如此，阿全的話給了我很特別的印象。（鍾肇政，《濁流三部曲（三）流雲》，2005：22-23）

小說敘事中的敘事者可能由於家庭背景屬於受教育程度較高的階級，因此不常聽到客家人講髒話。然而我們明白，髒話的使用並不分族群，過去很長一段時間，臺灣影視等相關媒體的語言使用被新聞局管制，好人都是一口標準國語，壞人則是滿口福老話，這些背景加深了相關族群的刻板印象，不同文本也因此不自覺複製相關敘述，而製造了講某種語言的人群較為低俗的印象。

（三）原住民

　　原住民在鍾老小說中出現的符碼有：

　　一般符碼：塞達卡‧達耶、原住民、高砂族、山地人、山胞、山刀

　　負面符碼：蕃人、蕃仔、蕃民、凶蕃、友蕃、反抗蕃、平埔蕃、生蕃、保護蕃

　　除了塞達卡‧達耶（意為高山上的人）是原住民族群使用的符碼、高砂族由日本人命名，其他都是漢人使用的符碼。鍾老在小說中如此描寫：

> 我原來祇知道，泰耶魯是臺灣深山裡的生蕃，未開化的野蠻人，而且還是喜歡獵取人頭的可怕蠻族。有一雙獵狗般發出兇光的眼睛，臉上塗滿油彩，赤裸著身子，在密林裡猿猴一般地來去自如。我是下了最大的決心，才參加這個工作的。我知道這是很大的冒險。是大家都知道的，這是要拿性命來做賭注的工作。（鍾肇政，《川中島》，1985：136）

> 大家都能征慣戰，勇邁堅強，而且不分內地人、臺灣人、高

砂族。衣服破爛，也是大家一樣，餓肚子呢，也無分彼此。這一點在他們是最大的安慰。有些人還更進一步，偷偷地在內心燃燒著矜持與誇耀；高砂族才是真正強的。真的，他們祇要一腳踏出營地，進入叢林，便可以找到東西吃。他們知道哪裡會有一些小野獸；怎樣的植物，可以吃果實、嫩芽。當他們能把弄到手的東西，分一些給長官和內地人同袍吃的時候，他們感到最高的榮耀。他們總是那麼勤奮、慷慨，而且還謙虛呢。（鍾肇政，《戰火》，1985：241-242）

不論是「生蕃」還是「高砂族」，描寫的是原住民在叢林中生存的本能非常優越，敘事語氣中帶有強烈的崇拜與敬仰。

四、鍾肇政小說中的人群分類與反思

小說文本中的人群分類我們深知有其時代背景，擁有話語權的知識生產者，理應更謹慎小心地使用這些文化符碼。然而，政治是最文學的而文學是最政治的，移民文化為建立自我族群合法性而訴諸的排他原則：福老人、客家人、漳州人、泉州人、本省人、外省人等等的標籤化命名，在在顯示有形無形資源的相互競爭。文本中的符碼（code）製造，並非作者隨意的創作，而是在特定歷史場景中的符碼生產。該文化符碼反映的是該歷史時期的社會共識或偏見，無論是民間文本或作家創作，都離不開時代的刻痕。換句話說，不同符碼所展示的集體「無意識」，無不暗示該時代的族群關係，或者詮釋為該時代的族群想像。

詹明信提出「政治無意識」（The Political Unconscious）的概

念，探討文本中的集體無意識如何運作，人們如何經由各類「文本」建立與形塑他我關係。詹明信指出，敘事是一種社會的象徵性行為，而文學作品可以說是階級無意識的象徵性表達。這位結合意識形態分析及拉岡（Jacques-Marie-Émile Lacan）語言結構心理分析的重要理論家，提示我們一個重要的方向，臺灣當代的族群關係雖然是經過不同歷史時期的重層鏡像疊合而成，卻也顯示當代的臺灣人如何詮釋這些族群關係才是關鍵之處。

此外，「新歷史主義」（New Historicism）的研究視角提醒我們，各類文本中的歷史建構與族群想像，是族群關係相關研究的極佳材料。「新歷史主義」的「新」其實是對「歷史主義」所堅信的詮釋前理解的假設的一種對抗。「歷史主義」假設在一個穩定的社會共同體中，有某種公共而默認的知識代代相傳，構成了理解文本的基礎，只有超越自身的歷史視域，才能正確理解作者或者公共知識。「新歷史主義」質疑這種假設，並認為「前理解」或者所謂的「作者意圖」僅只是當下的意識形態表現，關鍵是要理解背後的話語生產模式。「新歷史主義」採取的研究方式是挖掘邊緣化的話語，以對抗單一的中心敘事，試圖對歷史進行重構。

人們對過去的詮釋意味著對未來的想望，我族與他者之間的歷史共識是一種集體知識的生產，值得思考的是，文本中的族群文化符號是如何被集體想像與再現的，而這些被再現的族群符碼，是如何透過社會實踐的方式被傳承與再造。透過文本反思，族群問題顯然不會消失，如何經由研究的過程建構族群共榮與知識共享的臺灣新榮景，才是閱讀的最終目標。

五、結語

　　文學敘事最重要的功能便在於揭示社會生活中的矛盾和問題，作家往往提出了該時代的問題，以小說人物而言，作家藉小說人物突出地表現社會歷史中的衝突，最重要的衝突就是人的思想意識和社會基礎之間以及人與人之間的矛盾。敘事活動就是一種話語交際的行動，「講故事」是社會中人際之間交流經驗、情感、思想的重要方式，交流的過程必然有協商也有爭論。文本的流傳和敘事被接受的過程（在各族群間被接受與傳播並信以為真），其實就是話語交際開展的一種過程，閱讀不同時代的文本，提醒我們時代留下的傷痕，也提供我們反省的材料。

　　本文整理分析鍾肇政11本有較多族群書寫的長篇小說，找出91個文化符碼，並分為三大類討論：（一）中國人／日本人／臺灣人；（二）漢人／客家人／福老人；（三）原住民。第一類屬於國族層次，小說中對先後來臺的統治者「日本人」及「中國人」使用極多的負面符碼。第二類漢人則極少負面符碼。對於原住民雖使用了不少當代看來較為負面的符碼，不過小說中對原住民的崇拜與嚮往敘事俯拾皆是，突顯小說家的敘事偏好，也讀得出敘事者對弱勢的關懷，是書寫中最純粹的情感交流。

　　本文認為，歷史並不會被書寫還原，書寫文本已經是歷史的一部分。族群的故事也會一直流傳，臺灣族群關係的未來則等待你我繼續書寫。

參考文獻

王甫昌，2003，《當代臺灣社會的族群想像》。臺北：群學出版社。

王甫昌，2016，〈由「地域意識」到「族群意識」：論臺灣外省人族群意識的內涵與緣起〉，收錄於蕭阿勤、汪宏倫主編，《族群、民族與現代國家：經驗與理論的反思》，頁181-256。臺北：中央研究院社會學研究所。

王岳川，1999，《後殖民主義與新歷史主義文論》。濟南：山東教育出版社。

王偉祺，2014，《平埔族小說之研究——以莊華堂《慾望草原》及《巴賽風雲》為例》。彰化：國立彰化師範大學臺灣文學研究所碩士論文。

王德威，2004，〈同是萍浮傍海濱，此疆彼界辨何真？〉，收錄於王德威、黃錦樹編，《原鄉人：族群的故事》，頁3-8。臺北：麥田出版社。

王慧芬，1998，《臺灣客籍作家長篇小說中人物的文化認同》。臺中：東海大學中國文學系碩士論文。

伊象菁，2001，《原住民文學中邊緣論述的排除與建構——以瓦歷斯·諾幹與利格拉樂·阿鴆為例》。臺中：靜宜大學中國文學研究所碩士論文。

侶同俊，2000，《歷史再現與鄉土召喚》。花蓮：國立花蓮師範學院多元文化研究所碩士論文。

吳家君，1996，《臺灣原住民文學研究》。高雄：國立中山大學中國文學系碩士論文。

吳叡人，2016，〈三個祖國：戰後初期臺灣的國家認同競爭，1945-1950〉，收錄於蕭阿勤、汪宏倫主編，《族群、民族與現代國家：經驗與理論的反思》，頁23-82。臺北：中央研究院社會學研究所。

呂慧珍，2001，《九○年代臺灣原住民小說研究》。臺北：中國文化大學中國文學研究所碩士在職專班碩士論文。

宋卓立，2007，《臺灣原住民太魯閣族族群意識變遷之研究》。臺北：國立臺灣師範大學政治學研究所在職進修碩士班碩士論文。

巫淑蘭，1999，《族群及其文化本質——從族群主觀研究出發對臺灣族群論述及異文化視野做一個補充》。臺北：國立臺灣大學人類學研究所碩士論文。

李玉華，2004，《臺灣原住民文學的發展歷程與主體意識的建構》。臺中：逢甲大學中國文學所碩士論文。

汪宏倫，2016，〈對「族群、民族與現代國家」的省思〉，收錄於蕭阿勤、汪宏倫主編，《族群、民族與現代國家：經驗與理論的反思》，頁437-455。臺北：中央研究院社會學研究所。

周璟慧，2007，《外省客家人的認同與文化：以廣東省五華縣籍爲例》。高雄：國立高雄師範大學客家文化研究所碩士論文。

奉君山，2009，《爲什麼原住民文學？——1984迄今原住民文學對臺灣民族國家建構的回應與展望》。臺北：國立臺灣大學中國文學研究所碩士論文。

林吉洋，2006，《敘事與行動：臺灣客家認同的形成》。新竹：國立清華大學社會學研究所碩士論文。

林祁漢，2016，《華語語系脈絡下的少數族裔寫作：夏曼・藍波安、達德拉凡・伊苞及阿來的移動敘事研究》。臺中：國立中興大學臺灣文學與跨國文化研究所碩士論文。

林奕辰，2001，《原住民女性之族群與性別書寫：阿媯書寫的敘事批評》。臺北：輔仁大學大眾傳播學研究所碩士論文。

林開世，2016，〈從頭人家系到斯卡羅族：重新出土的族群？〉，收錄於蕭阿勤、汪宏倫主編，《族群、民族與現代國家：經驗與理論的反思》，頁257-313。臺北：中央研究院社會學研究所。

林瑜馨，2012，《原住民文學的非典型書寫現象——以達德拉凡・伊苞、董恕明以及阿綺骨爲例》。新竹：國立清華大學臺灣文學研究所

碩士論文。

邱雅芳，2017，〈客家作家在臺灣文學史的位置：以葉石濤、彭瑞金與陳芳明的臺灣文學史書寫爲探討對象〉，《全球客家研究》9：249-278。

柯志明，2001，《番頭家：清代臺灣族群政治與熟番地權》。臺北：中央研究院社會學研究所。

徐大智，2003，《戰後臺灣平埔研究與族群文化復振運動：以噶瑪蘭族、巴宰族、西拉雅族爲中心》。桃園：國立中央大學歷史研究所碩士論文。

高旋淨，2013，《霍斯陸曼·伐伐小說之族群書寫研究》。嘉義：國立中正大學臺灣文學研究所碩士論文。

張京媛主編，1993，《新歷史主義與文學批評》。北京：北京大學出版。

張進，2004，《新歷史主義與歷史詩學》。北京：中國社會科學出版社。

郭祐慈，2000，《當今臺灣相關原住民少年／兒童小說呈現原住民形象探討》。臺東：國立臺東師範學院兒童文學研究所碩士論文。

陳伯軒，2015，《臺灣當代原住民漢語文學中知識／姿勢與記憶／技藝的相互滲透》。臺北：國立政治大學中國文學系博士論文。

陳芷凡，2005，《語言與文化翻譯的辯證——以原住民作家夏曼·藍波安、奧威尼·卡露斯盎、阿道·巴辣夫爲例》。新竹：國立清華大學臺灣文學研究所碩士論文。

陳國偉，2005，《解嚴以來（1987~）臺灣現代小說中的族群書寫》。嘉義：國立中正大學中國文學研究所博士論文。

陳康芬，2008，《政治意識、族群身分、與歷史文化——臺灣現當代小說中的客屬作家與客家書寫研究》，客家委員會97年度補助研究計畫結案報告。

陳然興，2013，《敘事與意識形態》。北京：人民出版社。

陳震宇，2018，《世代、性別與族群交織的成長之路——甘耀明《殺

鬼》與《邦查女孩》之比較研究》。新竹：國立清華大學臺灣文學研究所碩士論文。

曾士榮，1993，《戰後臺灣之文化重編與族群關係》。臺北：國立臺灣大學歷史研究所碩士論文。

曾有欽，2010，《「我在故我寫」——當代臺灣原住民文學發展與內涵》。臺南：國立臺南大學臺灣文化研究所碩士班碩士論文。

黃宗潔，2005，《當代臺灣文學的家族書——以認同爲中心的探討》。臺北：國立臺灣師範大學國文學系博士論文。

黃菊芳，2011，《臺灣客家民間敘事文學：以渡臺悲歌與渡子歌爲例》。臺北：南天書局。

黃錦樹，2004，〈族群關係‧敵我——小說與移民史重層〉，收錄於王德威、黃錦樹編，《原鄉人：族群的故事》，頁9-19。臺北：麥田出版社。

董恕明，2003，《邊緣主體的建構——臺灣當代原住民文學研究》。臺中：東海大學中國文學系博士論文。

趙慶華，2004，《認同與書寫——以朱天心與利格拉樂‧阿𡠄爲考察對象》。臺南：國立成功大學臺灣文學研究所碩士論文。

劉得興，2012，《後殖民語境下的神話再現：臺灣原住民族漢語書寫之比較研究》。臺北：輔仁大學跨文化研究所比較文學博士班。

蔡政惠，2007，《原住民文學書寫中的原漢關係》。臺北：臺北市立教育大學中國語文學系碩士論文。

蔡政惠，2015，《戰後臺灣作家文學中的「原住民族書寫」：自1945到1987》。高雄：國立中山大學中國文學系研究所博士論文。

鄭怡婷，2008，《論當代平埔族群主體性的構成：以埔里噶哈巫爲例》。南投：國立暨南國際大學人類學研究所碩士論文。

鄭美惠，2007，《臺灣原／漢族群接觸與衝突下的傳說研究——以漢人文本爲主》。新竹：國立清華大學中國文學系博士論文。

蕭阿勤，2012，《重構臺灣：當代民族主義的文化政治》。臺北：聯經出版公司。

蕭阿勤，2016，〈導言：族群化、國族化的政治、文化與情感〉，收錄
　　於蕭阿勤、汪宏倫主編，《族群、民族與現代國家：經驗與理論的反
　　思》，頁1-21。臺北：中央研究院社會學研究所。

賴桂如，2008，《美麗的達戈文：臺灣原住民漢語文學中族語運用之研
　　究》。花蓮：國立東華大學民族發展研究所碩士論文。

鍾肇政，1973，《馬黑坡風雲》。臺北：臺灣商務印書館。

鍾肇政，1985，《川中島》（《高山組曲》第一部）。臺北：蘭亭書
　　店。

鍾肇政，1985，《戰火》（《高山組曲》第二部）。臺北：蘭亭書店。

鍾肇政，1993，《怒濤》。臺北：前衛出版社。

鍾肇政，1998，《八角塔下》。臺北：草根出版社。

鍾肇政，2005，《臺灣人三部曲（一）沉淪》。臺北：遠景出版社。

鍾肇政，2005，《臺灣人三部曲（二）滄溟行》。臺北：遠景出版社。

鍾肇政，2005，《臺灣人三部曲（三）插天山之歌》。臺北：遠景出版
　　社。

鍾肇政，2005，《濁流三部曲（一）濁流》。臺北：遠景出版社。

鍾肇政，2005，《濁流三部曲（二）江山萬里》。臺北：遠景出版社。

鍾肇政，2005，《濁流三部曲（三）流雲》。臺北：遠景出版社。

蘇雅玲，2014，《黃南球傳說研究》。新竹：國立新竹教育大學中國語
　　文學系碩士班中文組碩士論文。

Anderson, Benedict 著，吳叡人譯，1999，《想像的共同體：民族主義的
　　起源與散布》（*Imagined Communities: Reflections on the Origin and Spread
　　of Nationalism*）。臺北：時報文化。（Copyright 1991 by Benedict
　　Anderson）

Brubaker, Rogers. 2004. *Ethnicity without Groups*. Cambridge, MA: Harvard
　　University Press.

Fish, Stanley. *Is There a Text in This Class? The Authority of Interpretive
　　Communities*. Cambrjidge, Massachusetts: Harvard University Press, 1980.

Foucault, Michel（米歇·傅柯）著，王德威譯，1993，《知識的考掘》

（*L'archeologie du savoir*）。臺北：麥田出版社。

Foucault, Michel（米歇・傅柯）著，劉北成等譯，1992，《瘋顛與文明》（*Madness and civilization: a history of insanity in the Age of Reason*）。臺北：桂冠圖書。

Foucault, Michel（米歇・傅柯）著，劉北成等譯，1998，《規訓與懲罰：監獄的誕生》（*Discipline and punish: the birth of prison*）。臺北：桂冠圖書。

Jameson, Fredric（詹明信）著，王逢振等譯，1999，《政治無意識：作爲社會象徵行爲的敘事》（*The political unconscious: narrative as a socially symbolic act*）。北京：中國社會科學出版社。

Jameson, Fredric（詹明信）著，唐小兵譯，1989，《後現代主義與文化理論》。臺北：合志文化。

Parker, Robert Dale. *How to Interpret Literature: Critical Theory for Literary and Cultural Studies.* New York: Oxford University Press, 2008.

Said, Edward W. *The world, the Text, and the Critic.* Cambrjidge, Massachusetts: Harvard University Press, 1983.

Said, Edward W.（愛德華・薩依德）著，王志弘等譯，1999，《東方主義》（*Orientalism*）。臺北：立緒文化。

Said, Edward W.（愛德華・薩依德）著，單德興譯，1997，《知識份子論》（*Representations of the intellectual: the 1993 Reith lectures*）。臺北：麥田出版社。

Said, Edward W.（愛德華・薩依德）著，謝少波等譯，1999，《賽義德自選集》。北京：中國社會科學出版社。

第十四章
臺灣文學南北兩鍾書信研究

鍾怡彥

國立中央大學中國文學系兼任助理教授

一、前言

　　鍾理和與鍾肇政，臺灣文學的重要作家，因分處南北兩地，未曾見上一面，僅以書信來傳達彼此對文學、生活的看法。兩人從1957年4月23日鍾肇政寄給鍾理和的第一封信開始，至1960年7月23日鍾肇政寄給鍾理和的最後一封信為止，兩人通信三年三個月，共有138封信，其中鍾肇政有71封，鍾理和有67封，現存鍾理和書函中，以此為最大宗。鍾理和相關研究眾多，但對於他與鍾肇政的書信卻無專文研究，這些書信是臺灣文學的第一手史料，尤其是五〇年代臺灣文學的相關史料，故有其重要地位。本文以《臺灣文學兩鍾書》為研究範圍，《文友通訊》是兩人通信的關鍵，故筆者將先梳理信中關於《文友通訊》的發起與結束，接著為作品評論、臺灣文壇與文學觀點、對鍾理和的影響四個部分討論，再以時間繫連，將這些信件中相關的書寫依序整理出來，分析他們對《文友通訊》的意見，對彼此作品給予什麼

評論與意見，對於當時文壇的看法，他們身處戰鬥文藝政策下，如何面對惡劣的發表環境，鍾肇政對鍾理和的寫作生涯產生哪些影響。希望藉由本文的梳理，能更了解兩位臺灣文學的重要作家交往情況與對文學的看法。

二、《文友通訊》的發起與結束

1957年3月初，廖清秀經由梅遜得知鍾理和，便將自己同樣在1952年得獎的作品《恩仇血淚記》，寄給鍾理和，兩人便開始以書信聯絡。鍾肇政透過廖清秀，稍後也與鍾理和聯絡上，第一封信即邀請參加《文友通訊》，並說明《通訊》的內容與相關事宜。

（一）《文友通訊》的發起

鍾肇政發現有這麼多本土同道後，乃立意發起，藉由集體通訊，互相交換作品觀摩的方式，希望能夠精神鼓勵，互相策勵。（彭瑞金，1997：94）鍾理和對於參加《通訊》非常同意，4月26日回覆鍾肇政，表明他的意思：「兄所擬辦法甚佳，我們正需有一經常通訊機構，藉以連繫。」（鍾理和、鍾肇政，1998：26），這是鍾理和深居山林療養後，第一次與其他文友交流。由於文友有所忌諱，鍾肇政在第二封信上顯露出挫敗感，然而鍾理和卻連兩次去函表達支持之意，5月10日的信中，表明自己認同《通訊》的發行，但卻意外有文友反對，而反對的理由是「此舉恐干禁忌」，擔心受到政治壓迫，在戒嚴時期，任何集會或報刊，都有可能牽連入罪的，對此，鍾理和在5月16日的信中，表

達他的看法：

> 關於《文友通訊》一事，後來我再仔細想想，覺得祇要我們
> 立場清楚不干涉政治時勢則有何干犯可言？那位文友，顯過
> 杞憂。祇是人數太少，還是希望所有省籍文友們能全部參
> 加。（鍾理和、鍾肇政，1998：30）

雖然有所忌諱，但仍舊依計畫發行。由鍾肇政負責以油印寄發給文友，彼此互通訊息的刊物，是戰後臺灣作家第一份聯誼性的通訊，其功能有：報導各文友動態、作品輪閱、作品評論。自1957年4月至1958年9月止，計有15次。參加的作家有：陳火泉、鍾理和、李榮春、施翠峰、鍾肇政、廖清秀、許炳成、許山木、楊紫江等九人。

對於《文友通訊》的發刊，最辛苦的莫過於鍾肇政，他要負責整理文友寄來的作品與意見，還要將它們油印出來，若沒有極大熱情很難辦到，對此，鍾理和鼓勵鍾肇政：「兄此舉的意義將來必有不可磨滅者，我們必先有所耕耘然後才能有所收穫，我們無妨給將來的臺灣文學預鋪道路吧！」（鍾理和、鍾肇政，1998：30）確實，《文友通訊》有達到當初設立的目的，將臺灣作家聯絡起來，大家互相鼓勵，在創作這條路上給予支持。但由於文友們始終無法擺脫政治壓力，參與的情況不夠熱烈，再加上只有鍾肇政一人負責排版油印，《文友通訊》在一年四個月後，劃下句點。

（二）《文友通訊》的結束

　　《文友通訊》的結束是意料中的事，鍾肇政在1958年3月5日致函鍾理和不禁感嘆：

> 若人人都能如兄這麼關心地愛她，便不愁沒有蓬勃起來的日子。一嘆……不管如何，我要支持到底，直到大家不再需要她，或我們已有了廣大的地盤足供發出一切心聲時為止。（鍾理和、鍾肇政，1998：88）

　　到8月2日時，連作品傳閱都常常中斷：

> 榮春兄的輪閱作品我迄未收到。顯然我已沒有輪閱的希望了。文友中有人不把我們的友誼和關係看做一回事，我是知道的，我甚至猜得這個人的名，但發表是沒有用的。（鍾理和、鍾肇政，1998：122）

　　作品傳閱是《通訊》重要的功能，希望能互相評論作品，能藉由其他人的意見，精進寫作技巧，但此功能常常無法順利進行，作品不是寄錯順序，就是忘記寄送，從鍾理和的信中可知，這種事不只發生過一次，他也很感慨，雖然能猜到是誰，但無可奈何。

　　熱心聯絡的鍾肇政，終於擋不住文友的消極心態：

> 《文友通訊》，原就不無我個人獨腳戲之慨，近月尤然，大家都如此，我的熱忱又憑什麼賡續下去呢？（鍾理和、鍾肇

政，1998：124）

　　若大家能積極參與，他辛苦一點也無所謂，但面對冷淡的回應，使得鍾肇政不得不在9月4日宣布下個月要停辦：

　　上次去信時已提到，九月份為止，《通訊》就要暫時停辦了。沒有人供給稿子，沒有一點文友動態，輪閱又停了多時，而最主要的，似乎是《通訊》再也不能得到文友們關注了（除了一、兩位以外）。（鍾理和、鍾肇政，1998：126）

　　鍾肇政通知結束消息時，鍾理和正在養病中，對於此事，他覺得惋惜：

　　《通訊》結束的消息令人感慨無量，本來《通訊》先天不足，基層也薄弱，要維持久遠，是很難的，而各位文友又不夠積極，能夠繼續一年多還是靠兄一人奮鬥的結果。（鍾理和、鍾肇政，1998：130）

　　他覺得在大家不夠積極的情況下，還能維一年多，已經很了不起，而發行工作又是鍾肇政一人扛起，壓力實在太大了。
　　除此之外，政府的壓力更是關鍵，鍾肇政在口述歷史中提到《文友通訊》會停止很大的原因，是「感受到強烈的壓力」，他們第二次在陳火泉家中辦聚會，卻發現被警察包圍起來，後來陳火泉還被約談（鍾肇政，2008：54），在白色恐怖的年代，一舉

一動都要非常小心。

（三）《文友通訊》的影響

這份簡陋的《通訊》，對鍾理和的文學影響很大，藉由《通訊》，他認識了其他的臺灣文學作家，如陳火泉、李榮春、鍾肇政、廖清秀、文心、施翠峰、許山木、楊紫江等，他們彼此互通文壇消息，互相鼓勵參加各種文藝獎，傳閱彼此的作品，並且經由這些文友的幫忙和出主意，才終於將〈笠山農場〉索回（彭瑞金，1994：146）。故鍾理和在「第十次」《通訊》中說：「我灰心此道已久，自有《文友通訊》之舉後，無形中受了鼓舞，又復拿起筆桿，是否寫得出像樣的東西，尚在為之。」（鍾理和、鍾肇政，1998：67）受到文友的鼓勵，讓鍾理和又燃起寫作的熱情。文友們積極的開始創作，而且不再害怕退稿，把退稿當作日常的事情。《通訊》結束後，鍾肇政與鍾理和的通信更勤更積極了。

三、作品評論

作品評論是《文友通訊》的功能之一，除了刺激作品的產生外，亦企圖以評閱的方式提升小說品質。在作品未被重視與討論的當時，他們已形成作者、讀者、評論者三合一的方式了。評論方式各人不同，大致上作品的文字、情節架構、故事內容、寫作技巧、主題、對白、題材都涉及了，尤其對語言修辭更加嚴格。文友互相嚴格要求，沒有任何人情包袱，對文學的期許很高。（余昭玟，2012：111-113）這種批評方式，有文友無法接受，

彼此有些不愉快，但鍾肇政與鍾理和卻很能接受文友的批評，鍾肇政在1958年3月5日寫給鍾理和的信中表明：

相信兄已知道我能接受得起一切峻苛批評的。您會不客氣地指教嗎？我如果拜讀到大作，也要本著良心，盡其所能地開陳意見。讓我們之間能多一層錚友的成分，不時地切磋，磨練吧！（鍾理和、鍾肇政，1998：89）

擔心鍾理和會因為部分文友的感受而不給批評，他在信中直接表明自己能接受「一切峻苛批評的」，希望好友能給他寫作上的意見，鍾理和同樣也有此想法：

我也是禁得起批評的一個，故請不必客氣盡量提供寶貴意見，以便作改作時之有力指針。（鍾理和、鍾肇政，1998：98）

在偏僻的鄉村生活，缺乏文藝的交流，鍾理和亟需文友給意見，因此對於大家的批評，是樂於接受的，他請鍾肇政不要客氣盡量給予意見。兩人對於批評皆樂於接受，除了在《文友通訊》中批評外，他們還私下對於彼此的作品給予批評與意見。以下將就鍾肇政與鍾理和作品分別說明[1]：

---

1 限於篇幅，詳細的作品評論請參閱附錄，此處為舉要說明。

（一）鍾肇政作品評論

〈過定後〉是第一篇在《文友通訊》上討論的作品，鍾理和在《通訊》給的批評是主題不清，似乎是在同意舊式婚姻，又像在嘲笑女主角不夠堅強，此外結構略嫌鬆散。鍾肇政回函說明他的創作動機，「我寫該文的動機，只在描繪目前鄉村婦女有關結婚的生態」（鍾理和、鍾肇政，1998：43），鄙棄但同情，於是觀點就模糊不清了。鍾理和針對婚姻問題，另外寫信補充意見，他覺得「婚姻問題，在我們的農村中，正在一個過渡期中，新的固然很新，舊的仍然到處存在。」（鍾理和、鍾肇政，1998：47）對於〈過定後〉仍肯定它是一篇寫實主義作品。鍾肇政則認為「如果一篇作品必待原作者說破其中心意識，則無疑此作已失敗了。」對於文友的批評，他樂於接受，能猜中他寫作動機的只有文心，使他感到安慰。

除了〈過定後〉外，鍾肇政寄給鍾理和的作品尚有：〈上墳後〉、〈鄉愁〉、〈寧馨兒〉、〈林弟〉、〈三小時破案記〉、〈本島古〉、〈種樹者〉、〈人情〉、〈大巖鎮〉、〈泡沫〉、〈柑子〉、〈蕃薯少年〉、〈梅雨〉、〈榕樹下〉、〈兩塊錢〉、〈阿樣麻〉、〈劊子手〉、〈愛情與友情〉等。

鍾理和對〈大巖鎮〉與〈阿樣麻〉的評論較多，對於〈大巖鎮〉的批評為：

> 由首至尾卻不乏故事衝突和糾葛，就是沒有統一和高潮。我以為這是由於題材本身使然。這是一個人的傳記，一個人的一生固不乏故事和糾葛，卻不可能有被組織得很好的高潮。本篇題材好，主題也極正確，祇嫌稍有凌亂龐雜之感，若能

對剪裁（不是説太長）組織布局等工作再多下點功夫，我相信必能寫得更爲精彩。（鍾理和、鍾肇政，1998：103）

　　故事有衝突和糾葛，就是沒有統一和高潮，有凌亂龐雜之感，需要多下點功夫。鍾肇政5月6日回函表示，這是篇實驗性質的作品，以塑造人物爲主，故事結構爲其次，才會導致凌亂的狀況，此外，承認急於寫作，來不及剪裁。他還提到廖清秀和陳火泉認爲文中加入日記是犯了人稱不統一的毛病。鍾理和則不以爲然，他認爲：

只要插入得適得其當，日記常常會幫助作者更深入地把主人公的沉沒在黑暗中的生活細節帶到光明面來，讓讀者有從各種不同的角度去體認去親近的機會。而生活的細節往往是透視主人公的性格、思想與精神的最好最直接的照明。這就使作者收到在正面描寫下無法收到的效果了。（鍾理和、鍾肇政，1998：108）

　　對於〈大嚴鎮〉中日記的使用，他覺得對形塑主角是有幫助的。
　　另一篇〈阿樣麻〉，他給予這樣的評語：

能把一個人描寫到如此之傻，那非易事，只此一點〈阿〉篇即可算成功之作。這篇是屬於人物記體小説，它的價值在它所提起的問題，而不在它的故事。它的故事正如兄所説，如果要刪，則再刪去二三千字也還可以。這種體裁的小説、故

事情節，難期緊湊，因為一個人的一生即根本缺乏緊湊。緊湊是小說家的技巧。這篇所提出的問題似乎是：人的價值何在？第二個問題是：一個人應不應該相信他所看見的？這問題問得很深刻，令人讀後很久仍不能去懷。（鍾理和、鍾肇政，1998：206）

他認為對於描寫人物，此篇是成功的，但因為體裁的關係，故事情節難以緊湊，作品中提出的問題，值得深入思考。

由於鍾理和健康不佳，對於鍾肇政的作品評論寫得並不多，這兩篇是批評較深入的作品。

（二）鍾理和作品評論

鍾理和提供作品的時間較晚，1957年10月第八次《文友通訊》才正式亮相，評論的作品為〈竹頭庄〉，獲得文友好評，只有鍾肇政提出此篇「語言與臺灣人口頭語頗有距離，看似北方人口氣。」（鍾理和、鍾肇政，1998：57）作品是否該用客家語，成為他們討論的重點。隨後在1958年4月將故鄉之二、三、四提供至《文友通訊》討論，鍾肇政不同意把它看成散文，認為這是純文學作品，依照傳統對小說需要有完整的故事與衝突，他認為可以不必，「因為這些作品氣氛是那麼聯貫，故事之是否聯貫，已顯得不慎重要，讀者能在不聯貫的故事中，體味出某種聯貫味來。」（鍾理和、鍾肇政，1998：101）對於鍾肇政的讚美，鍾理和表示：「『故鄉』雖是我較為滿意的少數作品之一，但能獲兄如此賞識，卻非始料所及。」（鍾理和、鍾肇政，1998：102）有好友的鼓勵，讓他重拾創作的信心。鍾肇政進一步稱讚

此系列作品「是優秀的純文藝作品，不是時下流行的迎合大眾口味的泛泛的小說可比。」（鍾理和、鍾肇政，1998：108）但就是因為非迎合大眾口味的作品，所以「故鄉四部」在鍾理和生前始終未得發表。

鍾肇政對於鍾理和的作品，較有意見的為〈浮沉〉與〈秋〉兩篇。

首先是〈浮沉〉，此篇為鍾理和新完成的作品，寫完後就寄給鍾肇政，希望他能給予建議，鍾肇政看完後的評語為：「初印象仍是散漫，與兄一貫的作風似亦不大相同。這裡沒有那種隱在字裡行間的感人純樸氣息。」（鍾理和、鍾肇政，1998：200）他覺得這篇寫得不好，與鍾理和過去的風格不同，十天後，又再去函，並將稿退還鍾理和，他認為此篇多餘的敘述太多，還有：

> 此篇主題方面，是我所認為很妙的，它標題浮沉，實則在寫一個敢於嘗試的人與一個與此相反的人，兩相對比，效果是很明顯的——但須細細咀嚼方能看出，這是成功之處。可惜後面的一個稍嫌軟弱。（鍾理和、鍾肇政，1998：201）

作者想要表達的主題不夠明顯，很難引起讀者的興趣。鍾肇政認為此篇在表現上已沒有以前的毛病，問題應出現在意識：

> 人物都只是泛泛，主角不用說，「我」這陪襯人物出現了那麼多次，都幾乎無作用，人物無力，意識也就顯得無力了。也許這是個好教訓，以第一人稱寫第三個人物的故事，而在「心理」、「人物」、「情節」當中所選的主要局面又為

「人物」，成功便難期了。（鍾肇政致鍾理和書，1959年
8月27日）

鍾理和接受他的評論，不過希望能再修改，刪除部分情節是
否能讓這篇作品起死回生，使主題明確。不過鍾肇政仍建議暫時
不要再改了，因為改了也無處可投。

另一篇〈秋〉，則是舊作，初稿寫於光復前夕的北平，原稿
遺失，現稿是依記憶所及寫出的。對於此篇，鍾肇政給予負面評
價：

它的中心意識，我看不出來。這些已是陳舊的情節，描寫未
能推陳出新，如果他是三十八、九年間的作品，則還有意義
些，目前則已太陳腐了。（鍾理和、鍾肇政，1998：234）

故事的時代與現在完全不同，生活形態不同，情節陳舊，描
寫也不新穎，而且太陳腐了，認為是失敗的作品，不適合現代人
閱讀。

不過鍾理和心裡一直掛念著，在1960年3月4日，又給鍾肇
政信函，「我不曉得要如何處理。我不指它的成就，依成就，雖
不見高明，但我不以為一定見不得人；我指的是它的時間（政治
的）、它的背景等等。你看怎樣處理？亦予改作嗎？」（鍾理
和、鍾肇政，1998：272）對於自己的作品，仍舊希望能讓它發
表，改作是必然的，但要如何改，希望他能給意見。鍾肇政委婉
的反對再改作：

〈秋〉確有可取之處，無如題材過於陳舊（非指其時代背景），此類主題，實在看得太多太多，落入窠臼，故鄙意以為脫手一定不容易。（鍾理和、鍾肇政，1998：274）

表明作品題材過於陳舊，沒有新意，即使改作，也很難被發表。勸鍾理和將它束之高閣，再創作更好的作品。

由上述可知，鍾肇政對於〈浮沉〉與〈秋〉批評很嚴厲，好的作品他不吝於給予讚美，但不好的作品給予批評，有助於改進寫作方式，讓作品更優秀。

在鍾理和的作品中，兩人交流最多的是〈笠山農場〉。1955年12月，完成了他一生中僅有的一部長篇小說〈笠山農場〉。1956年11月，〈笠山農場〉獲得「中華文藝獎金委員會」的長篇小說獎第二獎，第一獎從缺。但就在得獎後不久，中華文藝獎金會便宣布停辦，〈笠山農場〉的原稿被扣留在文獎會，令鍾理和十分著急，當他與廖清秀聯絡上，並認識其他文友後，開始進行搶救計畫。在與鍾肇政的信函中，透露出自己對〈笠山農場〉被扣留的無奈：

說到拙著〈笠山農場〉真叫人傷心，既然是自己的心血結晶，何異自己的孩子，真愛原是每一個作家應有的心情。然而僅僅一萬元獎金便把它死死扣住，不再讓它重見天日，何異兒子讓人用小錢買去了打入酆都地獄，永不超生？（鍾理和、鍾肇政，1998：81）

將作品當成心愛的孩子，可見他對此篇的重視，無法取回稿

子，令他十分傷心。並向鍾肇政說明1957年9月已經去函張道藩，請求取回原稿，卻無消無息。中間經過三次去函與一次陳情，張道藩終於回信了，表示該稿屬文獎會所有。最後，以廖清秀與楊品純研究出來的方法，第三度寫信給張道藩說明自己生活的困境，希望能取回原稿賣錢，以此博取同情，再給暗示表明尚未領取稿費，意指自己仍握有所有權，1958年9月終於順利取回了。（鍾理和、鍾肇政，1998：134）

原稿取回後，鍾理和要進行修改，他將稿子寄給鍾肇政，希望他能給予意見，在信中說明〈笠山農場〉參加比賽時有25章，後來修改刪減至22章，等於是做了大幅度的調整，希望讓作品呈現最好的狀態。（鍾理和、鍾肇政，1998：135）對於刪掉第9章，雖說多餘，卻仍掛念著，因為這章表現出前期的風格，是否要真的拿掉，想請鍾肇政給意見，讓他能做定奪。鍾肇政看完〈笠山農場〉給予很多的建議，對於第9章認為刪去為佳，不過他也覺得可惜，如果只是內容刪減一半以上，應該要加入。

鍾肇政覺得〈笠山農場〉最大的問題仍是文字表現：

> 冗辭蕪句實在太多太多了。兄在此作中，用的形容詞句，若拿現代小說創作的尺度來看時，便多到不可理喻的地步。差不多每種事物——敘景、狀物、描情、寫感差不多都一連加上許多形容詞句，且偶亦有重複的，這種情形實在很可能令讀者生厭。（鍾理和、鍾肇政，1998：142）

除了冗詞蕪句外，對內容不滿的地方是阿喜嫂的角色塑造，

最後一章不夠有力，馮國幹可以調整出現時機。鍾理和在回函中分析自己的寫作缺點：

> 我寫了這些年原稿，至今在文字的運用上仍像一位小學生似的錯誤百出，造句也生硬牽強。後者大概是受日文文法的影響，迄未能掙脫其桎梏。雖然在寫作時曾力求避免。（鍾理和、鍾肇政，1998：151）

信中還透露原來的〈笠山農場〉結局並非目前所看到的樣子，原先的構圖為：「讓淑華產後——嬰兒則讓阿喜嫂處理掉」、「阿喜嫂因此患了一場大病。而淑華出家削髮為尼。致平則在最末一章投海自殺。」（鍾理和、鍾肇政，1998：152）原來的結局，場面更嚇人，就文學表達的效果來說，自然更富有戲劇性，更符合作者所要控訴的目標，但鍾理和決定犧牲文學藝術而修改結局，是為了作者對社會所負的責任（彭瑞金，1994：140）。他不能讓因同姓問題而煩惱的年輕讀者，感覺到絕望，澆熄年輕人的愛情。認為「我們沒有理由讓一位讀者在讀完一部作品後大感灰心。」（鍾理和、鍾肇政，1998：156）因此對於變更完全不後悔。

四、臺灣文壇與文學觀點

（一）五〇年代臺灣文壇

從1950年代到1960年代的十年間，臺灣文學完全由來臺大陸作家所控制，來臺的第一代作家包辦了作家、讀者及評論，在

出版界樹立了清一色的需給體制，不容外人插進。（葉石濤，1987：86）因此臺灣作家作品發表受到排擠，都成了退稿專家，此時由政府帶起反共文學與戰鬥文藝的文學風潮，希望藉由控制文學達到政治控制的目的。對當時的臺灣文壇，他們表達了自己的意見。

1、反共文學

1955年統治階層提出「戰鬥文藝」的號召，反共文學運動以外省作家為主體，臺籍作家反而不容易參與。在反共、恐共的陰影下，所有的作家都盲目相信政治領導人的語言、口號都是真實的，並且也遵命指示去實踐創作，使自己分辨不清文學創作與政治干涉的界線。對於臺灣本地作家來說，他們的心靈傷害更為嚴重。臺灣作家被抽離具體歷史脈絡後，面對了一個前所未有的官方論述。（陳芳明，2011：271-272）面對這種文藝政策，臺灣作家面臨投稿危機，因為他們幾乎沒有相關經驗。鍾肇政感受到這個危機：

> 報紙擴版後，各種副刊都有了些轉變，「戰鬥文藝」大批出籠，大家都在拚命登著，戰鬥性文字，內容多半拙劣不堪。在這個趨向當中，我們的出路更少了。（鍾理和、鍾肇政，1998：131）

沒有投稿去處，對於作家影響很大，是要迎合當局政策創作違心之論，還是秉持自我信念創作，考驗著作家們的意志，若不從政策，作品就會一直被退稿，到最後失去創作的信心。

對此現象，鍾肇政曾建議是否要有限度的迎合，否則臺灣作

家幾乎沒有發表的機會，畢竟需要稿費，順便磨練文筆，但不能從此墮落下去，偶一爲之，他認爲是無可厚非的事。不過，鍾理和對於這種迎合時代的文學，很不以爲然，他將感慨寫在給鍾肇政的信上，他說：

> 戰鬥文藝滿天飛，我們趕不上時代，但這豈是我們的過失？何況我們也無需強行「趕上」，文學是假不出來的，我們但求忠於自己，何必計較其他？（鍾理和、鍾肇政，1998：146）

標榜戰鬥文藝的雜誌，內容可想而知，其他雜誌，在「戰鬥性第一，趣味性第二」的文藝政策下，能發揮的空間很有限，報刊上更是全面充斥反共文藝理論及作品。（余昭文，2012：64）在這種情形下，鍾理和發出不滿與批判：

> 現在的風氣卻在要求你這篇也「愛國」那篇也「反攻」，非如此便不足以表示你確係一位愛國者，非如此便不爲他們所歡迎，想起來眞是肉麻之極。純文藝云云，純在哪裡？文藝在哪裡？（鍾理和、鍾肇政，1998：157）

在戰鬥文藝成爲主流下，各報刊登了許多劣作，他們的作品竟不如這些劣作，引起兩人的不滿，如《新生報》刊登的枯燥乏味、千篇一律的反共文學，因爲他們趕不上時代，被退稿不用太在意。

由於鍾理和作品不符合當時的文藝潮流，所以退稿成爲日

常，但長此下來，亦感到灰心：

> 對於退稿所感到的煩惱，與其說是感情上的，不如說是工作
> 上的。一個寫稿的人對於所寫出的原稿必須看到它排成鉛字
> 「喀嚓」一聲才算完結了全部工作，寄出去而又被退回來，
> 則工作未了，難免掛心。這是事實。至於感情上的喜怒哀
> 樂，說它完全沒有了，固是違心之論，但經過這些年來我已
> 頗能處之泰然了。（鍾理和、鍾肇政，1998：214-215）

然而，最令他們擔心的是各報改版停止星期小說的專欄，鍾
肇政在信中為臺灣作家的出路發出隱憂：

> 各報停止星期小說的消息令人喪氣，過去一年多我們幾個沒
> 有地盤的人，尚可在這個小天地內用用武，如今被取消之後
> 就不知道要向哪裡發展了，幾時我們才會有地盤呢！可嘆！
> （鍾理和、鍾肇政，1998：276）

將來要投稿到哪裡，篇幅較長的小說失去了星期小說的園
地，就沒地方可去了，而臺灣作家不知何時才能建立自己的地
位，令鍾肇政非常感嘆。

2、編者擅改作品

報刊主編掌有作品的生殺大權，他們常以自身的觀點來定奪
作品是否刊登，甚至修改作品文字，鍾肇政與鍾理和就對這種行
為感到生氣，鍾肇政的〈泡沫〉就被改了：

另郵奉上最近發表的拙作乙篇，是在《新生報》登的，這篇
原題是〈泡沫〉，給改成那個樣子，叫人洩氣。還有，每期
的小題目也是編者加的，不堪入目。（鍾理和、鍾肇政，
1998：155）

鍾理和同樣遇到此狀況，1958年12月，〈奔逃〉發表於
《新生》副刊，編者擅改文章題目，令他非常的生氣，他在信上
跟鍾肇政說：

他們只重生意眼，完全無視作者的尊嚴。我要讓你看看〈奔
逃〉被他們改成什麼樣子。這已經是一種「分屍」，生命是
沒有了，祇留下醜惡的屍體。我已提出抗議。但一反省，抗
議又有什麼用？他們大權在握，可以為所欲為。說到這裡，
不禁要為我們這一班無權無勢的工作者而嘆。（鍾理和、鍾
肇政，1998：156-157）

又如1960年〈我與假黎婆〉發表於《聯合》副刊，所遭受
的情形與〈奔逃〉一樣：

〈假黎婆〉被刪得好苦，本篇題名原〈我與假黎婆〉，有幾
分是為了紀念先祖母而作，現在除了題名之外，本文有關
「我」及「與」的部分句完全被刪削，而祇剩下敘述「假黎
婆」的部分，這已無異把自己最親愛的人剝光了供人展覽。
（鍾理和、鍾肇政，1998：268）

《新生》副刊擅改作家的作品，已令他非常生氣，如今，《聯合報》也不能避免，鍾理和覺得非常失望：

> 我們今日的「文壇」好像只要新奇只要刺激，不要文學，不要小說，被人另眼相看的《聯合報》亦不能免此，令人多麼傷心。（鍾理和、鍾肇政，1998：268）

改題目也就算了，鍾肇政對於下面這種情形，更是氣憤，在信中他告訴鍾理和〈西北雨〉不投給《民間》，是因為：

> 這次我的一篇遊記登出，豈知前面給刪去了一大段。這還不算，中間給我加了一段：「來臺已十餘載，遙望故鄉（云云）」真是大煞風景。配合版面，刪除或有其不得已的地方，然而加上了這樣的一段，我就禁不住大呼他媽了。我已打算不再給它寄稿，除非他來要小說稿。（鍾理和、鍾肇政，1998：302）

除了刪去文字，還加了一段莫名其妙的話，自己明明是土生土長的臺灣人，卻被加了「來臺十餘載」的一段話，令他忍不住罵出髒話，並打算不再給《民間》雜誌寄稿了。

（二）文學觀點
1、文學語言

文學語言的討論，以《文友通訊》第四次〈關於臺灣方言文學之我見〉的討論是重要的關鍵，在討論中，文友們不贊成方言

文學，不過對於作品中運用方言並不反對，但要標示出來，鍾理和在1957年5月29日致鍾肇政函中說明他的看法：

> 第一，開宗明義我是不贊成這主張的。倒不是因為方言文學本身有問題，而是基於現實環境的考慮。吾兄所謂臺灣方言並沒有明白的指示，不知究指何種語言。一般人提起「臺灣話」一詞幾乎就是指閩南語，然則吾兄所指大概也就是閩語了。（鍾理和、鍾肇政，1998：33）

6月15日致函鍾肇政再次說明他對這個議題的看法，他認為應該把「文學中的方言」和「方言文學」分開。臺灣的客觀環境限制了方言文學的發展，只容許在「文學中的方言」範圍中有所發揮，而他贊成由這方面下功夫。至於臺灣文學的特色：

> 然而臺灣文學又確乎有臺灣文學的特色，這是不容否認不容推拒的，我們應如何予以研究，並培植、發揚，使之成為「重要的一環」倒的確是「責無旁貸」的。因此我們似乎應捨去方言而只標榜「臺灣文學」，祗把方言作為其中一個重要的因素似乎即已把「臺灣文學有臺灣文學的特色」這意旨凸示出來了。（鍾理和、鍾肇政，1998：37-38）

由上述兩封信可知，鍾理和認為只要談到方言就是指閩南語，他反對以閩南語創作文學，如此對於其他語系會造成閱讀障礙；此外環境不允許，能閱讀方言的人太少，無法讓文學普及，在語言障礙未克服前，反對用全方言寫作。鍾肇政同意他的看

法：

> 正如兄所言，方言文學最大限度只能在文章中穿插某些方言
> 而已，純粹方言的文學，實為事實所不許，因此，刊露大家
> 意見時，我所說的臺灣文學，都是指的「文學中的方言」。
> 我想，方言我們應該多研究嘗試的，我一向的意見是擷取
> 閩、粵通用的方言，而且能用漢字表達出來，而為一般外省
> 人能夠望文生義的，加以運用。（鍾理和、鍾肇政，1998：
> 42）

　　鍾肇政認為方言並非不能使用，而是在用字方面要下功夫，
客語用漢字表達，雖然無奈，但這是目前比較可行的方法。兩人
對於方言運用的意見相同，以當時的環境而言，還無法以純粹方
言創作，但「文學中的方言」是可行的。
　　對於鍾肇政批評他的〈竹頭庄〉文學語言太北方化，鍾理和
提出說明：

> 在今日，無庸諱言的客家語所站地位極為可憐，故在創作時
> 除開稍具普遍性的句子可得借用外，若純以客家語對話，恐
> 將使作品受到窒息的厄運，這就是為什麼我慣以北方語言用
> 上對話上的原因。因此而減損鄉土色彩的真實亦屬無可如何
> 之事。
> 要想把客家語搬上文學，則還欠提煉的工夫，這工作就落到
> 我們頭上來了。願與兄共同努力開拓這塊新園地。（鍾理
> 和、鍾肇政，1998：59-60）

客語在臺灣比閩南語弱勢，想要用客語創作更是艱難，但他不放棄，希望兩人能將客家語提煉，將來作品可以客家語創作。鍾肇政贊同此意見：「誠如兄言，此一園地，實有待吾等開墾拓荒，願與兄共勉互助，爲臺灣文學而努力。」（鍾理和、鍾肇政，1998：62）

在外在環境不允許的狀況下，兩人仍致力於將客語寫進作品中，他們運用了很多客語詞彙、山歌、諺語等，讓作品充滿客家特色，如鍾理和〈笠山農場〉，鍾肇政甚至後來在《怒濤》中的部分對話直接用客語書寫，實踐了他們的主張。

2、文學風格

文學風格就是文學作品在思想內容和語言形式上各種特點的綜合表現，包括作品的生活題材、主題思想、藝術形象、情節結構、表現方法和語言技巧等各方面的特色、氣氛和格調。（張德明，1995：53）鍾理和認爲要表現一個作家的個性風格，非長篇不可，他在信中說：

> 小文固可寫，但我覺得終不出遊戲文章，要表現作者的個性，靈魂，和人生觀等究竟非長篇莫辦。所以我們有時候有必要定下來從事長篇（比小文而言）的活動。（鍾理和、鍾肇政，1998：65）

因此1958年初的《文友通訊》中，即提出要創作〈大武山之歌〉的計畫，就是要建立自己的文學價值。同年5月8日的信展露他的企圖：「我想著手剛起得一個頭的長篇〈大武山之歌〉，我覺得只有長篇才能盡量容納一個人心中所要說和所想的

東西，所以值得嘔一番心血。」（鍾理和、鍾肇政，1998：214）此種意見不止一次對鍾肇政說，1959年12月13日的信再次表達這種看法：「短篇可以顯示一個作家的技巧，但一篇作品之得於永垂不朽，主要還在它的主題的社會價值，而這須長篇始得勝任。」（鍾理和、鍾肇政，1998：254-255）因此，對創作〈大武山之歌〉有著很大的野心：

> 此篇在我大略的構思中可能由上中下三部而成，字數約在五六十萬之間，這將是我所有作品中最大最長，也是抱有最大野心的一部書，我將把我全部的精力傾倒在這上面。（鍾理和、鍾肇政，1998：259）

架構已有，可惜他的體力無法負荷，僅寫成四、五千字，成為遺憾。

鍾理和對文學的主張，是站在寫實文學的基礎上，而且具有濃厚而強烈的人本主義與講究生活性：

> 我久有意寫些散文，但我不知道要如何寫法，那些多愁善感，無故呻吟，或風花雪月的文章我覺得非常無聊。
> 我以為散文的取材當亦不能離開生活，否則就會變成沒有內容的東西。（鍾理和、鍾肇政，1998：240）

由這段引言，更可清楚的說明鍾理和重視文學的真實性，不能離開生活，必須與生活結合，否則文學就沒有生命與意義。這個文學觀可印證在他的作品中，他的文學可說是作品與生命的交

融。

　　雖然鍾理和一直認為自己的作品鬆散，但對於風格有自己的看法：

　　文章之不合當代創作的形式，除開個人少見寡聞外──我極
　　少讀到當代作家的作品──我還有自己的觀點。我以為文章
　　也和人一樣貴在有他自己的個性。（鍾理和、鍾肇政，
　　1998：151）

　　他認為「簡潔鮮明固是吾人之所求，但於海明威是好的風格
於別人未必都是好的。我以為在這方面似不模仿別人，但求自然
即可。」（鍾理和、鍾肇政，1998：91）即使作品常被鍾肇政評
為散漫、鬆散、寫作手法老舊，但他並不想模仿別人，依舊以自
己的步調創作，這就是他所展現的文學風格。

　　鍾肇政12月11日的回函中贊同此看法：

　　日本作家的文章大部分可由文字猜定作者是誰，而每一個作
　　家都有其獨特的風格，新人力求表現新穎，把前人窠臼棄如
　　敝屣，我想這是日本文學近年突飛猛進，躍上世界文壇最高
　　水準的第一個原因。（鍾理和、鍾肇政，1998：154）

　　作家都有自己的獨特性，不是靠模仿可以得到，如何建立屬
於自己的風格，得靠自己努力了。

五、對鍾理和的影響

　　南北兩鍾認識的時間僅三年多，他們沒有見過面，僅透過書信聯絡，時間雖短，但卻建立了深厚的友誼，以下將從友誼的建立、作品經紀人、寫作建議到〈雨〉的完成等四個部分，討論鍾肇政對鍾理和的影響。

（一）友誼的建立

　　1957年5月5日鍾肇政第二次致函鍾理和，告知《文友通訊》計畫恐怕面臨失敗，但很高興認識他，信末寫道：「請您永久和弟做一個朋友，不斷地給我指教，您願意嗎？」（鍾理和、鍾肇政，1998：27）對於久居偏鄉的鍾理和而言非常開心：「弟一介凡庸之輩能認識兄及諸位文友既是三生有幸，倘又蒙不棄結為精神上的至友，則喜慰莫大矣。」（鍾理和、鍾肇政，1998：29）這是兩人友誼的開始。

　　互通書信多次後，1958年1月6日鍾肇政發現兩人對於文學的理念很相近，可以進一步交朋友：「讀兄來示，常有較多喜悅，你我或許性情相近，可成知己，不識兄感覺如何？」（鍾理和、鍾肇政，1998：78）他們有多處相似，兩人同樣姓鍾，又是客家人，鍾肇政希望可以成為知己，讓彼此的友情更堅固。

　　由鍾理和致鍾肇政書函中發現，一開始的信保持著禮貌性回覆，隨著兩人通信一年多後，鍾理和終於向鍾肇政透露自己的處境：

　　我的生活中嗅不出一點文藝的氣息：它是平凡、庸俗、零

碎，充滿了憂愁、艱難、疾病和苦悶。我個人在這裡獨來獨往，不為人理解和接受，沒有朋友、刊物、文會……。我常常會忽然懷疑自己到底在做什麼？

說來你也許不會相信，我不但沒有工作房——書房，也沒有寫字檯。我寫東西幾乎是打游擊的。紙，一枝鋼筆，一塊六寸寬一尺長的木板，這是我全部的工具；外加一隻藤椅，一堆樹蔭。我就這樣寫了我那些長短篇，和〈笠山農場〉。（鍾理和、鍾肇政，1998：120）

他們之前的書信來往，大概都在談文學，很少寫到個人生活，故鍾肇政對鍾理和的家庭狀況並不了解，《文友通訊》結束後，才開始一對一信件來往，此時才知鍾理和窮困的生活環境，貧窮、疾病、苦悶、憂愁是生活日常，甚至逼他得在戶外寫作，惡劣的生活環境令鍾肇政吃驚，不知道該怎麼安慰他。

此外，健康也是很大的問題：

過去在通信中，我雖然時常使用「病了」「好了」的話來表明我的健康狀態，實際這是很不恰當的。在我的場合，應該使用「比較舒服」或「比較不舒服」這樣的話來表明要妥當些。（鍾理和、鍾肇政，1998：129）

肺結核雖治療成功，但身體健康已毀壞，只要稍微過勞，身體就吃不消，在通信中常見到「病了」、「好了」的字眼，有時甚至長達一個多月無法執筆，令鍾肇政十分擔心，雖然鍾理和抱歉讓他難過，但鍾肇政願意成為他訴苦的對象：

我能夠成爲兄發出悲怨的對象，我由衷地引以爲榮，我能夠對兄的悲怨感到共鳴，也正是我心中有某種悲怨，同是天涯悲苦人，我又何吝乎區區情感之發洩而傾寫在筆端呢？（鍾理和、鍾肇政，1998：131）

鍾肇政誠懇的支持與鼓勵使鍾理和非常感激：

兄每封信都給我大量有益的助言，使我雖在極端困難之中亦有勇氣過下去，這種友情的關切我是極爲感謝的。（鍾理和、鍾肇政，1998：232）

又：

各文友特別是你，對我的病、生活、困難如此念念不忘，將是我終身感謝，並以此引爲光榮的，就是從今以後，我還要你及各文友的幫忙和關照，但是使你及文友們如此難過，實是我的罪過。（鍾理和、鍾肇政，1998：259）

一位不曾謀面的好友，在他最低潮時給予鼓勵，並重拾寫作的信心，才能在最後兩年發表這麼多作品，信中感謝之情溢於言表。

（二）作品經紀人

認識鍾肇政前，鍾理和投稿四處碰壁，每投必退，成爲退稿專家，令他心灰意冷，懷疑自己是否適合寫作，經由《文友通

訊》文友的鼓勵讓他重新燃起創作的熱情，鍾肇政比較知道投稿的管道，希望透過他投稿，或許比較容易被刊登：

近日間我想整理一些短文——舊作——然後寄給你看，如果還像東西，便請你轉寄《聯》副。（鍾理和、鍾肇政，1998：176-177）

因身體狀況無法一直創作，除了新作外，整理舊作成為鍾理和的目標，有了好友的鼓勵與切磋，了解自己作品的缺點，修改才有方向。而要投哪家報紙，則需要鍾肇政幫忙。鍾肇政贊同他整理舊稿的想法，很樂意代投稿，北部的稿費比南部高，讀者亦較多。（鍾理和、鍾肇政，1998：178）更能幫助鍾理和的經濟。

鍾理和先寄了〈挖石頭的老人〉、〈豬的故事〉、〈蒼蠅〉、〈做田〉四篇，鍾肇政給予修改後，〈做田〉與〈蒼蠅〉寄給《聯》副，〈挖石頭的老人〉寄《中央》副刊，〈豬的故事〉寄《新生》副刊。結果寄給《聯》副的很快就見報了，其餘兩篇被退稿。對於此成績，使鍾理和更確定先寄給鍾肇政修改，再由他發配投哪些報紙，比他自己隨便投稿成功率更高：

今後我會陸續寄更多的作品去，我之所以這樣作，固然第一、心想借重大名以增身價，其次則是希望獲得大筆修正，無庸諱言，我在文學上的工夫，自然尚欠修養，若得兄繩削當會更好。因此兄之所謂「大刀闊斧」正是我所求之不得者，即請兄勿稍存姑息之念，有當去或當修正之處即可去

之，修正之，不必客氣。又我這裡，既無雜誌報章，又無書刊，不但對文壇動態十分隔膜，對各雜誌報章之編輯宗旨，亦無法明瞭，兄若能代爲發落自是好事，這也是我寄作品與兄的原因之一。（鍾理和、鍾肇政，1998：189）

有了鍾肇政的幫助，鍾理和的作品更容易發表，所以後來只要有新作或舊作整理好，皆寄給鍾肇政，除修改欠佳的文字外，他了解各報紙生態，知道它們的編輯宗旨，這是自己無法掌握的內幕。此外，還熟知各報社的稿費，如《聯》副40.00，《新生》（北部版）50.00，《新生報》星期小說60.00，《民間知識》40.00，《幼獅文藝》25.00，《文星》40.00，《自由談》50.00，《新生報》星期小說每篇500，這些都是鍾理和無法得到的消息與內情。即使後來學會了如何投稿，仍舊希望將稿件讓鍾肇政先看。（鍾理和、鍾肇政，1998：228）可見鍾理和極信賴鍾肇政。

以下就書信中代投的作品整理成表格：

編號	作品	原投稿處	退稿後轉投處	刊出
1	笠山農場	《聯合報》副刊		未刊出
2	蒼蠅	《聯合報》副刊		刊出
3	挖石頭的老人	《中央》副刊	《聯合報》副刊	刊出
4	做田	《聯合報》副刊		刊出
5	豬的故事	《新生》副刊	《聯合報》副刊	未刊出
6	草坡上	《聯合報》副刊		刊出
7	初戀	《聯合報》副刊		刊出
8	浮沉	《聯合報》副刊		未刊出
9	安灶	《聯合報》副刊		刊出

10	耳環	《聯合報》副刊		刊出
11	原鄉人	《聯合報》副刊	《自由談》	未刊出
12	故鄉四部	《聯合報》副刊		未刊出
13	阿遠	《聯合報》副刊		刊出
14	上坟（小岡）	《聯合報》副刊		刊出
15	跫音	《聯合報》副刊		未刊出
16	大武山登山記	《聯合報》副刊		刊出
17	假黎婆	《聯合報》副刊		刊出
18	閣樓之冬	《自由談》	《聯合報》副刊	刊出
19	賞月	《聯合報》副刊		未刊出
20	錢的故事	《聯合報》副刊		刊出
21	往事	《自由青年》		以遺作發表
22	楊紀寬病友	《民間知識》	《晨光雜誌》	刊出
23	西北雨	《聯合報》副刊		刊出

資料來源：作者整理

　　由表格可知，由鍾肇政投稿的有23篇，有7篇未刊出，1篇以遺稿刊出，投稿以《聯》副為主，可見主編林海音對臺灣作家的友善，在此投稿刊出機會最大，刊出密集到鍾肇政覺得不好意思，有時還要暫緩投到《聯》副，他在信中鼓勵鍾理和：「真希望兄能健壯起來，多寫多作。咱們哥兒兩個姓鍾的，把《聯》副的篇幅可佔得不少哩！」（鍾理和、鍾肇政，1998：202）

　　此外，鍾肇政認為《聯》副最適合發表〈笠山農場〉，其次是《自由談》。但8月將原稿寄給林海音後，等到11月底才回信坦言尚未拜讀，鍾理和等了將近三個月，忍不住內心的失望：

> 海音女士的立場我可以想像而得，是以可以同情而理解，也祇能同情與理解。我不敢奢望〈笠〉篇能隨時發表，祇要能

發表，則我再等三五個月也無妨。只要了解我們所處的社會，我們便無理由抱太高的希望。（鍾理和、鍾肇政，1998：149）

既然《聯》副無法刊登，只好另尋出路，他將原稿寄到香港亞洲出版社，看看那邊有沒有機會出版。但半年後被退回，這使鍾理和極為失望，他在信中寫道：

〈笠山農場〉即於前二日自港退回。此稿被退把我搞得心灰意懶，無心寫作。我覺得很怪，亞洲出版的文藝作品我也看過一些，當然都比拙著偉大高明，雖然如此，鄙意以為即糟蹋幾張紙為拙稿印書，似乎並不就把出版社的面子丟到哪裡去，或沾辱了文壇。（鍾理和、鍾肇政，1998：227）

退稿的事鍾肇政同感驚訝：

〈笠山農場〉遭退的消息使我震驚！我該怎麼說呢？真是欲哭無淚！我們這些時代的點綴者，似乎注定只能寫些短作，湊湊熱鬧而已。環境如此，夫復何言。……我想〈笠〉篇暫時毋需再改了。我是說，縱使改得十全十美，此時此際實在難望有出路的。還不如多寫一篇新作，來得有意義些。（鍾理和、鍾肇政，1998：230）

後來又寄《中央》副刊，因為篇幅「太長」而被退稿，此時鍾理和真的心死了，決定讓它躺幾年再說。（鍾理和、鍾肇政，

1998：249）

　　鍾理和覺得〈笠山農場〉一直被退稿，背後可能不單純：

> 我時時都覺得四十五年度我的〈笠山農場〉，把當今二個最
> 走紅的大作家壓在下面是很不好的，我以為應該由他們中的
> 哪一個得第二獎，〈笠〉篇得第三獎，雖然我並不懷疑他們
> 的器量狹小，但假使是這樣，那對於我們每個人都是好的，
> 都要方便得多。這是很顯然的道理。我沒有料到我踏進文壇
> 的第一步便把事情搞錯了呢！（鍾理和、鍾肇政，1998：
> 254）

　　這種懷疑不是沒有原因的，鍾肇政早有同感：

> 正如兄所言（我總未敢提起，卻讓你先提起了）〈笠山農
> 場〉把彭歌壓在底下，卻不是太佳的安排（在我們而言）。
> 往日在文獎會出足風頭的作家如今都沒沒無聞，我們也無妨
> 看做是類似事實在作祟。（鍾理和、鍾肇政，1998：256）

　　所以鍾肇政安慰鍾理和：「我們不必斤斤於此，它終有一天
會見天日的。」（鍾理和、鍾肇政，1998：266）〈笠山農場〉
在鍾理和生前無法出版，成為他的遺憾。

　　鍾肇政在口述歷史中提到這段回憶：

> 因為他住在美濃山腳下，沒有報紙、刊物，作品不知道要投
> 到哪裡，我們一對一通信後，他的每一篇文章差不多都是我

代寄的，代寄的登出來，當然就要把剪報寄給他。（鍾肇政，2008：110）

鍾理和發表的作品幾乎由鍾肇政代為決定投稿處，刊出後還要剪報寄給他，若非真誠的友誼是很難辦到的。〈笠山農場〉無法在鍾理和生前發表，死後卻馬上刊登，讓鍾肇政耿耿於懷。鍾肇政對於朋友的照顧是真誠的，故鍾理和在臨終前交代長子鍾鐵民，死後稿件都寄給鍾肇政，由他來處理，可說是鍾理和作品的經紀人。

（三）寫作建議

除了幫忙投稿，鍾理和對於寫作上的毛病，向鍾肇政請教改進之法：

我作品的結構鬆散，似乎已成定例，無法改善、改進，思之令人洩氣。我想這與我寫作之遲慢是否有關。套用古人的說法，我以為長篇主骨，短篇主氣，故短篇宜一氣呵成，若稍鬆懈，便難收緊湊謹嚴之效了。我一日只寫數百字，情思靈感何得保持一貫？保持統一？但我限於體力，又不能把自定每日二至三小時的工作時間拉長。（鍾理和、鍾肇政，1998：263）

鍾肇政在寫作技巧上，給了他一些建議：

短篇作品，我也以為確不宜寫得太久。我想，兄寫時若能先

完成腹稿，擬具詳細大綱，然後分段操作，同時，利用寫前的空暇妥為思考，則執筆時，縱使是兩個或三個鐘頭，則仍可得二三千字之譜，如是一個短篇的草稿，可在兩三天寫完。這樣也許可以免去散漫之病。再者，與情節無關的敘述，也應盡量免去，抓住骨幹，筆直地前進，這樣可以緊湊些，也未可知。（鍾理和、鍾肇政，1998：265-266）

而後又建議「兄寫短篇時，應多注意懸宕，以及中心意識。」（鍾理和、鍾肇政，1998：282）緊抓中心意識與注意懸宕，或許能避免散漫。

對於鍾理和一直想要創作的長篇〈大武山之歌〉，則勸他暫時緩緩。不要讓大把的心血徒勞無功，目前報刊雜誌沒有地方可以刊登，不如多寫短篇，至少要符合星期小說的篇幅，等將來有了自己的地盤，再來創作長篇鉅作（鍾理和、鍾肇政，1998：225）。

內容方面則建議他寫自己的經驗，如家庭、疾病：

我以為兄還是寫短作好，兄的家庭上的事，可取材者一定很多，兄經歷不凡，能夠在感情上深入，心理上也不難把得準。則佳作之產生當可以期待的，即以兄的病為題材，亦當有不少可寫的。（鍾理和、鍾肇政，1998：235）

鍾理和的經歷豐富，不管是原鄉經驗、同姓婚姻、對抗結核病等，都是小說的好題材，且因為是親身經驗，寫起來會更有感情。〈貧賤夫妻〉刊出後，更堅定鍾肇政的看法：

我久就想向你建議。兄應以自己的病為題材多寫，〈貧〉作便是佳例，這種體驗是不易有的，可貴的，我向來就奇怪，兄何以不用這種題材來發揮一番呢？（鍾理和、鍾肇政，1998：245）

鍾理和接受他的建議，以家庭為背景的除〈貧賤夫妻〉外，尚有〈草坡上〉、〈復活〉、〈假黎婆〉、〈錢的故事〉等，寫肺結核的則有〈閣樓之冬〉與〈楊紀寬病友〉，許多感人的作品接連創作出來。

（四）〈雨〉的完成

1960年3月底鍾肇政長篇小說〈魯冰花〉在《聯》副連載，他開心的寫信給鍾理和，希望他能趕快寫一篇作品，在〈魯冰花〉連載結束後能接上：

〈魯〉篇約十二萬字，三個月內當可刊畢，我希望兄在這三個月中能寫一作品，以便〈魯〉作完成即行釘上去，並盼能在六月中旬寄來。海音未必能約到次一長稿，即使已約好，半長不短的作品，仍可覷隙打進，我尚準備鼓勵文心繼兄之後，有作品交海音，咱們不難把《聯》副的連載佔下來，對嗎？（鍾理和、鍾肇政，1998：282）

受到鍾肇政的鼓勵，鍾理和燃起寫作熱情，很快的創作出〈雨〉：

兄所囑小說，到今日為止已得一萬六七千字，總字數約在五
萬至六萬之間，到下月中旬諒可完稿，……此篇篇名為
〈雨〉，是我在寫前信已曾提及的短文〈旱〉時偶而想到
的，得之於匆促之間，且腹稿亦草草擬就，寫得好與否，實
不敢想。（鍾理和、鍾肇政，1998：289）

從信中可知，短短二十四天，就寫出一萬六、七千字，這樣
的成績是前所未有的。對此，鍾肇政回信給予鼓勵：「〈雨〉有
那麼長，殊出意料，不過也無妨，我能藉此讓兄逼出一較有分量
之作，未始非功德也。」（鍾理和、鍾肇政，1998：291）

然而，此時健康已經亮起紅燈，被失眠一直困擾著，令他非
常難過，雖然如此，還是依計畫在6月上旬完篇。他對這篇的評
價為：

〈雨〉篇成於倉卒，構思未熟即行提筆書寫，到底寫得很
差，最大的毛病是散漫，此外情節和布局也嫌有牽強和矛盾
的地方，故繕後不敢郵奉。我擬予以改作，視改作後的情
形，再決定取捨。（鍾理和、鍾肇政，1998：293）

鍾理和一直把反映自己生命情調的優容特質，自評為「散
漫」，這一方面固然是受到文壇風氣的影響，真正從容寫下的文
學反而無處可去，另一方面，恐怕是作家本身失去了自信；彭歌
看過他參加《自由談》的徵文作品〈貧賤夫妻〉後，評為「略顯
散漫」，且作品一再被退稿，使得他總認為自己的作品散漫，但
「散漫」是否真的是缺點，這是誰也說不清的，只是當時的文壇

風氣如此，作家若想在這種文學環境下鑽出頭，不能不委曲求全罷了。鍾理和寫稿一向很慎重，〈雨〉能在病中按進度趕出來，確實顯示出他在創作技巧和能量上，有可觀的突破（彭瑞金，1994：177）。

原本身體狀況不佳的鍾理和，為了趕作品進度，導致健康亮起紅燈，1960 年 7 月 21 日最後一次致函鍾肇政，隨後就病倒了：

> 還有一點曾使我十分擔心。就是（肺部）病巢有蠢蠢欲動的跡象，似乎我為了趕〈雨〉有稍稍過勞的樣子。不過這二日此種跡象好像又告斂跡，那些小毛病也漸漸恢復了，如果精神爽快，則明後日諒可進行〈雨〉的改作工作。（鍾理和、鍾肇政，1998：299）

這次的病倒不尋常，非一般過勞或感冒，而是肺結核有復發的跡象，不過鍾理和依舊希望能趕緊修改〈雨〉，以便寄給鍾肇政，他對此篇作品寄予了厚望。只是事與願違，在修改過程中吐血，三天後過世。

接到鍾理和的來信，得知健康不佳，使鍾肇政非常自責：

> 是我勸你寫〈雨〉，如果因此對兄的病體有了不良影響，那是我的罪過，現今暑熱太甚，盼兄勿急於改作以靜心修養，看看書為宜，俟秋涼再執筆不遲也。（鍾理和、鍾肇政，1998：301）

因為趕稿而病倒，這件事一直讓鍾肇政自責，只要談到這件往事，還會難過到哭，認為不該叫鍾理和寫這篇稿，就不會這麼早就過世。其實，那是因為鍾肇政看重鍾理和的寫作能力，否則不會〈魯冰花〉一連載，立即寫信囑咐趕緊寫出作品，好補上難得的連載機會。

　　〈雨〉篇的誕生，豎立了鍾理和作品的新里程碑，從這裡擺脫了他的生活小說的侷限，走到全面性的農民社會裡；同時也豎立了寫作的自信，可以一揮而就，寫自己想寫的題材，可惜，已成為鍾理和一生的絕唱。

六、結語

　　鍾理和晚年窮困潦倒，若非〈笠山農場〉得獎而認識廖清秀、鍾肇政，則他的作品無法讓人發現，而他與鍾肇政的書信往來，成為最大的精神支柱。經由本文梳理他們的書信後，發現以1958年9月《文友通訊》結束為分水嶺，在此之前的通信以討論文學為主，很少涉及私人事務，但之後則密集來往，信件的內容不只有文學，還有個人生活、心情抒發、家庭狀況等，遇上鍾理和生病，信件會以條列式書寫，嚴重時只有一、兩句話。以下為內容的重點整理：

　　首先，兩人對於《文友通訊》是積極參與的，鍾肇政發起並積極經營，鍾理和對於鍾肇政想要為臺灣文學做事的精神給予鼓勵，他們是真心疼惜它，故對於《通訊》的結束，感到難過與失落。

　　其次，對於作品的評論，不會因為是好友而說諂媚的話，有

缺點一定給予嚴格的批評，他們不怕對方的指教，反而很開心能夠彼此切磋，增進寫作的技巧。

再來，對於臺灣文壇反共文學盛行，則持批判態度，即使他們不合政策的作品一直被退稿，對於此種沒有靈魂的作品，也不願同流合汙去跟隨。對於報刊的編輯習慣，如擅改題目與內容，感到很生氣，顯示出作家們的無奈。

最後，兩人的情誼從書信中更展現無遺，鍾理和不管是家庭的或經濟的煩惱與憂慮都向鍾肇政訴說，如孩子升學問題，為改善家庭經濟計畫養雞等，鍾肇政從不吝於給予安慰及意見，故他們的情誼在鍾理和過世後，仍一直延續著。

其實書信中還有許多值得討論的內容，因限於篇幅，無法完整呈現，如他們對於其他臺灣作家的關心，各種徵文比賽，文友作品的討論等，有待將來能繼續研究。

附錄：南北兩鍾書信中的作品討論

一、鍾肇政作品

篇名	評語	信件日期
過定後	1、作品的主題我不大看得清楚，好像是在給舊式婚姻打氣，又好像在嘲笑女主人公秀蓮不夠堅強，在舊禮教之下低頭。 2、把鄉下人的樸實、和善、純良的天性和面孔，描寫得非常活鮮。只是結構略嫌鬆散點，若能稍與收縮，相信必會更好。 3、方言，似應加註明。	鍾理和致鍾肇政書 1957.5.16
	我寫該文的動機，只在描繪目前鄉村婦女有關結婚的生態，我對它鄙棄，但也同情，故不忍出以峻酷的批評態度，……我也得到一個教訓，觀點模糊意識不鮮明的作品，還是不可嘗試的！	鍾肇政致鍾理和書 1957.6.21
	婚姻問題，在我們的農村中，正在一個過渡期中，新的固然很新，舊的仍然到處存在。……我理解並同意你的心情；對它卑鄙，但同情。……在處理上，在結構上，在修辭上，雖然欠缺些工夫，〈過定後〉卻不失為一篇寫實主義的作品。	鍾理和致鍾肇政書 1957.7.30
	1、如果一篇作品必待原作者說破其中心意識，則無疑此作已失敗了。 2、文友中持有與綜合批評完全反對意見者亦非沒有，而能猜中我的寫作動機者，則只有文心一位。文章千古事，得失寸心知，我是很覺快慰的。	鍾肇政致鍾理和書 1957.8.12
	關於舊式婚姻，自應以兄所見為是。我究非親身經歷；鄙見但據觀察和推想而得，自難免隔靴搔癢之嫌。	鍾理和致鍾肇政書 1957.8.21

上墳後	可說是《伊大利故事》的續作。	鍾理和致鍾肇政書
鄉愁	最愛。	
寧馨兒	寫得很深刻。	
林弟	寫得很深刻。	
三小時破案記	刻畫生動有趣。	
本島古	還好。	鍾理和致鍾肇政書 1957.11.21
種樹者	都很好。兄詞彙豐富,文筆洗練嫻熟,數文友中無人出兄右者,我深信彭歌兄的評語絕非衹在恭維。	鍾理和致鍾肇政書 1958.3.28
人情		
大巖鎮	由首至尾卻不乏故事衝突和糾葛,就是沒有統一和高潮。我以為這是由於題材本身使然。這是一個人的傳記,一個人的一生固不乏故事和糾葛,卻不可能有被組織得很好的高潮。……本篇題材好,主題也極正確,衹嫌稍有凌亂龐雜之感,若能對剪裁(不是說太長)組織布局等工作再多下點功夫,我相信必能寫得更為精彩。	鍾理和致鍾肇政書 1958.4.29
	1、這篇在我是一種新的嘗試——塑造人物——我把故事結構都置於其次。 2、不過病就病在這一點上,因為我覺得人物先是描寫形貌、性格,是不夠的,尚需一種深刻味,尤其文中那個主人公還需要深入心底的哲學意味,這是筆力所關,無可如何,同時,我雖勉強說是把結構置於次要,而組織力之缺乏也是無由掩飾的缺陷。 3、文中加入日記,清秀、火泉兄也不表贊同。他們說為此便犯了人稱不統一的毛病。我想這是技巧的問題,要在插得如何,顯然我在這點上也失敗了。 4、再有一點,不幸也為兄所言中,就是我急於寫作,因為我只有寥寥十來天的空暇,可供我從容執筆。	鍾肇政致鍾理和書 1958.5.6

大巖鎮	火泉及清秀二兄說大作〈大巖鎮〉中插入日記會紊亂小說人稱之說我不能同意，這是技巧的運用問題。只要插入得適得其當，日記常常會幫助作者更深入地把主人公的沉沒在黑暗中的生活細節帶到光明面來，讓讀者有從各種不同的角度去體認去親近的機會。而生活的細節往往是透視主人公的性格、思想與精神的最好最直接的照明。這就使作者收到在正面描寫下無法收到的效果了。	鍾理和致鍾肇政書 1958.5.20
泡沫	寫得甚好，故事生動有趣，情節緊湊迫人，文章洗鍊而流暢，起首和收尾寫得含蓄而富于詩意令人讀後回味無窮。如果尚有缺點可言，則大概就是把「豺狼」的聰明寫得過於神化，有點近乎不自然。	鍾理和致鍾肇政書 1958.12.24
柑子	寫得比任何一篇都好，可見你的轉變是成功的。	鍾理和致鍾肇政書 1959.1.12
蕃薯少年	此篇寫時，我淌了不少淚水，之後重閱後，復又流下不少滴辛酸淚汁，我不曉得它住讀者腦中引起怎樣感興。不過平心而論，它是片片段段的人物記，似乎搆不上小說的標準，但究竟如何，只好等待吾兄嚴正的評斷了。	鍾肇政致鍾理和書 1959.3.23
	是一篇上乘之作，感人力量極深，結構也好，有幾處我讀後泫然欲泣，昨日重讀一遍，仍復如此。短篇而有此種力量，實屬不凡。	鍾理和致鍾肇政書 1959.4.3
梅雨	把一個丈夫有病的做妻子的心理刻畫入情入理，在這種情形下，做妻子的心理是頗為矛盾的，寫出來每每不易得當，但此處兄卻處理得十分溫婉，尤其借了夢境來襯托她的心境之處更是妙絕。	鍾理和致鍾肇政書 1959.5.10
榕樹下	我覺得遠在〈柑仔〉及〈蕃薯少年〉之下。其最大缺點是它平鋪直敘，少含蓄，結構亦不夠謹嚴。不過阿秀的描寫卻極成功，三叔的描寫亦好，故事也相當動人，視它失敗之作尚不至於。最大的證明是它已被登出來了。	鍾理和致鍾肇政書 1959.5.23
	〈榕〉篇尊見極是，所謂結構不緊，平鋪直敘，似乎都可歸納出一個原因——人物太多，條現條隱。	鍾肇政致鍾理和書 1959.5.28

兩塊錢	描寫酒鬼的心理和嘴臉寫得淋漓盡緻，教人讀後不禁拍案叫絕。本篇結構，情節都處理得非常之好，實是一篇妙文。祇是有一點，我覺得打孩子阿狗一段似乎是多餘，應刪去爲法。	鍾理和致鍾肇政書 1959.6.11
阿樣麻	1、初讀似覺平平，但經過二讀三讀之後才覺得這篇作品感人之深並不亞於以往兄所有作品。能把一個人描寫到如此之傻，那非易事，只此一點〈阿〉篇即可算成功之作。 2、這篇是屬於人物記體小說，它的價值在它所提起的問題，而不在它的故事。 3、它的故事正如兄所說，如果要刪，則再刪去二三千字也還可以。 4、這種體裁的小說、故事情節，難期緊湊，因爲一個人的一生即根本缺乏緊湊。緊湊是小說家的技巧。 5、這篇所提出的問題似乎是：人的價值何在？第二個問題是：一個人應不應該相信他所看見的？這問題問得很深刻，令人讀後很久仍不能去懷。	鍾理和致鍾肇政書 1959.6.20
劊子手	寫得極爲精彩，全篇一氣呵成，無斧鑿之痕……，過去之作，以故事技巧取勝，此作故事成分較少，但有更多的思想和感情。	鍾理和致鍾肇政書 1959.11.6
愛情與友情	我覺得浮泛，沒有力量，這大概與文章的形式有關。	鍾理和致鍾肇政書 1960.7.21
	無甚可取，不過自覺以體裁取勝，而且主要在乎提出的問題。據我的學生說，這一篇在幾所大專圖書室裡頗掀起了波紋。兄也許對文中把小學教師（這麼被人瞧不起的行業）捧高，頗不以爲然，致有浮泛之感，對否？	鍾肇政致鍾理和書 1960.7.23

二、鍾理和作品

篇名	評語	信件日期
竹頭庄	「對白」有人以爲生動流利，弟卻未盡同意。因爲該對白與吾臺灣人口頭語頗有距離，看似北方人口氣。鄙意，描寫吾臺民，尤其客家人，似應有客家人語氣，否則鄉土氣息深則深矣，卻缺乏地方色彩。	鍾肇政致鍾理和書 1957.10.9
	1、能看出對話之非作者鄉土語言者，兄一人而已。兄所見極是，它乃北方語言，……兄同是客家人，故能一眼看出破綻來耳。 2、在今日，無庸諱言的客家語所站地位極爲可憐，故在創作時除開稍具普遍性的句子可得借用外，若純以客家語對話，恐將使作品受到窒息的厄運。這就是爲什麼我慣以北方語言用上對話上的原因。因而減損鄉土色彩的眞實亦屬無可如何之事。	鍾理和致鍾肇政書 1957.10.18
	大作中對白，其句法、言詞、北方土語爲數不少，客家方言，不易入文，弟亦同意，唯若以北方土語取代，則其氣氛難免矛盾，弟以爲如其方言表現不出，宜以避免北方土語爲佳。	鍾肇政致鍾理和書 1957.10.21
故鄉之二、三、四	1、書中那些純樸但陰鬱的人們，都是我夢寐所求的，想寫而寫不出的——我常覺得，我寫農民，一定由知識階級的觀點來寫，也許這是大病——以前批評〈竹頭庄〉時，我不同意把它看成散文的許多文友的觀點，現在看完了四篇，我的信心益堅。 2、我覺得這是純文學作品，依照習見的小說——完整的故事嘍，衝突嘍等等——的看法，是不是都需要略加引伸，使它們連貫則似可不必，因爲這些作品氣氛是那麼聯貫，故事之是否聯貫，已顯得不甚重要，讀者能在不聯貫的故事中，體味出某種聯貫味來。	鍾肇政致鍾理和書 1958.4.25
	〈故鄉〉雖是我較爲滿意的少數作品之一，但能獲兄如此賞識，卻非始料所及。	鍾理和致鍾肇政書 1958.4.29

	1、我仍堅持〈故鄉〉是優秀的純文藝作品，不是時下流行的迎合大眾口味的泛泛的小說可比。 2、兄筆下的人物——僅就〈故鄉〉諸篇而言——都很鮮活的，予人的印象——縱使太悽慘了些——是那樣深刻，我可說是無條件地愛上了他們。當然這種作風不能說很新的，而且以現代寫作手法來衡量，還可說是陳舊的，但有這種成就，已然不凡了。 3、亦有一個缺點，文字欠通順之處仍多。而日本化的詞亦偶而可見。	鍾肇政致鍾理和書 1958.5.6
	〈故鄉〉決定暫不改作。但我實在不知道像這樣的作品是否有人要予印書。無論從那一方面看，它在目下，顯已屬明日黃花。我心裡連嘗試的念頭都不敢抱。	鍾理和致鍾肇政書 1958.5.20
	兄言〈故鄉〉諸篇是明日的黃花，我確有同感，至少它是不獲一般讀者歡迎的，亦即不為編者所需要的，儘管我確認它有其牢不可拔的藝術價值，但這又有何用？	鍾肇政致鍾理和書 1958.5.23
笠山農場	1、全文流露著一股淡淡的憂鬱——一種使人快意的，使人心情暢然的憂鬱。 2、兄的手法確屬不凡，這麼複雜的人與事，處理得有條不紊，穿插又都順當而有致。 3、冗辭蕪句實在太多太多了。兄在此作中，用的形容詞句，若拿現代小說創作的尺度來看時，便多到不可理喻的地步。差不多每種事物——敘景、狀物、描情、寫感差不多都一連加上許多形容詞句，且偶亦有重複的，這種情形實在很可能令讀者生厭。 4、關於內容方面，……只有一個不滿意之處是，二十章寫阿喜嫂，扮演一個感人至深的場面（指送女兒與致平遠走處），而一路來，她的予人印象，並不怎麼深刻。……在長篇小說裡，一個重要配角的為人，似乎不該這樣在臨尾才使她顯示出來，這樣亦使人有這個角色是臨時加上去的感覺。	

	5、同時在本章裡面，淑華父親臨死的一幕，亦可增敘幾句話加強描寫，以增強氣氛。 6、最後的一章，我覺得這是較弱的一章。馮國幹的出現在吊尾顯不宜，應該先讓他出現，交代出笠山農場的易主，然後點出饒新華之死，作為渲染笠山農場之下場的輔助——當然，馮的出現是主。 7、同時此章有關春天的描寫——無疑兒是藉此留下一點光明——屬於人性的——但卻有點與此章的氣氛不符，我以為工人們的工作情形已似可收到這個預期效果。 8、又本章是個高潮後的尾聲性質，這個字數顯然太長，筆調也可換為淡漠的。收得淡些，意境似可遠些，餘韻亦可長些。 9、第九章去留問題，我也以為刪去為妙，但似亦可惜，如能刪減一半以上篇幅，當以加入為宜。	鍾肇政致鍾理 和書 1958.10.5
笠山 農場	1、我寫了這些年原稿，至今在文字的運用上仍像一位小學生似的錯誤百出，造句也生硬牽強。後者大概是受日文文法的影響，迄未能掙脫其桎梏。雖然在寫作時曾力求避免。 2、文章之不合當代創作的形式，除開個人少見寡聞外——我極少讀到當代作家的作品——我還有自己的觀點。我以為文章也和人一樣貴在有他自己的個性。 3、內容方面，兄對末一章的見解——應讓馮國幹在章首出現以點明笠山農場的易手——深合我意。當時我曾為此傷過腦筋，卻獨獨沒有想到用馮國幹。原來我祗要首尾調換一下就行。事情竟是這樣簡單！ 4、（原來的）第九章——描寫饒新華的一章我必按照你的意思予以刪削。 5、在我的構圖裡，我原想讓淑華產後——嬰兒則讓阿喜嫂處理掉。這裡有極好極怕人但極有效果的場面。後來阿喜嫂因此患了一場大病，而淑華出家削髮為尼，致平則在最末一章投海自殺。……這位臺北的讀者在讀了我另一短篇〈野	

笠山農場	茫茫〉後曾給我來了一封信，徵求我對同姓結婚的態度。據說他正爲此事在苦惱，求我給他指點出路。……想到這裡我便把下面的情節來了一個大大的改變，不但一個不曾死，一個無須出家且反而償了宿願——結成夫妻。雖然那結合的方式仍極可悲，但對那些苦惱的青年的作用自然不同了。……雖然如此，我仍須承認我創造阿喜嫂還是失敗。不管收場如何改變，她在全書中仍是一重要角色。且在我構想中她原應是一個獨立意志極爲堅強的女人，如果我不能在讀者閱讀中得到這樣的印象，那是我的失敗。	鍾理和致鍾肇政書 1958.12.8
	看了信中對情節安排變更情形，我不得不拍案驚奇，假如兄自始至終依照原訂計畫，給予主要角色們悲慘的下場，那可眞成了部大悲劇了。……不過我個人是不忍也不大贊成把作品寫成那種叫人黯然魂斷的樣子的。每次執筆，對筆下人物不由不發生憐愛，於是就怎麼也不忍下毒手了。	鍾肇政致鍾理和書 1958.12.11
	拙作〈笠〉篇情節的變更並不後悔，甚至越來越認爲應該如此。我們沒有理由讓一位讀者在讀完一部作品後大感灰心。	鍾理和致鍾肇政書 1958.12.24
	我想再把其中與故事情節很少關係的文字刪掉，例如第九章已刪掉了，另外還零零星星的刪去不少，現在我決意再刪去第十章整章文字（紀福全的受綁及趙丙基的潛逃，與本文無關），如此盡量使結構減少累贅和鬆懈。出版者和讀者既然都喜歡情節緊湊，那麼爲什麼要使之鬆懈呢？	鍾理和致鍾肇政書 1959.9.15
夾竹桃	這篇作品雖不能算是成功之作，卻是我自愛最深的一篇。	鍾理和致鍾肇政書 1959.4.3
蒼蠅	1、不可多得的優秀短篇。它擷取了人生的某一橫斷面，加以深刻而銳利的剖析，絲絲入扣，堪稱傑作。 2、短篇的取材應該是這個樣子，它是純小說，是藝術品，與常見的所謂短篇不可相提並論的。 3、它亦有小瑕疵，是文筆有許多處稍嫌冗贅，	

蒼蠅	最後結尾，哥哥叫「他」還不去，有點模糊——這點忽略竟使全篇的人物間關連沒有一個交代。 4、此篇已寄《聯》副。	鍾肇政致鍾理和書 1959.4.9
挖石頭的老人	1、是篇很深刻而含蓄的結構，寫一群不孝的子弟，卻從老頭面來描述，手法高超，讀後不禁有跟那個雜貨鋪女老闆一樣的感觸，使人低迴惋嘆。 2、這個女老闆是個運用得異常精妙的人物，兄的創造功力使人驚佩！ 3、這篇冗詞特多，我刪去了不少。 4、此篇寄《中央》副刊。	鍾肇政致鍾理和書 1959.4.9
	我自認為失敗之作。	鍾理和致鍾肇政書 1959.4.22
做田	1、是很好的寫生文，觀察之敏銳與細緻。 2、題目似乎不很生動，我打算改掉，不過怎麼改，還沒有想到。 3、略遲數日寄《聯》副。	鍾肇政致鍾理和書 1959.4.9
豬的故事	1、是篇失敗之作，取材庸俗，結構鬆懈（這是題材使然，非兄之罪），僅文中有關風土人情的描寫稍有可取。 2、投寄較為地方讀者所喜愛的《新生》副刊。	鍾肇政致鍾理和書 1959.4.9
	雖主題庸俗但自覺不在〈挖〉篇之下，因此對於兄之批評頗有意外之感，但也許應以兄見為是。	鍾理和致鍾肇政書 1959.4.22
	我仍堅持較差，未能觸及人性，及其庸俗是最大原因，南部報紙水準較低，猶未採用，當可供我佐證。	鍾肇政致鍾理和書 1959.5.1
草坡上	我較為滿意。	鍾理和致鍾肇政書 1959.4.22
	1、確係一感人至深的佳作。 2、我刪了好些。較大段的是「妻」在飯桌前的話，「我」的話，還有小雞搶蚯蚓的場面。 3、此篇形容詞亦嫌太多，尤其形容一件事物，用比喻，因為太多（如「似」、「彷彿」等字眼連續出現，在修辭上來說不很緊湊的）就覺得有些那個。	鍾肇政致鍾理和書 1959.5.1

	1、已經數次改作，而今仍不能滿意。 2、此作係我全部創作中最感吃力的一篇，結果卻是白費精力。 3、我由此得到一個結論：即有需改作的作品，即算改作了也不會是好作品。	鍾理和致鍾肇政書 1959.4.22
	1、寫得非常散漫，文筆雖仍是一貫的優美動人，筆調但以短篇小說的尺度來衡量，就不能謂為佳作了。 2、那些有關書房的描寫都屬多餘的。但藉挑水、畫畫等場面來展開故事，具見兄手筆的屬不凡，但短篇散漫，乃第一大病。	鍾肇政致鍾理和書 1959.5.1
	1、我已於前天投去《聯》副。 2、我愛上了它的情調，不忍心糟蹋了它。至少它應該去接受考驗的，我想林海音會給我們正確的評斷。	鍾肇政致鍾理和書 1959.5.16
初戀	1、〈初戀〉既然不好，為什麼還投出去。 2、我歷來對作品的態度是：對一篇未成熟的作品絕不輕易予以發表，（即使有人採用的話）一篇原稿可以隨我之意加予修正直到它像一篇東西，但一經印成文字，便已定形了，不像東西也沒有辦法了。而這樣一來便要給良心加上負擔。	鍾理和致鍾肇政書 1959.5.23
	1、投寄前我曾企圖將一些不必要的文字刪去，但終未能刪，明知有不少段字數太多，卻又似乎不便去之，否則需要改動很多，未敢冒昧，終究原樣寄去。 2、我已把個人觀感詳告林海音女士，諒她會給我們一個明確的答案。 3、當然〈初〉篇之投出，我不自承輕率，我確曾考慮至四，幸勿以此深責也。	鍾肇政致鍾理和書 1959.5.28
	〈初戀〉的登出真有點出人意外。我很想知道別人對此作的批評。	鍾理和致鍾肇政書 1959.6.11
菸樓	1、弟弟的從軍成為自然發展，毫無「火藥氣味」，手法高明至極！ 2、但我寧取此作中的一股若有若無的憂鬱，雖則這憂鬱在農人質樸的意欲下不顯露出來，可也的確藏得妙，這是藝術的匠心，令人歎服。	鍾肇政致鍾理和書 1959.5.16

菸樓	3、此外，一些風景描寫，耕作情形的刻畫，雖稍嫌有自然主義的陳腐意味，但仍可稱得上美妙，故而手法之陳舊仍使人不以爲苦。 4、觀察之細微，文字之優美，在文友們中允推第一把交椅。	鍾肇政致鍾理和書 1959.5.16
浮沉	1、初印象仍是散漫，與兄一貫的作風似亦不大相同。 2、這裡沒有那種隱在字裡行間的感人純樸氣息。	鍾肇政致鍾理和書 1959.5.28
	1、終於作了最後決定，寄還給兄了。我覺得它多餘的敘述太多，眞不敢投出去。 2、此篇主題方面，是我所認爲很妙的，它標題浮沉，實則在寫一個敢於嘗試的人與一個與此相反的人，兩相對比，效果是很明顯的——但須細細咀嚼方能看出，這是成功之處。可惜後面的一個稍嫌軟弱。	鍾肇政致鍾理和書 1959.6.8
	1、初意我要寫成三千左右的短文，不想越寫越長，完稿時竟用去十六張原稿紙。 2、同樣情節和意境，壓縮便成緊湊，反之，一拉長，便鬆散了。兄說〈浮沉〉散漫，也許便是這個原因。 3、裡面的冗詞，大概可以刪除。我也要兄較具體的建議。	鍾理和致鍾肇政書 1959.6.11
	1、眞不幸〈浮沉〉遭退，而且林海音這回沒有一句話說來。 2、其實我覺得此篇在表現上，已沒有以前的毛病，那麼是應該在乎它的意識了，一定。 3、人物都只是泛泛，主角不用說，「我」這陪襯人物出現了那麼多次，都幾乎無作用，人物無力，意識也就顯得無力了。 4、也許這是個好教訓，以第一人稱寫第三個人物的故事，而在「心理」、「人物」、「情節」當中所選的主要局面又爲「人物」，成功便難期了。	鍾肇政致鍾理和書 1959.8.27
	1、對於〈浮沉〉的指評我認爲是很中肯的，它不但是結構鬆懈，而且它未能把故事和人稱打成一片。	鍾理和致鍾肇政書 1959.9.2

浮沉	2、想把頭尾兩段刪掉，而只留下中間一段。這樣一來既可救第一點的弊病，又可讓故事得到統一。雖然它仍舊是第一人稱，但「我」所講的既已不是「我」的故事而是「他的故事」了。	鍾理和致鍾肇政書 1959.9.2
	1、〈浮沉〉修改事，我以爲暫時再看看，現在改了，實在也無處投出。 2、縱使刪去前後兩段，似仍無何動人之處，再投《聯》副也太不好意思了。	鍾肇政致鍾理和書 1959.9.14
原鄉人	1、描寫精彩，屠狗場面由令人慄慄不忍卒讀，有兄一貫的文藝氣息。 2、唯文中缺乏一個中心人物，亦未見有縱貫全局的情節，雖以「原鄉」二字爲貫通全文之脈絡，終嫌乏力。 3、謂之小說，似頗勉強。唯以散文視之，則甚爲精彩。 4、鄙意倘以三哥爲中心人物，並以「我」爲陪襯，令其活躍全局──格局結尾均可照舊，原鄉人之描寫可擇要（指必要）穿插期間，則可成一以民族意識爲中心之作。	鍾肇政致鍾理和書 1959.6.26
	兄所提兩點，我早亦曾注意及之，但不知是否「題材限定形式」，抑自己才力有限，始終不曉得要如何才好。	鍾理和致鍾肇政書 1959.6.30
耳環	已投《聯》副，此作甚佳，唯前半略嫌太長，但其含蓄質樸都是可圈可點之處，不日當會刊出來的。	鍾肇政致鍾理和書 1959.6.26
阿遠	1、這本是舊作，標題爲〈女人與牛〉，原只有第二三四之三節，形式我也以第三人稱寫。 2、爲了在字數上配合星期小說，我強在首尾加上兩節：第一和第五節，又爲了配合第一和第五節，形式便也由第三人稱改爲第一人稱，標題〈女人與牛〉改爲〈阿遠〉。 3、寫後重讀，才覺得很亂，加上去的部分也很勉強，特別是第一節，尤以前半段（第一節）爲然。又：自第三人稱改爲第一人稱之際，也未能把口氣改得圓融中肯，因而讀起來便覺不很順口。	鍾理和致鍾肇政書 1959.8.12

阿遠	首尾加添處似未成大病，唯結構仍嫌因此鬆散，鄙意，爲湊足字數而添，實不足爲法，尤以短篇爲然。	鍾肇政致鍾理和書 1959.8.27
秋	1、初稿係寫在光復前夕的北平，回臺後被某雜誌社拿去，但文章尚未登出便遭逢「二二八」，雜誌社關門了，原稿呢？不知哪裡去了。 2、民三十八年病體已大見康復，醫院裡閑著無事，便將記憶所及，第二次重寫〈秋〉，便是現在的這篇。 3、於今日來講，不管在故事、時間、地點，都已經事過境遷，明日黃花，大概就是這個原因吧，前年投寄一個雜誌社（已記不清是哪個雜誌社了）被退了回來。	鍾理和致鍾肇政書 1959.8.12
	1、它的中心意識，我看不出來。 2、這些已是陳舊的情節，描寫未能推陳出新，如果他是三十八、九年間的作品，則還有意義些，目前則已太陳腐了。	鍾肇政致鍾理和書 1959
	1、初稿係於民三十四年間在北平寫成，共七章約一萬三千字。這裡僅有第一、二、三、四章是原文，後面的情節是男主角被捕後因證據不充分——因共犯事前逃跑——被判決無罪，但男女主角之終於離異則始終未變。	鍾理和致鍾肇政書 1959.10.11
	2、它的主題，說它是描寫一個青年在三角戀愛中受到乙女的愚弄固然有一點，但我的本意卻在致力諷刺把愛情和結婚視同兒戲一點上，所以只把青年和甲女的戀愛輕輕帶過。這種道學氣我自己也覺得迂腐可笑。	鍾理和致鍾肇政書 1959.10.11
	我不曉得要如何處理。我不指它的成就，依成就，雖不見高明，但我不以爲一定見不得人；我指的是它的時間（政治的）、它的背景等等。你看怎樣處理？亦予改作嗎？	鍾理和致鍾肇政書 1960.3.4
	〈秋〉確有可取之處，無如題材過於陳舊（非指其時代背景），此類主題，實在看得太多太多，落入窠臼，故鄙意以爲脫手一定不容易。	鍾肇政致鍾理和書 1960.3.9
跫音	空洞浮泛，也許是它的致命傷。哲學畢竟不易表現爲作品。	鍾肇政致鍾理和書 1959.10.27

貧賤夫妻	1、這是篇傑作，我毫無誇張，幾年來使我閱後有這種心滿意足的欣悅感的作品，實在沒有多少篇。 2、一、二章裡，寫盡了貧賤夫婦的幸福與哀戚，……心中有愛心的人，若看了這一段文字，一定深有所感，那是人間的至情，發乎衷心的。 3、在三段，高潮突起，描寫仍是一貫的細膩作風，一步緊似一步，叫人窒息，以至平妹的平安歸來方才透了一口氣。 4、全篇到處有意味深刻的句子，那是智慧與愛的結晶。 5、何以此篇竟遭落選？勉強的解答是裡頭寫了偷竊行為。 6、我還憶及彭歌對此文的評語：「散漫」，我真想大鳴不平。真奇異，一般讀小說的人何以對名著就能忍得住一切散漫冗雜的敘述，而獨對無名作家苛求如此之甚？ 7、以現代眼光來看，一、二兩章該是最冗慢的，至少它可以縮在一千字以內，作為一個起點即足。然而，我以為兄這篇的這些文字，可以說是字字珠璣的！	鍾肇政致鍾理和書 1959.11.8
復活	初稿草就時覺得很好，但再讀之後，便覺不滿意，還是我常有的毛病：散漫、不夠嚴謹；此外也太亂。	鍾理和致鍾肇政書 1960.1.15
我與假黎婆	1、我覺得很好。 2、它是純粹的臺灣文學，成就很高，這種作品也只有兄能寫出。 3、隱隱含有一股人生的悲哀，且又十分富有「異國情調」的味兒，兄以淡淡的口吻出之，含蓄更深，感人也更深。 4、有個擔心，它，嚴密地說，實在不能算是小說，片片斷斷的回憶──當然，這也是正統的文學的格局之一，但小說成分非常薄弱。	鍾肇政致鍾理和書 1960.1.17

我與假黎婆	1、〈假黎婆〉被刪得好苦，本篇題名原〈我與假黎婆〉，有幾分是為了紀念亡祖母而作，現在除了題名之外，事實本文有關「我」及「與」的部分俱完全被刪削，而祗剩下敘述「假黎婆」的部分，這已無異把自己最親愛的人剝光了供人展覽，我對此作何感想，兄可想像而得。 2、被留下的部分，似乎正如兄信中所說有「異國情調」的味兒的地方。 3、我們今日的「文壇」好像只要新奇只要刺激，不要文寫，不要小說，被人另眼相看的《聯合報》亦不能免此，令人多麼傷心！	鍾理和致鍾肇政書 1960.1.31
	1、〈假黎婆〉被刪事，我亦非常震駭！兄言我甚為同感，我為兄難過。 2、〈假〉作顯然非星期小說不能容納，否則就只有退稿。殊不知在我們慣常接退稿的人而言，倒不如乾脆退回好些，這篇直是分屍，慘不忍睹！	鍾肇政致鍾理和書 1960.2
閣樓之冬	1、此篇我覺得很好，唯一可惜的，是沒有把它處理的更懸疑。那個病人到底會死呢？還是能得救呢？如果兄執筆能注意及此，則此作成就當必更佳。 2、以往常見的散漫，此作已不大可見。	鍾肇政致鍾理和書 1960.2
錢的故事	又是那毛病：散漫。 這篇與〈貧賤夫妻〉有異曲同工之妙，感人之至。	鍾理和致鍾肇政書 1960.3.4
楊紀寬病友	此篇並不散漫，我覺得很不錯，只可惜懸疑的氣氛處理的不夠味。楊紀寬到底會不會死呢？我想如果能把這意思早些暗示出來，一定可收更好的效果。	鍾肇政致鍾理和書 1960.4.3
往事	很動人。委婉細膩，確屬佳構，惜男女主角分手時心理衝突似未有充分的鋪陳，而致結尾顯得乏力。	鍾肇政致鍾理和書 1960.6.22
西北雨	係一純然小說作品。	鍾肇政致鍾理和書 1960.7.23

參考文獻

古繼堂，1992，《臺灣小說發展史》。臺北：文史哲出版社。

余昭玟，2000，〈〈笠山農場〉評析──兼談鍾理和的創作歷程〉，收錄於應鳳凰編選，《臺灣現當代作家研究資料彙編──鍾理和》，頁119-129。臺南：國立臺灣文學館。

余昭玟，2012，《從邊緣發聲──臺灣五、六〇年代崛起的省籍作家群》。臺南：國立臺灣文學館。

陳芳明，2011，《臺灣新文學史》。臺北：聯經出版公司。

張德明，1995，《語言風格學》。高雄：麗文文化。

彭瑞金，1994，《鍾理和傳》。臺中：臺灣省文獻委員會。

彭瑞金，1997，《臺灣新文學運動40年》。高雄：春暉出版社。

葉石濤，1987，《臺灣文學史綱》。高雄：春暉出版社。

鍾理和、鍾肇政，1998，《臺灣文學兩鍾書》。臺北：草根出版社。

鍾肇政主講，2008，《鍾肇政口述歷史》。臺北：唐山出版社。

第十五章
語言同文學：
鍾肇政个臺灣主體个追尋同建構

邱一帆

國立中央大學客家語文暨社會科學學系兼任講師

一、前言

　　1925年1月出世在龍潭九座寮个鍾肇政，經歷過日本政權（1895-1945）20零年、國民黨政府（1945-2000）50零年个殖民統治。殖民政府慣用軍事武力做後盾，控制臺灣這垞土地，管理經濟、政治、教育、文化等資源；用無平等个、差異化个政策，分出日本人同臺灣[1]人、中國人同臺灣人个高／低、貴／賤、內／外這兜个階級差別。

　　鍾肇政深深感受著，殖民政府建構出來个，殖民者同臺灣人之間个無平等關係。佢在接受教育、考試升學、從事教職、文學創作同發表等方面，有異多个經驗同遭遇，分佢強烈感受著身為

1　有關本文「臺」灣同「台」灣个用法，基本上兩隻「臺、台」字係混用、相通。考慮著敘述者該當時个習慣用法，像鍾肇政就慣用「台」灣、「台」灣人、「台」灣文學，目前个教育部又推薦用「台」灣、「臺」灣人、「臺」灣文學。

一個臺灣人，實在冤枉衰過，在分人管治个年代，默默仔承受無平等、無民主、無自由个二等國民个待遇。

　　本文就想愛對鍾肇政留下來个傳記、回憶錄、書信、文學作品同相關个評介這兜，整理出有關臺灣人在被殖民个年代，鍾肇政親身經驗著个情況，呈現出佢對文學同語言等層面个看法，還有自家對文學同語言等層面个追尋同理想建構。

　　身為被殖民者，鍾肇政描寫了在被殖民个年代，臺灣人个經驗、遭遇、命運。透過書寫佢解構了殖民政府个面貌；透過書寫，佢也追尋著臺灣人个精神面貌，同時還建構了同中國文學無共樣个臺灣文學。

　　鍾肇政自家个臺灣主體个追尋同建構，在語言同文學个層面，理想个圖像；平等个教育、傳播、使用臺灣人自家語言个權利；自由創作同平等發表臺灣人自家文學个權利，愛達到這種理想，就愛建立自由、民主、平等个臺灣人自家个國家。

二、語言个追尋同主體个建構

（一）多語言个接觸同學習

　　鍾肇政在大正十四年（1925年），1月20出世在龍潭九座寮个客家莊、客人家庭。該央時係日據時代，臺灣已經分日本統治會二十五年欸！根據鍾延威為鍾肇政所編寫个年表來看[2]，鍾肇

2　鍾延威著《攀一座山：以生命書寫歷史長河的鍾肇政》，係鍾延威為阿爸鍾肇政寫个傳記。這本書幼秀个紀錄、生動个描寫幼年、少年、青年、中年到晚年時期个鍾肇政，還附上鍾肇政生平个年表大事記。本文有關鍾肇政个語言接觸學習、文學个接觸、習作同創作、發表過程、參與文壇个活動等等，大體就係

政愛到八歲正開始學習客家話。在這之前，鍾肇政跂等屋下人生活、遷徙。出世該年5月，鍾會可（鍾肇政个阿爸）派任內柵國校，鍾肇政跂等搬到大溪街內柵字百四十番地。四年後（1929年）鍾會可提早辭忒教職（在會得著終身俸个時日本人強逼佢辭職），全家又搬轉九座寮老屋。經過一段時間，鍾會可分人紹介到臺北大稻埕，姓李个富商開个商行食頭路，從事福州杉進口同茶米出口个工作，一屋下人又遷徙到臺北市港町二丁目二十四番地。昭和六年（1931年）鍾肇政入太平公學校讀書，接受日本話教育。又因爭家庭个變故，昭和七年（1932年），鍾會可帶等屋下人遷到桃園、搬轉龍潭龍元路，五月鍾肇政在桃園公學校讀書，九月讀龍潭公學校兩年生。

鍾肇政在四歲以前，會講客家話。毋過在繁華个臺北生活了4年，聽著个全部係學老話[3]，阿姆學老人在屋下又係講學老話，在公學校學習个係日本話，故所，差毋多同客話毋記得淨淨。等到八歲該年轉到龍潭公學校，因為學老話講到流掉，顛倒毋曉得講自家个母語客家話，毋單止分看作異類，還分人罵講「福老屎」、「反種仔」，這使致鍾肇政變到封閉內向。好得，該央時个龍潭，還係異純个客家庄，所有龍潭庄生活上使用个語言，係客家話為主，這對鍾肇政重新學習客話當有利，在屋下學講客、同共伴个講客，無幾久就同客話學轉來。

因為鍾會可个教職調動、換頭路所帶來个特殊个遷徙經驗，

參考整理自這本書，並用四縣客話譯寫。

3　有關北四縣腔客家人對hog-lo人稱呼个寫法，有鶴佬、福老、學佬、學老等書寫習慣，個人採用羅肇錦教授个建議，用學老个寫法，漢字客讀音著，無歧視个意思。

加上日治時期被殖民个身分，鍾肇政在這短短个幾年中，有了當多个語言學習个經驗。從一開始學客家話到學日本話，再從學日本話到學習學老話，又從學老話又學轉客家話。鍾肇政在語言个跨越方面無麼个障礙、學習過程也異順序，佢對自家个語言天分當有自信、乜試著當有成就感。

1932年到1945年之間，鍾肇政對公學校到中學校、對中學校到師範學校，主要係接受日本教育，學習日語日文。鍾肇政先後讀過龍潭公學校，龍潭公學校畢業過後，報考新竹初中，因為無考著，就去讀龍潭農業專修學校。有一擺，叔伯阿哥鍾肇都來到鍾肇政个屋下坐寮，知著好讀書个鍾肇政讀農校，恁辛苦又無符合鍾肇政个興趣同志向，就建議鍾會可分鍾肇政去讀淡水中學校，畢業後還做得升學。農校讀了一學年，鍾肇政在昭和十三年（1938年）得著鍾會可个同意，就去讀五年制个淡水中學校。

1943年3月，鍾肇政淡水中學校畢業，報考上級學校無錄取，9月擔任大溪宮前國民學校助教。第二年4月，為著無愛分日本政府調去做日本兵，就去讀彰化青年師範學校，1945年3月在彰化青年師範學校畢業，被任命做青年學校教官，派任彰化縣沙山青年學校（同時，日本發布「學徒動員令」強逼去做學徒兵，在大甲鐵砧山挖戰壕），嗄無法度去沙山青年學校教書！也因為在做學徒兵期間，著著發冷仔（瘧疾），長時間發燒無退燒，使致鍾肇政右片个耳公完全聽毋著。

就鍾肇政个語言學習來看，佢學習過客家語、學老語、日本語、北京語，鍾肇政對這兜語言个聽、講、讀、寫个能力同程度應該有差別。客家語同學老語个學習，主要在家庭、莊頭、社區，日本語同北京語个學習，主要係透過殖民政府个學校教育

——「國語」養成个教育，還有鍾肇政自家煞猛个學習。

（二）書寫文字个接觸同學習

鍾肇政1925年出世，到1945年在彰化青年師範學校畢業，這二十年來，都係受日本化个學校教育。公學校四年生个暑假，在叔伯阿哥个影響之下，開始接觸日文雜誌裡肚个小說、故事、漫畫。這兜小說、漫畫深深飼著鍾肇政，歸个暑假，佢完全沉浸其中。

佢在該央時讀出小說背後，可能反映無共樣民族在生活上、文化上無共樣个風情；無共樣个小說情節个轉折、改變，就可能有想毋著个小說結果；在小說人物細細仔个動作、表情、眼神、習慣背後，有可能囥等人物個人个動機、生活个經驗……。這兜，閱讀小說个經驗，分佢試著當享受，乜試著當生趣、當快樂。在差毋多十歲个年紀，因為屋下雜誌小說讀忒，又無書好借，還識去郵局劃撥雜誌小說來看！從這來看，鍾肇政對日本語文寫个小說，在閱讀上有相當个程度。

在鍾肇政讀淡水中學校[4]个前四年，佢對升學愛讀个課程，並無好好去讀[5]，為了排解又深又醹个鄉愁同讀書生活个孤栖，還有嚴條个管教摎毋合理个要求，鍾肇政又沉浸在課外讀物裡肚。像係當時流行个《少年俱樂部》、《潭海》、《新少年》、《隱形飛機》、《綠色地平線》等雜誌同小說，鍾肇政都拿來

4　有關淡水中學个讀書生活，較詳細个情形，還做得參考《鍾肇政回憶錄》第一部頁7-76〈徬徨少年時——記五十年前的中學生活〉裡肚有較詳細个描寫。

5　參考《攀一座山》，頁81-83。

讀，不管係科學个、偵探个、探險个、武士劍道个小說，佢都當好讀。佢輒常在暗晡頭、燈光下神遊在小說个世界裡肚，一直到升五年級，有當大个升學壓力，正同心思轉到課本。這毋單止呈現鍾肇政愛好文學个一面，也係佢接觸同學習書寫文字——日本文字个證明。

在彰化師範讀書時節，認識沈英凱，係佢引領鍾肇政在完全失式信念个彰化師範生活中做得雲開見日，決定航向文學閱讀同創作个彼岸。沈英凱紹介《懺悔錄》、《父與子》、《罪與罰》、《卡拉馬助夫兄弟》等歐洲、俄國文學名著分鍾肇政，使得長期接觸日本時代小說个鍾肇政，做得接觸著西洋文學，後來更加廣泛閱讀西洋文學[6]。就鍾肇政這央時个語文學習來看，該兜歐洲、俄國个文學作品應該係日文翻譯過來个。

等到終戰過後，1945 年个 9 月鍾肇政轉到龍潭三洽水。因為日本戰敗，迎接个係國民政府，鍾肇政開始閱讀漢語文書籍，像《三字經》、《百家姓》、《增廣賢文》、《幼學瓊林》等等。佢也讀過共村林姓青年紹介个——本島人吳曼沙用白話文寫个《春回大地》，當時試著腦筋肚轉譯到客語當該讀，文意也做得貫通了解[7]。1946 年 5 月擔任龍潭國民學校教師，開始學習北京話注音符號，從頭學習北京語、中文漢字。1947 年，開始接觸三〇年代中國文學，閱讀魯迅等作家个作品[8]。

鍾肇政在政權轉換个年代，煞猛學習中文漢字，乜練習中文

6　參考《攀一座山》，頁 98-99。

7　參考《攀一座山》，頁 157-159。

8　參考《攀一座山》，頁 355-357。

漢字个創作，這對鍾肇政來講，係對日本語、日本文，轉換到學習北京語、中文漢字个思考同寫作个艱辛過程，有當多日治時期个作家，無法度攀過這層障礙，又無日文發表个園地，包尾放棄式文學个創作。

　　對書寫个文字个接觸同學習來看，鍾肇政對日本語、日本文个學習，再到北京語、中文漢字个學習，反映出殖民政權轉換，語言政策个改變。臺灣人在這種環境底下，毋係重新學習殖民政權推動个語言文字，就係放棄中文漢字个學習同創作發表。無法度主張在語言政策上，學習自家个母語、用自家个文字來創作發表，這係做為被殖民者个悲哀，臺灣人个悲哀。

（三）客家族群權益个促進

　　1988年12月28日，鍾肇政接受客家權益促進會个邀請參加「還我客家話運動」，又安做「還我母語運動」大遊行，係一場在臺灣臺北市舉行个大規模示威遊行，目的係希望讓客家話（客家語）做得在公開媒體使用。運動个主要發起者有林光華、邱榮舉、羅肇錦、陳石山這兜，佢兜共同抗議《廣播電視法》對方言節目个限制，要求電視臺製播客語節目，重建多元化、開放个新語言政策[9]。1988年个「還我母語運動」，係「臺灣客家運動」个重要標誌。佢強調：「尊嚴、平等同還我母語」。該擺个「還我母語運動」，影響著「臺灣母語運動」，迫使臺灣政府各主要

9　參考維基百科「還我客家話運動」。https://zh.wikipedia.org/wiki/%E9%82%84%E6%88%91%E5%AE%A2%E5%AE%B6%E8%A9%B1%E9%81%8B%E5%8B%95，查詢日期：2020年12月7日。

政黨不得不開始重視臺灣个母語研究、教學同推廣，研制《國家語言發展法》，追求平等个教育、傳播、使用自家母語个臺灣「國家語言政策」[10]。

　　成立在1990年12月个「台灣客家公共事務協會」係一個有強烈使命感同本土意識个組織。愛惜客家，從建構客家自主性開始做起，在臺灣解除戒嚴之後，感受著客家事務數十年來个無人關心同關照毋足，在高壓政權之下，嚴重出現語言文化个傳承同認同个危機，傳統族群風貌漸漸淡化同疏離个現象，集合著作家、律師、學者、醫師、牧師等等有心人士倡立本會[11]。

　　「台灣客家公共事務協會」（HAPA）成立之後，鍾肇政擔任首屆「台灣客家公共事務協會」會長，積極進行有關社會改造、民主運動个相關活動，同時提出「新个客家人」个理念，三十年來協會有關客家權益个促進包括：（1）倡導辦理臺灣客家學術研討會活動。先後舉辦「臺灣客家發展研討會議」、「吳濁流及其時代學術研討會」、「客家語言文字與教育研討會」等，成果豐碩。（2）舉辦「客家臺灣文化講座」。（3）舉辦「客家文化生活研習營」、「臺灣客家文學營」等活動營隊。（4）出版專刊「客協會訊」同〈新介客家人〉、〈臺灣客家人新論〉等專書。（5）舉辦巡迴全臺灣下鄉演講會。（6）公開辦理客家政

10　參考「中央大學客家學院電子報」第339期，邱榮舉教授專欄，臺灣客家運動的標誌：「還我母語運動」啓動「臺灣母語運動」結尾个部分。http://hakka.ncu.edu.tw/hakka/modules/tinycontent/content/paper/paper339/339(7).html，查詢日期：2020年12月7日。

11　參考「客家世界網」。網址 http://www.hakkaworld.com.tw/twhapa/introduce.html，查詢日期：2020年12月5日。。

策、議題聽證會同記者會，介入國家政策之擬定。（7）成立
「新客家助選團」舉行全國助選系列活動。（8）撰述「客家白
皮書」提供支持客家之候選人連署同運用，爭取客家公共權益成
爲民主選舉關注个議題。（9）鼓勵大專院校成立客家社團，並
獎助青年學子辦理文化同聯誼活動，好比：臺灣大學、師範大
學、清華大學等十過个高級學府，都連續成立學生客家組織。
（10）辦理海外客家參訪同講演活動等。（11）主導成立客家公
益媒體「寶島客家廣播電臺」，成爲全球第一家專業个客語頻
道，從事文化傳揚、時事評論、社會關懷有關个大衆服務廣播節
目。（12）獎助大專學生撰述客家研究論文，提供研究補助同推
薦發表个場所[12]。

　　「台灣客家公共事務協會」長期推動客家語言文化个使用、
傳播同教育，爭取客家族群權益在國家法律、政策層面民主个、
公平个對待，鍾肇政理事長个帶領同協會个幹部、會員个打拚，
還有後來人个接續，影響著臺灣政黨對客家族群政策同權益个重
視同兌現。

三、文學个追尋同主體个建構

（一）個人文學創作个追尋

　　鍾肇政在1945年起事，經過六年中文寫作个自我訓練，
1951年發表第一篇短篇小說〈婚後〉在《自由談》月刊第二卷

12　同上註。

第四期，從此展開創作、投稿个生涯。因爲輒常分人退稿，故所佢還較煞猛讀書、吸收語彙，另外一方面也多多少少了解報章雜誌个環境。

自1947年二二八事件發生以來，大家都毋敢談時局、論政治，臺灣作家連筆就毋敢拿，驚怕寫實、批判或者諷刺著時政，遭受國民黨政府个羅織罪名、帶來不幸。該央時，配合國民政府个反共文學、對國民政府歌功頌德个文學、對中國故土个懷鄉文學，還有流亡美國个外國作家个異國見聞，充斥雜誌、報紙副刊，實在係臺灣本土文壇个烏暗期。

1960年3月29日，鍾肇政个長篇小說《魯冰花》在聯合報副刊連載，係戰後第一篇登到報紙副刊个臺灣本土小說。這離鍾肇政學習ㄅㄆㄇㄈ，對日文轉換到中文思考、書寫，已經經過吔十五年。對二十七歲該年開始，分人退稿也經過九年个時間。《魯冰花》奠定鍾肇政戰後第一代本土作家个龍頭地位，也係對日治時期到國民政府，成功越過語言障礙同創作藩籬个第一人，填補終戰過後臺灣文學个斷層[13]。

鍾肇政從退稿作家到爲臺灣文學作家爭取發表園地[14]。鍾肇政毋單止想著自家个創作發表，佢也想著共輩个作家作品，像鍾理和、文心這兜，愛有發表个園地。故所佢在報紙副刊順利登稿過後，不時會聯絡本土作家看哪个時間請佢兜供稿、投稿，搶佔發表園地。恁樣个目的就係愛聯合臺灣作家，同臺灣人个文學一步一步建立起來。鍾肇政堅信，臺灣文學毋係中國文學，臺灣文

13　參考《攀一座山》，頁193-196。

14　參考《攀一座山》，頁197。

學當然也毋係中國文學个邊陲文學。臺灣文學，就係戴在臺灣這垤土地項个臺灣人創作出來个文學。

鍾肇政在小說創作个過程中，了解著只有長篇正有法度較完整同自家个人生或者歸個時代深切表現出來。在創作个過程中，佢緊想等佢想抓著（sa ˊ do ˋ）个文學主題，該就係愛同佢經歷過个時代，留下見證。鍾肇政在日治時期出世，經歷過八年个戰亂歲月，從青少年到青年，感受著分異族統治个毋堪，日本人鄙視、看毋起臺灣人，還暴虐、汙辱臺灣人，臺灣人受著無公平、次等國民个對待；再加上做兵時節著病，經驗生死一線个絕望⋯⋯。這兜臺灣人經驗過半世紀个傷痕同悲痛、凌辱同迫害，還有臺灣人主體性个追求，這兜主題內容，係佢心肝肚承擔个責任，督等佢拚命書寫[15]。

1953年鍾肇政利用暑假个期間，取材日治時期自家个做兵生活，完成14萬字个長篇小說《迎向黎明中的人們》，投稿「中華文藝獎金委員會」，續後分人退稿。第二年1954年鍾肇政同佢訂做小說開始年，希望年度做得有短篇習作7篇、發表3篇、長篇1篇。從1954年到1960年《魯冰花》連載截止，鍾肇政總共有40篇小說在報紙副刊或者雜誌項發表，另外，翻譯日本作家个創作理論數十篇。這兜練習同發表，做得看做係鍾肇政為著自家理想中个長篇所做个準備[16]。

1961年鍾肇政開始寫作《濁流三部曲》个第一部《濁流》，得著《中央日報》副刊个採用連載。接等在兩年內陸續寫

15　參考《攀一座山》，頁204-206。

16　參考《攀一座山》，頁206-208。

好第二部《江山萬里》共樣在《中央日報》副刊連載，還有第三部《流雲》，先後分《中央日報》副刊、《聯合報》副刊退稿，愛到1964年9月正在《文壇》月刊連載。《濁流三部曲》係總共80萬字个長篇小說，標示等鍾肇政係臺灣大河小說開啓者个地位，這三部曲係臺灣民族苦難个史詩書寫，重現日治時期臺灣人受著个污辱、無平等同該央時个困頓無出路，還有鍾肇政心肝肚个追尋。

1965年鍾肇政四十歲，想著自家終戰前二十年做日本人，終戰後到今也係二十年，成為中華民國國民，這下同日本斷絕忒，轉中國又係妄想，佢覺悟著自家就係一個臺灣人，恓著自家个祖先，對兩百零年前來臺灣就係臺灣人。臺灣文學个過去、現下同未來个命運，也就係臺灣人个命運，佢應該做見證，見證臺灣五十年來分人殖民、遭受苦難个歷史[17]。

鍾肇政个第二部大河小說《臺灣人三部曲》，早在1964年个6月開始寫起。1967年11月《臺灣人三部曲》第一部《沉淪》在《臺灣日報》副刊連載；1973年先完成第三部《插天山之歌》在《中央日報》副刊刊登；到1975年8月脫稿《臺灣人三部曲》个第二部，也係盡後一部《滄溟行》，乜係在《中央日報》副刊連載。《沉淪》、《滄溟行》、《插天山之歌》，這《臺灣人三部曲》鍾肇政陸陸續續花忒十年以上个時間完成，這係一開始從事小說寫作个鍾肇政，當想愛完成个作品，係佢對自家个承諾，乜係佢對臺灣這坨悲苦土地同人民个承諾，寫出臺灣

17　參考《攀一座山》，頁210-211。

人个經驗、寫出臺灣人个苦難，乜寫出臺灣人个追尋。

鍾肇政个小說，係除忒用臺灣漢人為主體个書寫以外，鍾肇政對臺灣原住民个書寫也無缺虧。《馬黑坡風雲》寫出高山原住民在日本高壓殖民受著欺凌、壓迫同歧視之下，奮戰同犧牲个抗日歷史。《川中島》同《戰火》係《高山組曲》个前兩部，完成在1983年，寫出經歷兩擺霧社事件過後，差毋多分人滅族个霧社遺族，分日本政府強逼到「川中島」耕種生活个歷史。探索高山原住民在日本高壓統治之下，反抗日本剝削統治，但係受限在日本先進个武器之下，遭遇分人滅族个邊緣，爭取生存个強韌生命力，鍾肇政用文字用小說為這段歷史做見證，也為山个子民譜下一首莊嚴个安魂曲。本來愛完成个第三部，因為手項个資料毋罅完整，又因為原旦愛採訪个對象，在復興鄉擔任牧師發生意外過身，使得鍾肇政心心念念个第三部胎死腹中，成為佢心肝肚个遺憾。

在《川中島》1985年出版過後，鍾肇政有了書寫《卑南平原》个念頭。佢想愛透過卑南考古重現原住民个神話同歷史，透過一對男女个愛戀故事，穿越古今，同臺灣幾下千年个歷史，寫入卑南平原个今昔、各色人種个生活，勾畫出歸個臺灣个變化，形塑臺灣人个原型，寫出臺灣民族發展个史詩。佢運用考古資料乜做田野調查，得著當豐富个資料，1985年六年開始寫作《卑南平原》到9月20日就脫稿。鍾肇政專心致力透過小說同原住民重要个、苦難个、抗爭个歷史重構，也想同原住民傳統文化个保存。鍾肇政透過原住民族小說个書寫，更加確立了臺灣人个歷史縱身，還有臺灣民族、文化个多元性。

（二）文學活動个參與

1957年4月，鍾肇政發起《文友通訊》[18]，同陳火泉、廖清秀、鍾理和、李榮春、施翠峰、許炳成（文心）以及許山木、楊紫江等人，輪閱、評論作品，鍾肇政再同蒐集著意見整理、刻鋼板、油印通訊，寄分所有人，這種方式持續到1958年个5月爲止，總共發行16期後結束。對《文友通訊》所有个信件、史料做得看出，本土作家該時代个創作發表个困境，這種通訊也聯絡了互相个感情，還凝聚臺灣文學作家个向心力[19]。還有接下來个文友聚會，也鼓勵著第二代、第三代个本土作家勇敢向前行，延續臺灣本土文學个香火。

1961年，鍾肇政在報紙《中央日報》副刊刊登長篇小說《濁流》，這部作品因爲分本名吳建田、筆名吳濁流个看著，因爲作品名同吳濁流共名，大佢二十五歲个吳濁流透過報社問著作者个姓名、住址，就寄張明信片分鍾肇政，後來有機會在臺北認識。兩儕人都對臺灣个文學有熱誠同關懷，一見面打嘴鼓，就像當久無看著个好朋友樣親暱暱仔。續後，老屋在新埔大茅埔个吳濁流，逐擺對臺北轉屋就會經過龍潭尋鍾肇政講時事、談文學，兩個硬頸个客家人都堅守臺灣个文學崗位，都在臺灣文學个園地煞猛耕耘，吳濁流同鍾肇政情同父子，成爲忘年之交。

1964年吳濁流想愛創辦文學雜誌之前，兩儕爲著這份文學雜誌个名稱有過討論。做爲林海音口中个「臺灣文學主義者」，

---

18 有關《文友通訊》个紹介、參與个成員，在《鍾肇政回憶錄》第二部〈那一段青春歲月，記《文友通訊》的青春群像〉頁9-46裡肚，有較詳細个紹介。

19 參考《攀一座山》，頁187-190。

也自認家係臺灣文學主義者，鍾肇政建議就用「臺灣文學」，毋過吳濁流該央時有顧慮，認爲當時个氛圍用「臺灣」兩字忒敏感。鍾肇政主張在臺灣爲臺灣文學辦雜誌，毋係安「臺灣文學」愛安麼个名？當時吳濁流異信服，毋過後來還係有兜仔調整雜誌个名稱，安名《臺灣文藝》。

《臺灣文藝》个創刊，表示該央時有了眞正屬於臺灣人个文學雜誌，提供了本土作家作品發表个地方，這對鍾肇政來講有當重要个意義。因爲佢當知二十年來主持雜誌、報紙副刊个人同佢兜背後个政策目的。做爲一個臺灣人，佢知有當多个本土作家，毋係寫个作品內容、形式毋好，係因爲省籍、主題个關係，也係因爲無自家个文學園地好發表！故所，鍾肇政對《臺灣文藝》創刊非常期待，同時協助小說編務同提供稿件。《臺灣文藝》前四期係月刊出版，因爲訂閱有限，稿費、出版費用支出當大，當遽就面臨資金短少个問題。第五期開始，改做季刊出版，吳濁流有用了「特別贊助辦法」一年捐一千箍，名單就入到雜誌項，當時得著三十二位贊助者个響應，解決了一年四期个出版經費問題。

1965年爲了《臺灣文藝》有充分个稿源，還過獎勵、餳來優秀个作家投稿，設立「臺灣文學獎」。1970年改名「吳濁流文學獎」，到今，年年還辦理文學獎，這對獎勵本土文學、發覺本土作家做出當大个貢獻，鍾肇政都參與其中。

1965年在終戰二十年後，鍾肇政用「慶祝臺灣光復二十年」个名義，獨立編輯《本省籍作家作品選集》10冊在文壇社出版、同《臺灣青年文學叢書》10冊在幼獅書店出版，彰顯本省籍作家同作品、推廣適合臺灣青年閱讀个文學叢書。

1976年10月吳濁流過身，鍾肇政分人推舉做主編，對第54

期安名革新號第1期。一直到1983年總共擔任主編六年，係對1964年開始協助編務算起，也有差毋多十年个時間，投入《臺灣文藝》社務同編務。吳濁流過身對年，還同共下催生《吳濁流作品集》个張良澤，在吳濁流个墳前，燒吳老个作品集來獻祭。鍾肇政信守承諾，撐持《臺灣文藝》十年，期間辭忒30零年个教職、犧牲創作个時間，鍾肇政對情同父子、忘年之交个吳濁流，真正盡心盡力、鞠躬盡瘁。

　　1980鍾肇政任職《民眾日報》副刊主編，積極開拓純文學个版面，尤其鼓勵小說个創作，邀請葉石濤、彭瑞金針對刊登過个小說做評論，鼓勵了本土臺灣文學作家个創作發表。

　　除忒這兜以外，鍾肇政還致力成立臺灣作家紀念館，彰顯臺灣前輩作家个成就。像「鍾理和紀念館」、「賴和紀念館」、「楊逵紀念館」、「吳濁流紀念館」、「鄧雨賢紀念館」還有「臺灣文學館」這兜，都有鍾肇政參與、推動个身影。

　　1990年代以來，接續臺灣民主化个浪潮，臺灣本土化運動風起雲湧。1990到2000年間，鍾肇政又致力推動、催生「臺灣文學系」。做為土生土長个臺灣作家，鍾肇政當清楚當時學院个中國文學系，單淨教古典个中國文學，排除本土个文學同文化，這對臺灣个文學教育產生嚴重个反作用。

　　在鍾肇政、葉石濤、同林瑞明、陳萬益等作家、學者个爭取之下，設立臺灣文學系所个聲量，引起政府同學界个重視。1997年真理大學成立臺灣文學系，係臺灣第一個臺文系，續後各大學陸續成立臺灣文學系所，臺灣文學正式入到學院裡肚。對鍾肇政來講，在一個殖民政權過渡到另外一個殖民政權个過程，殖民政權從來就毋會關心个臺灣文學，甚至輕視、鄙視、排除臺灣文

學。在日治時期就有个臺灣現代个文學，在1945年以來專教古典中國文學个學者心肝肚[20]，從來就毋係關心个重點，當然也當少人會去教麼个臺灣文學。為著分臺灣文學重見天日，為著臺灣文學个延續、發展，臺灣文學愛入到學院裡肚。

除試為催生「臺灣文學系」打拚以外，1990年鍾肇政還先後擔任過「臺灣公共事務協會」理事長、「臺灣筆會」會長、接任「寶島客家電臺」董事長。在《自由時報》爭取一個〈客家人月報〉，為客家發聲、爭取族群權益；在《自立晚報》創一個〈筆會月報〉專欄，分享臺灣文壇動態，舉辦臺灣文學營推廣、栽培臺灣文學人才。

（三）痛惜臺灣个文學作家

鍾肇政除特鍾情文學个創作，佢對前輩个作家、共輩作家甚至後輩作家，有當多个關心、協助同支持。在臺灣文學个歷史上，像佢恁仰發自內心關心文友个人應該當多，毋過愛像佢真正關心過恁多作家个人，應該當少。以下舉幾個例仔，

來看鍾肇政對文友个協助同關心。

比鍾肇政年紀較大个鍾理和，在《文友通訊》期間，互相通信、認識，透過通訊，貧病交迫个鍾理和尋著寫作个動力，鍾肇政也在相互交流个作品裡肚，感受著鍾理和个才華同文章魅力。鍾肇政知著有麼个報紙副刊發表个機會，就會同佢通知，鼓勵鍾

20　鍾肇政臺大中文系讀書个經驗，課堂頂只有四書五經、唐宋詩詞，同張良澤考上成大中文系後个寫作多了古文用語，了解當時中國文學系个修學重點。

理和煞猛寫、煞猛投稿[21]。1960 年鍾理和過身，鍾肇政當自責，過身百日，鍾肇政將鍾理和遺作《雨》整理付梓，係戰後第一本有分量个臺灣文學作品，1961 年鍾理和遺作《笠山農場》在聯副連載，鍾理和對年祭，就用刊印《雨》个結餘款，在學生書局出版《笠山農場》。為著紀念鍾理和，為著保留臺灣文學个重要遺產，後來還為著鍾理和紀念館个設立奔波募款、出錢出力，這係鍾肇政个心願，也係對生前毋識見過面个老朋友个承諾。

為著吳濁流創辦个《臺灣文藝》，協助編務同社務，鍾肇政花了 10 年个時間，也為吳濁流个小說像《臺灣連翹》日文作品，鍾肇政協助翻譯做中文[22]。吳濁流過身後協力完成吳濁流作品集，因此荒廢了自家个創作，佢對大二十五歲个吳濁流，做得講鞠躬盡瘁、盡心盡力。

1978 年鍾肇政擔任《民眾日報》副刊主編，並主編《臺灣文藝》，鼓勵本土作家從事創作同評論。邀請葉石濤同彭瑞金，逐隻月評論副刊刊登个小說。一方面鼓勵本土作家發表小說，另外一方面，使得發表个小說作品有人討論、評價，增加小說个價值，更加鼓勵著本土作家小說个創作。1980 年因為政治个因素，鍾肇政辭忒副刊主編，結束《民眾日報》主編工作，這期間照顧、培養著當多个作家，文學个種子委啊出去、有發芽有成

---

21 鍾肇政同鍾理和 1957 年到 1960 年个書信往來，138 封書信編入《臺灣文學兩鍾書》裡背，談著生活、身體狀況、作品个討論、文友狀況，做得看著兩人个真情交流，還有鼓勵鍾理和創作、投稿、退稿等記錄。

22 參考鍾肇政保留个書信《吳濁流致鍾肇政書簡》保留 1962 年到 1976 年之間吳濁流分鍾肇政个書信，內容裡肚做得看著吳濁流緊請鍾肇政為《臺灣文藝》寫稿、協助雜誌个編務，還有拜託翻譯《臺灣連翹》在吳濁流過身後十年正出版个事情。

長，成爲後來臺灣文學个中堅力量，影響深遠。年紀較細个後輩作家像李喬，創作个《寒夜三部曲》，就係鍾肇政擔任《民衆日報》副刊同《臺灣文藝》主編期間，同佢鼓勵、「逼寫」完成个，李喬爲此感念鍾肇政，謙虛認爲係無鍾肇政个督促、牽成就無這下个李喬。

還有在生活上、作品發表、投稿等方面當倚恃鍾肇政个葉石濤，前輩或者平輩作家龍瑛宗、李榮春、廖清秀、陳火泉這兜，日治時代就開始日文寫作个作家，都有得著鍾肇政个撐持，鼓勵佢兜過一擺擎筆創作，豐富臺灣文學个陣營。

在鍾肇政主編个《臺灣文藝》同《民衆日報》副刊，提供受著冤枉、有困難个昔日文友、藝術家發表个園地。鼓勵因爲政治冤案正出獄个作家陳映眞再過創作，在1978年陳映眞完成三萬字个〈夜行火車〉，共年3月發表在《臺灣文藝》第58期革新號第5期，第二年就得著第10屆「吳濁流文學獎」，從此再過活跳在臺灣文壇；同陳映眞共案坐籠仔，又因爲蔣介石過身特赦同時出獄个畫家吳耀忠，鍾肇政邀請佢畫《臺灣文藝》个封面，還同佢買畫布，該央時支付兩萬銀，實質幫助佢解決生活上个困難。

施明正，因爲捲入白色恐怖時期个「臺灣獨立聯盟案」，民國56年出獄前識在《臺灣文藝》第16期發表佢个短篇小說，1978年鍾肇政接手《民衆日報》副刊，鼓勵施明正寫小說，1980年6月施明正復出个第一篇小說，〈遲來的初戀及其聯想〉發表在《臺灣文藝》革新號第14期；共年10月又在革新號第16期發表四萬零字个《島嶼上的蟹》，接等在第17期發表《渴死者》得著第12屆「吳濁流文學獎」佳作獎；兩年後在第25期發表个《喝尿者》得著民國72年个第14屆「吳濁流文學獎」首

獎。當然,鍾肇政鼓勵過、牽成過个作家還毋單止這兜,分臺灣文學界稱做「臺灣文學之母」个鍾肇政,實實在在,在臺灣文學个園地,撫育、照顧著當多終戰前、戰後第一代、第二代、第三代个作家。

四、結語

因為鍾肇政出世个家庭、教養,因為時代環境提供个教育同學習,佢學會呃客家語、學老語、日本語,又學習著北京語。對鍾肇政來講,語言个學習,毋會造成佢麼个學習上个困難,還自覺當有語言个天分。毋過,殖民政府个語言政策,係一種單數个語言政策,強壓在臺灣族群、強逼臺灣人學習个政策。對臺灣多數个各族群母語,像係客家語、學老語、原住民族語,並無公平个對待,反映在母語个使用、教育、傳播等分人打壓、分人消音,造成臺灣各族群母語个失落同消失个危機。鍾肇政當然有體驗過也有認識著這種危機,自 1988 年「還我客家話運動」開始,參與臺灣公共事務協會、擔任寶島客家電臺榮譽理事長等,推廣客家語言文化活動,爭取客家語在使用、傳播同教育个權利,同時爭取客家族群,同其他族群共樣在國家法律、政策層面民主个、公平个對待。

在語言个層面,鍾肇政個人个追尋同建構會係:訂定國家語言法,同各族群个語言訂做官方語言,臺灣各族群个母語,在國家个政策上做得受著平等个對待,互相學習、互相尊重,未來做得用對方个語言,甚至用各自个語言互相交談,讓臺灣各族群个母語做得永久傳承、延續下去,係鍾肇政認為个當靚个境界。

鍾肇政認為客家語消失，客家人就消失。故所佢當愁慮客家語言个消失，鍾肇政逐擺恆著這，為著這傷心噭哆係輒有个事。舉個例仔，在佢九十歲出席「客家妹挺客家人」記者會个時節，媒體[23]識報導佢个想法：

> 鍾肇政激動哽咽地說，他住在臺三線龍潭，感受比大家走馬看花還來的深。客家人消失是現在進行的狀況，「客家人消失那一天，我不知道臺三線會變成什麼？」他已經九十歲，經歷日本殖民統治，他心裡有小小的願望，希望蔡英文能把這些話放在心中，「日本來了臺灣，皇民化統治，不准我們在學校講客家話、臺灣話；中國人來了，也不准我們在學校講客家話、臺灣話。」現在正面臨客家話、客家人消失的危機。

在文學方面，做為臺灣文學个創作者，鍾肇政苦心經營自家个小說世界，對短篇到中篇，再到長篇，寫出臺灣人在被殖民統治之下，臺灣人个苦難遭遇，臺灣人个追尋同精神。在創作發表个過程中，實際經驗著，做為一個臺灣人、臺灣作家在殖民統治个年代，在中國文學同中國政治文化為主體个雜誌、報紙副刊，爭取發表个困難。在鍾肇政有機會攻佔主流雜誌、報紙副刊該時，毋會毋記得行共路个臺灣作家朋友，為佢兜爭取發表个機

---

23 摘錄民報 https://www.peoplenews.tw/news/f6e7244c-d717-410f-a1fd-4d249a1eaa8f。〈鍾肇政哽咽：客家話消失客家人就消失〉，記者朱蒲青／臺北報導，2015年12月15日，15：06。

會。

在參與《臺灣文藝》社務，同主編《民眾日報》副刊該時，鼓勵、牽成臺灣上輩个、平輩个、後輩个本土作家投入文學个創作，這對臺灣文學一代一代个延續、發展，帶來深遠个影響。鍾肇政還致力成立臺灣作家紀念館，來彰顯臺灣前輩作家个成就、樹立臺灣文學藝術个典範。像高雄美濃个「鍾理和紀念館」、彰化市區个「賴和紀念館」、臺南新化个「楊逵紀念館」、苗栗西湖个「吳濁流紀念館」、桃園龍潭个「鄧雨賢紀念館」，還有臺南市區个「國立臺灣文學館」這兜，都有鍾肇政參與、推動个身影。

另外，爭取臺灣个大專院校設置臺灣文學系，透過臺灣文學个教學同研究，分臺灣學子了解臺灣个作家、作品，透過作家作品，分臺灣學子認識、了解臺灣人个歷史情境、生活經驗、苦難遭遇，分臺灣人知得臺灣人有臺灣人个文學，建立臺灣人个文學自信、延續臺灣人个文學精神，也係鍾肇政認爲相當重要个文學工程。

不管係鍾肇政个文學創作，抑係鍾肇政參與个文學活動，還係鼓勵、牽成作家个創作、爲作家紀念館个設立奔波行動，就做得看出，鍾肇政係對臺灣做主體个思考，佢盼望並用實際个行動，突破中國文學爲主體个框架，彰顯臺灣文學个主體性，佢心心念念个就係解構被殖民个文學主體，建構自主个臺灣文學个主體。

在語言同文學層面，愛有平等个國家語言法，同各族群个語言訂做官方語言，臺灣各族群个母語，在國家个政策上做得受著平等个對待，互相學習、互相尊重，讓臺灣各族群个母語做得永

久傳承、延續下去；愛有自主个臺灣文學、自由个創作風氣，彰顯臺灣文學个主體性，該就愛建立自由、民主、平等个臺灣人自家个國家。

參考文獻

鍾延威，2019，《攀一座山：以生命書寫歷史長河的鍾肇政》。苗栗：
　　客委會客發中心。

鍾肇政，1998，《鍾肇政回憶錄第一冊》。臺北：前衛出版社。

鍾肇政，1998，《鍾肇政回憶錄第二冊》。臺北：前衛出版社。

鍾理和‧鍾肇政著；錢鴻鈞編，1998，《臺灣文學兩鍾書》。臺北：草
　　根出版社。

錢鴻鈞編；黃玉燕譯，2000，《吳濁流致鍾肇政書簡》。臺北：九歌出
　　版社。

維基百科「還我客家話運動」，https://zh.wikipedia.org/wiki/%E9%82%84
　　%E6%88%91%E5%AE%A2%E5%AE%B6%E8%A9%B1%E9%81%8B%
　　E5%8B%95。

「中央大學客家學院電子報」第339期，https://epaper.ncu.edu.tw/papers
　　/46/articles/2774。

客家世界網：http://www.hakkaworld.com.tw/twhapa/introduce.html

民報：https://www.peoplenews.tw/news/f6e7244c-d717-410f-a1fd-4d249
　　a1eaa8f。

第十六章
鍾肇政〈靈潭恨〉與龍潭地方傳說敘事分析

陳芯慧

國立中央大學客家語文暨社會科學學系客家語文所碩士生

黃菊芳

國立中央大學客家語文暨社會科學學系副教授

一、前言

　　鍾肇政，1925年（民國14年）生於桃園龍潭九座寮，畢業於淡水中學、彰化青年師範學校，畢業後被徵召入伍，光復後就讀國立臺灣大學中文系，後因耳疾休學。從事國小教職達四十年之久。1950年鍾肇政開始投稿，到了1960年更發表長篇小說《魯冰花》，展開他長篇寫作的階段，並陸續完成為數眾多的小說集（詳見下附表1），其小說富含濃厚的人道精神，記錄了日本殖民時期的生活實況，是見證時代更迭的社會紀實作品。為臺灣戰後跨語言的作家之一，長年筆耕不輟，首創大河小說之先驅，並在文壇享譽盛名。鍾肇政畢生累計兩千萬餘字的創作內容，是相當多產的作家，著作等身，在文壇上無出其右，作品體現對臺灣鄉土的使命與關懷。由此可見其在臺灣文學史上無庸置疑的重要位置，被稱為「臺灣文學之母」，他的一生正是一部臺灣文學史見證。

表1：鍾肇政小說作品出版年表

作品名稱	發表時間	分類	出版
《濁流》	1962	長篇小說	中央日報社
《魯冰花》	1962	長篇小說	明志出版社
《殘照》	1963	短篇小說集	鴻文出版社
《大壩》	1964	長篇小說	文壇社
《流雲》	1965	長篇小說	文壇社
《大圳》	1966	長篇小說	臺灣省政府新聞處
《輪迴》	1967	短篇小說集	實踐出版社
《沉淪》	1967	長篇小說	蘭開書局
《大肚山風雲》	1967	短篇小說集	商務印書館
《中元的構圖》	1968	短篇小說集	康橋出版社
《江山萬里》	1969	長篇小說	林白出版社
《馬黑坡風雲》	1973	長篇小說	商務印書館
《靈潭恨》	1974	短篇小說集	皇冠出版社
《大龍峒的嗚咽》	1974	短篇小說集	皇冠出版社
《綠色大地》	1974	長篇小說	皇冠出版社
《青春行》	1974	長篇小說	三信出版社
《插天山之歌》	1975	長篇小說	志文出版社
《八角塔下》	1975	長篇小說	文壇社
《滄溟行》	1976	長篇小說	七燈出版社
《望春風》	1977	長篇小說	大漢出版社
《丹心耿耿屬斯人——姜紹祖傳》	1977	長篇小說	近代中國出版社
《鍾肇政傑作選》	1979	短篇小說集	文華出版社
《馬利科彎英雄傳》	1979	長篇小說	照明出版社
《鍾肇政自選集》	1979	短篇小說集	黎明文化公司
《川中島》	1985	長篇小說	蘭亭書店

《戰火》	1985	長篇小說	蘭亭書店
《卑南平原》	1987	長篇小說	前衛出版社
《鍾肇政集》	1991	短篇小說集	前衛出版社
《怒濤》	1993	長篇小說	前衛出版社

資料來源：作者整理

　　其關注題材多元，表現手法多屬寫實主義，表現出鍾肇政寫作的廣度與關注土地的熱忱。曾獲國家文藝獎、臺美文學獎、吳三連文藝獎，以及第35屆行政院文化獎；2000年受聘為總統府資政；2007年更獲頒客家貢獻終身成就獎，畢生集榮耀於一身。而目前以其長篇小說的研究為大宗，本研究嘗試以關鍵字鍾肇政、長篇小說、大河小說交互進行檢索，整理得出下列附表2。

表2：鍾肇政及其長篇小說相關之碩博士論文研究

編號	作者	論文名稱	單位
1	邱奕芸（2019）	小說與歷史的對話——以鍾肇政《川中島》、《戰火》為例	國立臺北教育大學臺灣文化研究所碩士論文
2	吳明宗（2018）	戰爭之框：兩岸當代戰爭小說的演變	國立臺灣師範大學臺灣語文學系博士論文
3	吳雪連（2015）	臺灣客籍作家大河小說研究——以《亞細亞的孤兒》、《濁流三部曲》、《寒夜三部曲》為分析對象	佛光大學中國文學與應用學系博士論文
4	黃慧鳳（2014）	臺灣歷史大河小說研究	國立中央大學中國文學系博士論文
5	許宏勛（2014）	新歷史主義視角下的客家大河小說	國立中央大學客家語文研究所碩士論文

6	羅中琦 （2008）	臺灣原住民長篇歷史小說研究 ——以漢族作者爲主的觀照	國立臺灣大學中國文學 研究所博士論文
7	王美惠 （2008）	1930 年代臺灣新文學作家的民 間文學理念與實踐——以《臺 灣民間文學集》爲考察中心	國立成功大學 歷史學系碩博士論文
8	洪正吉 （2006）	鍾肇政長篇小說中的女性人物 研究	國立臺南大學語文應用 所碩士論文
9	林美華 （2004）	鍾肇政大河小說中的殖民地經 驗	國立成功大學歷史學系 碩士論文
10	余昭玟 （2002）	戰後跨語一代小說家及其作品 研究	國立成功大學中國文學 系博士論文
11	王慧芬 （1999）	臺灣客籍作家長篇小說中人物 的文化認同	東海大學中國文學系碩 士論文
12	林明孝 （1994）	鍾肇政長篇自傳性小說研究	國立中山大學中國文學 系碩士論文
13	王淑雯 （1994）	大河小說與族群認同：以《臺 灣人三部曲》、《寒夜三部 曲》、《浪淘沙》爲焦點的分 析	國立臺灣大學社會學研 究所碩士論文

資料來源：作者整理

　　上表爲鍾肇政長篇小說之碩博士論文研究一覽表，由表可見鑽研其在短篇小說及民間故事改寫的文章相對較少，大部分的研究著重於其大河小說及長篇小說，故本研究想從作者改編臺灣民間故事的角度出發，希望本論文的研究能讓更多的研究學者進一步認識其內容。畢竟作家作品可以了解作家的生命軌跡，因爲作家的生命經歷勢必會以不同的形式反映在其作品當中，當我們在閱讀這些被創作出來的文本時，其實正在被逐一帶入作家的生命史，身爲讀者的我們不僅僅只是閱讀者，更是透過文本去解釋，並且賦予文本新的意義；爰此，也希望能夠藉此建構鍾肇政於新編民間文學的價值及特色。

又，民間文學乃是社會大眾口傳的創作與流傳，可作爲了解地方的文化素材之一。鍾肇政的許多作品皆以龍潭爲其文本背景，不僅深具文學價值，也因爲作家執筆記錄下了過往的龍潭歷史，因而替龍潭在地風貌增添無數文學風情。也就誠如學者黃秋芳對於鍾肇政的小說用「雙鉤的地景與人文」來形容，意思是鍾肇政的小說創造了龍潭地景的特色，且鍾肇政也將其生命融入了龍潭的在地文史當中，在文學作品中滲透人生，故而形成了密不可分的鍾肇政文學地景。

　　此外，〈靈潭恨〉文中使用許多客語詞彙，更有山歌詞摻雜於其中，使文本更是充滿濃厚的客家氣息。故本文選擇鍾肇政的臺灣民間故事新編之一中〈靈潭恨〉爲研究對象，運用敘事學者格雷馬斯之六大行動元模型來試圖以文本分析的方式，以敘事結構理論的角度，探討作者如何改編故事情節及人物之鋪陳及安排，透過文學的創作，將文本賦予其新的意義，期待這些來自民間的文本又重返民間。也希冀能理解〈靈潭恨〉所隱含的寓意；並藉此整理此故事原典內容與改編內容之差異性，希望得以擴大讀者閱讀時的張力。

　　綜上所言，本研究藉由〈靈潭恨〉以敘事學的角度切入，利用格雷馬斯的六大行動元模型來貫穿整個故事，歸結出改寫的邏輯，希冀本文可以更清楚地了解民間故事改編的意義及內涵，分析文本中的主角在情感轉變的矛盾與衝突以及主客體關係易位的現象，提供另外一種文本重新詮釋的可能，並且達到推廣文化、傳承民間文學的價值。

二、敘事學理論

什麼是敘事？敘事的重要性為何？為何要研究敘事？敘事，就是「說故事」。現代敘事分析最早是起始於二十世紀初期普羅普[1]對俄國童話故事的研究，其《故事形態學》旨在針對俄國民間故事進行歸納，用「角色功能項」及「行動圈」找出故事中的規律與法則；然而敘事學概念根據胡亞敏（2004）指出，大約是到1969年才由法國學者托多洛夫（TzvetanTodorov, 1939-2017）在其所著《〈十日談〉語法》書中首度被提出，是二十世紀中後期以來重要的文學理論之一，提供文本描述、詮釋的概念，進而分析文本的結構。

（一）何謂敘事

敘事，顧名思義就是按照一定敘述方式結構、組織起來，傳達給讀者的系列事件，其將文本視為研究對象，探討敘事文中的各種敘述方法，且任何文體都具有不同程度的敘事性。簡言之，對結構主義者而言，敘事學就是敘事文本內在形式的科學研究，用以區別過去以歷史視角來評論剖析作品的詮釋方式。

在敘事學說形成的過程，語言學家索緒爾（Ferdinand de

1　拉基米爾‧雅可夫列維奇‧普羅普（1895-1970）是蘇聯的一位文學結構主義學者，出生於俄羅斯聖彼得堡，其最重要的代表作品為故事形態學。上述資料整理自網路維基百科，網址：https://zh.wikipedia.org/wiki/%E5%BC%97%E6%8B%89%E5%9F%BA%E7%B1%B3%E5%B0%94%C2%B7%E9%9B%85%E5%8F%AF%E5%A4%AB%E5%88%97%E7%BB%B4%E5%A5%87%C2%B7%E6%99%AE%E7%BD%97%E6%99%AE，查詢日期：2020年12月10日。

Saussure, 1857-1913）所提出的語言理論為結構主義的敘事學提供論述的基礎。當代結構主義的敘事學家代表人物有李維‧史特勞斯（Claude Levi-Strauss, 1804-1849）、羅蘭‧巴特（Roland Barthes, 1915-1980）、茨維坦‧托多洛夫（TzvetanTodorov, 1939-2017）、格雷馬斯（Algirdas Julien Greimas, 1917-1992）等等，皆試圖分析文本結構的內在規律，強調文本本身即是有機的結構體，而語言為研究的主要對象。誠如羅蘭‧巴特（2004：506）指出「作品不是『表現』或『記錄』，而是語言的一個『表演形式』」。或者是詹明信（2001：141）在《後現代主義與文化理論》中指出「結構主義分析的前提之一，就是語言的組織是有系統的，我們看到的一切、說的一切，甚至包括我們的感知，都必須通過語言的這個系統排列安排」。

　　這些結構主義者認為，每件社會上的文化物品，皆可透過文化現象來解析其文本上所欲表達的象徵意義或解碼、解釋人類所欲展現的社會意識，甚至挖掘故事背後潛藏的世界觀，以解釋更深層的精神結構。如上述所言，因為如此人們才能對於敘事文本有更為全面的分析；亦即種種故事是因時間、空間和因果關係而彼此產生鏈結，進而形成一系列具有意義的事件再現。換句話說，在這些結構主義者看來，研究敘事最根本的原因在於敘事不是一種文類的概念，而是一種人類在「時間」中認識世界、社會和個人的基本方式。簡言之，敘事學的研究對象是各種被敘述後的文本，亦即敘事並不存在客觀真實，任何的現象都已經是被描述過的了。也就是說，敘事的語句中往往隱藏著語法，且能夠使這些深層結構被表達出來。

（二）格雷馬斯六大行動元模型理論

格雷馬斯（Algirdas Julien Greimas）[2]主張以「意義」爲核心，藉由符號形式推演出文本的內在架構。在其研究《論意義（上／下）》（2004）中曾提及，「行動元」的概念是一種結構單位，先於任何語意和意識形態的內容，將故事角色依照其行爲範圍，按照「二元對立」的思想及其組織關係，他將普羅普所提出的角色功能項加以簡化並重新調整爲三組互爲對立的「行動元」模式：主體／客體、幫助者／反對者、發送者／接受者。

主體／客體爲行動元中最重要的一組關係，構成情節發展的基本框架，可以是實體，亦可爲抽象的概念，透過主體追尋客體的過程進而發展出故事情節；幫助者／反對者能夠協助主體核心邁向目標客體；發送者／接受者可能是推動或阻礙主體實現目標的一種力量，像是慾望或是脅迫。

簡言之，格雷馬斯提出行動元概念，這六大行動元可以指人、動物、物件，甚至是抽象的概念、行爲或是想法。一個故事中由許多行動元組合而成，一個行動元代表的人物可能是一個，亦或是多元多個的角色。這些行動元在故事中不斷地在進行交互作用、轉變、易位。意即，行動元可以有多種不同形式的變換，包括混淆、變換、增加或減少。誠如詹明信（2001）指出：

對格雷馬斯來說，敘事中最基本的機制是「交換」，爲了創

2　格雷馬斯（Algirdas Julien Greimas, 1917-1992），是立陶宛語言學家，尚研究神話學。他與羅蘭・巴特（Roland Barthes）被認爲是法國最傑出的符號學家。上述資料整理自網路維基百科，網址：https://en.wikipedia.org/wiki/Algirdas_Julien_Greimas，查詢日期：2020年12月10日。

造出不斷有新的事件發生的幻覺，敘事系統必須不斷來回地展現肯定和否定的力量……下面我們討論一下格雷馬斯的理論……在結構主義語言學中，意義只有通過兩項對立才能存在。（詹明信，2001：141）

也因此，解釋文學客體是建立在讀者的主觀性之上，不同的結果和詮釋會因為不同的讀者而產生不同的意義，因為讀者僅在閱讀的過程中進行改變與存在。

三、地方傳說與〈靈潭恨〉

傳說故事是民間文學的一種，而民間文學又稱作口傳文學、口頭文學，顧名思義就是透過口耳相傳而流傳在社會中的文學，換句話說，亦即反映民俗的文學形式，是一個族群世代承傳的文化現象、媒介或載體，具有該族群的族群性和整個社會的歷史性，也能夠反映地理上的獨特性，同時與世界其他族群的民間文學也具有類似的普遍性。這些傳說故事都展現著族群的風俗民情，也建立了自我民俗習性的承傳。也因此，不同族群、不同地區所流傳下來的民間故事、民間傳說也都會隨之不同，但大前提都是在某種既定的潛規則之內，各個故事的母型基本上都會大相逕庭，只是會根據不同的時空背景、歷史與環境造就出「異文」，彼此呈現出不同的風土民情而已。

（一）關於「龍潭」地方傳說

「地方傳說是透過藝術的手法，對各種地方性事物做出解

釋；其中蘊涵著故事創造者的世界觀、人生觀、思想情緒、社會或道德的理想等」（程薔，1995：106）。也因為如此，在傳統民間文學當中的傳說故事中，往往會以地方傳說的數量居多，因為像這一類的山川地景、風俗文化、動物植物等等的傳說，最能展現出地方的特色之處。根據金榮華（2000）《臺灣桃竹苗地區民間故事》〈022.龍潭地名〉描述：

> 龍潭一帶在從前是一個很低窪的地方，一下雨就積水，最低的地方形成一個小水潭，長了很多菱角，大家叫它菱潭。有一年，天氣寒冷，天一冷就沒有雨水。時間久了，潭裡的水也乾了，村裡的人都虔誠地吃齋求雨，求著求著，突然間大家看到水潭裡有煙冒出，煙裡有一條像龍的東西。大家喊說：「啊，黃龍出現了！」接著立即下了一場大雨。因此後來就把菱潭改叫龍潭。[3]（金榮華，2000：54）

在鍾肇政（2002）《鍾肇政全集32》中的隨筆亦有提及龍潭陂的故事，曾於1952年刊於《臺灣風物》第2卷第3期，描述如下：

> 龍潭陂本來湖面廣闊，深度亦大，充滿古潭的陰森氣息。且因水面長滿著菱，所以起初被起名叫菱潭陂。因為在大旱也

3　擷取自金榮華，《臺灣桃竹苗地區民間故事》（臺北：中國口傳文學學會，2000），頁54。講述：游金華（男／89歲／詩人／小學畢業），時間2000年6月3日，桃園龍潭，初稿鄭慧宏。

能保持深湛的水量，從不涸乾見底，所以村裡的人們便對牠起了一種靈異的感覺，結果相信有水神住在這潭裡，每次遇到旱魃成災時，便向牠求水。只要在潭邊供上祭壇，致祭一番，沒有不立刻陰雲四起，繼而傾盆大雨，沛然降下。就因爲如此，有求必應，靈驗昭彰，老百姓們不久便感載牠的恩惠，歡牠改了名叫「靈潭陂」。

有一次，大旱災襲來了。天天驕日當空，連一點雲絲都沒有出現過，除了這靈潭而外，所有的大小池塘，早就涸乾清淨，稻田裡也生起無數的大小龜裂，不消說所有的農作物都已經枯萎得奄奄一息了。於是老百姓們照例又舉行一次祈水典禮，然而不知爲了什麼，這次任憑他們怎麼祈求，也得不到一滴雨水。這可急壞了老百姓們了，他們一連祈求了好幾天，仍不見絲毫效果，最後動員了遠近所有的道士，並且殺豬宰羊，大大地奠祭了一番。所有的居民們，無論老少都聚集潭邊，跪地膜拜，哀號的聲響震撼了天地。也許神受了這些人們熱誠的感動，忽然，陰雲驟起，重重罩住潭面，隨之雷電大作，人們在驚惶裡隱約看到一雙龐然巨物——黃龍，在煙霧濛濛中盤旋，無雲掀浪，冉冉上升，終於升至天際，天上立刻泛起了層層烏雲，密布整個天空，小石頭般的大雨點，排山倒海地傾注下來。老百姓們看了這種情形都深深地鬆了一口氣。當然他們的農作物受了這一場甘霖，都得以甦醒。人們也都免於一次災難。此後，這潭的名又被改爲「龍潭陂」了。（鍾肇政，2002：68-69）

根據金榮華（2000）及鍾肇政（2002）的紀錄，在龍潭的民

間故事中，我們可以得知今桃園市龍潭區的地名乃是從一口天然的大潭而來，當時的潭裡長滿了菱角，先人稱之「菱潭陂」，而這口潭水即使是遭逢乾季之時，潭水依然不乾枯，如果老天爺不降雨，只要在潭邊誠心誠意的祈雨，上天總是會靈驗的降下甘霖，居民因為其如此有靈性，於是把這個地方改稱為「靈潭陂」。直至又有一次遭遇了罕有的大旱災，很久都沒降雨，居民再次到靈潭邊祈求上蒼能夠降下甘霖，可是這次卻沒有降雨，大家認為是他們的心意還不夠感動上天，於是吃齋沐浴三天，帶著虔誠的心再度來到潭邊祈雨，這時不可思議的事情發生了，突然間的巨響，震撼了每個人的心，更令人訝異的是一隻黃龍從潭中升起，並且下起了大雨，使得乾旱的現象一掃而空，大地萬物又恢復了生機，因有黃龍降臨、大雨落下，緩解了旱象，至此之後人們便將此處改稱為「龍潭陂」。

也就是說，原本的「龍潭陂」只是用第三人稱視角描述一個在地的地名傳說，結合了在地風俗、民間信仰，反映居民處事經歷、生活風格、地域特色等等，使居民的生活實踐與經驗得以經由集體意識的積累，再加諸透過地名傳說神化的力量，使之代代被傳承保留下來。而這些地方傳說所解釋的就是過往人們集體記憶的共同體，解釋那些過往人們對於神明、神力的敬畏、尊崇與期許。

（二）鍾肇政新編的〈靈潭恨〉

鍾肇政改編民間故事為短篇小說共有兩本，其一是臺灣民間故事新編之一《靈潭恨》；其二是臺灣民間故事新編之二《大龍峒的嗚咽》。《靈潭恨》收錄五則短篇小說，分別是〈靈潭

恨〉、〈涼扇頂秋雨曲〉、〈七星湖畔〉、〈打鼓山的美女〉以及〈林投樹下〉；其中〈靈潭恨〉是講述龍潭地名的故事。《大龍峒的嗚咽》則收錄六則新編民間故事，分別是〈大龍峒的嗚咽〉、〈蓮座山恩仇記〉、〈九龍潭之夜〉、〈太陽扁和枝無葉〉、〈百步蛇之戀〉以及〈仙鞋戀〉，其中〈蓮座山恩仇記〉、〈九龍潭之夜〉是和龍潭在地有關的故事。

　　本次要探討的〈靈潭恨〉是講述一個童養媳的故事，而書中的靈潭就是昔日所稱的菱潭，亦是今天的龍潭。鍾肇政將原先的民間地方傳說改編成一個以悲劇收場的愛情故事。全篇故事共計用十首山歌來貫串，內容並輔以許多的客語詞彙（如下附表3）融入其中，如實地在作品中展現出屬於客家的元素，這些頗具特色的客語詞彙除了能夠給讀者生動的感受外，其背後所反映的內涵意義更是能夠將客家文化的草根性帶入讀者心中。

表3：〈靈潭恨〉故事中的客語詞彙

編號	客語詞彙	釋義
1	拜祭	祭拜、祭祖。
2	「摘」茶	採摘茶葉。「摘」是很道地的客家語用法。
3	蕩	放縱而不受拘束，通常用於貶意。
4	下屋	客家語常用「上屋、下屋」，意指左鄰右舍。
5	阿年「古」	此處的「古」應爲「牯」。在客家語中常使用「牯」代表雄性。
6	驚	怕、擔心。
7	茶「妹」、芹「妹」	客家女性常以「妹」作爲命名，藉此凸顯客家女性獨特的命名。
8	歇涼	乘涼。
9	拔仔樹	芭樂樹。
10	泥水匠	水泥工人。

11	額角	額頭。
12	絕萬代的	貶意用詞，意指斷絕後代，罵人無後。
13	猛「抽」	萌發、長出。
14	蒔田	耕種田地。
15	八月半	中秋節。
16	牛孃	此處的「孃」應為「嫲」。母牛。
17	日頭	太陽。
18	戇仔	指愚笨、傻瓜的人。多用來罵人或開玩笑。
19	崖	此處的「崖」應為「𠊎」，指第一人稱「我」。

資料來源：作者整理

　　〈靈潭恨〉的男女主角是一個叫做秋蓮的養女，以及一個叫做阿年古的長工。故事大綱為：秋蓮是阿川師家的養女，因為阿川師和他的老相好生了一個智能不足的兒子阿河，所以需要有人照顧，因此秋蓮在小時候就被收養，也就是所謂的童養媳。而阿年古是大昂伯家的長工，很會唱山歌，常常對著遠方的秋蓮哼起山歌，字字句句都流露愛慕之情：

> 摘茶愛摘兩三皮，三日沒摘老人哩，
> 三日不見阿妹面，一身骨節痛了哩。
> （鍾肇政，2000：495）

　　推動故事前進的阻礙乃為有一次秋蓮無意間聽到，養母預計在八月半（中秋節）時把秋蓮和阿河送作堆結為連理，但是秋蓮極度不願意，她認為她願意招個贅婿來一起照顧阿河，也不願意嫁給他當作妻子，但是以她的身分地位又沒有辦法拒絕。恰巧在八月初八時，來了一場奇異的颱風，可能才剛艷陽高照，接著就

是滂沱大雨，秋蓮藉著一個沒下雨的空檔去洗衣服，結果衣服還沒洗完，又是一場大雨，只能倉皇跑回家，連衣服都來不及拿。入夜之後，不知過了多久，風雨竟停止，天氣意外地放晴。秋蓮這時只想儘快去潭邊取回洗衣盆，於是她悄悄地出門。在路上，她遇到了剛從鄰村回來的阿年古，兩個人一路上聊著天前進，隨後發現衣服和盆子飄到潭面上，他們倆就乘著竹排去取，他們乘著竹排談情說愛，阿年古也開心的唱山歌：

兩情雙雙稱竹排，月影照妹又照崖，

阿哥情意好比長江水，妹情好比黃河天上來。

（鍾肇政，2000：527）

孰不知，天上的月不見了，星星也一顆不剩，大雨突然滂沱降下，阿年古只能努力往前划……到了隔天傍晚，人們在深潭裡發現抱在一塊的浮屍，正是秋蓮和阿年古，後來人們就將這個深潭取名為「鴛鴦窟」。隔天又有一具浮屍浮上，正是原本要和秋蓮結婚的阿河。

苦命的秋蓮為了追求自由戀愛，在颱風夜為了取回家中的洗衣盆而來到了靈潭陂尋找，再次遇見了心儀的阿年古，兩人好不容易能一起乘著竹筏歡愉片刻，卻被一陣強風怪雨打落，相擁死在湖中，因此一支山歌在靈潭陂這個地方被流傳下來：

靈潭潭上菱花開，鴛鴦窟畔夕陽哀，

昔日愛侶今安在，白鶴雙雙又飛來。

（鍾肇政，2000：531）

由新編民間故事〈靈潭恨〉可以發現，原本的地方傳說故事被改為一個淒美的愛情故事，甚是以悲劇做結尾。整個敘事情節發展與原先的地方傳說截然不同，產生了更多的曲折與改變。也就是說在改編的這個版本中鍾肇政透過更多的情節安排，並且輔以人物、環境等意義要素的有機整合，形成一個更加引人入勝、能夠產生共鳴的故事結構。並且將原本以地方歷史為主體的結尾轉換為以人物情感為主要核心的結局收場。

四、以阿年古為主體的敘事分析

　　依據格雷馬斯六大行動元模型理論「主體／客體、幫助者／反對者、發送者／接受者」，針對〈靈潭恨〉故事中人物進行分析研究，提供另一視角詮釋的觀點。本篇依照格雷馬斯六大行動元作為〈靈潭恨〉共七個段落作整體結構之分析。

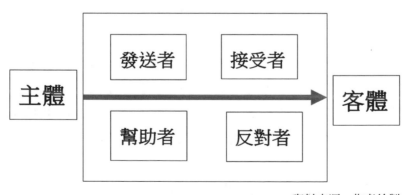

資料來源：作者繪製

圖1：格雷馬斯六大行動元模型

〈靈潭恨〉主要角色有：童養媳——秋蓮、長工——阿年古、秋蓮的阿母、父親——阿川師、阿河、秋蓮的友伴們——茶妹、芹妹、秀玉。

第一段落：描寫秋蓮每日辛勤工作的慣例（日課），在潭邊洗衣服時，聽到遠方阿年古唱的山歌，再用山歌帶到阿年古對秋蓮的追尋及愛慕。

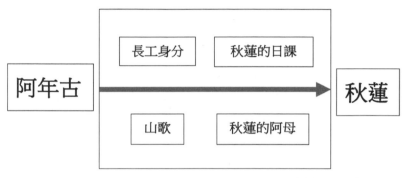

資料來源：作者繪製

圖2：〈靈潭恨〉段落一的六大行動元模型

此時阿年古為主體，他所追尋的客體是秋蓮，他因為長工身分（發送者）需要工作而與在進行日課——洗衣服（接收者）的秋蓮相遇，利用客家山歌（幫助者）表達自己內心的情感與愛慕之意，但因為秋蓮受到阿母（反對者）的脅迫，在家庭的壓力之下，使得秋蓮產生恐懼，而使她與阿年古無法有所交集。

看見阿妹在陂塘，玉手纖纖洗衣裳，
只今牛郎從此過，怎不抬頭看個郎。
（鍾肇政，2000：491）

由第一曲帶出了長工阿年古對秋蓮的愛戀情意，也是從這裡開始慢慢鋪陳出阿年古與秋蓮微妙的互動關係。第二曲點出阿年古雖然沒有得到秋蓮的回應，但他還是繼續向秋蓮表達他的心意。

　　　塘邊阿妹嫩嬌嬌，只洗衣裳不會嬈，
　　　不知何來癲狂漢，唧唧喳喳耳邊吵。
　　　（鍾肇政，2000：492）

　　第二段落：阿年古受到一群人的鼓舞，趁勢在秋蓮摘茶友伴面前積極表現其嗓音功力，唱出對秋蓮的在意與關注，希望藉此獲得秋蓮關注。而秋蓮也漸漸地被打動，心上留下了對阿年古的印象。

　　　摘茶愛摘兩三皮，三日沒摘老人哩，
　　　三日不見阿妹面，一身骨節痛了哩。
　　　（鍾肇政，2000：494）

　　　百項生理百項難，唔當長牛卡清閒，
　　　上晝同妹打石子，下晝同妹料花園。
　　　（鍾肇政，2000：494）

　　在此處，可以看到整個秋蓮受制於大環境之下，阿年古依舊為主體追尋客體——秋蓮，而阿年古的山歌為發送者，阿年古的身影為接受者，烙印在秋蓮心上；摘茶友伴之一的秀玉是反對

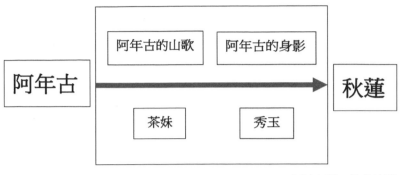

資料來源：作者繪製

圖3：〈靈潭恨〉段落二的六大行動元模型

者，她對秋蓮冷嘲熱諷，而摘茶友伴之二為茶妹，她作為幫助者，替秋蓮打抱不平。

　　綜合上圖比較，可以發現阿年古在追尋秋蓮的過程中，都是緊密受到秋蓮身邊的人事物所影響，不論是幫助者或是反對者，每個元素都是環環相扣有因果關係，但不論遇到何種困難或是不利，都在推動阿年古往客體秋蓮的方向前進。

五、以秋蓮為主體的敘事分析

　　在〈靈潭恨〉第三段落中，童養媳文化的被揭發──秋蓮得知自己即將被嫁給阿河。於是便發生了主客易位：秋蓮由原先的客體轉變為主體，阿年古則成為秋蓮追尋幸福（客體）元素之一。秋蓮在追尋幸福（客體）過程中，受到了童養媳文化的真相（發送者）的刺激，以及寄養家庭（接受者）的壓力，再加之要與阿河結婚（反對者），促成他要追求幸福的念頭，因此秋蓮覺

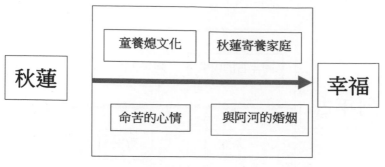

資料來源：作者繪製

圖4：〈靈潭恨〉段落三的六大行動元模型

得命苦的心情在此時反而轉化爲追求客體的幫助者。

第四段落：秋蓮對阿年古動之以情（接受者），也是故事的巨大轉折，故此段就用三條山歌來串連，加強共鳴感與情感強度。因爲秋蓮即將被迫的婚姻（發送者），阿年古建議秋蓮可以向養父母提出反對與阿河結婚一事，在此處阿河是反對者，而秋蓮想招贅的想法作爲幫助者，更加深她的想法。因此才有第三條山歌帶出秋蓮和阿年古互相表達情意，甚至有私訂終身的意味。

> 日頭落山一點黃，牛孃帶子落陂塘，
> 也有牛孃唔惜子，也有阿妹唔戀郎。
> （鍾肇政，2000：506）

> 人做鳥籠裝畫眉，畫眉畜大飛了哩，
> 鳥籠打開望鳥轉，畫眉唔轉眞可憐。
> （鍾肇政，2000：506）

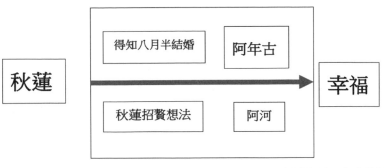

資料來源：作者繪製

圖5：〈靈潭恨〉段落四的六大行動元模型

　　阿妹有情歌有情，天涯海角都可行，

　　崖妹是針哥是線，針行一步線來尋。

　　（鍾肇政，2000：510）

　　第五段落：秋蓮與友伴們參加中元節廟會活動時，看到友伴們都笑容滿溢的樣子（發送者），想到了自己與阿河的婚姻（反對者），遇到阿年古的眞心勸說（幫助者），便觸發自己內心感觸，萌生了「出奔」的念頭（接受者）。

　　第六段落：颱風（反對者）奇遇。在詭異的夜晚，秋蓮與阿年古意外的相遇，阿年古陪秋蓮去找尋洗衣盆（幫助者），秋蓮也在心底做了決定（接受者），這裡帶出了彼此的情意有多麼的濃烈（發送者），甚至山歌詞拿長江水與黃河作比擬。

　　兩情雙雙稱竹排，月影照妹又照崖，

　　阿哥情意好比長江水，妹情好比黃河天上來。

　　（鍾肇政，2000：527）

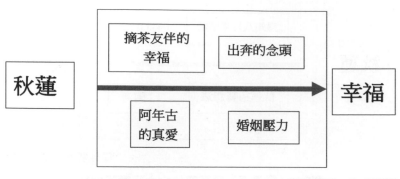

資料來源：作者繪製

圖6：〈靈潭恨〉段落五的六大行動元模型

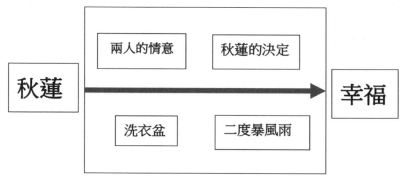

資料來源：作者繪製

圖7：〈靈潭恨〉段落六的六大行動元模型

阿哥歡笑撐竹排，情意款款兩無猜，

長江月影有時盡，永不分離妹與崖。

（鍾肇政，2000：528）

這裡帶出了兩人終於在一起了，卻也隱含著淡淡的悲劇意味，似有似無的埋下伏筆。

六、以阿年古、秋蓮爲主體的敘事分析

第七段落：秋蓮與阿年古同爲主體，他們爲了追尋愛情（客體），爲了抵抗童養媳的宿命（反對者），在暴風雨（幫助者）中仍要緊緊依偎，一同命送鴛鴦窟（發送者），最終，秋蓮與阿年古雙擁入懷，一同死在潭水之中。

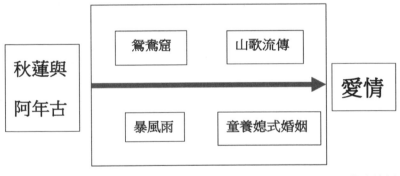

資料來源：作者繪製

圖8：〈靈潭恨〉段落七的六大行動元模型

靈潭潭上菱花開，鴛鴦窟畔夕陽哀，

昔日愛侶今安在，白鶴雙雙又飛來。

（鍾肇政，2000：530）

也因著他們的愛情這樣，促使當地流傳一首山歌（接受者），歌頌他們的眞情眞意。

藉由分析可發現〈靈潭恨〉整個故事由童養媳作爲全文貫串，以父權體制之下女性的非自主式婚姻爲大結構，敘說秋蓮的際遇。童養媳是古代的一種婚姻習俗，通常是把未成年的女孩送養或賣到另一家庭，由該家庭撫養，長大後與該家庭的兒子正式完婚，結爲夫妻。童養媳的人生，在被送養的那一刻就已經註定，即使沒有婚姻事實，也都會被冠上某某人的媳婦。在洪正吉（2005）《鍾肇政長篇小說中的女性人物研究》論文中提到：「鍾氏作品群出現的養媳，泰半是命運可憐、生活悲苦的年輕女性。她們的形象描寫亦多於勞動世界、婚姻愛情等議題的周圍打轉」。而〈靈潭恨〉中的秋蓮正是這樣的角色，她自小被阿川師家抱養，從小深受養母的責打欺辱，而她逆來順受的個性也就在故事中格外鮮明。

七、結語

民間文學是傳統文化的基礎，不僅延續文化的最初本質，同時也奠定了該族群及地區文化的多元基調。〈靈潭恨〉的故事情節並不是太複雜，巧妙的是鍾肇政運用了客家山歌對原本的地方傳說故事進行改編，使得整個故事的渲染力提升了不少。本研究運用格雷馬斯的六大行動元分析故事，透過分析，得以用更全面完整的角度詮釋故事中人物生命的各種可能。利用敘事分析，可以找到作者改編民間故事的不同敘事層面，主要是利用文本之情節內容與人物結構再現事件發展經過，也就是說，透過故事的存

在，文本得以詮釋；透過文本的詮釋，故事得以存在。彼此是相應相生，緊密連結的共同體。因為某些特定事件必須在一定的時空背景發生，隨情節發展、人物、環境、情節方能構成必要性的關聯。

亦即透過作者有意識的選材，透過敘事學的原理，可以理解其書寫的歷程，以及辨析其採取如何角度敘事、如何編排事件、利用何種敘述手段及結構方式，而賦予觀察對象以意義。也就是說文字敘事的目的，是在讀者心目中，喚起事物在時空中連續運動變化的形象思維，進而去產生共鳴感。也因為這些成分的柔和共構，方能吸引讀者興趣，產生不同的詮釋。

藉由格雷馬斯的六大行動元分析可以發現秋蓮是主角，童養媳的角色不斷反覆出現、被強調，可以得出全篇故事旨在傳達對父權體制的反抗，秋蓮無法面對象徵秩序給她的壓力，包括：女性刻板印象、童養媳問題、父權結構的壓迫等，都可以由故事中找到解釋的出口。在過去的父權主義體制之下，絕大多數的女性是沒有辦法隨心所欲的選擇陪伴自己一生的對象，因為女性的社經地位較為低下，婚姻大事都必須是遵從所謂的媒妁之言，聽從家裡的安排，甚至，貧困人家的女兒在尚年幼之際就會被賣出去當作童養媳。女性往往只能承擔著父權體制所帶來的限制與束縛。

也許悲劇往往是最能夠產生情感共鳴的，因此我們會覺得鍾肇政把龍潭的地方傳說故事改成一個愛情故事，大抵可能也是希望藉著這個愛情故事，讓更多人可以注意到進而去主動了解到龍潭這個地方。畢竟，一個淒美令人印象深刻的愛情故事遠比耳熟能詳、頗為人熟悉的地方傳說故事來得更有渲染力。比起聽一段

地方傳說故事，用一段愛情故事，更能讓讀者走進故事中去感受那樣的七情六慾，也就如同邱于芸（2014：167）指出：「故事是一種參與的過程。讀者在閱讀故事時同時也參與創造，是讀者自主地決定將故事走完，而非被動地接受故事。」

　　而其中很特別的是，鍾肇政用山歌貫穿整個故事，且亦加入了許多的客語詞彙在故事呈現上，讓整個故事具有濃郁的草根味及文化氣息，也展現了客家語言的生命力；利用獨特的元素引發讀者閱讀時的強烈感受與遐想，產生了更大的張力與迴盪，透過人物的塑造與元素間的緊密連結，讓整個故事在敘事過程，能夠製造更多的吸引力以及製造更多的想像空間。因此，雖然悲劇愛情故事是老調重彈的思想主題，但是最終仍然能獲得不同的回響。

　　綜上所言，我們認為的一個好故事，其實並不需要太繁複華麗的情節，因為有的時候太多的細節，過於瑣碎的支線反而會分散主線的焦點，容易使讀者模糊注意力，致使不易聚焦在故事之中。誠如邱于芸（2014：167）指出：「故事是有效的溝通形式，是影響他人的最好工具，因為故事可以用精簡的篇幅呈現複雜的意義……故事可以簡明扼要的把複雜的現實轉化成容易理解的模式。」而在故事結尾山歌詞的終曲中，又讓我想到《梁山伯與祝英台》的結局：祝英台出嫁時，經過梁山伯的墳墓，突然狂風大起，阻礙迎親隊伍，祝英台就下花轎到梁山伯的墓前祭拜，梁山伯的墳墓塌陷裂開，祝英台就跳入墳中，後來墳中出現一對彩蝶，雙雙飛去。

　　的確，〈靈潭恨〉是以悲劇的形式去追尋一份真，而不是只是追尋一個有形的目標或是可掌握的命運。在故事中，男女主角

爲了證明彼此的愛情，最終以失去一切的方式來證明。雖然形體上無法在一起，但眞正的精神卻是永恆的。換言之，秋蓮與阿年古的這一份「眞」，隱藏著對自由、對愛情的嚮往，也象徵著秋蓮對生命眞諦的追尋。所以雖然最後秋蓮與阿年古不復存在於世上，失去了實體的形體，但他們完成了更偉大的精神與忠貞的結合。由此看來，我們又怎能說這樣的情感是悲劇呢？而最後阿河也在潭中被村人發現，那麼阿河的死亡或犧牲，又何嘗不是一種成全呢？

參考文獻

王淑雯，1994，《大河小說與族群認同：以《臺灣人三部曲》、《寒夜三部曲》、《浪淘沙》為焦點的分析》。臺北：國立臺灣大學社會學研究所碩士論文。

王慧芬，1999，《臺灣客籍作家長篇小說中人物的文化認同》。臺中：東海大學中國文學系碩士論文。

余昭玟，2002，《戰後跨語一代小說家及其作品研究》。臺南：國立成功大學中國文學系博士論文。

吳明宗，2018，《戰爭之框：兩岸當代戰爭小說的演變》。臺北：國立臺灣師範大學臺灣語文學系博士論文。

吳雪連，2015，《臺灣客籍作家大河小說研究——以《亞細亞的孤兒》、《濁流三部曲》、《寒夜三部曲》為分析對象》。宜蘭：佛光大學中國文學與應用學系博士論文。

李冠儀，2015，《客家民間故事的女性角色意象及其意識形態分析》。苗栗：國立聯合大學客家語言與傳播研究所碩士論文。

林明孝，1994，《鍾肇政長篇自傳性小說研究》。高雄：國立中山大學中國文學系碩士論文。

林美華，2004，《鍾肇政大河小說中的殖民地經驗》。臺南：國立成功大學歷史學系碩士論文。

邱于芸，2014，《用故事改變世界：文化脈絡與故事原型》。臺北：遠流出版公司。

邱奕芸，2019，《小說與歷史的對話——以鍾肇政《川中島》、《戰火》為例》。臺北：國立臺北教育大學臺灣文化研究所碩士論文。

金榮華，2000，《臺灣桃竹苗地區民間故事》。臺北：中國口傳文學學會。

洪正吉，2006，《鍾肇政長篇小說中的女性人物研究》。臺南：臺南大

學語文應用研究所碩士論文。

胡亞敏，2004，《敘事學》。武漢：華中科技大學出版社。

胡萬川，2000，《龍潭鄉客語故事》。桃園：桃園縣文化局。

胡萬川，2008，《臺灣民間故事類型》。臺北：里仁書局。

范姜炘欽，2004，《臺灣客家民間傳說研究》。臺北：東吳大學中國文學系碩士論文。

范姜炘欽，2005，《臺灣客家民間傳說之研究》。臺北：文津出版社。

梁丞諺，2014，《由新歷史主義解讀歷史大河小說——以《寒夜三部曲》、《臺灣三部曲》為例》。臺北：國立臺灣師範大學臺灣語文學系碩士學位在職進修專班碩士論文。

許宏勛，2014，《新歷史主義視角下的客家大河小說》。桃園：國立中央大學客家語文研究所碩士論文。

陳佳穗，2010，〈臺灣地名傳說所反映之居民集體意識研究〉，《南亞學報》31：359-378。

彭素枝，2015，《臺灣六堆客家民間故事研究》。臺北：國立臺灣師範大學國文學系博士論文。

彭琦倩，2015，《客家〈吳阿來歌〉與相關文本研究》。桃園：國立中央大學客家語文研究所碩士論文。

曾瓊儀，2013，《臺灣桃竹苗地區客家民間故事研究》。臺北：中國文化大學中國文學系博士論文。

程薔，1995，《中國民間傳說》。杭州：浙江教育出版社。

黃秋芳，2000，《鍾肇政的臺灣塑像》。臺北：時報文化。

黃聖琪，2005，《民間故事連續變形母題研究——以臺灣漢語故事為例》。新竹：國立清華大學中國文學系碩士論文。

黃靖雅，1994，《鍾肇政小說研究》。臺北：東吳大學中國文學研究所碩士論文。

黃慧鳳，2014，《臺灣歷史大河小說研究》。桃園：國立中央大學中國文學系博士論文。

劉肇中，2009，《臺中東勢客家民間故事研究》。彰化：國立彰化師範

大學國文學系碩士論文。

鄭孝先，2015，《從格雷馬斯之六種行動素觀點析論《申生》之劇中人物》。臺北：國立臺灣藝術大學戲劇學系碩士論文。

鍾秀金，2012，《臺灣客家與原住民民間故事之動物變形比較研究》。桃園：國立中央大學客家研究碩士在職專班碩士論文。

鍾肇政，2000，《鍾肇政全集9：高山組曲；靈潭恨》。桃園：桃園縣文化局。

國家圖書館出版品預行編目（CIP）資料

鍾肇政的臺灣關懷 / 周錦宏，鍾延威，王保鍵 主編.
-- 初版. -- 桃園市：國立中央大學出版中心；臺
北市：遠流出版事業股份有限公司, 2021.07
　面：　公分
　ISBN 978-986-5659-39-4（平裝）

　1. 鍾肇政 2. 臺灣傳記 3. 文集

783.3886　　　　　　　　　　110009174

鍾肇政的臺灣關懷

主編：周錦宏、鍾延威、王保鍵
執行編輯：王怡靜
助理編輯：陳芯慧

出版單位：國立中央大學出版中心
　　　　　桃園市中壢區中大路 300 號

　　　　　遠流出版事業股份有限公司
　　　　　台北市中山北路一段 11 號 13 樓

發行單位 / 展售處：遠流出版事業股份有限公司
地址：台北市中山北路一段 11 號 13 樓
電話：(02) 25710297　傳眞：(02) 25710197
劃撥帳號：0189456-1

著作權顧問：蕭雄淋律師
2021 年 7 月 初版一刷
售價：新台幣 600 元

ISBN 978-986-5659-39-4（平裝）
GPN 1011000799
補助單位：桃園市政府、桃園市議會、桃園市政府客家事務局
遠流博識網 http://www.ylib.com E-mail: ylib@ylib.com